LIMITS TO GROWTH

: The 30-Year Update

김병순 옮김
홍기빈 해제

성장의 한계

LIMITS TO
GROWTH

:The 30-Year
Update

도넬라 H. 메도즈 · 데니스 L. 메도즈 · 요르겐 랜더스

갈라파고스

나는 이 책을 읽고 나서 우리가 미래를 생각할 때 시스템적 사고를 하는 것이 왜 중요한지 그 이유를 알았을 뿐 아니라 반드시 그래야 한다는 것을 깨달았다. 30년 전, 비평가들은 성장의 한계를 아주 우습게 생각했다. 그러나 오늘날 어장이 붕괴되고, 삼림이 줄어들고, 지하수면이 낮아지고, 산호초가 죽어가고, 사막이 늘어나고, 토양이 침식되고, 기온이 상승하고, 생물 종들이 사라지는 세계에서 이제 그때처럼 생각하기란 쉽지 않다. 우리 모두는 다시 한 번 때가 다 되었음을 일깨워준 『성장의 한계』 저자들에게 빚을 졌다.

—레스터 R. 브라운(지구정책연구소 소장)

세계가 다시 『성장의 한계』를 읽어야 할 때다! 1972년에 던져진 메시지는 지금의 현실과 더욱 부합하며 적절하다. 우리는 처음에 이 책이 전한 메시지를 오독함으로써 귀중한 수십 년을 아무런 조치도 취하지 못한 채 허비하고 말았다.

—매튜 R. 시몬스(에너지 분석가, 에너지 투자 금융사 시몬스앤컴퍼니 인터내셔널 설립자)

이 책의 저자들은 미국의 독립 전쟁 때 너무 늦기 전에 행동에 나서라고 경종을 울리며 호소했던 이 시대의 폴 리비어들이다. 선거로 뽑힌 정치 지도자들, 기업가들, 그리고 국민들은 그 경고의 목소리를 얼마나 오랫동안 무시할 것인가? 만년설이 녹아내리고 담수가 사라지고 어장과 삼림이 망가지고 있지만 아직도 우리 지도자들은 그것에 반응할 줄 모르는 것 같다. 이 책은 그러한 추세를 되돌려서 좀 더 안전하고 지속 가능한 미래를 건설하고자 하는 모든 국민과 지도자들에게 없어서는 안 될 아주 중요한 수단이다.

—벳시 테일러(새로운 미국의 꿈 센터 회장)

30년이라는 세월은 이 모형이 예언하는 힘을 가졌음을 입증했다. 이제 우리는 다시 한 번 마지막으로 도전할 기회를 얻었다. 부디 지난날보다 더 세심한 주의를 기울이게 하소서! 우리는 고(故) 도넬라 H. 메도즈를 포함해서 이 책의 저자들에게 큰 빚을 졌다. 이 책은 그들이 묘비에 쓸 적절한 여러 비문들 가운데 하나가 될 것이다.

—빌 맥키벤(『자연의 종말』 저자)

30년 전, 『성장의 한계』는 종말을 예언하고 시장을 무시하고 인간의 적응력을 부인한다고 널리 그러나 그릇된 공격을 받았다. 『성장의 한계』가 내다본 지구의 역동성과 과제들은 이제 모든 사람들에게 명백해졌으며, 이 책이 촉구한 개혁들은 그 어느 때보다 중요해졌다. 마침 적절한 시점에 개정판이 나옴으로써 아직 펼쳐지지 않은 미래를 이해하고 우리가 바라는 그런 세상을 창조하는 아주 소중한 도구가 우리 손에 쥐어졌다. 오늘날 지구상에 지적인 삶은 있는가? 이러한 작업은 우리로 하여금 조심스럽게 미래를 낙관하게 하는 근거를 제시한다.

—애모리 B. 로빈스(록키마운틴연구소 대표)

세상 어떤 것도 되풀이할 만한 것은 없다. 그러나 진실은 다르다. 여러 이해관계들 때문에 진실이 부인되는 시대에 새로운 정보로 그것이 사실임이 입증될 때 더욱 그러하다.

—허먼 댈리(전임 세계은행 수석 경제학자, 메릴랜드 대학 공공대학원 교수)

1972년 저자들의 경고

지금과 같은 추세로 세계 인구와 산업화, 오염, 식량 생산, 자원 약탈이 변함 없이 지속된다면 지구는 앞으로 백 년 안에 성장의 한계에 도달할 것이다. 아마도 그때가 되면 인구와 산업의 생산력이 가장 먼저 돌이킬 수 없을 정도로 급락할 것이다.

당시 비평가들의 의견

물질적 생활 조건은 앞으로 당대의 거의 모든 기간 동안 대부분 나라의 국민들 대다수에게 있어 끊임없이 더 좋아질 것이다. 일이백 년 안에 대다수 인류는 오늘날 서구인들이 누리는 생활 수준과 같은 혹은 그 이상의 삶을 누릴 것이다.　　　　　　　　　　　　　　　　　　　　　　　—줄리안 사이먼

우리는 현재 그리고 가까운 미래의 기술만으로 백 년 동안 전 세계 150억 명을 1인당 2만 달러 수준으로 생활할 수 있게 만들 수 있다. 아주 보수적으로 잡아도 그렇다는 말이다.　　　　　　　　　　　　　　　　　—허먼 칸

최근의 일치된 의견

인간과 자연계는 바야흐로 서로 충돌 과정에 있다. 현재 진행되고 있는 인간 활동들 가운데 많은 것들을 억제하지 못한다면 인간 사회와 지구, 동물계가 모두 바라는 미래는 심각한 위험에 처할 것이며, 현재 살고 있는 세계는 지금까지 우리가 알던 방식으로는 생명을 유지할 수 없는 세상으로 바뀔 수 있다. 현 상황이 초래할 충돌을 피하고자 한다면 당장 근본적인 변화가 시급하다.　　　　　　　　　　　　— 「인류에게 보내는 세계 과학자들의 경고」 중에서

지난 30년 동안 수많은 단체와 사람들이 물질적 성장의 한계가 지구의 미래를 어떻게 만들지 연구하는 우리를 위해 많은 도움을 주었다. 그중에서도 이 책을 출간하기까지 가장 큰 기여를 한 세 분께 이 책을 바친다.

로마클럽의 설립자인 아우렐리오 페체이가 보여준 세계에 대한 깊은 관심과 끊이지 않는 굳건한 인류애는 우리를 비롯한 많은 사람들이 인류의 장기적인 미래에 대해서 관심을 가지고 진지하게 연구하도록 영감을 불러일으켰다.

MIT 슬론 경영대학원 명예 교수이자 우리의 스승인 제이 포레스터는 우리가 이 연구를 위해 사용한 컴퓨터 시뮬레이션의 최초 모형을 설계했다. 그의 시스템에 대한 깊은 통찰력은 경제와 환경 체계의 시스템적 행동 양식을 이해하는 데 큰 도움을 주었다.

끝으로 이 책의 주 저자인 도넬라 H. 메도즈를 애도하며 그녀에게 우리의 존경심을 담아 이 책을 바친다. 그녀를 존경하고 높이 평가하는 모든 사람들에게 '다나'라고 불린 도넬라는 세계 최고의 사상가이자 저술가이며 사회 혁신가였다. 높은 수준의 의사소통 능력과 도덕성, 헌신성을 가진 그녀는 우리를 비롯해서 수많은 사람들에게 영감을 주고 모두의 주의를 환기시켰다. 이 책에 나온 많은 분석과 글은 그녀의 작품이다. 하지만 이 책은 다나가 2001년 2월 세상을 떠난 뒤에야 나왔다. 이 책이 부디 세계인들에게 지속 가능성을 알리고 지속 가능한 세상을 만들기 위해 평생토록 애썼던 그녀의 노력을 존경하고 한층 발전시키는 계기가 되기를 바란다.

차례

저자 서문

배경

『성장의 한계: 30주년 개정판』은 초판이 나온 지 30년을 기념해서 세
번째로 출간된 책이다. 초판은 1972년에 처음 출간되었고[1] 개정판은 1992
년, 『성장의 한계, 그 이후(*Beyond the Limits*)』라는 제목으로 나왔다.[2] 개정
판에서 우리는 『성장의 한계』 초판에서 예측했던 지구 전체의 개발 시나
리오들이 이후 20년 동안 과연 어떤 모습으로 나타났는지에 대해 논의했
다. 이번에 또다시 발간되는 30주년 개정판은 우리가 처음에 분석한 내용
들 가운데 핵심 부분을 다시 한 번 조명하고 지난 30년 동안 축적된 관련
데이터들과 지식들을 두루 훑어볼 것이다.

　『성장의 한계』를 발간하는 프로젝트는 1970년에서 1972년까지 MIT 슬
로안 경영대학 산하 시스템 역학 그룹에서 진행되었다. 우리 프로젝트 모
임은 세계 인구와 실물 경제의 성장을 낳은 장기적인 원인과 그 결과를 분
석하기 위해 시스템 역학 이론과 컴퓨터 모델링 기법을 사용했다. 우리가
알고 싶은 것은 다음과 같은 문제들이었다. 현재 전 세계에서 시행되고 있는
정책들은 우리를 지속 가능한 미래로 이끌 것인가, 아니면 붕괴시킬 것인가? 모

두가 충분히 만족할 수 있는 인간 경제를 창조하기 위해 우리는 과연 무엇을 해야 하는가?

우리는 전 세계의 뛰어난 사업가, 정부 인사, 과학자들로 구성된 비공식 국제단체인 로마클럽의 위임을 받아 이런 문제들을 검토하기 시작했다. 연구 기금은 독일의 폭스바겐 재단이 제공했다.

당시 MIT 교수였던 데니스 L. 메도즈는 2년 동안 이 연구를 수행하기 위해 작업팀을 꾸리고 그들을 지휘했다. 당시 연구에 함께 참여한 사람들은 다음과 같다.

앨리슨 A. 앤더슨 박사(미국)	에리히 K. O. 잔 박사(독일)
일야스 바야르(터키)	제이 M. 앤더슨 박사(미국)
파라드 하킴자데(이란)	윌리엄 W. 베렌스 3세 박사(미국)
주디스 A. 메이첸(미국)	스테펜 하볼트 박사(독일)
도넬라 H. 메도즈 박사(미국)	페테르 밀링 박사(독일)
니르말라 S. 무르티(인도)	로저 F. 네일 박사(미국)
요르겐 랜더스 박사(노르웨이)	스티븐 샨트지스(미국)
존 A. 시거 박사(미국)	마릴린 윌리엄스(미국)

우리 연구에서 가장 중요한 구실을 한 것은 성장과 관련된 모든 데이터와 이론들을 통합하기 위해 구축한 '월드 3'라는 컴퓨터 모형이었다.[3] 우리는 이 모형을 이용해서 내적 통일성을 유지하는 세계가 성장하는 여러 가지 가상 시나리오들을 개발할 수 있었다. 『성장의 한계』 초판에서는 월드 3를 이용해서 1900년에서 2100년까지 2세기 동안 세계가 성장하는 12가지 서로 다른 시나리오들을 보여주고 분석했다. 개정판 『성장의 한계,

그 이후』에서는 월드 3 모형을 약간 새롭게 보완해서 14가지 성장 시나리오를 제시했다.

『성장의 한계』는 여러 나라에서 베스트셀러가 되었는데 모두 30개 언어로 번역되었다. 『성장의 한계, 그 이후』도 여러 나라 말로 번역 출간되었고 대학 교재로도 널리 쓰이고 있다.

1972년: 성장의 한계

우리는 『성장의 한계』에서 지구 생태계를 제약하는 요소들(자원 이용과 배기가스 방출과 관련해서)이 21세기 지구의 성장에 매우 중요한 영향을 미칠 것이라고 내다보았다. 『성장의 한계』는 인류가 이러한 제약 요소들과 싸우느라 많은 자본과 인력을 쓸 수밖에 없을 것이며 따라서 21세기 어느 시점에 가서는 인류의 평균적 삶의 질이 저하될 가능성이 매우 크다고 경고했다. 우리는 그 책에서 어떤 자원이 모자라거나 어떤 형태의 배기가스 방출 때문에 지구의 성장이 멈출 것이라고 정확하게 지적해서 말하지 않았다. 세상을 구성하는 거대하고 복잡한 인구-경제-환경 체계를 대상으로 과학적으로 그렇게까지 세밀한 예측을 할 수는 없기 때문이다.

우리는 『성장의 한계』에서 인간의 생태발자국(ecological footprint. 자연에 미치는 인간의 영향력을 수치화한 것. 이 책 부록 2의 마티스 베커나겔의 생태발자국 참조—옮긴이)이 지구의 수용력을 초과할 정도로 커지는 것을 막기 위해 모든 기술과 문화, 제도의 변화를 통해 지구의 미래를 생각하는 매우 근본적인 사회 변혁을 추구해야 한다고 주장했다. 그러면서 『성장의 한계』는 지구가 비록 현재 매우 심각한 도전에 직면했지만 우리가 일찌감치 예방조치를 취한다면, 지구 전체 생태계가 한계에 다다르거나 그것을 초과함으로써 발생할 수 있는 재앙을 얼마든지 줄여나갈 수 있다고 거듭 강조하며 앞날에 대해서 낙관했다.

『성장의 한계』에서 월드 3가 제시한 12가지 가상 시나리오를 보면 인구 증가와 천연자원의 사용이 다양한 한계들과 어떻게 상호 작용하는지 잘 드러난다. 실제로 성장의 한계는 매우 여러 가지 형태로 모습을 드러낸다. 우리는 기본적으로 고갈 가능한 천연자원이나 산업과 농업에서 방출되는 배기가스를 흡수할 수 있는 지구의 한정된 수용력과 같은 지구의 물질적 한계에 초점을 맞춰 분석했다. 현실에서 일어날 수 있는 이 12가지 가상 시나리오들을 월드 3 컴퓨터 모형을 통해 모두 분석한 결과, 21세기 어느 시점에 이르면 지구의 물질적 성장이 종말을 맞이할 수밖에 없다는 사실을 발견했다.

우리는 무언가가 어느 날 갑자기 사라져버려 그다음 날부터 바로 그 영향을 실감하게 되는 상황과 같은 뜻밖에 닥친 한계들에 대해서는 내다보지 않았다. 우리가 분석한 가상 시나리오들에 따르면 인구가 증가하고 물질 자본이 확대되면서 여러 가지 제약 요소들의 상호 작용으로 일어나는 문제들에 대처하기 위해서 인류는 점점 더 많은 자본을 쓸 수밖에 없다. 따라서 이러한 문제들을 해결하기 위해 전용되는 자본이 점점 늘어나고 마침내 세계는 더 이상 산업 성장을 지속할 수 없게 된다. 하지만 산업이 쇠퇴하면 사회는 식량이나 서비스, 여러 소비 분야와 같은 경제 영역에서도 더 이상 성장을 유지할 수 없다. 이러한 영역들이 성장을 멈춘다면 인구 성장 또한 멈추고 만다.

성장의 종말은 여러 형태로 나타날 수 있다. 그것은 인구가 감소하고 인류의 행복이 퇴보하는 전 세계의 통제 불가능한 와해 현상을 초래할 수 있다. 월드 3 모형이 보여주는 시나리오들은 다양한 원인들 때문에 발생하는 그러한 붕괴 현상들을 그린다. 성장의 종말은 또한 지구의 수용력에 인간의 생태발자국을 서서히 순응시켜나가는 것으로 나타날 수도 있다. 현재의 정책들에 중요한 변화를 준다면 월드 3 모형은 장기간에 걸쳐 상대적으로 높은 인류의 복지 수준을 구가하면서 성장의 종말을 향해 질서정연하게 나아가는 시나리오로 만들어질 수도 있다.

성장의 종말

성장의 종말이 어떤 형태를 띠건 1972년에 그것은 매우 먼 미래의 일인 것 같았다. 『성장의 한계』에 나온 월드 3의 모든 가상 시나리오들은 인구 증가와 경제 성장이 2000년까지 지속될 것이라고 했다. 그중 가장 비관적인 전망을 보여주는 시나리오에서는 물질적 생활 수준이 2015년까지 꾸준히 증가할 것으로 나타났다. 따라서 『성장의 한계』는 성장이 멈추는 시점을 책이 나오고 거의 50년이 지난 뒤로 설정했다. 그 기간은 전 세계 차원에서 기존의 정책들을 숙고하고 선택해서 수정할 수 있는 충분한 시간인 것처럼 보였다.

우리는 『성장의 한계』를 쓰면서 인류가 찬찬히 숙고하고 행동한다면 사회는 붕괴의 가능성을 줄이는 올바른 조치들을 취할 수 있을 것이라고 생각했다. 붕괴는 우리가 바라는 미래가 아니다. 지구의 자연계가 지탱할 수 있는 마지막 단계까지 인구와 경제가 급격하게 쇠퇴한다면 그 뒤를 이어 곧바로 인류 보건 정책의 파탄과 사회 갈등, 생태계 파괴, 총체적인 불평등이 수반될 것은 자명한 사실이다. 인간의 생태발자국이 급속도로 줄어들기 위해서는 사망률이 급격하게 늘고 소비가 급격하게 감소해야 한다. 우리가 적절한 정책을 선택하고 조치를 취한다면 그런 급격한 쇠퇴는 피할 수 있다. 지구에 대한 인간의 요구를 줄이려는 세심한 노력이 있다면 자원의 지나친 약탈 행위도 해결할 수 있을 것이다. 또한 출생률과 소비율을 지속 가능한 수준으로 낮추며 더욱 공평하게 물질을 분배한다면 생태 발자국도 점점 줄여나갈 수 있다.

성장이 반드시 지구를 붕괴로 이끄는 것은 아니다. 붕괴는 오직 지구의 한정된 자원들에 대한 요구가 점점 커져서 지나친 성장이 일어난 탓에 지구가 더 이상 지탱할 수 없는 상태에 빠졌을 때만 발생한다. 1972년에 인구 증가와 경제 성장은 여전히 지구가 수용할 수 있는 수준 이하인 것 같았다. 따라서 장기적으로 여러 가지 선택 방안들을 검토하는 동안 안전하게 성장할 수 있는 여지가 충분히 남아 있다고 생각했다. 1972년에 그것은 사실이었다. 그러나 1992년에는 더 이상 사실이 아니었다.

1992년: 성장의 한계, 그 이후

1992년, 우리는『성장의 한계』초판을 내고 20년이 지난 뒤 최초의 연구 결과를 새롭게 따져보는 작업을 했고 그 결과『성장의 한계, 그 이후』라는 개정판이 나왔다. 그 책에서는 1970년과 1990년 사이에 전 세계가 얼마나 성장했는지를 연구하고 그 결과로『성장의 한계』초판과 월드 3 컴퓨터 모형을 새롭게 수정, 보완했다.『성장의 한계, 그 이후』도『성장의 한계』가 전하는 말을 그대로 되풀이했다. 1992년, 우리는 20년 전에 이미 내렸던 결론이 20년이 지난 뒤에도 여전히 유효하다고 인정했다. 하지만 1992년에 낸 개정판은 한 가지 매우 중요한 사실을 밝혀냈다. 인류가 이미 지구의 수용 능력 한계를 넘어갔다는 사실이다. 그 사실은 너무도 중요해서 우리는 그것을 책 제목에 반영하기로 했다.

1990년대 초반, 인류가 지속 불가능한 영역으로 한 발짝 더 깊숙이 이동하고 있다는 사실은 이미 더욱 분명해지기 시작했다. 이를테면, 열대 우림은 더 이상 유지될 수 없을 정도로 심각하게 남벌되었다. 곡물 생산은 이제 더 이상 인구 증가를 따라잡을 수 없는 지경에 이르렀다는 연구 결과도 있었다. 어떤 사람들은 지구 온난화를 걱정하기도 했고 최근에는 성층권에 있는 오존층에 구멍이 뚫리는 것을 우려하기도 했다. 그러나 대다수 사람들은 이것들이 바로 인류가 지구 환경이 수용할 수 있는 한계를 초과한 증거임을 알지 못했다. 하지만 그것은 잘못된 생각이었다. 우리는 1990년대 초에 이미 어떤 현명한 조치로도 인류가 지구의 한계를 벗어나는 현상을 더 이상 피할 수 없다고 판단했다. 그것은 이미 현실이었다. 세계를 지속 가능한 영역으로 다시 '되돌리는' 것이 이제 중요한 당면 과제가 된 것이다. 하지만 『성장의 한계, 그 이후』도 여전히 우리의 앞날을 낙관적으로 생각했다. 이 책은 수많은 가상 시나리오들을 통해서 지구 전체를 생각하는 현명한 정책과 기술과 제도의 변화, 정치적 목표, 그리고 개개인의 꿈만 있다면 지금이라도 인간 사회가 한계를 넘어선 지나친 성장의 피해를 얼마든지 줄일 수 있다는 사실을 보여주었다.

『성장의 한계, 그 이후』는 리우데자네이루에서 세계환경개발정상회의가 열리던 해인 1992년에 발간되었다. 정상회의의 개최는 지구촌이 마침내 환경 문제의 심각성을 인식하고 그것에 대해서 적절하게 대처하기로 결정한 데 따른 것처럼 보였다. 그러나 우리는 리우에서 정한 목표들을 달성하지 못했다는 것을 이미 알고 있다. 2002년 요하네스버그에서 열린 리우+10 회의는 1992년 리우 때보다 훨씬 못한 결론을 도출했다. 회의에 참석한 나라마다 자신들의 편협한 국가, 기업, 개인의 이익만을 추구하느라 다양한 이데올로기와 경제 분쟁 속에 빠져들면서 회의는 진척을 보지 못했다.[4]

1970~2000년: 생태발자국의 증가

지난 30년 동안 매우 긍정적인 발전이 많이 있었다. 세계는 끊임없이 증가하는 인간의 생태발자국에 대응해서 새로운 기술을 개발하고 적용했다. 소비자들은 구매 습관을 바꾸었고 새로운 제도들이 만들어지고 다국적 합의가 이루어졌다. 어떤 지역에서는 식량, 에너지, 산업 생산력 증가가 인구 증가를 훨씬 초과했다. 그런 지역에서는 대다수 사람들이 전보다 훨씬 부유해졌다. 인구 증가율은 늘어나는 소득 수준과 반대로 줄어들었다. 이제 사람들은 1970년보다 환경 문제들을 훨씬 더 중요하게 생각하고 있다. 대부분의 나라에 환경 문제를 총괄하는 정부 부처가 생겼으며 국민들을 대상으로 하는 환경 교육도 흔한 일이 되었다. 선진국의 공장 굴뚝이나 배관 시설을 통해 방출되는 대부분의 공해 물질도 줄어들었다. 선두 기업들은 서로 앞다투어 환경 효율성을 점점 더 높이는 생산 방식을 도입하는 데 적극성을 보이고 있다.

이런 긍정적인 변화 덕분에 1990년대 들어서는 지구의 한계 초과에 대해 문제를 제기하기가 어려워졌다. 게다가 지구의 한계 초과와 관련된 기본 데이터와 개념마저 부족한 탓에 문제를 논의하기는 더욱 어려웠다. 한계 초과에 대한 기본적인 개념의 틀을 만들어—이를테면, 생태발자국의 증가와 국내총생산(GDP)의 증가를 비교하는 것과 같은—성장의 한계라는 문제에 대해서 지적인 토론을 할 수 있게 되기까지 20년이 넘는 세월이 걸렸다. 세계 사회는 브룬트란트 위원회가 지속 가능성이라는 용어를 새로 만들어낸 지 꽤 오랜 시간이 지난 지금까지도 그 개념을 이해하기 위해 애쓰고 있다.[5]

지난 10년 동안 우리가 『성장의 한계, 그 이후』에서 지구가 수용 한계를 초과했다고 주장했던 내용을 입증하는 데이터들이 많이 등장했다. 전 세계 1인당 곡물 생산량이 최고점에 이른 때가 1980년대 중반이다. 바닷물고기 수확이 크게 증가할 것이라는 전망은 이제 어디서도 찾아보기 힘들다. 자연재해와 관련한 비용은 날이 갈수록 점점 늘어나고 담수와 화석연료에 대한 수요가 급증하면서 자원의 배분과 그에 따른 갈등 해소 문제가 긴급한 현안으로 떠오르고 있는 실정이다. 전 세계 과학자들과 기상 데이터가 모두 지구의 기온이 다양한 인간 활동 때문에 바뀌고 있다는 것을 확인해주고 있지만, 미국을 비롯한 주요 국가들은 여전히 온실가스 배출을 늘리고 있다. 많은 곳에서 벌써 꾸준히 경제가 하락하는 양상이 보인다. 1990년부터 2001년까지 10년이 넘는 기간 동안 세계 전체 인구의 12퍼센트를 차지하는 54개 나라의 1인당 국내총생산은 계속해서 하락했다.[6]

또 지난 10년 동안 지구의 수용 한계를 넘어선 문제들을 논의하기 위한 새로운 어휘들과 수치 데이터들이 많이 양산되었다. 예를 들면, 마티스 베커나겔과 그의 동료들은 인간의 생태발자국을 측정해서 그것을 지구의 '수용 능력'과 비교했다.[7] 그들은 생태발자국을 '인간에게 자원(곡물, 사료, 목재, 물고기, 도시로 수용된 토지)을 제공하고 지구촌이 배출하는 배기가스(이산화탄소)를 흡수하기 위해 필요한 토지 면적'이라고 정의했다. 베커나겔은 현재 지구의 사용 가능한 면적을 비교했을 때 인간의 자원 사용량은 지구의 수용 능력보다 20퍼센트 초과된 상태라고 결론지었다([그림 P-1]). 이렇게 볼 때 지구가 지속 가능한 수준에 있던 마지막 시대는 1980년대다.

유감스럽게도 인간의 생태발자국은 기술과 제도의 발전에도 불구하고 지금도 끊임없이 증가하고 있다. 인간이 이미 지속 불가능한 영역에 진입한 지금까지도 상황이 이렇다는 것은 더욱 심각한 일이라고 할 수 있다. 그러나 이러한 문제에 대한 총체적인 인식은 매우 부족하다. 현재의 추세를 역전시켜 장기적으로 인간의 생태발자국을 지구의 수용 능력이 허용하

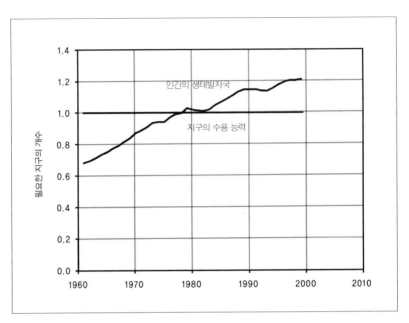

〔그림 P-1〕 생태발자국과 지구의 수용 능력

이 도표는 1960년부터 해마다 인간이 자원을 제공받고 자신들이 방출하는 배기가스를 흡수해줄 토지 면적을 보여준다. 인간이 필요로 하는 이러한 수요는 하나밖에 없는 지구가 공급할 수 있는 수용 능력과 비교된다. 인간의 수요는 1980년대 이후로 자연의 공급량을 초과해서 1999년에는 약 20퍼센트를 초과했다(출처: 마티스 베커나겔 외).

는 범위 아래로 끌어내릴 수 있도록, 개인의 가치관과 공공 정책의 변화를 이끌어내는 정치적 지지를 마련하기까지는 아직도 많은 시간이 걸릴 것이다.

앞으로 무슨 일이 일어날까?

지구가 당면한 도전은 이제 막 시작일 수 있다. 지속 가능한 세상에 도달하기 위해서는 전 세계 가난한 사람들의 소비 수준은 증가시키면서 동시에 인간 전체의 생태발자국을 줄여야 한다. 기술의 진보도 이루어야 하고 인간 개개인의 생각도 바뀌어야 하며 더 장기적인 계획도 짜야 한다. 또 정치적 경계를 넘어서 서로가 더 존중하고 보살피고 나누는 자세를 가져야 한다. 이러한 상황이 만들어지려면 아무리 좋은 환경이 마련된다고 해도 앞으로 적어도 수십 년은 걸릴 것이다. 오늘날 정치 집단들 가운데 자신들의 생태발자국은 줄이면서 가난한 사람들이 성장할 수 있는 공간을 마련해줄 수 있는 프로그램에 광범위한 지지를 보내는 집단은 없다. 부유한 강대국일수록 더욱 그렇다. 그 사이에 전 세계의 생태발자국은 날이 갈수록 점점 더 커지고 있다.

따라서 우리는 1972년보다 지구의 앞날에 대해서 훨씬 더 비관적이다. 사람들이 지난 30년 동안 지구 생태계의 위기에 대해서 무익한 논쟁만 일삼으며, 선의를 표하는 척하면서 실제로는 냉담한 반응을 보이고 시간을 허비했다는 것은 유감스럽지만 사실이다. 우리는 또다시 30년을 그처럼 허둥지둥 허비할 수 없다. 지구의 수용 성장의 한계를 초과해 끊임없이 지구를 훼손함으로써 21세기 동안 지구가 붕괴하는 것을 경험하지 않으려면 바꿔야 할 것이 많다.

우리는 다나(도넬라) H. 메도즈가 2001년 초 세상을 뜨기 전에 그이가 그렇게 원했던 『성장의 한계』 '30주년 개정판'을 완성시키겠노라고 약속했다. 하지만 우리는 그 과정에서 우리 세 사람의 저자들이 저마다 바라는 희망과 기대가 서로 매우 다르다는 것을 다시 한 번 깨달았다.

다나는 줄곧 낙관주의자였다. 그녀는 인간에 대해서 깊은 애정을 갖고 신뢰를 보냈다. 인간의 손에 올바른 정보만 쥐어준다면 그들은 결국 현명하고 통찰력 있는 인도주의적 해결 방법, 즉 지구 전체 생태계의 위기를 구해낼 수 있는 정책들을 도출해낼 것이라는 가정 아래서 (그렇지 않으면 세상은 종말의 위기로 치달을 것이므로) 평생을 바쳐 연구에 몰두했다. 다나는 이러한 이상을 실현하기 위해 평생을 다 바쳤다.

요르겐은 조금 냉소적이다. 그는 인간이 죽을 때까지 소비, 고용, 재산 증식과 같은 단기적인 이익만을 추구한다고 믿는다. 따라서 인간은 파국의 신호가 점점 늘어나는 것이 눈에 뻔히 보이더라도 그것을 무시하다가 결국에는 시간을 놓치고 만다. 요르겐은 유감스럽게도 지구촌이 만들어낼 수 있는 멋진 세상을 인간 스스로 포기할 것이라고 생각한다.

데니스는 그 중간에 있다. 그는 적절한 조치들만 취해진다면 지구 붕괴라는 최악의 가능성은 피할 수 있을 것이라고 믿는다. 그는 세계가 결국 어느 정도 지속 가능한 미래를 택할 것이라고 기대하지만 이미 도래한 지구의 심각한 위기들을 겪어야 하므로 뒤늦게 조치를 취할 수밖에 없을 것이라고 생각한다. 아무래도 뒤늦은 조치로 얻은 결과들은 좀 더 일찍 조치를 취했더라면 얻을 수 있었던 것보다 훨씬 성에 차지 않을 것이다. 그 과정에서 지구의 아름다운 생태계가 이곳저곳 많이 파괴될 것은 뻔한 일이다. 소중한 정치적, 경제적 기회들을 수없이 많이 잃고 말 것이며, 사회는 점점 군국주의화하고 엄청난 불평등이 지속되면서 갈등도 널리 확산될 것이다.

이 세 사람의 생각을 지구의 미래에 대한 하나의 공통된 전망으로 엮는 것은 불가능하다. 하지만 우리는 앞으로 어떻게 되었으면 하고 바라는 것에 대해서는 서로 뜻을 같이한다. 우리가 보고 싶어 하는 변화는 『성장의 한계, 그 이후』의 마지막 장에 나온 다나의 글을 약간 손질하여 이 책에 '무엇을 할 것인가'라는 제목으로 실었다. 우리는 그 글에서, 우리가 앞장서 그러한 방법을 알리고자 노력을 지속한다면, 언젠가는 세상 사람들이 인간을 비롯한 지구상의 모든 것들을 하나뿐인 이 지구에서 함께 살아갈 동반자로 사랑하고 존중하며 올바른 길을 찾을 수 있을 것이라는 점을 전하고자 했다. 너무 늦기 전에 인류가 그렇게 하기를 우리는 간절히 바란다.

『성장의 한계』의 예측은 맞았는가?

사람들은 줄곧 우리에게 "『성장의 한계』가 예견한 것이 맞았나요?"라고 묻는다. 하지만 그러한 질문은 신문, 방송과 같은 언론매체들이 쓰는 언어이지 우리가 쓰는 말이 아니다! 우리는 여전히 우리의 연구가 앞으로 일어날 수 있는 여러 가지 미래상을 확인하는 작업의 일환이라고 생각한다. 2100년까지 일어날 수 있는 인류 사회의 가상 시나리오들을 그리고 있는 것이다. 그럼에도 불구하고 지난 30년 동안 일어난 일을 교훈 삼아 되돌아보는 것은 유용할 것이다. 1972년 3월, 워싱턴 D.C.의 잘 알려지지 않은 한 출판사에서 『성장의 한계』 초판이 얇은 보급판으로 나온 이후 세상에는 과연 무슨 일이 벌어졌나?

맨 처음 많은 기업가들과 정치가들, 제3세계 옹호자들, 그리고 대다수 경제학자들은 이구동성으로 '성장의 한계'라는 생각에 대해서 크게 격노했다. 그러나 시간이 흐르면서 지구 생태계의 한계라는 개념이 터무니없는 말이 아니라는 증거들이 속속 드러났다. 실제로 물질적 성장에는 많은 한계가 있다. 그것들은 우리가 여러 가지 목표를 달성하기 위해 선택하는 정책들의 성공 여부에 막대한 영향을 끼친다. 역사는 인류 사회가 현명하고 통찰력 있는 이타적 조치들을 취하면서 그러한 한계들에 대응할 수 있는 자신들의 능력을 스스로 제한해왔다는 것을 보여준다. 그러한 조치들은 대개 단기적으로 보면 사회의 기득권 세력들에게 피해를 주기 때문이다.

1972년 이후로 자원 사용과 배기가스 배출이 제약되는 상황이 발생하면서 많은 위기가 도래했다. 그러한 상황은 언론매체들을 흥분시키고 대중의 관심을 끌고 정치인들의 생각을 새롭게 환기시켰다. 주요 산유국들이 석유 생산을 줄이고, 성층권의 오존층이 엷어지고, 지구의 기온이 올라갔다. 기아가 끊임없이 확산되고, 유독 폐기물을 버릴 장소에 대한 논쟁이 가열되고, 지하수를 끌어올리기 위해 점점 더 깊이 땅을 파야 하고, 수많은 생물 종들이 사라지고, 많은 숲이 사라졌다. 이러한 것들은 수많은 중요한 연구와 국제회의, 국제 협정들을 낳게 만든 여러 문제들 가운데 일부일 뿐이다. 이 모든 것들은 물질적 성장을 제한하는 요소들이 21세기 전 세계 정책 영역에서 중요한 변수로 작용할 것이라는 우리의 결론과 기본적으로 일치하며 그것이 옳다는 것을 보여준다.

우리는 숫자를 중요하게 생각하는 사람들에게 월드 3 모형이 추산해낸 시나리오들이 30년이 지난 지금에도 여전히 놀랄 정도로 정확하다고 말할 수 있다. 2000년의 세계 인구는 1972년에 월드 3 모형을 돌려서 예측했던 인구수(1972년 39억에서 2000년 60억으로 증가)와 정확하게 맞아떨어졌다.[8] 더 나아가 그 시나리오에서 예측한 세계 식량 생산량(1972년 18억 톤에서 2000년 30억 톤으로)의 증가도 거의 그대로 적중했다.[9] 하지만 이렇게 예측이 실제와 맞아 떨어졌다고 해서 우리가 구축한 예측 모형이 진실이라고 단언할 수 있을까? 물론 그렇지 않다. 그러나 월드 3 모형이 완전히 엉터리는 아니라는 것을 확인할 수는 있다. 따라서 월드 3 모형의 가정과 우리가 내린 결론은 오늘날에도 여전히 유효하다.

그 결론들을 이해하기 위해 반드시 컴퓨터에서 월드 3 모형을 돌릴 필요는 없다. 우리가 지구 붕괴 가능성에 대해서 말한 중요한 언급들은 월드 3 모형이 그려낸 곡선 도표만 무조건 믿고 일방적으로 해석해서 나온 것이 아니다. 그것들은 지구의 세 가지 명백하고 일관되며 공통적인 특징, 즉 언젠가 고갈될 자원의 한계와 그에 반하는 끊임없는 성장 추구, 그리고 다가오는 한계에 대한 사회의 대응 지체 때문에 발생하는 역학적인 행동 양식들을 이해하기만 하면 바로 알 수 있다. 그런 특징들이 지배하는 시스템은 어떤 경우라도 자체의 한계를 넘어서서 무너져 내리기 쉽다. 월드 3 모형의 가장 중요한 가정은 한계, 성장, 지체를 만들어내는 인과 관계의 메커니즘으로 구성되어 있다. 이러한 메커니즘이 현실 세계에서도 분명히 존재한다면 세상이 『성장의 한계』에서 말한 시나리오의 주요 특징들과 일맥상통하는 길을 따라서 서서히 발전해나갈 것이라는 것은 의심할 여지가 없다.

왜 다시 이 책이 필요한가?

이 책이 앞서 나온 두 권의 책과 기본적으로 똑같은 논지를 유지하고 있다면 굳이 다시 발간할 까닭이 있을까? 우리가 이 책을 낸 가장 큰 이유는 지난 수십 년 동안 드러난 모든 자료들과 사례들을 이용해서 1972년에 발표한 우리의 주장을 좀 더 이해하기 쉽고 설득력 있게 말하고 싶어서이다. 또한 앞서 낸 책으로 학생을 가르치는 교사들에게 갱신된 자료를 제공하고 싶은 마음도 있다. 『성장의 한계, 그 이후』는 지금도 여전히 미래에 대한 유용한 관점들을 주지만 1990년까지의 데이터들만 수록돼 있으므로 21세기를 사는 교사들에게는 데이터의 신뢰성이 의심스러울 수도 있을 것이다. 그 밖에도 이 책을 쓴 이유는 여러 가지가 있는데 바로 다음과 같다.

- 우리는 오늘날 인류가 지구의 한계를 초과한 상태에 있으며 그에 따른 피해와 고통도 크지만, 현명한 정책을 시행한다면 그것을 크게 줄일 수 있음을 다시 한 번 강조하고자 한다.

- 우리는 21세기에 인류가 올바른 길을 가고 있다고 공공연하게 주장하는 정치인들의 주장이 얼마나 잘못된 것인지 반박하는 데이터와 분석을 제공하고자 한다.
- 우리는 세계 시민들의 행동과 선택이 장기적으로 자신들에게 어떤 결과를 가져왔는지 생각하게 하고, 지구의 수용 한계를 초과함으로써 발생한 피해를 줄이기 위해 정치적 지원 활동을 촉구하고자 한다.
- 우리는 신세대 독자와 학생, 연구자들이 월드 3 컴퓨터 모형을 다시 주목하게 하고자 한다.
- 우리는 성장의 원인과 결과를 장기적인 관점에서 이해하기 위해 1972년 이후로 어떤 일들이 어떻게 진행되었는지 보여주고자 한다.

시나리오와 예측

우리는 21세기에 실제로 무슨 일이 일어날지 예측하기 위해 이 책을 쓰는 것이 아니다. 우리는 미래의 모습이 어떤 특정한 모습이 될 것이라고는 예측하지 않는다. 우리는 그저 앞으로 일어날 수 있는 다양한 시나리오의 범위를 보여주려 할 뿐이다. 말하자면 21세기가 어떻게 발전할 것인지에 대한 10가지 서로 다른 그림들을 그리고 있다. 우리는 사람들이 그것을 보고 배우고 되새겨서 각자 올바른 선택을 할 수 있도록 도와주기 위해 이 일을 한다.

우리는 현재 통용되는 데이터와 논리들로 미래에 어떤 일이 일어날지 정확하게 예견할 수 있을 것이라고 믿지 않는다. 하지만 적어도 현재의 지식이 미래에 대한 비현실적인 판단을 피할 수 있도록 도와줄 수 있다는 사실은 믿는다. 현재 나타난 사실들은 앞으로 미래에도 계속해서 성장을 지속할 수 있을 것이라는 많은 사람들의 맹목적인 기대가 이미 타당하지 않음을 입증하고 있다. 그들은 그저 자신들이 바라는, 사람의 마음을 사로잡지만 잘못된, 유용한 것 같지만 쓸모없는 생각에 사로잡혀 있을 뿐이다. 우리의 분석이 지구촌 시민들이 미래에 그들의 삶에 중요한 구실을 할 지구의 물질적 한계에 대해서 다시 한 번 되돌아보고 더 많은 사실을 깨닫고 진지하게 성찰하게 만든다면 그것으로 자기 할 바를 다한 것이다.

세 권의 책과 지속 가능한 체계로의 전환

책은 지속 가능한 개발을 이루기 위한 투쟁에서 아주 미약한 도구에 불과한 것처럼 보일 수 있다. 하지만 우리가 쓴 책의 지나온 경과를 보면 그렇지 않다는 것을 알 수 있다. 『성장의 한계』와 『성장의 한계, 그 이후』는 수백만 부가 팔렸다. 첫 번째 책은 전 세계에 광범위한 논쟁을 불러일으켰고 두 번째 책은 그 논쟁을 가열시켰다. 환경 운동이 초창기일 때 여러 가지 환경 문제들에 대한 세계인의 인식과 우려를 높인 것이다. 『성장의 한계』를 읽은 많은 학생들이 환경과 지속 가능한 개발과 관련한 문제들을 연구하기 시작하고 그 일을 자신들의 새로운 직업으로 삼는 일이 벌어졌다. 그것은 모두 유익한 일이었다.

그러나 우리 책은 여러모로 부족한 것이 많았다. 우리가 『성장의 한계』와 『성장의 한계, 그 이후』를 쓴 중요한 목표는 지구 생태계가 이제 한계를 초과했다는 것에 사람들의 관심을 집중시키고, 성장 추구를 모든 문제의 만병통치약으로 생각하는 것에 의문을 제기하도록 하는 것이었다. 우리는 '성장의 한계'라는 용어를 매우 폭넓게 썼다. 하지만 그 용어는 자주 오해를 불러일으키면서 오늘날 일상에서 매우 단순하게 쓰인다. 대다수 비평가들은 우리가 화석 연료나 어떤 일부 자원들이 곧 고갈될 것이라고 믿기 때문에 그런 한계들에 대해서 걱정하는 것이라고 치부한다. 하지만 사실 그 용어에는 좀 더 미묘한 의미가 담겨 있다. 우리는 현재 시행되는 정책들이 지구 생태계의 한계를 예상하고 대처하는 데 무기력한 모습을 보임으로써 결국 지구 전체를 무너뜨릴지도 모른다는 것을 걱정하고 있다. 오늘날 인간 경제는 중요한 한계선을 넘어서고 있으며 이러한 한계 초과는 앞으로 수십 년 동안 더욱 가속화될 것이 불 보듯 뻔하다. 우리는 앞서 발간한 두 권의 책에서 이런 우려를 명쾌하게 전달하지 못했다. '한계를 초과했다'라는 개념을 공식적인 논쟁에서 본격적으로 주목받게 하는 데 실패했다.

지난 30년 동안 자유무역이라는 개념을 줄기차게 밀어붙인 (대개 경제학자들로 구성된) 집단들과 우리의 현재 모습을 비교해보는 것도 좋은 일이다. 그들은 우리와 달리 자신들이 전달하고자 하는 개념을 일반인들도 알아듣기 쉽게 만들 줄 알았다. 그들은 자유무역을 위해 싸우는 수많은 정치인들에게 확신을 주었다. 하지만 그들도 또한 자유무역 정책들 때문에 많은 사람들이 일자리를 잃는 것처럼 개인이나 지역에 따라 그 대가를 톡톡히 치를 때마다 자유무역에 대한 사람들의 믿음과 충성도가 매우 광범위하게 떨어져 나가는 근본적인 문제에 직면하는 것은 어쩔 수 없다. 또 자유무역이라는 목표를 채택함으로써 발생하는 전체 손익에 대해서 잘못 생각하는 것들도 많다. 우리가 보기에 21세기에는 생태계의 한계 초과라는 개념이 자유무역보다 훨씬 더 중요한 개념이 될 듯하다. 그러나 그렇게 일반인의 관심과 주의를 끌기에는 아직도 갈 길이 한참 멀었다. 이 책은 바로 그러한 틈새를 채우기 위한 새로운 시도 가운데 하나이다.

현재의 생태계 한계 초과와 붕괴

사회 복지가 최저 한계를 넘어서 점차 퇴보하는 현상은 사회가 앞날을 잘 대비하지 못할 때 일어난다. 이를테면 원유 매장량이 점점 감소하고 강이나 바다에서 잡는 물고기가 점점 줄어들고 열대 우림의 목재들을 점점 구하기 어려워질 때에 대한 준비가 전혀 없을 때 이러한 자원들이 고갈되기 시작하면 인간의 번영은 길을 잃고 말 것이다. 게다가 생태계가 지속할 수 있는 한계를 벗어난 상태에서 자원의 기반마저 무너져 내리고 파괴된다면 문제는 더욱 악화된다.

지구 생태계가 한계를 넘어서 붕괴할 때 무슨 일이 벌어질지를 보여주는 한 가지 생생한 사례가 실제로 21세기가 시작되는 무렵에 발생했다. 전 세계 주식 시장에 불어닥친 '닷컴 거품' 현상이 바로 그것이다. 이 현상은 비록 물질자원계가 아니라 금융계에서 일어난 일이지만 이 책이 얘기하고자 하는 관심의 초점을 잘 보여준다. 거기서 점점 고갈되는 자원은 투자자의 신뢰였다.

당시 상황을 간단히 요약하면 1992년부터 2000년 3월까지 주가는 놀랄 정도로 크게 상승했다. 뒤돌아보건대 더 이상 지속될 수 없을 정도로 최고치까지 올랐다. 하지만 그 뒤로 주가는 2003년 3월 바닥을 칠 때까지 3년 동안 내리 하락했다. 그러고 나서 (적어도 이 책을 쓰던 무렵, 2004년 1월까지는) 서서히 다시 시세를 회복하기 시작했다.

인간들이 자원을 과도하게 사용하거나 배기가스를 한계 이상으로 방출했을 때와 달리 주가는 오랫동안 상승을 계속하더라도 그것 때문에 고충을 주는 일은 전혀 없었다. 오히려 반대로 주가 지수가 새롭게 최고치를 경신할 때마다 더욱더 많은 사람들이 열광했다. 여기서 가장 주목할 만한 사실은 지금 돌이켜보면 1998년에 이미 일어난 것처럼 보이는데 심지어 주가가 지속 불가능한 영역에 도달한 뒤에도 주식 투자 열기는 끊이지 않았다는 점이다. 투자자들이 비로소 주가에 '거품'—적정 한도를 초과했다는 그들 세계의 말—이 끼었다는 것을 인정하기 시작한 것은 주식 시장이 최고점에 이르고도 몇 년이 지나 이미 붕괴의 길로 들어선 뒤였다. 주식 시장이 무너져 내리기 시작하자 아무도 그것을 멈출 수 없었다. 3년 동안 끊임없이 주가가 폭락하자 과연 그것이 끝날 수 있을지 의심하는 사람들이 많아졌다. 투자자들의 주식 시장에 대한 신뢰는 완전히 나락으로 떨어졌다.

유감스럽게도 세계는 지나친 자원 수탈과 배기가스 방출 탓에 닷컴 거품 현상과 마찬가지로 생태계의 지속 가능한 한계 초과와 붕괴를 겪을 것이다. 더군다나 그 기간은 닷컴 거품 때보다 훨씬 더 길 것이다. 지구 생태계가 지속 불가능한 영역으로 이동하고 나서 오랜 시간이 흐른 뒤에도 많은 사람들이 성장을 지향하고 지지할 것이다. (우리는 이미 그것을 닷컴 거품 때 겪어서 알고 있다.) 생태계의 붕괴는 모든 사람이 놀랄 정도로 급작스럽게 닥쳐올 것이다. 그리고 그것이 몇 년 동안 지속되면 붕괴 전의 상태를 이제 더 이상 지속할 수 없음이 점점 더 명백해질 것이다. 또다시 더 몇 년 동안 퇴보를 거듭하고 나면 아무도 그 끝이 언제가 될지 알 수 없다. 이제 언젠가 다시 에너지를 풍족하게 쓰고 강과 바다에서 싱싱한 물고기를 마음껏 잡을 수 있을 것이라고 믿을 사람은 아무도 없을 것이다. 그저 그런 일이 일어나지 않기를 바랄 뿐이다.

앞날을 위한 계획

한때 성장의 한계는 먼 미래의 얘기였다. 그러나 이제 그것은 우리 눈앞에 있다. 한때 생태계 붕괴라는 개념은 생각할 수 없었다. 그것은 아직까지 막연하고 가정에 근거한 학술적 개념이지만 공개적으로 논의되기 시작했다. 우리는 생태계의 지속 가능한 한계를 넘어선 결과가 분명하게 밝혀지려면 앞으로 적어도 10년은 더 걸릴 것이며 그 사실을 사람들이 깨달으려면 다시 10년이 더 걸릴 것이라고 생각한다. 이 책에서 예상하는 21세기의 첫 10년은 30년 전 『성장의 한계』에서 예상했던 시나리오처럼 여전히 성장의 시대일 것이다. 따라서 1970년에서 2010년까지 우리가 예상하는 것은 우리를 비평하는 사람들의 예상과 크게 벗어나지 않는다. 사람들이 이 문제를 좀 더 잘 이해할 수 있는 결정적인 증거들이 나타나기 위해서는 그 뒤로 10년을 더 기다려야 한다.

시기는 미정이지만 우리는 『성장의 한계』에 대한 새로운 개정판을 또 낼 작정이다. 그때쯤이면 생태계의 지속 가능한 한계를 넘어선 실체를 검증할 수 있는 충분한 데이터가 있을 것이라고 믿는다. 그때가 되면 우리가 옳았다는 것을 예증할 수 있을 것이다. 아니면 우리는 거기에 나타난 데이터를 가지고 인간의 기술과 시장이 지구 생태계의 한계를 인간 사회가 요구하는 수준보다 훨씬 더 높이 상승시켰다는 사실을 인정해야만 할 것이다. 인구 증가율의 감소와 경제 쇠퇴는 코앞에 닥칠 것이다. 세계는 성장을 위해 또 수십 년을 준비할 것이다. 우리가 다음 책을 내놓을 때까지 여러분은 이제 인간의 생태발자국이 늘어난 원인과 결과에 대한 자기 나름의 생각을 정리해야 할 것이다. 우리는 여러분이 이 책에서 그러한 노력에 도움이 되는 유용한 기반을 찾길 바란다.

2004년 1월
데니스 L. 메도즈, 미국 뉴햄프셔 더램
요르겐 랜더스, 노르웨이 오슬로

1장
한계를 초과한 생태계

미래는 더 이상 없다. (……) 인간이 두뇌와 기회를 좀 더 효과적으로 사용할 줄 알았다면 앞날을 내다볼 수 있었을 것이다. 그러나 우리가 합리적이고 현실적으로 행동한다면 미래는 여전히 우리가 원하는 모습으로 될 수 있다.

—아우렐리오 페체이, 1981년

한계 초과란 뜻하지 않게 갑자기 너무 멀리 가거나 한계를 넘어간 것을 뜻한다. 사람들은 날마다 한계 초과를 경험한다. 의자에 앉아 있다가 갑자기 벌떡 일어서면 순간적으로 몸의 균형을 잃기 십상이다. 샤워기로 몸을 씻을 때 모르고 갑자기 너무 뜨거운 물을 틀면 화상을 입을 수 있다. 빙판길에서는 차가 멈춤 신호를 보고도 서지 못하고 미끄러져 정지선을 넘어갈 수 있다. 파티에 가서 자기 몸이 견뎌낼 수 있는 것보다 훨씬 더 많이 술을 마실 수도 있다. 다음 날 아침이면 숙취로 머리가 부서질 듯이 아플 것이다. 건설사들은 실제 수요보다 더 많은 콘도들을 지어 원가보다 싸게 팔고 결국에는 파산할 수도 있는 어리석은 짓을 수시로 한다. 바다에 어선을 너무 많이 띄우면 다음에 다시 물고기를 잡을 수 없을 정도로 많은 물고기가 잡힌다. 이것은 물고기의 씨를 말리는 약탈 행위이다. 나중에는 결국 잡을 물고기가 없어 배들을 항만에서 그냥 썩히고 있을 수밖에 없다. 화학 회사들은 대기권 상층부에서 안전하게 흡수할 수 있는 것보다 더 많은 염소 화합 물질들을 대기로 배출했다. 이제 오존층은 앞으로 성층권의 염소 농도가 낮아지지 않는 한 수십 년에 걸쳐서 계속 파괴될 것이다.

개인이든 지구든 그 규모에 상관없이 그것의 지속 가능한 한계를 벗어나게 만드는 원인은 늘 세 가지이다. 첫째 원인은 성장, 가속, 급격한 변화이다. 둘째 원인은 어떤 한계나 장벽 형태로 나타난다. 시스템은 그것을 넘어서는 순간 더 이상 안전하게 앞으로 나아갈 수 없다. 셋째 원인은 시스템이 적정 한계를 벗어나지 않게 하려는 생각과 행동이 지체되거나 잘못된 방향으로 가는 것이다. 이 세 가지 원인은 어떤 시스템이든 반드시 그 자체의 적정 한계를 벗어나게 한다.

한계를 벗어난다는 현상은 똑같지만 그것이 나타나는 형태는 거의 무한대로 매우 다양하다. 한계를 벗어나게 만드는 첫 번째 원인인 급격한 변화는 석유 사용의 증가와 같이 물질의 변화일 수 있다. 또 그것은 관리 대상이 되는 사람 수의 증가와 같이 집단의 변화일 수도 있다. 그리고 그것은 개인의 소비 욕구가 끊임없이 상승하는 것과 같이 심리의 변화일 수도 있다. 그 밖에 금융이나 정치, 생물학적 변화로 모습을 드러낼 수도 있다.

두 번째 원인인 한계도 마찬가지로 다양한 모습을 띤다. 한정된 공간이나 시간 또는 타고난 물리적, 생물학적, 정치적, 심리적 한계와 같이 어떤 시스템의 고유한 특성들이 그 시스템에 한계를 지울 수 있다.

세 번째 원인인 지체도 여러 가지 방식으로 일어난다. 이러한 지체는 무관심, 잘못된 데이터, 정보의 지체, 뒤늦은 대응, 괜한 트집만 잡고 사람을 귀찮게 만드는 관료주의, 시스템 대응 방식에 대한 거짓 이론들 때문에 생긴다. 또 지체를 막기 위해 최선의 노력을 했지만 그 효과가 빨리 퍼지는 것을 가로막는 기존의 타성 때문에 발생하기도 한다. 이를테면 운전자가 빙판길에서 브레이크를 밟았을 때 자기 차가 얼마나 멀리까지 미끄러지는지 알지 못할 때 지체가 발생한다. 건설업자들은 현재의 건설 경기만을 볼 줄 알지 앞으로 2~3년 뒤에 그것이 시장에 어떤 영향을 끼칠지는 생각하지 않는다. 어선의 선주들은 현재 잡는 물고기의 양에만 만족할 줄 알지 앞으로 물고기의 번식률이 얼마나 되고 또 얼마나 많이 잡힐지에는 도무지 관심이 없다. 화학 물질들은 그것들이 사용된 장소에서 생태계에 치명적인 피해를 입힐 지점으로 이동하는 데 여러 해가 걸린다.

한계를 벗어나는 대부분의 사례들은 사람들에게 해를 입히지 않는다. 많은 종류의 한계들은 그 범위를 벗어나더라도 사람들에게 심각한 피해를 주지 않는다. 한계를 벗어나는 경우가 자주 발생할 때 사람들은 그것이 위험할 것 같다고 느끼면 그런 행위를 피하거나 그 결과를 최소화할 줄 안다. 예컨대 사람들은 샤워기를 틀기 전에 손으로 먼저 수온을 잰다. 때로는 한계를 초과해서 피해를 입은 경우 재빠르게 그것을 고치기도 한다. 대다수 사람들이 전날 밤 술집에서 과음을 한 뒤에는 보통 다음 날 아침 늦게까지 잠을 자려고 하는 것이 바로 그런 경우이다.

하지만 가끔 한계를 벗어났을 때 회복하기 어려울 정도의 큰 재앙을 당하는 경우도 있다. 전 세계 인구 증가와 실물 경제의 성장 때문에 인간들은 바로 이런 위험에 직면하게 된다. 이 책에서 다루고자 하는 것이 바로 이것이다.

우리는 이 책 전반에 걸쳐 세계 인구와 경제가 지구의 수용 능력을 초과해서 성장하게 된 원인과 결과를 설명하고 이해하는 데 온 힘을 쏟을 것이다. 여기에 포함된 문제들은 서로 복잡하게 얽혀 있다. 관련 데이터들이 모두 완전하거나 충실한 것은 아니다. 연구자들 사이에 합의를 이룬 과학적 방법은 아직 만들어지지 않았다. 하물며 정치인들을 설득하고 그들 사이에서 합의를 이끌어내려면 아직도 갈 길이 멀다. 그렇기에 더더욱 우리에게는 인간의 지구에 대한 수요와 그러한 수요를 충족시킬 수 있는 지구의 수용 능력 사이의 관계를 규정하는 용어가 필요하다. 생태발자국은 바로 이러한 목적으로 사용하기 위해 만들어진 용어이다.

이 용어는 마티스 베커나겔과 그의 동료들이 1997년 지구 회의(Earth Council)에서 위탁받은 연구를 수행하면서 널리 알려졌다. 베커나겔은 여러 나라의 사람들에게 천연자원을 제공하고 그들이 버리는 폐기물들을 흡수하기 위해 필요한 토지 면적을 계산했다.[1] 세계자연보호기금(WWF)은 나중에 베커나겔이 사용한 용어와 계량적 접근 방법을 채택해서 반년마다 《살아 있는 지구 보고서(*Living Planet Report*)》를 통해 150개가 넘는 나라의 생태발자국 데이터를 발표한다.[2] 이들 자료에 따르면 1980년대 말부터 지구의 인간들은 해마다 지구가 그 해에 재생산해낼 수 있는 것보다 더 많은 자원을 사용해왔다. 달리 말하면 지구 전체의 생태발자국은 지구가 수용할 수 있는 능력의 한계를 넘어섰다. 이 결론을 입증할 수 있는 많은 자료들이 있다. 나중에 3장에서 이 문제에 대해 거론할 것이다.

이러한 한계 초과는 매우 심각한 위험을 초래할 수 있다. 그것은 우리가 전에 한 번도 겪어본 적이 없는 상황이 될 것이다. 이제 인류는 지구상에 있는 모든 종들이 지구 전체의 규모로 한 번도 경험한 적이 없는 다양한 문제들과 대면하고 있는 것이다. 하지만 우리는 현재 그런 위험을 대처하기 위해 필요한 정신 자세, 문화 규범, 습성, 제도 들을 갖추지 못했다. 따라서 피해를 입을 경우 그것을 복구하는 데 대개 수백 년, 아니 수천 년이 걸릴 수도 있다.

그러나 그 결과가 반드시 대재앙으로 나타나는 것은 아니다. 지구 생태계의 한계 초과는 두 가지 서로 다른 결과로 나타날 수 있다. 하나는 일종의 붕괴이다. 또 다른 하나는 방향 전환과 보완, 주의 깊게 서서히 속도를 줄이는 것이다. 우리는 이 두 가지 가능성을 인간 사회와 그것을 지탱해주는 지구에 적용하고 검토하려고 한다. 우리는 지금이라도 방향을 전환할 수 있으며 그것이 세계 모든 사람들을 바람직하고 지속 가능하며 풍족한 미래로 이끌 수 있다고 믿는다. 하지만 적절한 방향 전환이 당장 이루어지지 않는다면 지구의 붕괴는 자명하다는 사실도 믿는다. 그리고 그러한 붕괴는 오늘날 생존해 있는 많은 사람들이 살아 있는 동안에 발생할 것이다.

너무 지나친 주장이라고 생각할지도 모른다. 하지만 우리가 어떻게 그런 결론에 도달했을까? 우리는 지난 30년 동안 인구와 생태발자국의 증가에 대해서 장기적인 관점에서 원인과 결과를 찾기 위해 많은 동료들과 함께 연구했다. 우리는 이 문제에 접근하기 위해 네 가지 도구를 사용했다. 현미경 렌즈와 망원경 렌즈가 서로 다른 모습을 보여주는 것처럼 서로 다른 방식으로 데이터를 바라보기 위해서 네 가지 서로 다른 렌즈를 사용했다. 그 가운데 세 가지 관찰 도구들은 이미 널리 사용되고 있으며 설명하기 쉽다. (1)생태계에 대한 공인된 과학과 경제 이론, (2)전 세계 자원과 환경에 대한 자료, (3)그런 정보를 통합하고 그것이 암시하는 바를 추정하는 컴퓨터 모형들이 바로 그것들이다. 이 책의 많은 부분이 이 세 가지 렌즈를 통해 말하며, 우리는 그 도구들을 어떻게 사용했고 그것들을 통해 무엇을 보았는지 설명할 것이다.

네 번째 도구는 우리의 '세계관'이다. 그것은 내적으로 일관된 신념과 태도, 가치관의 종합 체계, 즉 세상을 바라보는 근본 방식, 하나의 패러다임을 말한다. 이 세상 누구에게나 세계관이 있다. 그것은 사람들이 어디서 무엇을 보고 생각할지를 규정한다. 세계관은 여과기 구실을 한다. 세계관은 사람들이 (대개 잠재의식 속에서) 기대했던 세계의 본질과 자신이 얻은 정보를 서로 일치시킨다. 따라서 사람들은 그런 기대를 거스르거나 충족시키지 못하는 정보들을 무시한다. 사람들이 색깔 있는 판유리처럼 여과기를 통해 밖을 내다보면 대개는 밖을 있는 그대로 보지 못한다. 세계관도 마찬가지이다. 서로 같은 세계관을 가진 사람들끼리는 그것을 굳이 설명할 필요가 없다. 하지만 서로 다른 세계관을 가진 사람들은 서로를 이해하기가 매우 어렵다. 하지만 모든 책, 모든 컴퓨터 모형, 모든 공식 성명은 그것을 발표한 사람들의 세계관만으로 인정받을 수 없으며 적어도 그것을 입증할 '객관적인' 데이터나 분석이 있어야 한다.

우리도 마찬가지로 이러한 세계관의 영향을 받지 않을 수 없다. 하지만 우리는 독자들에게 우리 세계관의 중요한 특징들을 이해시키기 위해 최선을 다할 것이다. 우리 세계관은 우리가 속해 있는 서구 산업 사회와 우리의 과학적, 경제적 지식 수준, 그리고 세계 여러 곳을 여행하고 연구하면서 얻은 교훈들을 바탕으로 만들어졌다. 우리가 지닌 세계관의 최소 공통분모이자 가장 중요한 부분은 사물을 전체 시스템 안에서 바라보는 시스템적 관점이다.

시스템적 관점은 마치 산꼭대기에서 아래를 내려다보듯이 다른 어느 곳에서도 볼 수 없는 것들을 볼 수 있게 한다. 그 밖의 다른 관점들은 다른 것들을 보지 못하게 막을 수도 있다. 우리는 그동안 상호 연관된 물질과 비물질 요소들이 시간의 흐름에 따라 바뀌는 동태적 시스템을 연구하는 데 집중했다. 그 결과 우리는 세계를 성장과 쇠퇴, 변동, 한계 초과와 같이 현재진행형의 행동 유형들이 모여 있는 하나의 집합체로 보게 되었다. 따라서 전체 시스템의 한 부분에 집중하기보다는 그것들이 서로 연결된 고리들에 주목한다. 우리는 인구 통계, 경제, 환경을 구성하는 많은 요소들을 서로 수없이 연결되어 있는 하나의 지구 체계로 본다. 그 연결 고리들에서 볼 수 있는 축적, 흐름, 반응, 한계들은 모두 시스템이 미래에 어떻게 움직일지, 그리고 인간들이 그러한 시스템의 움직임을 바꾸기 위해 어떤 조치를 취해야 할지에 큰 영향을 미친다.

시스템적 관점이 세계를 바라보는 유일한 방법은 아니지만 우리에게 특별히 유익한 정보를 주는 방법인 것은 분명하다. 그것을 통해 우리는 새로운 방식으로 문제에 접근할 수 있고 뜻밖의 기회를 발견할 수 있다. 여기서 시스템적 관점에 대한 개념을 잠깐 소개하는 것도 독자들이 우리의 생각을 이해하고 세계의 현 상태와 미래의 선택들에 대해서 자신의 생각을 정리하는 데 도움이 되리라고 생각한다.

이 책의 구성은 우리가 지구 체계를 분석하는 논리 구조를 그대로 따른다. 우리는 앞서 기본 관점을 세웠다. 어떤 시스템의 한계 초과는 (1)급격한 변화, (2)그 변화의 한계, (3)그 한계들을 인식하고 변화를 조절하는 대응에서의 오류와 지연이 서로 얽혀서 발생한다. 지구의 상태를 그 순서에 따라 바라본다면 먼저 지구의 급격한 변화를 초래하는 원동력이 등장하고 이어서 그 변화를 가로막는 지구의 한계들이 나타난다. 그리고 마지막으로 그 과정에서 인간 사회는 그 한계들을 깨닫고 거기에 반응한다.

우리는 다음 장에서 지구에 어떤 변화 현상들이 일어났는지부터 시작한다. 단언컨대 오늘날 지구의 변화 속도는 인간 종의 역사에서 한 번도 본 적이 없을 정도로 빠르다. 그러한 변화는 인구와 실물 경제에서 모두 엄청나게 급격한 성장을 이끌었다. 그러한 성장은 지난 200년이 넘는 시간 동안 세계의 사회경제 체계를 지배하는 가장 중요한 움직임이었다. 예를 들면, 〔그림 1-1〕은 인구가 얼마나 급격하게 증가했는지를 보여준다. 출산율이 떨어지고 있음에도 인구는 여전히 급격히 늘어나고 있다. 〔그림 1-2〕는 산업 생산이 오일 쇼크, 테러리즘, 전염병, 그 밖의 여러 가지 단기적 영향력으로 잠시 급강하한 것을 빼고는 계속해서 상승하고 있음을 보여준다. 산업 생산은 인구 증가보다 훨씬 더 빠르게 상승하여 인간의 물질적인

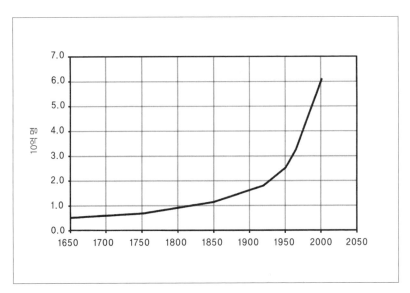

[그림 1-1] 세계 인구

세계 인구는 산업혁명 이래로 엄청나게 증가해왔다. 시간이 흐르면서 끊임없이 급격하게 상승하는
그래프 곡선을 주목하라. 이러한 곡선 모양은 지수함수의 특징을 나타낸다. 하지만 이제 성장률은
떨어지고 있다. 곡선은 눈으로 거의 볼 수 없지만 경사도가 덜 급격해지고 있다. 2001년 세계 인구
증가율은 1.3퍼센트였다. 하지만 그것은 지난 55년 동안 증가한 인구수의 두 배에 해당한다(출처:
미국 인구조회국, 유엔, D. 보그).

평균 생활 수준을 상승시키는 결과를 초래했다.

　인구 증가와 산업의 성장은 지구 체계의 다른 많은 영역에 변화를 가
져왔다. 예를 들면 많은 영역에서 오염 수준들이 높아지고 있다. [그림
1-3]은 매우 중요한데 주로 인간들이 화석 연료를 태우거나 숲을 없애면
서 생기는 온실가스, 즉 이산화탄소가 대기에 얼마나 급속도로 축적되는
지를 보여준다.

　이 책에는 식량 생산의 증가, 도시 인구의 증가, 에너지 소비의 증가,
원자재 사용량의 증가를 비롯해서 지구상에서 이루어지는 인간의 수많은

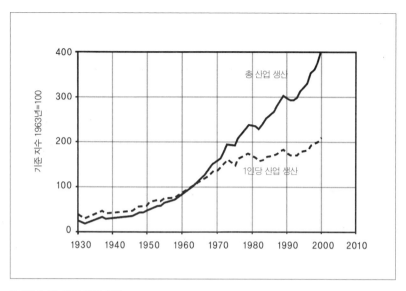

〔그림 1-2〕세계 산업 생산

세계 산업 생산은 1963년을 기점으로 해서 오일 쇼크와 금융 침체에 따른 파동에도 불구하고 상대
적으로 지수함수의 성장 곡선을 보여준다. 지난 25년 동안의 성장률은 해마다 평균 2.9퍼센트로 25
년 동안 2배 증가했다. 하지만 1인당 증가율은 전체 증가율보다 더 완만했는데 2001년 인구 증가율
이 1.3퍼센트에 불과하지만 총 인구수는 55년 동안 2배로 늘었기 때문이다(출처: 유엔, 미국 인구
조회국).

물질적 활동의 결과들을 보여주는 여러 도표들이 나온다. 모든 것이 똑같
은 비율이나 똑같은 방식으로 증가하는 것은 아니다. 〔표 1-1〕에서 볼 수
있는 것처럼 각각의 성장률은 매우 다양하다. 어떤 것은 성장률이 낮지만
눈에 보이지 않는 중요한 변수들의 증가율은 해마다 매우 크게 늘고 있다.
종종 성장률이 감소하는 경우에도 절대 증가량은 여전히 상승하고 있
다. 증가율이 낮다고 하더라도 기본 데이터의 크기가 크다면 절대 증
가량이 엄청나게 크기 때문이다. 〔표 1-1〕에 나온 14가지 증가율 가운
데 8가지가 그런 경우에 속한다. 지난 반세기 동안 인류는 인구수와 물

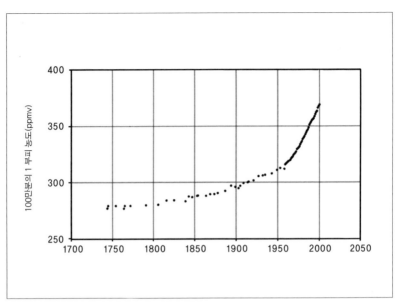

〔그림 1-3〕 대기의 이산화탄소 농도

대기의 이산화탄소 농도는 약 270ppm에서 370ppm 이상까지 상승했고 앞으로도 상승 곡선을 계속
그릴 것이다. 이산화탄소는 기본적으로 인간들이 화석 연료를 태우고 숲을 파괴하면서 배출된다.
그 결과 지구의 기후 변화가 초래됐다(출처: 유엔환경계획, 미국 에너지부).

질의 소유, 우리가 이용하는 원자재와 에너지의 유출을 2배, 4배, 10배,
아니 그 이상으로 늘려왔다. 그리고도 앞으로 더 늘리기를 바라고 있다.

사람들은 성장지상주의 정책을 지지한다. 성장이 끊임없이 자신들을
잘살게 해줄 것이라고 믿기 때문이다. 세계 각국 정부들은 모든 문제를 해
결할 처방책으로 성장을 찾는다. 선진국에서는 성장이 고용과 경제 성장,
기술 발전을 위해 필요하다고 믿는다. 후진국에서는 성장이 가난을 벗어
날 수 있는 유일한 방법이라고 생각한다. 또 환경을 보호하고 개선하기 위
해 필요한 자원들을 공급하려면 성장이 필요하다고 믿는 사람들도 많다.

	1950년	25년간 증가율 (%)	1975년	25년간 증가율 (%)	2000년
인구 (백만 명)	2,520	160	4,077	150	6,067
등록된 차량 (백만 대)	70	470	328	220	723
석유 소비량 (백만 배럴/년)	3,800	540	20,512	130	27,635
천연가스 소비량 (십억 세제곱피트/년)	6.5	68	44.4	210	94.5
석탄 소비량 (백만 톤/년)	1,400	23	3,300	150	5,100
발전 능력 (백만 킬로와트)	154	1,040	1,606	200	3,240
옥수수 생산량 (백만 톤/년)	131	260	342	170	594
밀 생산량 (백만 톤/년)	143	250	356	160	584
쌀 생산량 (백만 톤/년)	150	240	357	170	598
목화 생산량 (백만 톤/년)	5.4	230	12	150	18
목재펄프 생산량 (백만 톤/년)	12	830	102	170	171
철 생산량 (백만 톤/년)	134	350	468	120	580
강철 생산량 (백만 톤/년)	185	350	651	120	788
알루미늄 생산량 (백만 톤/년)	1.5	800	12	190	23

〔표 1-1〕 1950~2000년 전 세계 인간 활동과 생산 증가율

〔출처: 미국 인구조회국, 미국 자동차제조협회, 워드 자동차 통계, 미국 에너지부, 유엔, 유엔식량농업기구, 미국 상품조사국(선물 상품 가격 지수를 산출하는 민간 기업—옮긴이)〕

정부와 기업의 지도자들은 점점 더 많은 성장을 이루기 위해 할 수 있는 모든 일을 한다.

이런 까닭으로 성장은 지금까지 모든 사람들이 지지하고 환영해야 할

대의로 여겨졌다. 성장과 같은 뜻으로 쓰이는 단어들을 생각해보면 당장 개발, 진보, 전진, 증진, 향상, 번영, 성공이라는 말이 떠오른다. 이러한 것들이 성장을 추구하게 만드는 심리적, 제도적 원인들이다.

또한 사람들이 구조적 원인이라고 부르는 시스템들도 있다. 그것들은 인구-경제 체계를 구성하는 요소들 사이에 연결 고리를 제공한다. 2장에서는 이러한 성장의 구조적 원인과 그것들이 암시하는 것이 무엇인지 검토한다. 성장이 왜 세계 체계를 지배하는 가장 중요한 움직임이 되었는지 보여줄 것이다.

성장이 몇 가지 문제들을 해결할 수도 있지만 또 다른 문제들을 만들기도 한다. 성장에도 한계가 있기 때문이다. 3장에서는 이 문제를 다룬다. 지구는 한정된 공간이다. 인구, 자동차, 주택, 공장을 포함해서 물질적인 성장은 영원히 계속될 수 없다. 그러나 성장의 한계는 직접적으로 사람이나 자동차, 주택, 공장 들의 수를 제한하는 것을 의미하지 않는다. 여기서 성장의 한계란 일정 기간 동안 처리할 수 있는 양의 한계를 말한다. 즉 사람, 자동차, 주택, 공장이 자기 기능을 지속할 수 있을 정도의 에너지와 물질이 제공되기는 하지만, 무한정은 아니라는 말이다. 그것은 인류가 지구의 생산력과 흡수력을 초과하지 않는 한도 내에서 자원(농작물, 곡식, 나무, 물고기)을 뽑아 쓰고 폐기물(온실가스, 유독 물질)을 방출할 수 있을 정도의 성장률의 한계를 말한다.

인구와 경제는 지구가 생산하는 공기와 물, 식량, 물질, 화석 연료들 덕분에 존재할 수 있다. 하지만 그것들은 지구에 쓰레기와 오염 물질을 방출한다. 지구는 땅속에 매장된 각종 광물들과 지하수를 담고 있는 대수층, 토양에 함유된 수많은 영양분들과 같은 자원을 가지고 있다. 또한 대기와 지표수 오염, 쓰레기 매립지들은 인간이 방출한 쓰레기와 오염 물질들을 흡수하는 구실을 한다. 물질적 성장의 한계는 인간에게 물질과 에너지를 제공하는 지구의 자원 생산력의 한계인 동시에 인간이 방출한 오염 물질과 쓰레기를 자정할 수 있는 지구 흡수력의 한계이다.

3장에서는 지구의 자원 기반과 폐기물 처리 능력에 대해 검토한다. 거기서 나오는 데이터를 통해 두 가지 문제가 제기된다. 한 가지는 나쁜 소식이고 다른 하나는 좋은 소식이다.

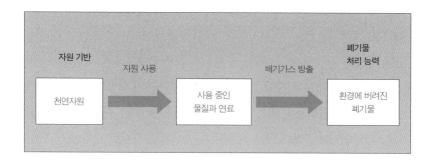

나쁜 소식은 많은 중요 자원들이 없어지거나 줄어들고 있으며 방출된 쓰레기와 오염 물질들을 처리할 수 있는 자정 능력이 한계에 이르거나 그것을 초과하고 있다는 사실이다. 인간 경제가 발생시키는 쓰레기와 오염 물질 처리량이 현재의 증가율로 계속 증가해나간다면 지구는 앞으로 더 이상 유지될 수 없다. 일부 자원들의 기반과 폐기물 처리 능력은 이미 심각하게 손상된 상태라서 자원을 얻기 위한 원가의 상승, 오염 비용 부담의 증가, 사망률의 급등으로 벌써부터 성장에 제동이 걸리기 시작하였다.

좋은 소식은 전 세계 사람들의 적절한 생활 수준을 지원하기 위해 지금의 높은 자원 소모량과 폐기물 처리율을 유지할 필요가 없다는 사실이다. 우리는 인구 증가율을 낮추고 소비 습관을 바꾸거나 자원을 더욱 효율적으로 사용할 수 있는 기술을 개발함으로써 생태발자국을 줄일 수 있다. 인류는 최종 상품과 서비스의 적정한 수준을 유지하면서 동시에 지구가 짊어진 짐을 크게 줄일 수 있는 지혜가 있다. 잘 따져보면 인간의 생태발자국을 지구가 감당할 수 있는 한도 아래로 줄일 수 있는 여러 가지 방법들이 많다.

하지만 현실은 생각과 다르다. 인간은 아직까지 생태발자국을 줄일 수 있는 변화와 선택을 하지 않고 있다. 적어도 현재 인간의 생태발자국은 지구의 자원과 흡수력에 더 이상 부담을 주지 않을 정도로 충분히 줄어들지 못하고 있다. 그것은 당장 생태발자국을 줄일 수 있는 선택과 변화를 요구하는 압력이 없기 때문에 그런 것이 아니다. 아직도 우리에게 주어진 시간이 많이 남아 있어서 그런 것도 아니다. 이 문제는 4장에서 다룬다. 4장에서는 지구 생태계가 한계를 벗어나면서 나타나는 증상들이 인간 사회에 보내는 경고의 신호들에 대해서 논의할 것이다. 또 그 신호들에 대해서 인간과 사회 제도가 얼마나 빨리 대응할 수 있는지도 검토할 것이다.

4장에서는 우리의 연구를 도와준 컴퓨터 시뮬레이션 모형, 월드 3에 대해서 살펴본다. 월드 3는 많은 데이터와 이론들을 한데 모아서 성장과 한계, 대응 지체가 나타내는 전체 시스템의 그림을 명확하고 일관된 통합체로 이해할 수 있게 한다. 그것은 또한 현재에 대한 이해를 바탕으로 미래의 결과를 전망할 수 있는 도구를 제공한다. 월드 3는 지구의 앞날을 예측하거나, 위험을 알리는 신호들을 보고 문제점을 개선하거나, 돌이킬 수 없는 상황이 오기 전에 문제들을 해결하기 위해 인간이 어떤 특별한 변화나 노력도 기울이지 않는다고 가정했을 때 지구가 그대로 발전하면 어떤 일이 일어나는지를 보여준다.

이러한 모의실험의 결과는 거의 모든 시나리오에서 지구 경제와 인구의 한계 초과 및 붕괴로 나타난다.

그러나 모든 시나리오가 붕괴로 끝나지는 않는다. 5장에서 우리는 앞날을 내다보고 한계를 깨닫고 대재앙이 오기 전에 뒤로 물러설 줄 아는 인간의 지혜에 대한 가장 훌륭한 사례 한 가지를 이야기한다. 1980년대, 성층권에 있는 오존층이 사라지고 있다는 충격적인 소식을 접한 전 세계가 그것에 대해서 어떻게 대응했는지에 관한 이야기이다. 이 이야기가 중요한 까닭은 두 가지이다. 첫째, 이 이야기는 전 세계인과 각국 정부, 기업들이 엄정한 통찰력과 자제력을 요구하는 전 세계적인 문제들을 해결하기 위해 지금까지 한 번도 서로 협력한 적이 없다는 생각이 사람들 사이에 만연한 가운데 그러한 냉소적인 믿음을 무너뜨린 첫 번째 사례이다. 둘째, 이 사례는 급격한 성장, 그러한 성장의 한계(과학과 정치 영역에서 모두), 적절한 대응의 지체라는 지구 생태계의 한계 초과를 초래하는 세 가지 특징을 모두 완벽하게 보여준다.

성층권의 오존층 파괴와 그것에 대한 인류 사회의 대응은 이제 성공한 것처럼 보인다. 하지만 그 결말은 앞으로도 몇십 년 더 두고 봐야 안다. 따라서 이는 한편으로는 불완전한 지식과 신호 지체, 지독한 타성에 빠진 시스템에 의지할 수밖에 없는 상태에서, 다른 한편으로는 서로 복잡하게 뒤얽힌 지구 생태계 안에서, 인간들이 벌이는 여러 가지 일들을 지속 가능성을 바탕으로 추진할 수 있도록 이끄는 일이 실제로 얼마나 힘든지를 보여주는 좋은 사례이기도 하다.

6장에서는 기본적으로 현재의 정책들이 나중에 어떤 결과를 초래할지 예견하기 위해서가 아니라, 우리가 여러 가지 변화를 추구한다면 앞으로 무슨 일이 일어날 수 있을지를 묻기 위해 컴퓨터 시뮬레이션을 수행한다. 우리는 월드 3 모형의 기본 전제 가운데 하나로 인간의 독창성을 두었다. 우리는 또 많은 사람들이 어떤 문제든 해결할 수 있다고 크게 신뢰하고 있는 인간 사회의 두 가지 메커니즘, 즉 기술과 시장에 대해 주목한다. 이 뒤어난 인간의 두 가지 대응 능력이 지닌 중요한 특징들은 이미 월드 3 안에 들어가 있다. 하지만 6장에서 우리는 그 특징들을 좀 더 부각시켰다. 인간 사회가 그들이 소유한 여러 가지 자원들을 오염 방지와 자연 보존, 인류의 보건, 자원 재순환, 효율적인 자원 이용과 같은 곳에 나누기 시작한다면 과연 어떤 일이 일어날지를 살펴볼 것이다.

월드 3에서 나온 시나리오들은 그러한 조치들이 지구 생태계에 큰 도움을 줄 것임을 보여준다. 그러나 그것만으로는 충분하지 않다. 기술-시장 중심의 대응은 상황이 발생하고 난 뒤 취하는 뒤늦은 조치이며 또한 그 자체가 불완전하기 때문에 부족한 면이 많다. 또 그러한 조치들을 취하려면 시간이 많이 걸리고 자본이 필요하며 많은 물질과 에너지를 투입해야 한다. 그리고 무엇보다도 그런 조치들은 인구 증가와 경제 성장에 압도당해 우선순위가 뒤로 밀릴 수 있다. 기술 진보와 시장의 유연성은 지구 생태계의 붕괴를 막고 세계를 지속 가능한 체계로 만드는 데 중요한 구실을 한다. 하지만 그것만으로 충분하지는 않다. 그보다 더 중요한 것이 있어야 한다. 7장에서는 그 문제를 다룬다.

7장에서는 월드 3를 이용해서 산업계가 좀 더 지혜로운 조치들을 취한다면 어떤 일이 일어날지 찾아본다. 우리는 세계가 충분한이라는 단어를 두 가지 뜻을 가진 말로 정의하고 그것에 따라 행동하기 시작한다고 가정한다. 하나는 물질 소비와 관련이 있고 다른 하나는 가족의 크기와 관련이 있다. 이러한 변화들을 6장에서 가정한 기술의 변화와 서로 연계해서 월드 3에서 모의실험한 결과, 지속 가능한 세계 인구는 약 80억 명으로 나왔다. 거기서 80억 명의 사람들은 오늘날 유럽의 저소득 국가들 수준의 복지를 유지하는 것으로 가정한다. 월드 3 모의실험 결과 시장의 효율성과 기술 진보가 어느 정도 합리적으로 보장된다면 지구는 우리가 필요로 하는 물질과 에너지를 충분히 제공할 수 있다. 7장에서는 생태계의 한계 초과가 우리가 지속 가능한 체계로 회귀하는 속도를 늦출 수 있다는 사실을 보여 준다.

지속 가능성은 오늘날과 같이 성장을 숭배하는 문화에서는 너무 낯선 개념이다. 7장에서는 그 개념을 정의하고 지속 가능한 세상이 과연 무엇과 같은지, 그리고 무엇과 같아서는 안 되는지를 설명하는 데 꽤 많은 시간을 할애한다. 지속 가능한 세계는 어느 누구도 가난 속에 살도록 내버려두지 않는다. 그러한 세계는 세상 모든 사람들에게 충분한 물질을 제공해야 한다. 지속 가능한 사회가 된다고 해서 그 사회가 반드시 정체되거나 지루하거나 획일적이고 융통성이 없을 것이라고 생각할 까닭은 없다. 마찬가지로 그 사회가 중앙집권적이라거나 권위주의적인 체제임이 틀림없다거나 그럴 것이라고 예단할 아무런 증거도 없다. 그 사회는 오히려 잘못된 점을 고치고 혁신하고 지구 생태계의 풍요로움을 보전할 수 있는 시간과 자원, 의지로 충만할 가능성이 크다. 그 사회는 아무 생각 없이 물질 소비와 물질 자본량을 늘리기보다는 삶의 질을 높이는 일에 집중할 것이다.

마지막 8장은 그동안 수집하고 분석한 데이터나 컴퓨터 모형에 의존하기보다는 우리의 세계관을 중심으로 결론을 도출한다. 그 결론은 우리가 지금 당장 무엇을 해야 하는지를 보여준다. 월드 3는 지구의 미래에 대해서 비관적이면서 동시에 낙관적인 전망을 제시한다. 이 문제에 대해서는 저자들 사이에 생각이 다르다. 데니스와 요르겐은 오늘날 인간의 평균적인 삶의 질이 떨어질 수밖에 없으며 따라서 지구 전체의 인구와 경제도 내리막을 걸을 수밖에 없다고 생각한다. 하지만 도넬라는 인류가 결국 사회를 아름답고 지속 가능하게 만들 수 있는 통찰력과 제도, 도덕성을 개발해낼 것이라고 일생 동안 믿고 살았다. 우리 세 사람은 비록 이렇게 서로 다른 견해를 가지고 있지만 인류가 그 문제를 어떻게 극복해나가야 하는지에 대해서는 뜻을 같이했다. 8장에서는 이것을 논의한다.

8장의 첫 번째 부분은 지구와 인간 사회가 입을 피해를 최소화하기 위해 무엇부터 해야 할지를 자세히 설명한다. 두 번째 부분에서는 지구촌이 지속 가능한 상태를 향해 나아갈 수 있도록 도움을 줄 다섯 가지 방법을 설명한다.

미래에 실제로 무슨 일이 일어날지 모르지만 우리가 말하는 주요 내용들은 앞으로 20년 동안 서서히 모습을 드러낼 것이다. 전 세계 경제는 이미 지속 가능한 수준을 훨씬 넘어선 지 오래이다. 따라서 지구의 무한한 미래에 대해서 헛된 꿈을 꿀 시간은 거의 없다. 우리는 현재 지구가 가는 길을 바꾸는 것이 엄청나게 큰일임을 알고 있다. 그 일은 지난날 농업혁명과 산업혁명에 버금가는 매우 근본적인 변혁을 수반할 것이다. 오늘날 전 세계가 공동으로 직면한 가난과 고용 문제와 같은 난제들을 해결할 수 있는 방법을 찾는 것은 매우 어려운 일이다. 지금까지 많은 사람들은 그런 문제를 풀 수 있는 유일한 해결책이 성장일 것이라고 믿었다. 하지만 성장에 대한 의존은 헛된 희망을 낳는다. 그러한 성장은 영원히 지속될 수 없기 때문이다. 유한한 세계에서 맹목적으로 물질적인 성장만을 추구하는 것은 대부분의 문제들을 더욱 악화시킬 뿐이다. 우리는 그 문제들을 해결할 수 있는 더 좋은 방법을 찾을 수 있다.

우리가 30년 전에 쓴 『성장의 한계』의 내용 가운데 많은 부분이 아직도 유효하다. 그러나 지난 30년 동안 과학도 발전하고 사회도 진화했다. 우리 모두는 과거보다 더 많은 사실들을 깨닫고 새로운 관점들을 얻었다. 우리는 데이터와 컴퓨터 시뮬레이션 그리고 그동안의 경험을 통해 『성장의 한계』가 처음 출간됐던 1972년보다 오늘날 인류가 생존할 수 있는 미래로 갈 가능성이 더 줄어들었음을 알 수 있다. 우리가 당시에 지구 전체 인구에게 지속적으로 제공할 수 있을 것이라고 생각했던 풍요로움의 수준은 이제 더 이상 도달할 수 없게 되었다. 우리가 보존할 수 있을 것이라고 믿었던 생태계는 이미 사라져버렸다. 미래 후손들에게 물려줄 자원들도 벌써 다 써버렸다. 하지만 우리에게는 고를 수 있는 선택지가 아직도 많이 남아 있다. 그것들은 매우 중요한 것들이다. [그림 1-4]는 우리가 믿는 가능성의 영역이 아직도 엄청나게 많이 있다는 것을 보여준다. 이 그림은 이 책 뒤편에 나오는 아홉 가지 컴퓨터 시뮬레이션 시나리오들이 만들어낸 세계 인구와 인간 복지의 곡선 그래프를 각각 한 도표 안에 포개놓은 것이다.[3]

우리가 상상할 수 있는 미래의 모습으로 가는 길은 매우 다양하다. 어느 날 갑자기 지구가 붕괴할 수도 있고 지속 가능한 세상으로 천천히 이전할 수도 있다. 하지만 어느 경우도 끊임없는 물질적 성장을 보장하지는 않는다. 그것은 유한한 지구에서 선택하고 말고 할 것이 아니다. 우리는 실제로 정책적 판단과 기술과 조직을 동원해 인간의 활동을 지구가 지속 가능한 수준으로 떨어뜨리는 것을 택하거나, 아니면 자연스럽게 식량과 에너지, 자원이 고갈되거나 자연환경이 점점 더 열악해지면서 인간들이 어쩔 수 없이 그러한 결정을 내리는 상황이 오기를 기다리는 수밖에 없다.

1972년, 우리는 당시 유엔 사무총장이었던 우 탄트의 말을 인용하면서 『성장의 한계』를 시작했다.

너무 극적인 것처럼 보이고 싶지 않습니다만, 유엔 사무총장으로서 제가 활용할 수 있는 정보에 기초해서 말씀드리자면, 전 세계에서 진행되고 있는 군비 확장

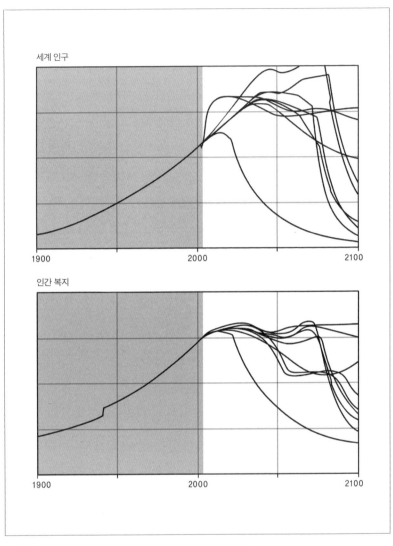

세계 인구

1900   2000   2100

인간 복지

1900   2000   2100

[그림 1-4] 세계 인구와 인간 복지를 위한 대안 시나리오들

이 그림은 (1인당 소득과 여러 복지 지표들을 조합해서 만든 지수들로 측정된) 인구와 평균적인 인간 복지라는 두 가지 중요한 변수가 얼마나 다양한 결과를 가져올 수 있는지 보여주기 위해서 이 책에 나온 월드 3 컴퓨터 시뮬레이션 시나리오들을 한꺼번에 포개놓은 것이다. 대다수 시나리오들은 시간이 지나면서 사회가 쇠퇴하는 경향을 보여주지만 일부 시나리오는 안정된 인구 증가와 지속적으로 높은 인간 복지 수준을 이룩한 사회를 보여준다.

경쟁을 억제하고, 인간 환경을 개선하고, 인구 폭발을 진정시키고, 수많은 개발 노력들에 필요한 힘을 보태기 위해서 모든 유엔 회원국들이 오랫동안 지속된 분쟁들을 억누르고 전 세계가 서로 협력하는 관계를 시작할 수 있는 기간은 아마도 10년 정도밖에 남지 않았다고 감히 결론내릴 수 있습니다. 앞으로 10년 안에 전 세계가 그러한 협력 관계를 착실히 이뤄나가지 않는다면 제가 앞서 말씀드린 문제점들이 우리가 더 이상 통제할 수 없는 지경에 도달하지 않을까 심히 우려스럽습니다.[4]

그로부터 30년이 훌쩍 지난 지금까지도 전 세계의 협력 관계는 여전히 불투명하다. 반면에 인류가 통제할 수 없는 문제들에 빠져들고 있다는 생각에 동의하는 사람들은 점점 늘어나고 있다. 수많은 데이터들과 새로운 연구들이 우 탄트 사무총장의 경고를 뒷받침해주고 있다.

이를테면 1992년 우 탄트는 그의 우려를 「인류에게 보내는 세계 과학자들의 경고」라는 보고서에 반영했는데, 전 세계 70개 나라에서 노벨상 수상자 102명을 포함해 모두 1,600명이 넘는 과학자들이 그 보고서에 서명했다.

인간과 자연계는 바야흐로 서로 충돌 과정에 있다. 인간 활동은 자연환경과 핵심 자원들에 심하게, 그리고 대개는 돌이킬 수 없을 정도로 손상을 입힌다. 현재 진행되는 인간의 활동들 가운데 많은 것들을 억제하지 못한다면 인간 사회와 지구, 동물계가 모두 바라는 미래는 심각한 위험에 처할 것이며 현재 살고 있는 세계는 지금까지 우리가 알고 있는 방식으로 생명을 유지할 수 없는 세상으로 바뀔 수 있다. 현 상황이 초래할 충돌을 피하고자 한다면 당장 근본적인 변화가 시급하다.[5]

이러한 경고는 심지어 2001년 세계은행 내부 보고서에도 반영되었다.

> (……) 환경 파괴가 경종을 울릴 정도로 급속하게 진행되고 있으며 때로는 속
> 도를 더 올리고 있다. (……) 개발도상국들은 여러 환경 문제 때문에 심각한
> 인적, 경제적, 사회적 비용을 감당하고 있으며 그들의 성장 기반, 궁극적으로는
> 그들의 생존을 뒷받침하는 토대 자체가 위협받는 처지에 놓여 있다.[6]

우 탄트의 경고는 옳았는가? 현재 세계가 당면한 문제들은 이미 인간의
통제를 벗어났는가? 아니면 우 탄트가 섣불렀던 것일까? 1987년 세계환
경 개발위원회가 발표한 확신에 찬 성명은 올바른 판단에 기초한 것이었
을까?

> 인류는 미래 세대가 필요한 것들을 충족할 수 있도록 하면서도 동시에 자신들
> 이 현재 필요한 것들을 안전하게 확보할 수 있게 하는 지속 가능한 개발을 할
> 줄 안다.[7]

그러한 질문들에 자신 있게 확답할 수 있는 사람은 아무도 없다. 그러
나 우리 모두가 이러한 물음을 곱씹고 숙고해야만 하며, 이는 매우 시급하
고 중요한 일이다. 현재 진행되는 많은 사건들을 해석하고 날마다 각자 무
슨 행동을 하고 어떤 선택을 해야 하는지 알기 위해서는 그런 대답들이 필
요하다. 이제 지난 30년 동안 우리가 축적한 데이터와 분석, 통찰력 들을
바탕으로 우리와 함께 논의에 동참하기를 바란다. 그렇게 할 때 비로소 우
리는 지구의 미래에 대한 자기 나름의 결론에 이를 수 있고 앞으로 자신의
삶을 이끌어줄 선택이 무엇인지 판단할 토대를 마련할 수 있을 것이다.

2장

한계 초과의 원인:

기하급수적 성장

지금까지 지수함수들이 나와 무관하지 않았다는 사실에 전율을 느끼지 않을 수 없다. (······) 생물다양성의 손상과 열대 삼림 벌채, 북반구 삼림의 잎마름병 확산, 그리고 기후 변화와 같은 상호 연관된 문제들이 기하급수적으로 늘어나고 있다는 것을 알고 있었지만 그것들이 얼마나 빠른 속도로 우리 삶을 위협하고 있는지 깨달은 것은 바로 올해였다.

—토머스 E. 러브조이, 1988년

생태계가 한계를 초과하는 첫 번째 원인은 성장, 가속, 급격한 변화이다. 한 세기가 넘도록 지구 체계를 특징짓는 수많은 물질적 요소들이 급속도로 빨리 성장해왔다. 예컨대 인구, 식량 생산, 산업 생산, 자원의 소비, 오염이 모두 증가하고 있으며 대개 시간이 흐를수록 점점 더 빨리 늘어나고 있다. 수학자들은 그것들이 증가하는 모습을 기하급수적 증가라고 부른다.

이러한 증가 유형은 매우 일반적이다. [그림 2-1]과 [그림 2-2]는 서로 매우 다른 두 가지 사례를 보여준다. 하나는 콩의 연간 생산량 증가 추이이고 다른 하나는 저개발국들의 도시 거주민 수의 증가 추이이다. 기상 악화, 경제 파동, 기술 변화, 전염병, 국내 소요와 같은 요소들은 완만한 성장 곡선에 약간의 굴곡을 주는 영향을 끼쳤을 수 있다. 하지만 전체적으로 볼 때 산업혁명 이후로 인간의 사회경제 체계를 지배한 행동 양태는 기하급수적 성장 곡선이었다.

이런 성장 유형은 인간의 힘으로 조절하기가 매우 어렵다는 놀라운 특징을 갖고 있다. 따라서 우리는 먼저 기하급수적 성장이 무엇인지 정의하고 그것의 원인들을 설명한 다음 그것에 영향을 끼치는 요소들을 논의함

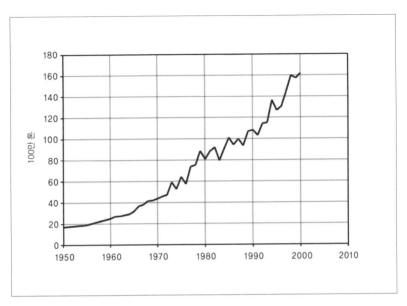

〔그림 2-1〕 세계 콩 생산량

세계 콩 생산량은 1950년 이래로 16년 주기로 2배씩 증가해오고 있다(출처: 월드워치연구소, 유엔 식량농업기구).

으로써 장기적으로 어떤 선택을 할지에 대한 분석을 시작할 것이다. 유한한 지구에서 물질적 성장은 끝이 있게 마련이다. 그렇다면 그날은 언제일까? 어떤 힘이 성장을 멈추게 할 것인가? 인류와 지구 생태계는 성장이 멈춘 뒤에도 살아남아 있을까? 이런 의문들에 답하기 위해서는 인구와 경제를 끊임없이 성장하게 만드는 시스템의 구조를 이해해야 한다. 그 시스템은 바로 월드 3 모형의 핵심이며 우리는 그것이 지구촌을 정의하는 특징이라고 믿는다.

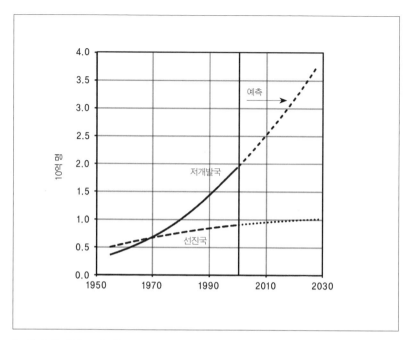

[그림 2-2] 세계 도시 인구

지난 반세기 동안 저개발국의 도시 인구는 기하급수적으로 늘어난 반면에 선진국에서는 거의 선형
적으로 늘었다. 저개발국에서는 도시 인구가 두 배로 느는 데 평균 19년이 걸렸다. 이러한 추세는
앞으로 수십 년 동안 계속될 전망이다(출처: 유엔).

기하급수적 증가

커다란 천 조각을 하나 들어 반으로 접어보라. 천 조각의 두께는 두 배
가 될 것이다. 그것을 다시 반으로 접으면 두께는 네 배가 된다. 그것을 다
시 반으로, 또다시 반으로 접어보라. 그러면 천의 두께는 처음보다 열여섯
배 두꺼운 1센티미터 혹은 0.4인치 정도가 될 것이다.

같은 방식으로 29번을 더 해 천을 33번 접는다면, 천의 두께는 얼마나

두꺼워질까? 1피트 정도일까? 1피트와 10피트 사이? 10피트와 1마일 사이가 될까?

물론 천 조각 하나를 33번 반으로 접을 수는 없다. 그러나 그렇게 할 수 있다면 접은 천의 두께는 3,400마일, 약 5,400킬로미터에 이를 것이다. 이는 보스턴에서 프랑크푸르트까지 닿을 수 있을 정도의 길이이다.[1]

무언가가 배로 늘어나고 다시 그것의 배, 또다시 그것의 배로 늘어나는 기하급수적 증가는 정말 놀랍다. 엄청나게 빠른 속도와 크기로 늘어나기 때문이다. 우리는 대개 성장이라고 하면 일직선으로 늘어나는 것을 생각하기 때문에 기하급수적으로 양이 늘어나는 것을 보면 놀라고 만다. 주어진 시간 동안 일정한 양이 증가할 때 그것이 늘어나는 모양은 일직선을 그린다. 건설 인부들이 주마다 고속도로를 1마일씩 닦는다면 그 도로는 선형함수 모양으로 늘어난다. 한 아이가 항아리에 해마다 7달러씩을 넣는다면 항아리에 모이는 돈도 선형함수 모양으로 늘어난다. 따라서 새로 까는 아스팔트의 양은 이미 만들어진 도로 길이의 영향을 받지 않으며 해마다 항아리에 쌓이는 돈의 양도 이미 항아리에 들어 있는 돈의 영향을 받지 않는다. 어떤 요소가 일직선 모양으로 증가하면 주어진 기간에 그것의 순 증가량은 언제나 똑같다. 이미 축적된 그 요소의 양이 얼마나 많든 순 증가량에는 아무 영향을 미치지 못한다.

반면에 이미 있는 것에 비례해서 양이 늘어난다면 우리는 그것을 기하급수적으로 는다고 말한다. 10분에 한 번씩 2개의 세포로 분리되는 효모균의 군체는 기하급수적으로 늘어나는 것의 대표적인 사례이다. 효모 세포 하나는 10분이 지난 뒤 2개의 세포로 증식한다. 또 10분이 지나면 세포는 4개가 된다. 또다시 10분이 지나면 8개, 그 뒤에는 16개로 10분이 지날 때마다 계속 늘어난다. 효모 세포의 수가 많으면 많을수록 시간이 지남에 따라 새로운 세포들이 더 많이 생성된다. 해마다 몇 퍼센트씩 총 매출이 늘어나는 기업은 기하급수적으로 성장할 것이다. 어떤 요소가 기하급수적으로 증가하면 그것의 순 증가량은 시간이 지나면서 점점 더 늘어난다. 그 증가량의 크기는 이미 축적된 그 요소의 양이 얼마나 많은가에 따라 좌우된다.

선형적 증가와 기하급수적 증가가 얼마나 큰 차이가 나는지는 100달러의 돈을 늘리는 두 가지 다른 방식을 살펴보면 금방 알 수 있다. 우리는 해마다 이자가 복리로 계산되는 은행에 돈을 맡길 수도 있고 해마다 일정 금액을 항아리에 넣어 돈을 모을 수도 있다. 해마다 7퍼센트의 복리 이자를 지급하는 은행에 100달러를 예금한다고 하면 예금액은 기하급수적으로 늘 것이다. 해마다 계좌에 쌓인 돈에 대해서 이자 계산을 하기 때문이다. 이자율은 해마다 7퍼센트로 동일하지만 예금 계좌에 있는 금액의 절대 증가량은 늘어난다. 첫해 말 이자는 7달러이지만 다음 해 이자는 107달러의 7퍼센트인 7달러 49센트가 된다. 따라서 셋째 해 초의 예금 계좌에 든 총 예금액은 114달러 49센트가 된다. 한 해 뒤 이자는 다시 8달러 1센트가 되어 총 예금액은 122달러 50센트가 된다. 그렇게 해서 10년이 지나면 원금과 이자를 합해서 총 196달러 72센트가 된다.

반면에 100달러를 그냥 항아리 안에 넣고 해마다 7달러씩을 항아리에 추가로 넣는다고 치면 돈은 선형적으로 늘어날 것이다. 첫해 말 항아리에는 은행에 예금했을 때와 똑같이 107달러가 들어 있을 것이다. 하지만 10년이 지난 뒤 항아리에는 모두 170달러가 있을 것이다. 아주 많이 적지는 않지만 은행 계좌에 예금했을 때보다는 적은 금액이다.

처음에는 돈을 저축하는 두 가지 방법이 모두 비슷한 결과를 낼 것처럼 보이지만 기하급수적 증가가 계속될 경우 그 효과는 매우 폭발적이라는 사실이 분명해진다([그림 2-3]). 20년 뒤, 항아리에는 240달러가 남지만

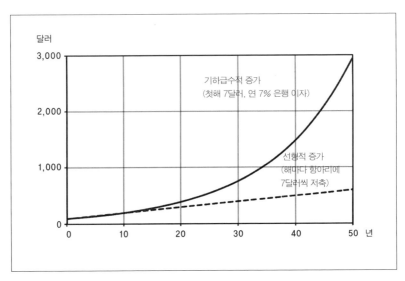

〔그림 2-3〕 저축의 선형적 증가와 기하급수적 증가

100달러를 항아리에 넣고 해마다 7달러씩 추가로 항아리에 넣는다면 위 도표에서 점선으로 나타난 그래프처럼 저축액은 일직선으로 증가한다. 하지만 100달러를 연리 7퍼센트인 은행에 예금하면 약 10년 단위로 2배씩 기하급수적으로 늘어난다.

은행 계좌에 쌓인 돈은 400달러에 가까워진다. 30년 뒤, 선형적으로 증가하는 항아리에 든 돈은 310달러가 되지만 연이자율이 7퍼센트인 은행 예금은 761달러가 넘게 된다. 처음에는 똑같은 금액으로 저축을 시작했지만 그로부터 30년이 뒤에는 기하급수적으로 증가한 금액이 선형적으로 증가한 금액보다 두 배나 더 많아진다. 50년이 흐르면 은행 계좌에 있는 돈은 항아리에 모은 돈보다 6.5배나 더 많아져 거의 2,500달러나 늘어난다!

기하급수적 증가가 가져오는 뜻밖의 결과는 수 세기 동안 사람들을 매료시켰다. 멋진 체스판을 왕에게 선물하는 조건으로 체스판 첫째 칸에 쌀 한 톨, 둘째 칸에 두 톨, 셋째 칸에 네 톨 식으로 해서 체스판 전체 칸에 해당하는 쌀을 달라고 요청한 영리한 신하에 대한 이야기를 전하는 페르시아 전설이 있다. 왕은 신하의 요청을 받아들이고 곡식 창고에서 쌀을 가져오라고 명했다. 체스판의 넷째 칸에 해당하는 쌀은 8톨이고 열 번째 칸은 512톨, 열다섯 번째 칸은 1만 6,384톨, 스물한 번째 칸에 이르면 쌀이 백만 톨이 넘었다. 마흔한 번째 칸에 가면 왕은 신하에게 쌀 1조 톨(10^{12})을 주어야 했다. 마지막 예순네 번째 칸에 이르면 온 세상에서 나는 쌀을 다 주어도 모자랄 판이어서 왕은 신하에게 더 이상 쌀을 줄 수 없었다.

기하급수적 증가의 또 다른 측면을 보여주는 프랑스 수수께끼가 하나 있다. 기하급수적으로 늘어나는 것이 얼마나 순식간에 한계에 도달하는지를 명백하게 보여주는 이야기이다. 집에 연못이 있다고 가정하자. 어느 날 연못에 수련이 한 송이 자라고 있는 것을 본다. 수련은 날마다 크기가 두 배로 자란다. 만일 수련이 자라는 것을 그대로 놔두면 30일 안에 수련이 연못을 꽉 채워 그 안에 서식하는 다른 모든 생명체들을 사라지게 만들 것이다. 그러나 처음에 보기에는 수련이 너무 작아서 크게 걱정하지 않는다. 수련이 자라서 연못을 반쯤 채웠을 때 그것을 치울 생각이다. 그렇다면 연못이 수련 때문에 망가지는 것을 막기 위해 우리에게 남은 시간은 얼마나 되겠는가?

딱 하루밖에 없다. 연못의 반이 수련으로 덮이는 날은 29일째 되는 날이다. 그리고 다음날이 되면 수련은 마지막으로 두 배로 커지면서 연못을 완전히 뒤덮을 것이다. 처음에는 수련이 작으므로 연못이 반쯤 뒤덮일 때까지 그것을 그대로 놔두는 게 합리적인 것처럼 보인다. 21일째 되는 날, 수련은 연못의 0.2퍼센트밖에 채우지 못한다. 25일째가 되어도 수련은 연못의 3퍼센트밖에 차지하지 못한다. 하지만 그렇게 반복하다 보면 어느새 연못이 수련으로 완전히 채워지지 않도록 무언가 할 수 있는 시간은 딱 하루밖에 남지 않는다.[2]

이제 대응을 제때 하지 못하고 지체한다면 기하급수적 성장이 얼마나 금방 한계를 벗어날 수 있는지 알았을 것이다. 한동안 기하급수적 성장이 진행되어도 대수롭지 않아 보인다. 아무 문제도 없는 것처럼 보인다. 그러나 어느 순간 갑자기 점점 빨라지다가 마지막으로 두 배로 늘어나는 순간이 오면 미처 그것에 대응할 시간이 없다. 마지막 날 수련이 순식간에 연못을 모두 덮어버리는 것은 수련이 자라는 과정에서 어떤 근본적인 변화가 생겨서 그런 것이 아니다. 수련이 자라는 성장률은 한 달 내내 동일하다. 그러나 기하급수적 성장은 서서히 증가하다 어느 순간 갑자기 아무도 통제할 수 없는 상태로 늘어나고 만다.

우리는 각자 이렇게 처음에 하찮게 생각했던 것이 어느 순간 갑자기 한계를 넘어 과도한 상태가 되는 상황을 직접 체험해볼 수 있다. 하루는 땅콩 한 알, 다음 날은 두 알, 그다음 날은 네 알을 먹는 식으로 한 달 동안 계속해서 땅콩을 먹는다고 가정하자. 처음에는 땅콩을 사서 먹는 양이 얼마 안 될 것이다. 하지만 마지막 날이 되기 오래전부터 땅콩을 사는 데 드는 돈과 여러분의 건강은 아주 심각한 타격을 받기 시작한다. 여러분은 하루가 지날 때마다 섭취량이 두 배로 늘어나는 이런 실험을 얼마나 오랫동안 지속할 수 있을까? 10일째 되는 날, 땅콩 섭취량은 1파운드가 채 못 될 것이다. 하지만 이렇게 날마다 섭취량을 두 배로 늘린다면 한 달을 마감하는 마지막 날에는 500톤이 넘는 땅콩을 사서 먹어야만 한다.

이러한 땅콩 실험은 심각한 피해를 일으키지 않는다. 어느 날 여러분이 사먹어야 할 땅콩의 양이 감당할 수 없을 정도로 많다는 사실을 깨닫고 실험을 중단할 테니까. 이 경우에는 필요한 조치를 취하는 시점과 조치의 필요성을 느끼는 시점 사이에 심각한 지체 현상이 없다.

증가율(%/년)	두 배로 늘어나는 데 걸리는 시간(년)
0.1	720
0.5	144
1.0	72
2.0	36
3.0	24
4.0	18
5.0	14
6.0	12
7.0	10
10.0	7

〔표 2-1〕 두 배로 늘어나는 데 걸리는 시간

기하급수적으로 증가하는 단순 등식에 따라 늘어나는 양은 일정하게 정해진 기간 동안 두 배가 된다. 효모균의 군체가 두 배로 늘어나는 시간은 앞서 보았듯이 10분이었다. 연리 7퍼센트인 은행에 예금한 돈은 약 10년 단위로 두 배가 된다. 수련과 땅콩 실험에서 두 배로 늘어나는 데 걸리는 시간은 정확하게 하루였다. 양이 두 배로 늘어나는 데 걸리는 시간과 증가율(퍼센트) 사이의 관계는 아주 단순하다. 72를 증가율로 나누면 양이 두 배로 늘어나는 데 걸리는 시간이 나온다.[3] 〔표 2-1〕이 이것을 잘 보여준다.

우리는 계속해서 두 배로 늘어날 경우 일어날 결과를 보기 위해 나이지리아를 예로 들 수 있다. 나이지리아 인구는 1950년에 3,600만 명이었다. 2000년에는 1억 2,500만 명이 되었다. 20세기의 후반 50년 동안 나이지리

연도	인구(백만 명)
2000	125
2029	250
2058	500
2087	1,000

〔표 2-2〕 나이지리아의 인구 증가 추정치

아 인구는 거의 4배로 늘었다. 2000년 나이지리아의 인구 증가율은 연평균 2.5퍼센트로 알려졌다.[4] 그 증가율로 인구가 두 배로 늘어나는 데 걸리는 시간을 계산해보면, 즉 72를 2.5로 나누면 약 29년이 나온다. 이 인구 증가율이 장래에도 변하지 않고 계속 유지된다면 나이지리아 인구는 〔표 2-2〕에 나오는 것처럼 증가할 것이다.

2000년에 태어난 나이지리아 어린이는 1950년 나이지리아 인구보다 4배 더 큰 인구의 일원이 되었다. 2000년 이후에도 그 성장률이 그대로 유지되고 그 아이가 87년을 산다면 아마도 인구가 또다시 8배로 느는 것을 볼 수 있을 것이다. 21세기 말이면 나이지리아 인구는 2000년보다 8배 늘고 1950년보다 28배 늘 것이다. 그때쯤이면 나이지리아 인구는 10억 명이 넘을 것이다!

나이지리아는 이미 기아와 환경 파괴를 겪는 많은 나라들 가운데 한 곳이다. 실제로 나이지리아 인구가 앞으로 8배 더 늘어날 수 없다는 것은 분명하다! 다만 〔표 2-2〕처럼 계산해본 까닭은 양이 두 배로 늘어나는 데 얼마나 시간이 걸리는지 보여주고 한정된 자원을 가진 제한된 공간에서는 기하급수적 증가가 오랫동안 지속될 수 없다는 것을 알게 하기 위한 것이다.

그런데 오늘날 세상은 이러한 증가를 왜 계속해서 하는 것일까? 그렇다면 과연 무엇이 그것을 멈추게 할 수 있을까?

기하급수적으로 증가하는 것들

기하급수적 증가는 두 가지 서로 다른 방식으로 일어난다. 어떤 개체가 자기 복제를 할 줄 안다면 그 개체의 수는 당연히 기하급수적으로 늘어난다. 하지만 다른 무언가가 어떤 개체를 기하급수적으로 늘어나게 한다면 그 개체 수의 증가는 그 무언가의 힘에 의존한다.

박테리아에서 사람에 이르기까지 모든 살아 있는 생명체들은 첫 번째 부류에 속한다. 그 생명체들은 스스로 생명체들을 생산한다. 아래에 나온 도해는 자기 복제를 할 줄 아는 개체군들의 시스템 구조를 보여준다.

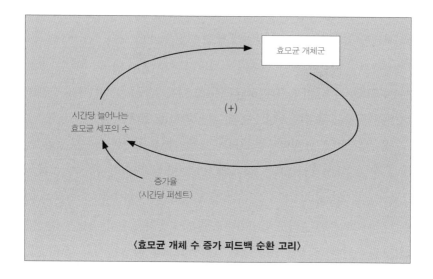

⟨효모균 개체 수 증가 피드백 순환 고리⟩

위에 나온 도해의 형식은 우리가 연구하는 학문 분야인 시스템 역학에서 차용했다. 그것은 매우 정밀하다. 효모균 개체군 주위에 씌워진 네모 상자는 그것이 하나의 개체군으로 그동안 효모균이 증감을 거듭해서 최종적으로 축적된 결과임을 가리킨다. 화살표는 여러 가지 방식으로 행사될 수 있는 원인이나 영향력을 가리킨다. 이 도해에서 맨 꼭대기 화살표는 물질적 흐름의 영향력을 나타낸다. 즉 새로운 효모균 세포들이 효모균 개체군으로 유입되어 개체 수가 증가하는 것을 뜻한다. 아래쪽 화살표는 정보의 영향력을 나타낸다. 그것은 개체군의 크기가 새로운 효모균의 생산에 영향을 미친다는 것을 의미한다. 효모균은 증가율이 바뀌지 않는 한 개체군의 크기가 클수록 새로운 세포를 더 많이 만들 수 있다(물론 사물은 증가율이 변하기 마련이다. 이 도해에서는 단순하게 보여주기 위해서 그 변화를 생략했다. 나중에 그것들을 적용할 때가 올 것이다).

피드백 순환 고리의 중간에 있는 (+) 표시는 두 개의 화살표가 서로를 지속적으로 강화하며 순환한다는 것을 의미한다. 양(+)의 피드백 순환 고리는 그 자체가 스스로 강화하며 변하는 완결 구조를 가진 인과 관계의 사슬이다. 따라서 그 고리 안에 있는 어떤 요소에 일어나는 변화도 그것의 원인이 되는 사슬과 연결되어 있다. 그리고 마침내 그 요소는 방향성은 그대로 유지하되 원래 모습과 훨씬 다른 모습으로 바뀐다. 증가는 더 많은 증가를 유발하고 감소는 더 많은 감소를 초래할 것이다.

시스템 역학에서 양의 순환 고리는 그 반복되는 고리가 반드시 좋은 결과를 만들어냄을 의미하는 것은 아니다. 그것은 단순히 원인과 결과가 지속적으로 서로를 강화하고 있다는 것을 나타낸다. 잠시 후 곧 거론할 음(-)의 피드백 순환 고리도 마찬가지로 반드시 좋지 않은 결과를 만들어내는 것은 아니다. 실제로 음의 순환 고리는 대부분 매우 안정된 상태이다.

여기서 음은 원인과 결과가 서로를 역방향으로 작용하게 하거나 균형을 이루게 한다는 뜻이다.

양의 순환 고리는 그것이 만들어내는 증가가 바라던 것이냐 아니냐에 따라 선순환으로 작동할 수도 있고 악순환으로 작동할 수도 있다. 양의 순환 고리는 빵이 부풀 때 효모균이 늘어나는 것이나 은행 계좌의 이자가 불어나는 것과 같이 기하급수적 증가를 초래한다. 이러한 증가들은 우리 삶에 유용하다. 반면에 농작물을 해치는 해충의 증가나 감기를 유발하는 바이러스의 증가와 같이 인간의 삶에 유해한 양의 순환 고리도 있다.

어떤 시스템 개체군이 양의 순환 고리에 속한다면 그 개체군은 기하급수적으로 증가할 가능성이 있다. 이것은 개체군이 반드시 기하급수적으로 증가할 것임을 의미하는 것은 아니다. 개체군을 제약하는 조건들을 벗어난다면 기하급수적으로 증가할 능력이 있다는 것을 뜻한다. 영양소의 부족(효모균의 경우), 낮은 기온, 다른 개체군의 존재(해충의 경우)들과 같은 요소들이 성장을 제약할 수 있다. 인구 증가는 출산 억제 장려, 욕구의 억제, 목표, 결심, 재난, 질병, 필요성과 같은 요소들의 제약을 받는다. 성장률은 시간의 흐름에 따라 달라진다. 또 장소마다 다를 수 있다. 그러나 효모균이든 해충이든 인구든 이러한 제약 요소들의 제한을 받지 않는다면 기하급수적으로 늘어난다.

산업 자본은 근본적으로 기하급수적으로 증가할 수 있는 그런 부류에 속한다. 기계와 공장은 또 다른 기계와 공장들을 만들 수 있다. 제강 공장은 또 다른 제강 공장에서 쓸 철을 생산할 수 있다. 너트와 볼트를 만드는 공장은 너트와 볼트를 만드는 기계를 조일 너트와 볼트를 생산할 수 있다. 사업에서 이익이 발생하면 사업을 확장하기 위해 투자할 돈이 마련된다. 실물 자본과 금융 자본은 둘 다 훨씬 더 많은 자본을 스스로 재생산함으로써 성장 지향의 산업경제 형태를 추구한다.

산업계가 해마다 이를테면 3퍼센트씩 경제 성장을 예상하는 것은 뜻밖의 일이 아니다. 그런 예상은 수 세기에 걸쳐 자본이 다시 더 많은 자본을 생성하면서 발전했다. 앞날을 위해서 자본을 축적하고 투자하는 것은 이제 관습이 되었다. 예상되는 전체 산출물 가운데 일부를 따로 떼어내 미래에 훨씬 더 많은 산출물을 생성하기 위해 재투자한다. 소비자 수요, 노동 효용성, 원자재, 에너지, 투자 재원을 비롯해서 복잡한 산업계의 성장을 제한할 수 있는 여러 요소들이 자본의 자기 복제를 제약하지 않는 한 경제는 기하급수적으로 성장할 것이다. 자본도 근본적으로 인구처럼 기하급수적으로 늘어나는 시스템 구조(양의 순환 고리)를 가지고 있다. 물론 경제는 언제나 인구가 늘어나는 것 이상으로 더 많이 성장하지 않는다. 하지만 어떤 경제든 근본적으로 성장을 지향하며 그 성장 형태는 기하급수적이다.

우리 사회에는 기하급수적 성장 역량을 가진 또 다른 많은 요소들이 있다. 폭력도 기하급수적으로 커지는 성질이 있으며 부패도 자기 증식을 하는 것처럼 보인다. 기후 변화 또한 다양한 양의 순환 고리에 속한다. 예를 들면 온실가스의 대기 방출은 기온을 상승시켜 북극 툰드라 지대를 점점 더 빨리 녹인다. 툰드라 지대가 점점 사라지면서 갇혀 있던 메탄가스가 방출된다. 메탄가스는 지구 기온을 훨씬 더 높게 상승시킬 수 있는 잠재적인 온실가스이다. 월드 3 모형에는 일부 양의 순환 고리들이 분명하게 드러난다. 우리는 토양 산출력에 영향을 미치는 힘들을 모형으로 만들었다. 다양한 기술들도 기하급수적으로 성장하는 것처럼 보인다. 7장에서 그것들을 실험할 것이다. 하지만 우리는 인구와 산업 성장을 지배하는 일련의 과정들에 지구촌이 한계를 넘어서 성장하게 만드는 주요한 원동력들이 있다고 믿는다. 우리는 그것들을 주목할 것이다.

인구와 생산 자본은 인간 사회를 기하급수적으로 성장하게 만드는 원동력들이다. 식량 생산, 자원 이용, 오염과 같은 다른 실체들도 기하급수적으로 늘어나는 경향이 있다. 그것들은 스스로 재생산하는 것이 아니라 인구와 자본이 그것들을 늘어나게 한다. 거기에는 자기 복제나 양의 순환 고리도 없다. 지하수에 녹아든 살충제가 스스로 더 많은 살충제를 만들어내지도 않으며 지하에 묻힌 석탄이 저절로 커지거나 더 많은 석탄을 생성하지 못한다. 1헥타르에서 6톤의 밀을 생산하는 물리적, 생물학적 결과가 금방 12톤의 밀을 생산하지 못한다. 식량 생산량과 광물 채굴량을 두 배로 늘리는 일은 어떤 지점에 이르면—한계점에 도달할 때—전보다 더 쉬워지는 것이 아니라 더 어려워진다.

따라서 지금까지 식량 생산과 광물이나 에너지 사용이 기하급수적으로 늘어난 것은 스스로 그렇게 늘어난 것이 아니라 인구와 경제가 기하급수적으로 성장하면서 더 많은 식량과 광물, 에너지를 요구했고 그 수요를 감당할 만큼 생산해낼 수 있었기 때문이다. 마찬가지로 오염 물질과 폐기물이 그렇게 많이 늘어난 것도 그것들이 양의 순환 고리 구조를 가지고 있기 때문이 아니라 인간 경제가 사용한 물질과 에너지의 양이 늘어났기 때문이다.

월드 3 모형의 가장 중요한 가정은 인구와 자본이 구조적으로 기하급수적으로 늘어날 수 있다는 것이다. 이것은 멋대로 만들어낸 가정이 아니다. 지구의 사회경제 체계에서 관찰할 수 있는 특징들과 역사에 나타난 변화 유형들이 이 가정의 정당성을 뒷받침한다. 인구와 자본의 증가는 소비 선호도의 심각한 변화나 자원 이용의 효율성이 획기적으로 향상되지 않는 한 인간의 생태발자국을 늘린다. 둘 중 어느 한 군데서도 아직 그러한 변화의 움직임은 보이지 않는다. 그것들을 지탱하는 인구와 자본, 에너지와 물질 흐름은 적어도 한 세기 동안 끊임없이 급격하고 복잡하게 그리고 다른 피드백 순환 고리들에 강력한 충격을 주면서 기하급수적으로 증가했다. 현재 세계는 그때보다 더 복잡해졌다. 따라서 우리가 이제 볼 월드 3 모형도 더 복잡해진다.

세계 인구 증가

1650년 세계 인구는 약 5억 명 정도였다. 해마다 약 0.3퍼센트씩 증가해서 거의 240년마다 두 배로 인구가 늘어났다. 1900년에는 세계 인구가 16억 명에 이르렀는데 해마다 0.7에서 0.8퍼센트씩 늘어난 것으로 약 100년에 한 번꼴로 인구가 두 배로 늘어난 셈이다.

1965년 세계 인구는 33억 명이었다. 증가율은 해마다 2퍼센트로 높아져 약 36년에 한 번꼴로 인구가 두 배로 늘어났다. 따라서 세계 인구는 1650년부터 기하급수적이 아니라 실제로 초기하급수적으로 증가했다. 성장률 자체가 늘어나고 있었다. 그 이유는 반가운 내용이었다. 사망률이 하락하고 있었다. 출생률도 하락하고 있었지만 사망률보다는 하락 속도가 느렸다. 따라서 세계 인구는 급속도로 늘어났다.

1965년 이후, 사망률 하락은 지속되었다. 하지만 평균 출생률은 그보다 훨씬 더 빠르게 떨어졌다([그림 2-4]). 2000년에 인구는 1965년 33억 명에서 60억 명으로 늘어났지만 인구 증가율은 해마다 2퍼센트에서 1.2퍼센트로 떨어졌다.[5] (미국 인구조회국 《2010 세계 인구 자료집》에 따르면 2010년 세계 인구는 68억 9,200만 명이고 2025년에 81억 명, 2050년에 94억 명이 될 것으로 예상―옮긴이)

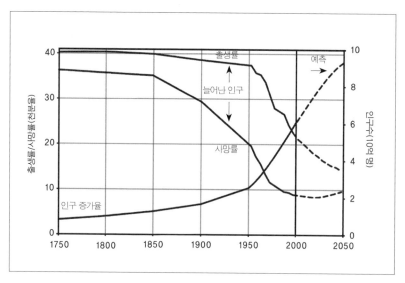

〔그림 2-4〕세계 인구통계학적 천이

출생률과 사망률 사이의 차이는 인구 증가율을 결정한다. 대강 1965년까지 인간 평균 사망률은 출생률보다 훨씬 빨리 하락하고 있었다. 그래서 인구 증가율은 계속해서 높아지고 있었다. 하지만 1965년 이후 평균 출생률이 사망률보다 더 빨리 하락했다. 따라서 인구 증가율은 크게 하락했다. 그래도 인구는 계속해서 기하급수적으로 증가했다(출처: 유엔).

  이러한 인구 증가율의 전환은 사람들이 가족 구성원의 크기를 정하게 만드는 문화 요소들과 그러한 선택을 효과적으로 수행할 수 있게 해주는 기술 요소들에서 매우 중요한 변화가 일어났음을 가리키는 놀라운 변화이다. 전 세계에서 평균적으로 여성 한 명이 낳는 아이의 수는 1950년대에 5명에서 1990년대에 2.7명으로 줄었다. 21세기로 바뀌는 시점에서 유럽에서는 일반적인 가정의 가족 크기는 부부 한 쌍에 평균 1.4명의 아이였다. 그것은 기존의 인구수를 대체하기 위해 필요한 수보다 훨씬 적었다.[6] 유럽 인구는 1998년 7억 2,800만 명에서 2025년 7억 1,500만 명으로 서서히 줄어들 것으로 전망된다.[7] (미국 인구조회국 《2010 세계 인구 자료집》에 따르면

연도	인구(백만 명)	X	증가율 (퍼센트/년)	=	추가 인구 (백만 명/년)
1965	3,330	X	2.03	=	68
1970	3,690	X	1.93	=	71
1975	4,070	X	1.71	=	70
1980	4,430	X	1.70	=	75
1985	4,820	X	1.71	=	82
1990	5,250	X	1.49	=	78
1995	5,660	X	1.35	=	76
2000	6,060	X	1.23	=	75

[표 2-3] 추가로 늘어나는 세계 인구

2010년 유럽 인구는 7억 3,600만 명이고 2025년에 7억 4,700만 명, 2050년에 7억 2,000만 명이 될 것으로 예상─옮긴이)

　이러한 출생률 하락이 전체 세계 인구 증가의 중단이나 급격한 종식을 뜻하는 것은 아니다. 다만 인구가 두 배로 늘어나는 기간이 더 길어졌고(해마다 2퍼센트씩 증가해서 36년에 한 번씩 두 배로 늘어나던 것이 해마다 1.2퍼센트씩 증가해서 60년에 한 번씩 두 배로 늘어남) 앞으로는 훨씬 더 길어질 수 있다는 말이다. 인구 증가율은 낮아졌지만 실제로 지구에 늘어난 순증 인구수는 1965년보다 2000년에 훨씬 더 많아졌다. [표 2-3]이 그 이유를 보여준다. 2000년의 인구 증가율은 낮지만 거기에 곱해지는 인구수는 그전보다 훨씬 더 크다.

　연간 추가로 늘어나는 세계 인구는 1980년대 말에 마침내 증가를 멈

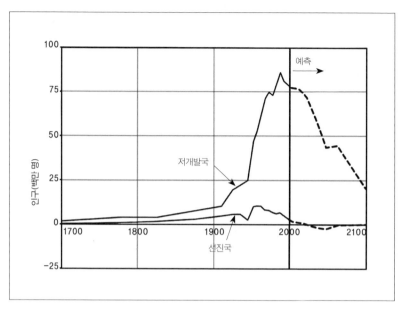

[그림 2-5] 연간 세계 인구 증가

최근까지 해마다 추가로 늘어나는 세계 인구수는 계속 증가했다. 유엔 전망에 따르면 연간 순증 인구는 곧 급격하게 하락할 것이다. 저개발국들의 출생률이 급격하게 떨어질 것으로 보기 때문이다 (출처: 유엔, D. 보그).

쳤다. 그러나 2000년에 늘어난 7,500만 명은 같은 해 뉴욕 시 인구의 아홉 배보다 많았다. 좀 더 정확히 말하자면, 2000년 순증 인구의 대부분이 남 반구에서 늘어났으므로 그해 추가로 늘어난 세계 인구수는 필리핀 전체 인구수와 맞먹으며 베이징 인구의 10배, 캘커타 인구의 6배에 해당했다. 앞으로 출생률이 더 하락할 것이라는 낙관적인 전망에도 불구하고 거대한 인구 증가는 여전히 계속될 것이며 특히, 저개발국들 사이에서 더욱 심각 할 것이다([그림 2-5]).

인구 시스템을 구성하는 중심 순환 구조는 다음 페이지의 그림과 같다. 왼쪽이 기하급수적 증가를 만들어낼 수 있는 양의 순환 고리이다.

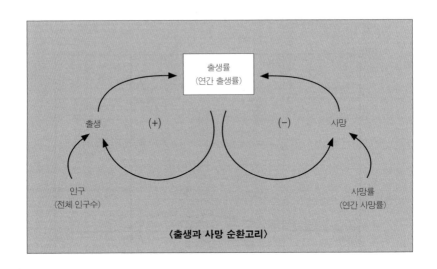

출생률
(연간 출생률)

출생 (+) 사망

인구 사망률
(전체 인구수) (연간 사망률)

〈출생과 사망 순환고리〉

인구가 늘어날수록 해마다 출생률은 더 높아진다. 오른쪽은 음의 순환 고리
이다. 양의 순환 고리가 폭발적인 증가를 일으키는 반면, 음의 순환 고리
는 증가 속도를 조절해서 시스템을 허용 범위 안에 붙잡아두거나 시간이
흘러도 시스템 안의 개체군들이 대강 일정한 값을 가진 안정된 상태로 돌
아가게 한다. 음의 순환 고리는 고리 안의 한 요소가 변화한 결과들이 그
요소가 처음에 변화한 것과 반대되는 방향으로 바뀌게 한다.

　연간 사망자 수는 전체 인구에 평균 사망률―평균 사망 가능성―을
곱한 것과 같다. 출생자 수는 전체 인구에 평균 출생률을 곱하면 나온다.
따라서 인구 증가율은 출생률에서 사망률을 빼면 된다. 출생률이나 사망
률이나 모두 일정하지 않은 것은 물론이다. 그것들은 경제, 환경 요소들과
소득, 교육, 보건, 산아 제한 방법, 종교, 오염 수준, 인구의 연령 구조와
같은 인구통계학적 요소들에 따라 달라진다.

　출생률과 사망률이 어떻게 바뀌고 세계 인구 증가율이 왜 하락하는지
에 대해 분석한 가장 널리 알려진 이론―월드 3 모형에도 적용된 이론―은

인구통계학적 천이(Demographic Transition)라고 불리는 이론이다. 이 이론에 따르면 산업 사회 이전에는 출생률과 사망률이 모두 높고 인구 증가 속도도 느렸다. 이후 인간의 영양과 보건 상태가 개선되면서 사망률은 떨어진다. 반면에 출생률은 한두 세대 그대로 유지되면서 출생률과 사망률 사이에 틈이 벌어지고 인구는 급격하게 불어난다. 마침내 인간의 수명과 생활 방식이 완전히 산업 사회 형태로 바뀌면서 출생률도 하락하고 인구 증가율도 둔화한다.

〔그림 2-6〕은 여섯 나라의 실제 인구통계학적 천이를 보여준다. 스웨덴처럼 오래전에 산업화를 이룩한 나라들의 출생률과 사망률은 매우 천천히 하락했다. 출생률과 사망률 사이의 차이도 그다지 크지 않았다. 인구는 해마다 2퍼센트 이상 늘어나지 않았다. 북반구 나라들 대부분은 전체 인구통계학적 천이 과정에 걸쳐 인구가 최대 5배 이상 늘어나지 않았다. 2000년에 선진국들 가운데 기존의 인구를 대체할 수 있을 정도의 출생률을 보이는 나라는 하나도 없었다. 따라서 대부분의 나라들은 앞으로 몇 년 안에 인구 감소에 직면할 것이다. 그럼에도 아직까지 인구가 증가했던 것은 이민자 유입이나 인구통계학적 타성(Demographic Momentum. 생식 능력을 잃은 노년층보다 생식 능력을 갖기 시작하는 청년층이 더 많아지는 현상), 또는 둘 다의 영향 덕분이었다.

사망률이 나중에 더 빨리 하락한 남반구에서는 출생률과 사망률의 차이가 매우 크게 벌어졌다. 남반구에 속한 나라들은 인구 증가율이 북반구의 어떤 나라들(유럽에서 유입되는 이민자 비율이 매우 높은 북미 국가는 제외)보다도 훨씬 더 높았다. 남반구에 있는 많은 나라들의 인구는 이미 10배 정도 증가했고 지금도 여전히 늘어나고 있다. 이 나라들의 인구통계학적 천이는 매우 불완전하다.

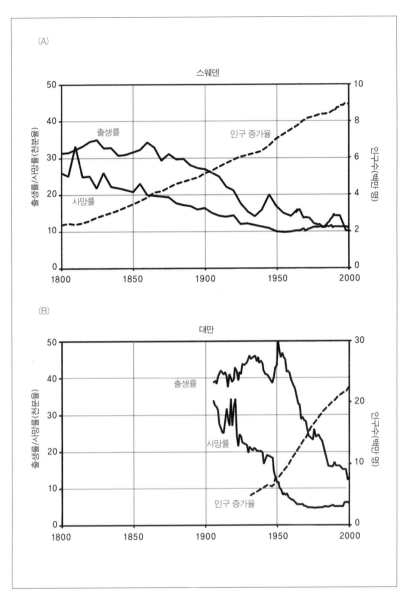

(A)

스웨덴

(B)

대만

〔그림 2-6〕

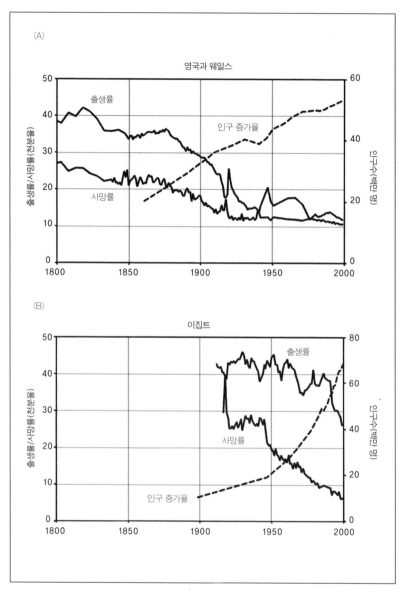

〔그림 2-6〕

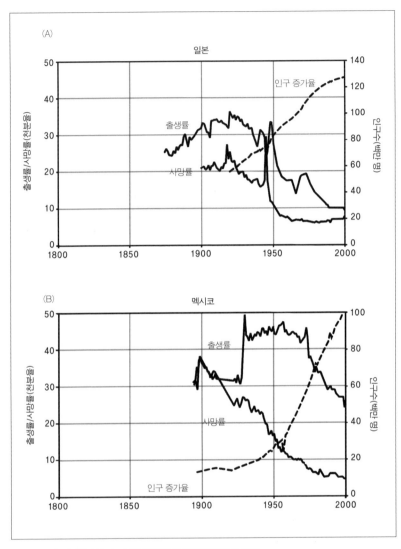

〔그림 2-6〕 선진국(A)과 저개발국(B)의 인구통계학적 천이

어느 나라든 인구통계학적 천이를 보면 사망률이 먼저 하락하고 출생률이 그 뒤를 이어 떨어진다. 스웨덴의 인구통계학적 천이는 거의 200년 동안 발생한 결과로 출생률이 사망률과 거의 근접해 있다. 이 기간 동안 스웨덴의 인구는 5배 이상 늘어나지 않았다. 1900년대 말, 저개발국들은 현재 선진국들이 지금까지 경험했던 출생률과 사망률의 차이보다 훨씬 더 큰 차이를 겪었다(출처: 네이선 키피츠, W. 폴리거, J. 슈네, 유엔, 미국 인구조회국, 영국 통계청, 대만).

인구통계학자들은 인구통계학적 천이가 왜 산업화와 연계되어 있는 것처럼 보이는지에 대해서 논의한다. 그 둘 사이의 관계를 이끄는 요소들을 소득의 증가만으로 설명하기에는 너무 복잡하다. 예를 들면 [그림 2-7]은 세계 여러 나라의 1인당 소득[연간 1인당 국민총소득(GNI)[8]으로 측정]과 출생률 사이의 상관관계를 보여준다. 높은 국민총소득과 낮은 출생률 사이에 긴밀한 상관관계가 있음을 분명히 알 수 있다. 특히 국민총소득이 낮은 국가들 가운데 매우 놀라운 예외들이 있음도 분명해졌다. 예를 들면 중국은 국민총소득 수준에 비해 이례적으로 출생률이 낮다. 반면에 일부 중동과 아프리카 나라들은 그들의 국민총소득 수준에 비해 출생률이 너무 높다.

출생률을 낮추는 데 가장 직접적인 영향을 미친다고 여겨지는 요소들은 경제 규모나 풍요보다는 오히려 경제적 개선이 모든 가족 구성원의 삶, 특히 여성들의 삶에 실제로 미치는 영향력이 어느 정도인지에 달려 있다. 1인당 국민총소득보다 더 중요한 예측 요소는 교육과 고용(특히 여성들을 위한), 산아 제한, 낮은 유아 사망률 그리고 상대적으로 소득과 기회의 평등한 분배와 같은 것들이다.[9] 중국, 스리랑카, 코스타리카, 싱가포르, 태국, 말레이시아와 같은 여러 나라들은 대다수 가정이 교육과 기초보건, 산아 제한의 혜택을 입을 때 비로소 별로 높지 않은 소득 수준에서도 출생률이 떨어짐을 보여주었다.

월드 3 모형에는 출생률을 조절하는 여러 가지 요소들이 들어 있다. 우리는 경제가 더 풍요로워질수록 영양 상태나 보건 환경이 더 좋아져 사망률이 하락하고, 또한 산아 제한이 늘어나고 유아 사망률이 떨어져 결국에는 출생률도 낮아진다고 가정한다. 또 우리는 장기적으로 볼 때 산업화 과정에서 양육비가 상승하고 부모가 얻는 경제적 이익이 줄어듦으로써 가

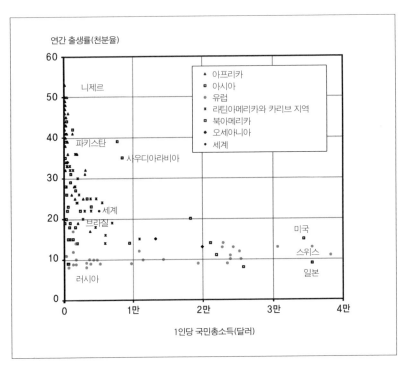

[그림 2-7] 2001년 출생률과 1인당 국민총소득

사회가 부유해지면서 그 사회의 출생률은 감소하기 마련이다. 아주 가난한 나라들은 출생률이 연간 인구 1,000명당 20퍼센트에서 50퍼센트 이상까지 간다. 선진국들 가운데 연간 인구 1,000명당 출생률이 20퍼센트를 넘는 나라는 한 곳도 없다(출처: 미국 인구조회국, 세계은행).

족 수가 줄어들 수밖에 없다고 가정한다. 그리고 일시적으로 소득이 증가하면 많은 가정들은 자신들이 키울 수 있는 한도 안에서 더 많은 아이들을 키울 여력이 생기지만 일시적으로 소득이 하락하면 그 반대가 된다고 가정한다.[10]

달리 말하면 월드 3 모형은 단기적인 소득의 증감에 따라 조금씩 변화하는 장기적인 인구통계학적 천이를 가정하고 생성한다. 월드 3 모형에서 인구가 기하급수적으로 늘어나는 경향은 산업혁명이 만들어낸 압박과 기회, 기술, 규범 때문에 처음에 급격히 높아지다가 그 뒤 완만해진다.

'현실 세계'에서는 21세기로 바뀌는 시점에서 인구 증가율이 떨어지고 있지만 인구는 여전히 기하급수적으로 증가하고 있다. 인구 증가율이 떨어지는 것은 1인당 소득만으로 설명할 수 없는 더 복잡한 이유들이 있다. 경제 성장이 반드시 인간 복지의 향상, 여성들의 더 큰 선택의 자유, 더 낮은 출생률을 보장하는 것은 아니다. 하지만 그것은 그러한 목표들을 달성하는 데 도움이 된다. 몇몇 예외들이 있기는 하지만 세계에서 가장 낮은 출생률은 세계에서 가장 부유한 나라들에서 나타난다. 따라서 월드 3 모형과 현실 세계에서 발생하는 경제 성장의 원인과 결과를 정확하게 이해하는 것은 매우 중요하다.

세계 산업의 성장

현재 공공연하게 진행되고 있는 경제 문제에 대한 논의들은 혼돈 속을 헤매고 있다. 그러한 혼돈들 가운데 많은 것이 돈과 실제로 그 돈이 의미하는 것들을 구분하지 못하는 데서 온다.[11] 우리는 여기서 그러한 차이를 면밀하게 구별할 필요가 있다. [그림 2-8]은 우리가 월드 3에서 경제를 어떻게 설명하고 이 책에서는 그것에 대해서 어떻게 말할 것이며 자연이 한계점에 이르렀을 때 경제에 대해서 생각하는 것이 어떻게 유용한지 보여준다. 우리는 사회적 산물이며 지구의 물리적 법칙의 지배를 받지 않는 금융 경제가 아니라 실제로 지구 한계의 영향을 받는 실물 경제를 주목한다.

여기서 산업 자본은 제조품을 생산하는 기계와 공장 같은 실제 설비를 말한다(물론 그 안에는 노동력, 에너지, 원료, 토지, 용수, 기술, 재무, 관리, 그

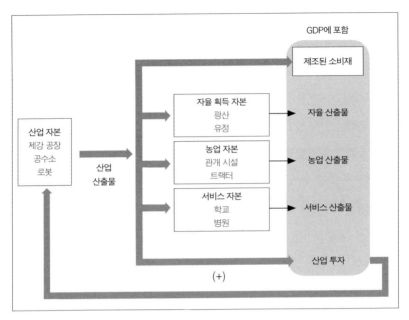

[그림 2-8] 월드 3 모형의 경제에서 실물 자본의 흐름

산업 산출물의 생산과 분배는 월드 3에서 가상으로 만들어진 경제 행위의 중심이다. 산업 자본의 양은 산업 산출물을 해마다 얼마나 많이 생산할 수 있는지 결정한다. 이 산출물은 사람들의 목표와 요구에 따라서 다섯 개 부문에 분배된다. 일부 산업 자본은 그냥 소비된다. 또 일부는 원자재를 확보하기 위해 자원 부문으로 간다. 또 다른 일부는 토지를 개간해서 농작물 산출량을 늘리기 위해 농업 부문으로 배분된다. 그리고 어떤 산업 자본은 사회 서비스에 투자되고, 나머지는 상각되는 자본을 상쇄하고 산업 자본을 더 많이 축적하기 위해 산업 부문에 투자된다.

리고 지구의 자연 생태계와 생물지구화학적 흐름의 작용이 포함되어 있다. 다음 장에서 이러한 생산의 보조 요소들을 검토할 것이다). 우리는 산업 자본이 만들어낸 실제 제품(소비재와 투자재)의 흐름을 산업 산출물이라고 부른다.

어떤 산업 산출물은 병원, 학교, 은행, 소매점들과 같은 시설이나 건물 형태를 띤다. 우리는 그것들을 서비스 자본이라고 부른다. 서비스 자본은 물질적이지 않지만 보건과 교육처럼 실제 가치가 있는 생산물의 흐름을 만들어낸다.

산업 산출물의 또 다른 형태는 식량과 섬유질 식품과 같은 농업 산출물을 생산하는 농업 자본이다. 트랙터, 외양간, 관개 시설, 수확기들이 여기에 속한다.

또 어떤 산업 산출물은 착암기, 유정, 광산 장비, 수송관로, 펌프, 유조차, 정련소, 제련소의 형태를 띤다. 이 모든 것을 다른 자본들이 작동하기 위해 필요한 원자재와 에너지를 생산하는 자원 획득 자본이라고 부른다.

또 어떤 산업 산출물은 소비재로 분류되는데 옷, 자동차, 라디오, 냉장고, 집 들이 그런 것에 속한다. 1인당 소비재 산출량은 인간의 물질적 행복을 가늠하는 중요한 잣대이다.

끝으로 산업 자본의 형태를 한 산업 산출물도 있다. 우리는 그것을 투자라고 부른다. 제강 공장, 발전기, 선반을 비롯해서 여러 가지 기계들은 시간이 흐를수록 가치를 상실하지만 장래에 훨씬 더 많은 산출물을 생산할 수 있도록 산업 자본의 크기를 늘릴 수 있다.

지금까지 여기서 언급한 모든 것은 돈이 아니라 유형의 물질이다. '현실 세계'에서 돈의 역할은 물질의 상대적 비용과 가치(시장에서 영향력을 발휘하는 생산자와 소비자가 정한 가치)에 대한 정보를 전달하는 것이다. 돈은 실물 자본과 생산품의 흐름을 매개하고 자극한다. [그림 2-8]에서 보는 것처럼 한 해 동안 생산된 최종 상품과 서비스의 모든 물질적 산출물을 돈으로 환산한 가치를 GDP, 국내총생산이라고 한다.

우리는 앞으로 다양한 그림과 표에서 GDP를 언급할 것이다. 세계의 경제 자료들은 주로 물질 형태가 아니라 돈으로 표시되기 때문이다. 그러나 우리가 관심을 갖는 것은 그 GDP가 의미하는 것, 즉 실제 자본의 축적, 산업재, 서비스, 자원, 농산품, 소비재들이다. 실제로 경제와 사회를 돌아가게 만드는 것은 돈이 아니라 이러한 물질들이다. 지구에서 나와서 흙과 공기와 물로 처리되어 마침내 다시 지구로 돌아가는 것은 돈이 아니라 이러한 물질들이다.

우리는 앞서 산업 자본이 자기 복제를 통해 기하급수적으로 증가할 수 있다고 말했다. 이러한 자기 복제를 보여주는 순환 구조는 앞에서 인구 시스템을 설명할 때 보여주었던 구조와 닮았다.

일정한 산업 자본(공장, 트럭, 컴퓨터, 발전소)의 양은 기타 필요한 투입물들이 충분하다면 해마다 일정한 양의 제품들을 생산해낼 수 있다. 해마다 생산의 일부분은 자본 축적을 늘려 장래의 생산 용량을 확대하기 위해 투자한다. 이것을 '자본의 출생률'이라고 한다. 투자되는 양은 인간의 출생률이 다양한 것처럼 의사 결정이나 바라는 목표, 제약 요소에 따라 달라진다. 이러한 양의 순환 고리에도 지체 현상이 발생한다. 사업 계획과 재무 상태에 따라 그리고 철로나 발전소, 정련소 같은 자본 설비들을 구축하는 데 수 년 또는 수십 년이 걸릴 수 있기 때문이다.

자본도 인구처럼 '사망의 피드백 순환 고리'와 '출생의 피드백 순환 고리'가 있다. 기계와 공장은 낡거나 기술이 뒤처지면 문을 닫거나 해체되거나 수리되거나 폐기된다. 자본의 상각률은 인구 시스템의 사망률과 유사하다. 자본이 많으면 많을수록 해마다 상각되어 없어지는 자본도 많아진다. 상각되는 자본을 대체할 수 있을 만큼 충분한 투자가 새로 유입되지 않는다면 다음 해에 자본은 그만큼 줄어들 것이다.

인구가 산업화의 과정에서 인구통계학적 천이를 겪는 것처럼 한 경제의 자본의 총량은 널리 알려진 일련의 증가와 변화 과정을 겪는다. 산업화 이전은 주로 농업과 서비스 경제이다. 자본 증가의 순환 고리가 작동하기 시작하면 경제의 모든 분야가 증가한다. 하지만 얼마 동안은 그 가운데서

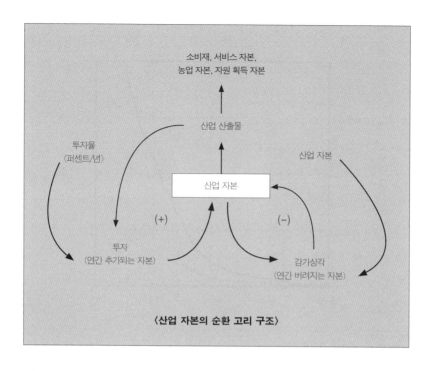

〈산업 자본의 순환 고리 구조〉

산업 분야가 가장 빠르게 증가한다. 나중에 산업 기반이 갖춰지면 그때는 주로 서비스 분야가 더 크게 증가한다(〔그림 2-9〕). 이러한 변화는 월드 3 모형에서 다른 가능성을 검증하기 위해 일부러 변화를 주지 않는 한 경제 성장의 필수 요소로 적용되었다.[12]

선진국 경제는 때때로 서비스 경제라고 부르기도 하지만 사실은 그것도 기본적으로 농업과 산업 기반을 계속해서 필요로 한다. 병원, 학교, 은행, 상점, 레스토랑, 호텔 들은 모두 서비스 부문의 일부이다. 그곳에 필요한 음식, 종이, 연료, 장비 들을 수송하는 트럭이나 그곳에서 버리는 폐기물을 나르는 쓰레기차들을 잘 지켜보라. 그곳의 배수관을 따라 흘러내리는 것들을 살펴보고 그곳의 굴뚝을 통해 빠져나가는 매연의 양을 측정해 보라. 서비스 부문의 기업들이 얼마나 엄청난 양의 자원을 끊임없이 쓰레

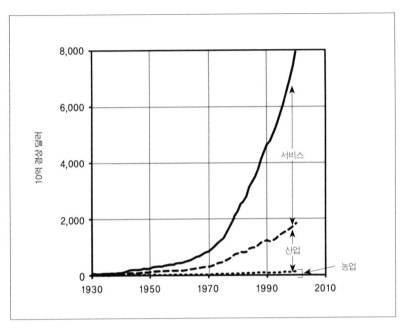

[그림 2-9] 부문별 국민총소득

미국 경제가 생산한 산출물의 가치가 서비스, 산업, 농업 부문 사이에 어떻게 배분되었는지 추이를 살펴봤을 때 서비스 경제로 이행하고 있음을 알 수 있다. 비록 서비스 부문이 경제의 가장 큰 몫을 차지하고 있다고 생각되지만 산업과 농업 부문도 여전히 증가하고 있음을 주목하라(출처: 미국 상무부 경제분석국).

기로 배출해내는지 알 수 있을 것이다. 그 기업들은 다른 기업들과 함께 인간의 생태발자국을 늘리는 데 크게 일조한다.

제강 공장과 광산은 아마도 정보 산업을 주도하는 기업들이 있는 곳에서 멀리 떨어져 있을 것이다. 거기서 사용하는 물질의 양은 그것으로 만들어내는 산출물의 화폐 가치만큼 빠르게 늘어나지 않을 수 있다. 그러나 [그림 2-9]에서 보는 것처럼 '산업화 이전' 경제에서도 산업 기반은 쇠퇴하지 않는다. 정보는 눈에 보이지 않지만 멋지고 값진 상품이다. 하지만 그것은 1997년 기준으로 봤을 때 플라스틱과 금속, 유리, 실리콘 55파운드로 만들어지고, 150와트의 전력을 쓰며, 제조 과정에서 쓰레기 물질을 139파운드 쏟아내는 데스크톱 컴퓨터 안에 저장되어 있다.[13] 정보를 생산하고 가공하고 사용하는 사람들은 음식을 먹을 뿐 아니라 차도 운전하고 집에 살며 냉난방이 된 건물에서 일도 한다. 심지어 전자통신 시대인데도 쓰고 버리는 종이의 양이 적지 않다.

세계 자본 체계에서 성장을 야기하는 양의 순환 고리는 인구 증가보다 산업을 더 빨리 성장시켜왔다. 1930년에서 2000년까지 세계 산업 산출물의 화폐 가치는 〔그림 1-2〕에서 본 것처럼 14배 증가했다. 인구가 그동안 변하지 않고 그대로였다면 물질적 생활 수준은 마찬가지로 14배 높아졌을 것이다. 하지만 그 기간에 1인당 평균 산출물은 인구 증가 때문에 5배 늘어나는 데 그쳤다. 1975년과 2000년 사이에 1인당 산출물은 30퍼센트밖에 늘지 않은 데 반해 산업 경제 규모는 대략 2배나 늘어났다.

인구 증가와 빈곤의 악순환

가난을 끝장내기 위해서는 성장이 필요하다. 이 말은 틀림없는 것처럼 보인다. 이 말을 철석같이 믿고 있는 사람들에게 현재 구조화된 경제 체계에서 성장이 가난을 끝내지 못한다는 사실은 받아들이기 어렵다. 하지만 현재의 성장 방식은 가난을 영속화하고 부자와 가난한 자의 차이를 더 벌어지게 만든다. 1998년, 전 세계 인구의 45퍼센트 이상이 하루 평균 2달러도 안 되는 소득으로 먹고 살아야 했다. 많은 나라들이 비약적인 소득 증가를 이루었던 1990년보다 가난한 이들의 수는 오히려 더 늘었다.[14]

1930년 이래로 전 세계 산업 산출물이 14배 증가하면서 일부 사람들은 매우 부유해졌다. 하지만 그것으로 가난이 없어지지는 않았다. 따라서 성장의 열매가 정말로 필요한 사람들에게 돌아가도록 지구 체계가 재구성되지 않는 한, 또다시 산업 산출물이 14배 증가한다고 하더라도(지구의 한계가 그것을 허용한다면) 그것이 이 세상에서 가난을 없앨 것이라고 기대할 수는 없다.

현재의 체계에서 경제 성장은 대개 이미 부유한 나라들의 일이며 그 열매는 그 나라들의 가장 부유한 사람들에게 불평등하게 돌아간다.

[그림 2-10]은 세계에서 인구가 가장 많은 10개 나라와 유럽연합의 1인당 국민총소득의 증가 곡선을 보여준다. 이것은 전 세계가 수십 년 동안 경제 성장을 지속하는 동안 부자 나라와 가난한 나라의 차이가 얼마나 일관되게 벌어졌는지 잘 보여준다.

유엔개발계획에 따르면, 1960년에 가장 부유한 나라들에 사는 세계 인구 20퍼센트의 1인당 소득은 가장 가난한 나라들에 사는 20퍼센트의 1인당 소득보다 30배 많았다. 하지만 1995년에 가서는 그 비율이 82배로 늘어났다. 브라질의 경우, 최빈층에 속하는 인구 절반의 국민 소득은 1960년에 전체 국민 소득의 18퍼센트였고 1995년에는 12퍼센트로 떨어졌다. 반면에 최상층에 속하는 10퍼센트의 브라질 국민의 국민 소득은 1960년에 전체 국민 소득의 54퍼센트를 차지했고 1995년에는 63퍼센트로 올라갔다.[15] 1997년 아프리카 나라들의 가구당 평균 소비량은 1972년보다 20퍼센트 적었다.[16] 한 세기 동안 경제가 성장하면서 세계는 부자 나라와 가난한 나라의 차이를 엄청나게 벌려놓았다. [그림 2-11]의 소득 집단별 세계총생산 비중은 이러한 현실을 보여주는 하나의 지표이다.

시스템 역학에서는 어떤 패턴이 한 시스템의 많은 부분에서 오랫동안

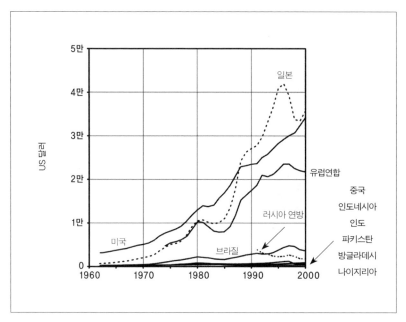

〔그림 2-10〕 **가장 인구가 많은 10개 나라와 유럽연합의 1인당 국민총소득**

경제 성장은 주로 부자 나라에서만 일어난다. 중국, 인도네시아, 인도, 파키스탄, 방글라데시, 나이지리아 6개 나라 인구를 모두 합하면 전 세계 인구의 절반에 가깝다. 이들 나라의 1인당 국민총소득 곡선은 부자 나라들의 1인당 국민총소득이 상승 곡선을 그릴 때 거의 바닥을 긴다(출처: 세계은행).

계속해서 되풀이될 경우 그 시스템 안의 순환 고리 구조에 그런 반복된 패턴을 지속시키는 원인이 내장되어 있는 것으로 본다. 따라서 그 시스템을 아무리 더 강력하고 빠르게 작동시킨다고 해도 시스템의 구조가 바뀌지 않으면 그 패턴은 변하지 않는다. 성장은 지금까지 부자 나라와 가난한 나라 사이의 차이를 계속 벌렸다. 앞으로도 성장이 지속되는 한 그 차이는 좁혀지지 않을 것이다. 오직 현재의 성장을 유발하는 시스템의 구조―인과 관계의 사슬―가 근본적으로 바뀔 때 비로소 그 차이가 좁혀질 것이다.

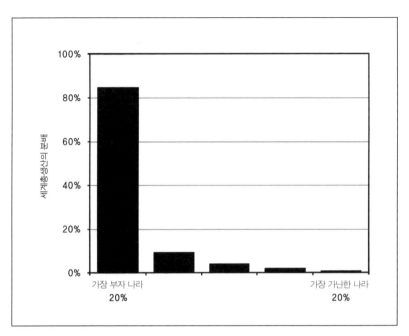

100%

80%

60%

세계총생산의 분배

40%

20%

0%

가장 부자 나라
20%

가장 가난한 나라
20%

〔그림 2-11〕 불평등한 세계

전 세계 부와 기회의 분배는 극도로 한쪽에 치우쳐 있다. 세계에서 가장 부유한 20퍼센트 인구가 세계총
생산의 80퍼센트 이상을 차지하고 전 세계 상업용 에너지의 60퍼센트 가까이를 쓴다(출처: 세계은행).

비약적인 경제 성장에도 불구하고 부자 나라와 가난한 나라의 차이를
끊임없이 벌어지게 만드는 그 구조는 도대체 무엇일까? 우리는 근본적으
로 두 개의 구조가 작용한다고 본다. 첫 번째 구조는 가진 자들이 더 많은 것
을 갖도록 권력과 자원을 지속적으로 제공하는 많은 사회 제도들―많은 문화
권에서 공통적인 현상이지만 특정 문화권에만 있는 것도 있다―과 관련
이 있다. 드러내놓고 또는 은밀하게 자행되는 인종 차별에서 부자들의 탈
세를 조장하는 허술한 세제, 가난한 나라 아이들의 영양 결핍과 부자 나라
아이들의 고급 교육, 심지어 민주 국가라고 하는 곳에서도 일어나는 정치

적 흥정을 위한 뇌물 수수, 그리고 은행의 이자 지불이 사실은 가난한 사람의 호주머니를 털어 부자들의 배를 채워주는 것이라는 단순한 사실에 이르기까지 그 사례는 매우 다양하고 광범위하다.

시스템 역학에서는 이러한 구조를 '성공이 성공을 부르는(Success to the Successful)' 순환 고리라고 부른다.[17] 이 순환 고리는 성공한 것이 계속해서 성공을 이어가도록 여러 가지 수단들을 제공하는 양의 순환 고리이다. 그것은 의식적으로 공정한 시합을 할 수 있는 평등한 규칙을 만들지 않는 사회라면 어디서든 나타난다(그러한 평등한 규칙의 예로는 차별 금지법, 누진소득세율, 보편적 교육과 보건 수준, 곤경에 처한 사람들을 지원하는 '사회안전망', 부유세, 정치를 자본의 영향력에서 분리하는 민주 제도들을 들 수 있다).

월드 3 모형에는 이러한 '성공이 성공을 부르는' 순환 고리들 가운데 어느 것도 분명하게 나타나지 않는다. 월드 3는 소득이나 부나 권력이 어떻게 배분되는지 보여주는 역학 모형이 아니기 때문이다. 월드 3는 세계 경제와 성장의 한계 사이에서 일어나는 모든 관계에 주목한다.[18] 따라서 월드 3는 현재의 분배 방식이 계속해서 유지된다고 가정한다.

그러나 월드 3에는 우리가 이 장에서 이미 설명한 인구와 자본 체계 사이의 관계를 반영한 구조가 한 가지 있다. 이 구조는 가난과 인구 증가, 세계 체계의 한계 초과 경향을 영속화한다. 나중에 설명하겠지만 지속 가능한 세계를 만들려면 이러한 구조는 반드시 바뀌어야 한다.

가난을 영속화하는 이런 구조는 부자들이 가난한 사람들보다 자기 자본을 더 쉽게 저축하고 투자하고 늘릴 수 있다는 사실에서 생겨난다. 부자나라는 시장 환경을 자신들에게 유리하게 통제하고 신기술을 구매하고 자원을 지배할 수 있는 힘이 있을 뿐 아니라 수 세기 동안 지속된 성장으로 그들이 보유한 자본은 더욱 크게 늘어났다. 부자 나라는 대개 국민들의 기본 욕구를 충족시키고 있기 때문에 현재의 인구로부터 기본적으로 필요한 것들을 박탈하지 않고도 비교적 많은 투자를 할 수 있다. 인구 증가율이 낮으면 경제 성장을 이루는 데 더 많은 산출물을 할당할 수 있는 여건이 마련되면서 인구 증가에 따른 보건과 교육 문제에는 신경을 덜 써도 된다.

반대로 가난한 나라에서는 자본이 증가해도 인구가 함께 늘어나면서 불경기를 맞는다. 재투자될 수 있는 산출물은 학교와 병원을 짓는 데 들어가고 서민들의 기본 필수품 소비 충족을 위해 쓰이기 쉽다. 잉여 산출물들을 당장 필요한 데 쓰고 나면 산업 투자를 위해 남는 것이 없기 때문에 경제 성장은 지체될 수밖에 없다. 인구통계학적 천이는 중간에 출생률과 사망률의 차이가 크게 벌어지면서 정체된 모습을 보인다. 여성들이 아이를 낳았을 때 교육이나 경제적 측면에서 어떤 매력적인 대안을 발견하지 못한다면 아이들은 별로 쓸모 있는 투자 형태가 아니다. 따라서 인구만 더 늘어나지 경제 성장에는 보탬이 되지 않는다. 옛말처럼 "부자는 더 부자가 되고 가난한 자는 더 가난해진다."

각종 국제회의에 가면 이 순환 고리에서 화살표의 방향을 두고 서로 자기가 옳다고 주장하는 사람들로 회의장이 시끌벅적하다. 가난이 인구 증가를 유발한다고 주장하는 사람이 있는 반면 인구 증가가 가난을 유발한다고 주장하는 사람도 있다.

실제로 이 양의 순환 고리에 있는 모든 연결 부분들은 가난한 나라일수록 인구 증가에 더 강력한 영향력을 끼친다. 그 연결 부분들은 '실패가 실패를 부르는(less success to the already unsuccessful)' 순환 고리인 '시스템의 덫'을 만드는데 그 덫에 걸린 가난한 나라는 계속 가난해지고 인구는 계속해서 늘어난다. 인구가 늘면서 산출물은 투자보다는 소비에 투입되고

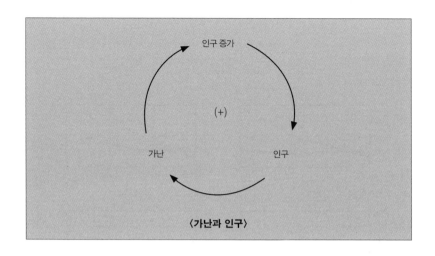

〈가난과 인구〉

따라서 자본이 증가하는 속도는 느려진다. 반대로 가난한 사람들은 교육과 보건, 산아 제한, 선택권, 권력 획득의 기회를 빼앗기고, 자식들의 노동력을 팔지 않고서는 먹고살 수 없는 상황에 처하기 때문에 인구는 끊임없이 늘어날 수밖에 없다.

〔그림 2-12〕는 이러한 덫에 걸린 결과 가운데 하나를 보여준다. 남반구 전체의 식량 생산은 지난 20년 동안 크게 성장했다. 모든 지역에서 두 배나 세 배씩 늘었다. 그러나 급격한 인구 증가 때문에 1인당 식량 생산은 거의 개선되지 못했다. 아프리카에서는 오히려 서서히 감소하기까지 했다. 식량 생산이 인구 증가보다 눈에 띄게 앞선 지역은 유럽과 극동 지역뿐이다.

〔그림 2-12〕는 두 가지 비극을 보여준다. 첫 번째는 인간에 관한 것이다. 엄청난 식량 생산량 증가를 이룩한 농업의 거대한 성과는 사람들을 더 잘 먹게 하기보다는 오히려 충분히 먹지 못하는 사람들만 더 늘어나게 만들고 말았다. 두 번째 비극은 환경에 관한 것이다. 식량 생산량의 증가는

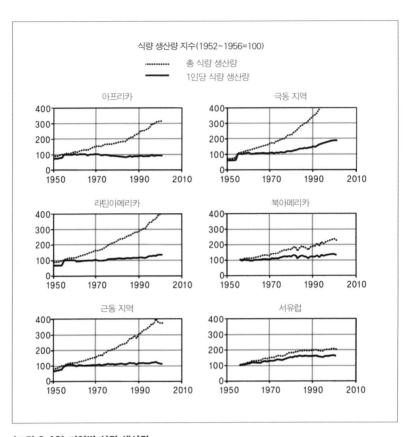

식량 생산량 지수(1952~1956=100)

·········· 총 식량 생산량
━━━━━ 1인당 식량 생산량

[그림 2-12] 지역별 식량 생산량

전체 식량 생산량 지수(1952~1956년, 지수＝100)는 전 세계에서 기아가 가장 심한 지역에서도 지난 50년 동안 두 배나 세 배로 늘었다. 하지만 1인당 식량 생산량 지수는 인구가 그만큼 빨리 늘어난 까닭에 거의 바뀌지 않았다. 아프리카의 경우, 1인당 식량 생산량은 1996년과 2001년 사이에 9퍼센트 감소했다(출처: 유엔식량농업기구).

토양과 물, 숲, 생태계를 황폐화시키고 얻은 것이다. 따라서 앞으로 식량 생산량을 늘리는 일은 더욱 어려워질 것이다.

그러나 시스템을 망가뜨리는 모든 양의 순환 고리는 시스템을 향상시키는 쪽으로 방향을 전환할 수 있다. 가난해질수록 인구가 늘어나고 인구가 늘어나면 더 가난해진다고 할 때, 이것을 거꾸로 말하면 덜 가난하면 인구가 느리게 늘어나고 인구 증가 속도가 느려지면 가난도 줄어든다고 할 수 있다. 아주 오랫동안 충분한 투자를 계속하고 생산물과 노동력에 대한 공정한 대가를 지불하고 산출물이 가난한 사람에게, 특히 여성에 대한 교육과 고용 그리고 산아 제한에 직접 훨씬 더 많이 할당된다면, 인구-가난의 순환 고리가 가져다줄 결과는 지금과 반대로 바뀔 수도 있다. 사회 개선은 인구 증가율을 낮출 수 있으며 산업 자본에 더 많은 투자를 할 수 있게 해서 더 많은 상품과 서비스를 생산한다. 상품과 서비스의 소비가 늘어나면 인구 증가율은 훨씬 더 낮아진다.

전체 국민들, 특히 가난한 사람들의 복지에 주목하는 세계 여러 나라에서 그러한 변화가 나타나고 있다. 오늘날 세계 인구 증가율이 떨어지는 까닭 가운데 하나가 바로 이것이다. 오늘날 실제로 그러한 인구통계학적 천이가 진행되고 있다.

그러나 불평등이 문화 전반에 만연되어 있는 나라, 자원이나 공공복지에 투자할 의지가 부족한 나라, 국가 금융 정책의 실패로 교육과 보건 체계에 투자하지 못하고 '구조 조정'을 당해야 하는 나라들에서는 국민의 삶을 널리 개선할 여지가 없다. 여전히 가난에서 벗어나지 못하고 오히려 더 급속하게 가난해지는 그런 나라들은 출생률이 떨어져서가 아니라 사망률이 늘어남으로써 인구 성장이 중단되는 심각한 위기에 봉착해 있다. 실제로 짐바브웨, 보츠와나, 나미비아, 잠비아, 스와질란드는 청장년과 어린이들이 에이즈로 많이 사망하는 비극적 이유 때문에 21세기 초에 인구 성장이 멈출 것으로 예상된다.[19]

인구와 산업 생산의 기하급수적 증가는 '현실 세계'의 사회경제 체계가 지닌 자기 복제 구조 덕분이다. 그러나 그 증가하는 모습은 복잡한 양상을 띠면서 어떤 나라에서는 느린 인구 증가와 빠른 산업 성장으로 나타나기도 하고 또 어떤 나라에서는 느린 산업 성장과 빠른 인구 증가로 나타난다. 하지만 둘 다 인구와 실물 자본이 계속해서 늘어난다는 것만은 같다.

이러한 물질적 증가가 현실에서 영원히 계속될 수 있을까? 우리는 아니라고 단언한다. 인구와 자본의 증가는 인간의 생태발자국을 늘린다. 만일 인간의 생태발자국이 느는 것을 막지 못한다면 지구 생태계의 부담이 커질 것이다. 이론적으로는 인간 활동의 각 단위들이 (기술이나 여타 수단을 통해) 발생시키는 생태발자국을 인구와 자본이 계속해서 성장할 수 있는 한도 내로 줄일 수 있다. 하지만 현실에서도 실제로 그렇게 할 수 있다고는 생각되지 않는다. 오늘날 전 세계에서 얻을 수 있는 경험적 증거들을 보면 이론상의 생태발자국 감소가 현실에서는 일어나지 않고 있음을 분명히 알 수 있다. 생태발자국은 경제 성장보다 느리기는 하지만 지금도 여전히 증가하고 있다(저자 서문의 〔그림 P-1〕 참조).

생태발자국이 지속 가능한 수준을 넘어 증가했다면—우리는 이미 그 상태에 도달했다—인공적 과정에 의해서든 (이를테면 환경친화적 방법을 급격하게 늘려서) 아니면 자연적 과정에 의해서든 (말하자면 숲이 사라지면 목재 사용량이 감소하는 것처럼) 생태발자국을 반드시 줄여야 한다. 생태발자국이 늘어나는 것을 막아야 한다는 것은 말할 나위도 없이 당연하다. 문제는 언제 어떤 방식으로 막을 것이냐이다.

인구 증가는 출생률이 더 많이 감소하거나 사망률이 증가하기 시작하거나 또는 둘 다 때문에 마침내 멈출 것이다. 산업 성장도 투자율이 떨어지거나 감가상각이 늘어나기 시작하거나 또는 둘 다 때문에 마침내 멈출 것이다. 이런 추세들을 예상한다면 우리는 최선의 유용한 선택을 함으로써 그런 전망들에 대해서 어떤 합리적인 조정을 할 수 있을 것이다. 우리가 그것을 무시한다면 자연계는 인간의 복지에 상관없이 최종 행동을 취할 것이다.

출생과 사망률, 투자와 상각률은 나중에 인간의 선택에 따라, 또는 과도한 지구 자원의 남용과 폐기물 발생에 따른 자연의 대가로 균형이 맞춰질 것이다. 기하급수적 성장 곡선들은 마침내 느려지고 구부려져 정체되거나 하락할 것이다. 그렇게 되면 인간 사회와 지구의 환경은 재앙을 맞을 수 있다.

모든 것을 '나쁜 것'이나 '좋은 것'으로 나누고 그 분류를 계속해서 유지하는 것은 너무도 쉬운 일이다. 여러 세대 동안 인구 증가와 자본 증가는 무조건 좋은 것이라고 여겼다. 지구에 인구가 적고 자원이 풍부할 때는 당연히 그런 긍정적인 평가를 내릴 만했다. 하지만 이제 생태계가 한계에 도달한 것이 더욱 분명해지면서 모든 성장을 나쁜 것으로 분류하는 경향이 생겨나고 있다.

한계의 시대에는 모든 것을 관리할 때 좀 더 세밀해야 하며 더욱 조심스럽게 분류해야 한다. 어떤 사람들은 더 많은 음식과 쉴 곳과 물질적 상품들을 간절히 원한다. 또 어떤 사람들은 그것과 다른 차원에서 매우 현실적이지만 비물질적인 욕구, 이를테면 인정, 자존심, 공동체, 주체성과 같은 다른 종류의 욕구를 만족시키기 위해 물질적 성장을 간절히 원한다. 따라서 성장에 대해서 무조건 찬성하거나 무조건 반대하는 것은 아무 의미가 없다. 대신에 이런 물음이 필요하다. 어떤 성장인가? 누구를 위한 성장인가? 그 대가는 무엇인가? 누가 그 비용을 지불하는가? 여기서 진짜로 필요한 것은 무엇인가? 그리고 그러한 욕구를 가진 사람들이 그것을 만족시키는 가장 직접적이고 효과적인 방식은 무엇인가? 얼마나 많이 만족하는가? 함께 나누어야 할 의무들은 무엇인가?

이러한 질문에 대한 대답이 만족스럽고 공정한 사회로 가는 방법을 제안해줄 것이다. 여기에 더해서 이제 지속 가능한 사회로 가기 위해서는 어느 방향으로 가야 하는지에 대한 질문들이 생긴다. 주어진 생태발자국 안에서 주어진 물질 처리량으로 얼마나 많은 사람들을 만족시킬 수 있을까? 물질의 소비 한계는 어디까지인가? 인간과 경제, 그 밖의 모든 종들을 지탱하는 자연계는 얼마나 큰 압박에 시달리고 있는가? 자연계는 어떤 종류의 얼마나 큰 압박을 어떻게 견뎌내고 회복할 수 있는가? 압박이 얼마나 더 커지면 자연계는 한계를 초과할까?

이런 질문들에 답하려면 이제 성장의 원인을 찾는 데서 눈을 돌려 성장의 한계가 무엇인지 주목해야 한다. 3장의 목적이 바로 그것이다.

3장
성장의 한계를 생각하다

우리가 자원을 얻는 대가로 지불하는 비용을 유지하거나 줄이기 위해 채택한 기술들을 사용하려면 대개 직·간접으로 끊임없이 더 많은 연료가 소모되어야 한다. (……) 이러한 사치품은 어느새 없어서는 안 될 값비싼 필수 요소가 되었다. 같은 양의 자원을 공급하기 위해서 결국 우리의 국민 소득 증가분이 자원을 처리하는 부문으로 전용되고 만다.

─세계환경개발위원회, 1987년

세계의 붕괴에 대한 우리의 우려는 세계가 지구에 축적된 에너지와 원자재를 모두 소진할 것이라는 생각에서 나온 것이 아니다. 월드 3 모형이 만들어낸 모든 시나리오를 보면 2100년에도 세계에는 여전히 1900년에 있던 자원의 많은 부분이 그대로 남아 있을 것임을 알 수 있다. 월드 3 모형이 보여주는 전망들을 분석해볼 때 우리가 우려해야 할 것은 오히려 지구의 자원을 개발하고 폐기물을 처리하는 비용이 점점 늘어나고 있다는 것이다. 이들 비용과 관련한 자료들은 불충분한 것이 사실이다. 따라서 이 문제는 근본적으로 논란의 소지가 있다. 그러나 재생 가능한 자원의 채취가 늘고 재생 불가능한 원료들은 점점 고갈되며 지구의 폐기물 처리 용량 또한 한계에 이르는 반면, 세계 경제 체계가 요구하는 물질의 공급량과 질을 유지하기 위해 필요한 에너지와 자본의 양도 서서히 늘어나고 있음은 명백한 사실이다. 이것들과 관련된 비용은 물질적, 환경적, 사회적 요소들이 복합적으로 어우러져 발생한다. 그 비용은 마침내 산업 성장이 더 이상 지탱할 수 없을 정도로 크게 늘어날 것이다. 그때가 오면 실물 경제의 확대를 가져온 양의 순환 고리는 방향을 거꾸로 바꾸고 경제가 하락하기 시작할 것이다.

우리는 이러한 주장을 입증할 수 없다. 하지만 그 주장의 타당성 여부를 파악해서 건설적인 대응 방안을 지적할 수는 있다. 그러기 위해 3장에서는 자원과 폐기물에 대한 방대한 정보를 제시하고, 다가올 세기 동안 세계 경제 성장과 인구 증가를 지탱하기 위해 필요한 다양한 자원들의 현재 상황과 전망들을 간단히 요약한다. 성장을 위해 필요한 투입물의 목록은 길고 다양하지만 크게 두 범주로 나눌 수 있다.

모든 생물학적 활동과 산업 활동을 지원하는 물질적 필수 요소들로 비옥한 토지, 광물, 금속, 에너지, 그리고 폐기물들을 적절하게 흡수하는 지구 생태계가 첫 번째 범주에 속한다. 이러한 구성 요소들은 본디 몇 헥타르의 경지와 삼림, 몇 세제곱킬로미터의 신선한 물, 몇 톤의 금속, 몇십억 배럴의 원유처럼 실제로 만질 수 있고 셀 수 있는 것들이다. 하지만 현실에서는 수량화하기가 매우 어렵다. 이것들의 총량이 얼마나 되는지는 분명하지 않다. 이것들은 서로에게 영향을 끼치는데 어떤 것은 다른 것을 대체할 수 있는 반면에 어떤 것을 생산하면 다른 것을 얻기가 더 힘들어지는 경우가 있다. 자원, 매장량, 소비, 생산에 대한 정의는 일관성이 없다. 그것들에 대한 과학적 측량이 불완전하고 각 나라는 대개 자신들의 정치적, 경제적 목적을 위해 그 수치들을 왜곡하거나 숨기기 때문이다. 물질적 현실에 대한 정보는 보통 상품 가격처럼 경제적 지수들로 표현된다. 가격은 시장에서 결정되며 물질 자원을 지배하는 규칙들과는 상당히 다른 규칙들 속에서 움직인다. 그럼에도 불구하고 우리는 이 장에서 이러한 물질적 필수 요소들을 주목할 것이다.

성장을 위해 필요한 두 번째 범주는 사회적 필수 요소들로 구성된다. 지구의 자연계가 지금보다 훨씬 더 많은 인구와 더 발전된 산업을 지탱할 수 있다고 해도, 실제로 경제가 성장하고 인구가 증가하려면 평화, 사회

안정, 평등, 개인의 안전, 정직하고 현명한 지도자, 교육, 개방된 사고, 실수를 인정할 줄 알고 도전하려는 의지, 지속적이고 적절한 기술 진보를 위한 국제적 기반과 같은 사회적 요소들의 영향력이 크게 작용한다.

이러한 사회적 요소들을 정확하게 평가하기는 어렵다. 게다가 그것들이 앞으로 어떻게 될지 예측하는 일은 어쩌면 불가능할지도 모른다. 이 책이든 월드 3 모형이든 이러한 사회적 요소들을 자세하고 실용적인 방식으로 분명하게 다루지는 못한다. 그 요소들을 공식적으로 분석하기엔 더 많은 데이터와 방법론이 필요하다. 하지만 비옥한 토지와 충분한 에너지, 필수 자원, 쾌적한 환경들이 성장을 위한 필요조건이기는 하지만 충분조건은 아니다. 비록 그것들이 실제로 충분하더라도 사회 문제들 때문에 그것들의 유용성은 줄어들 수 있다. 그러나 여기서는 그런 사회적 요소들이 최적의 조건에 있다고 가정한다.

인구와 자본 설비를 위해 필요한 물질과 에너지는 무에서 오는 것이 아니다. 그것들은 지구에서 추출된다. 그리고 그것들은 그냥 사라지지 않는다. 물질은 다 쓰고 나면 재생되거나 아니면 쓰레기나 오염 물질이 된다. 에너지는 다 쓰고 나면 여기저기 쓸모없는 열로 방출된다. 물질과 에너지의 흐름은 지구에서 추출된 자원에서 시작해서 경제 하부 체계를 거쳐 다시 지구의 처리장으로 가서 쓰레기와 오염 물질로 끝난다(〔그림 3-1〕). 재생과 재활용은 소비의 결과로 발생한 쓰레기와 오염 물질의 양을 획기적으로 줄일 수 있지만 완전히 없애지는 못한다. 사람들은 성장하고, 건강한 신체와 풍요로운 삶을 유지하기 위해, 그리고 자본과 후손을 생산하기 위해 언제나 먹을 것과 물, 맑은 공기, 쉴 곳, 그 밖의 다양한 물질들을 필요로 한다. 기계와 건물들은 상품과 서비스를 생산하고 고치고 더 많은 기계와 건물들을 만들기 위해 에너지와 물, 공기, 다양한 금속, 화학 물질과

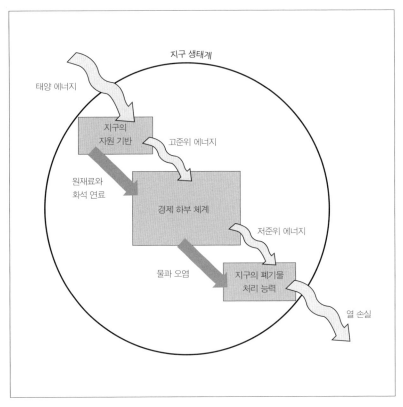

〔그림 3-1〕 **지구 생태계에서의 인구와 자본**

인구와 자본은 지구에서 나오는 연료와 재생 불가능한 자원의 흐름에 의지해서 지탱되는 한편, 열과 쓰레기를 배출하여 지구의 공기와 물, 토양을 오염시킨다(출처: R. 굿랜드, 허먼 댈리, S. 엘 세라피).

생물학적 물질들을 필요로 한다. 지구가 사람들과 경제, 지구의 재생과 조절 과정에서 피해를 입지 않으면서 자원을 생산하고 폐기물을 처리할 수 있는 능력에는 한계가 있다.

이러한 한계는 근본적으로 복잡한 특성이 있는데 자원을 생산하고 폐기물을 처리하는 일 자체가 지구의 생물지구화학적 순환 과정으로 유지되는 역동적이고 상호 연관된 시스템의 일부이기 때문이다. 이러한 한계는 단기적인 한계(예를 들면 저장 탱크에 들어 있는 정유의 양)와 장기적인 한계(지하에 묻힌 채굴 가능한 원유의 양)로 나눌 수 있다. 자원 생산 기반과 폐기물 처리 능력은 서로에게 영향을 끼칠 수 있다. 자원을 생산하고 폐기물을 처리하는 것은 모두 자연계의 몫이다. 예를 들면, 한 뙈기의 토양은 농작물을 생산하는 원천인 동시에 대기 오염으로 생성된 산성비를 흡수하는 폐기물 처리장이 되기도 한다. 지구가 그 두 가지 기능을 모두 수용할 수 있는 용량이냐 아니냐는 한 기능이 다른 기능을 얼마만큼 수용할 수 있느냐에 따라 달라질 수 있다.

경제학자 허먼 댈리는 지속 가능한 물질과 에너지 처리량의 한계를 정의하는 데 도움을 주는 아주 단순한 세 가지 기준을 제시했다.[1]

- 재생 가능한 자원―토양, 물, 숲, 물고기―의 지속 가능한 사용량은 지구가 그것들을 재생산해내는 양보다 더 많을 수 없다(예를 들면 현재 남아 있는 물고기 개체군의 성장률보다 더 많이 물고기를 잡으면 물고기 채취는 더 이상 지속 가능하지 않다).
- 재생 불가능한 자원―화석 연료, 순도 높은 광석, 화석 지하수(사하라 사막의 지하수처럼 빙하기의 얼음이 녹으면서 생겨난 지하수―옮긴이)―의 지속 가능한 사용량은 재생 가능한 자원이 지속할 수 있는 범위 안에서 재생 불가능한 자원을 대체할 수 있는 양보다 더 많을 수 없다(예를 들면 유전에서 얻는 이익의 일부를 풍력 발전소나 광전지 시설, 식목 사업 같은 데 체계적으로 투자해서 석유가 떨어지더라도 재생 가능한 에너지로 그것을 대체한다면 유전을 지속 가능하게 사용할 수 있다).
- 오염 물질의 지속 가능한 방출량은 지구가 손상을 입지 않고 오염 물질을 재순

환시키고 흡수하거나 정제할 수 있는 양보다 더 많을 수 없다(예를 들면 하수가 수중 생태계를 망가뜨리거나 불안정하게 만들지 않으면서 개천이나 호수, 지하 대수층으로 흘러들어 가려면 그 이전에 박테리아와 같은 다른 미생물들이 하수에 있는 영양소들을 다 흡수할 수 있어야 한다).

재생 가능한 자원의 매장량을 떨어뜨리거나, 오염 물질의 처리량을 늘리거나, 재생 가능한 대체물 없이 재생 불가능한 자원의 매장량을 떨어뜨리는 어떤 활동도 지속 가능하지 않다. 그런 활동은 빠른 시일 안에 중지되어야 한다. 학계든 산업계든 정부나 시민 단체든 댈리가 제시한 기준에 대해서 의견을 달리하는 사람이 있다는 말은 들어본 적이 없다(하지만 그렇다고 그 기준에 맞춰서 살려고 진지하게 애쓰는 사람도 찾아보기 힘들다). 지속 가능성이 무엇인지 정의하는 기준이 있다면 댈리가 제시한 기준은 반드시 그 가운데 들어가야 한다. 문제는 이 기준이 옳고 그른가가 아니다. 전 세계 경제가 이 기준을 따르고 있는지 아닌지, 그리고 그렇지 않다면 앞으로 무슨 일이 일어날 지가 중요하다.

우리는 인간 경제와 관련한 지구의 다양한 자원 생산과 폐기물 처리 현황을 신속하게 조사하기 위해서 댈리가 제시한 세 가지 기준을 활용할 것이다. 우선 재생 가능한 자원에 대해서는 이런 질문을 던진다. 그 자원들은 재생산되기 전에 먼저 소모되고 있는가? 매장량이 감소하고 있는 것이 명백한 재생 불가능한 자원에 대해서는 이런 질문을 던진다. 양질의 물질들은 얼마나 빨리 소모되고 있는가? 그것들을 얻기 위해 들어가는 실제 비용은 어떻게 변하고 있는가? 끝으로 오염 물질과 폐기물에 대해서는 이런 질문을 던진다. 그것들은 충분히 무해하게 정제되고 있는가? 아니면 자연환경에 축적되고 있는가?

이 질문들에 대해서는 월드 3 모형이 아니라 (이 장에서는 어느 것도 월드 3 모형에 의존하지 않는다) 지구가 자원을 생산하고 폐기물을 처리하는 것과 관련하여 나와 있는 기존의 모든 데이터들을 이용해 대답할 것이다.[2] 우리는 이 장에서 하나의 자원 또는 폐기물이 다른 자원 또는 폐기물과 서로 영향을 주고받는 여러 가지 상호 작용들에 대해 몇 가지 사례만을 언급할 것이다(이를테면, 더 많은 식량을 얻으려면 더 많은 에너지가 필요하다든가, 더 많은 에너지를 쓰면서 발생하는 오염 물질이 기후 변화를 초래해서 농작물 수확량에 영향을 미칠 수 있다든가 하는 사실).

우리가 여기서 논의하는 한계들은 이미 전 세계 과학자들이 잘 아는 것들이다. 오늘날 그것들이 실제로 가장 중요한 문제인지 아닌지는 장담할 수 없다. 앞으로 깜짝 놀랄 일들이 일어날 것이고 거기에는 좋은 일도 있고 나쁜 일도 있을 것이다. 우리가 지금 여기서 언급하는 기술들은 미래에 분명히 더 발전하겠지만 또 다른 한편으로 지금은 잘 알지 못하는 새로운 문제들이 앞으로 나타나리라는 것 또한 틀림없는 사실이다.

이제 지구의 물질적 필수 요소들의 현재 상태와 앞으로의 전망에 대해서 좀 더 자세하게 검토하겠다. 인류가 직면한 성장의 한계에 대한 우리의 분석은 단순하지도 명백하지도 않다. 하지만 그러한 한계들의 실체와 그것들에 대한 현재의 정책이 미치는 영향을 이해하는 데는 도움을 줄 것이다. 사람마다 그러한 한계들을 이해하는 데 서로 차이가 있다는 것을 인정하더라도 이 장에서 보여주는 증거들을 통해 다음과 같은 네 가지 결론에 이르게 된다.

- 오늘날 인간 경제는 앞으로 계속 감당할 수 없을 정도로 많은 핵심 자원들을 사용하고 폐기물을 양산하고 있다. 자원들은 고갈되고 있으며 쓰레기가 곳곳

에 쌓이고 넘쳐나는 실정이다. 대부분의 자원 사용과 폐기물 방출의 흐름이 현재의 추세를 유지한다고 하더라도 오랫동안 지속될 수 없으며 오히려 앞으로 지금보다 훨씬 더 악화될 가능성이 있다. 그것들은 대개 금세기 안으로 한 계점에 도달했다 점차 줄어들 것으로 예상된다.

- 이렇게 많은 자원의 사용과 폐기물 방출이 반드시 불가피한 것은 아니다. 기술과 분배, 제도의 변화는 전 세계인의 평균적 삶의 질을 유지하고 향상시키면서도 자원 사용과 폐기물 방출을 크게 줄일 수 있다.

- 인간이 자연환경에 지우는 짐은 이미 지속 가능한 수준을 넘어섰다. 그것은 한두 세대 이상 유지될 수 없다. 그 결과로 인간의 건강과 경제에 미치는 부정적 영향이 도처에서 나타나고 있다.

- 물질을 추출하고 처리하는 실제 비용이 계속 늘어나고 있다.

인간이 환경에 짐을 지운다는 개념은 매우 복잡하고 수량화하기 어렵다. 우리가 여기서 사용하는 가장 최근의 접근 방식은 생태발자국이라는 개념이다. 그 개념은 인간이 자연에 미치는 총체적인 영향력을 말한다. 자원 추출, 오염 물질 방출, 에너지 사용, 생물다양성 파괴, 도시화를 포함해서 모든 물질적 성장의 결과는 자연에 미친 영향의 총합으로 정의될 수 있다. 그것은 측량하기 어려운 개념이 분명하지만 지난 10년 동안 그것을 수량화하는 방식에서 큰 진전이 있었고 앞으로도 계속 발전할 것이다.

서문에서 밝힌 유용한 한 가지 방식은 지구 생태계에 그려진 인간의 모든 흔적을, 그에 상응해서 무제한 '제공되는 생태계 서비스(ecosystem service. 물과 공기의 순환이나 오염 물질의 정화, 기후 조절, 식량 생산과 같이 자연생태계가 생물의 생존을 위해 제공하는 다양한 자원과 기능을 뜻함—옮긴이)'를 유지하기 위해 필요한 지표면의 넓이로 바꾸는 것이다. 지구에 있는 땅의 면적은 한정되어 있다. 따라서 이러한 측정 방식은 인간이 사용 가능한 자원 공급량을 초과하는지 안 하는지에 대한 의문에 한 가지 답을 제공한다. 저자 서문에 나온 [그림 P-1]은 인간이 사용 가능한 자원 공급량을 이미 초과했음을 보여준다. 이러한 생태발자국 측정 방식에 따르면, 21세기에 접어들어 인간은 지구에서 사용할 수 있는 전체 넓이보다 1.2배나 많은 지역을 필요로 했다. 간단히 말하면 인간은 이미 지구가 견뎌낼 수 있는 한계를 20퍼센트 초과했다(2010년 생태발자국 네트워크에서 발간한 『생태발자국 아틀라스』에 따르면 2007년 생태발자국은 1.5임 — 옮긴이).

하지만 다행히도 지구가 안고 있는 그러한 큰 부담을 수용 한계 아래로 끄집어내려 인간의 욕구와 기대를 더욱 지속 가능하게 지지할 수 있는 방법들이 아직은 많이 남아 있다. 우리는 다음에서 그러한 방법들을 검토할 것이다.[3]

재생 가능한 자원

식량, 땅, 토양

가장 비옥한 토지는 이미 경작 중이며 남아 있는 숲과 초지, 습지를 농경지로 전환하는 데 들어가는 환경 비용은 만만치 않다. (······) 게다가 남아 있는 토양은 대부분이 생산성이 떨어지고 황폐화될 위기에 있다. (······) 전 세계 토양 침식에 대한 한 연구에 따르면 지역에 따라서 현재 표토의 유실 속도가 복구 속도보다 16배에서 300배 정도 빠르다고 한다.

—세계자원연구소, 1998년

전 세계 곡물 생산량은 1950년 약 5,900억 킬로그램에서 2000년 2조 킬로그램 이상으로 3배가 넘게 늘었다. 1950년에서 1975년까지 곡물 산출량은 해마다 평균 3.3퍼센트씩 증가해서 같은 기간, 연간 인구 증가율 1.9퍼센트보다 증가 속도가 더 빨랐다([그림 3-2]). 그러나 지난 수십 년 동안 곡물 생산량 증가율은 점점 느려져 마침내 인구 증가율 아래로 떨어졌다. 1인당 곡물 생산량은 1985년에 최고조에 이르렀다가 그 뒤로 천천히 떨어졌다.[4]

　　하지만 적어도 이론상으로는 아직도 전 세계 인구를 먹여 살릴 수 있는 식량은 충분하다. 2000년 즈음해서 전 세계에서 생산된 곡물이 동물 사료로 쓰이거나 해충의 피해를 입지 않고, 수확 후 소비가 될 때까지 썩지 않고 공평하게 모든 사람에게 분배되었다면 80억 명의 세계 인구를 최소 수준에서 충분히 먹여 살리고도 남았다. 곡물은 (칼로리 기준으로) 전 세계 농업 산출량의 거의 절반을 차지한다. 거기다 감자나 고구마 같은 덩이식물 작물들과 채소, 과일, 물고기, 그리고 목장에서 사육하는 동물들까지 합하면 21세기로 바뀌는 시점에서 60억 명의 인구에게 다양하고 건강한 식단을 제공하고도 남을 만큼 충분하다.[5]

　　농작물 수확 후 실제 손실량은 농작물과 지역에 따라 다른데 대개 10퍼센트에서 40퍼센트까지 다양하다.[6] 전 세계 식량은 전혀 공평하게 분배되지 않는다. 게다가 많은 곡물들이 사람이 아니라 동물 사료로 쓰인다. 따라서 이론과 달리 현실에서는 배고픔에 시달리는 사람들이 계속해서 존재한다. 유엔식량농업기구는 해마다 전 세계에서 약 8억 5,000만 명의 인구가 하루 필요 섭취량보다 적은 음식을 먹으며 굶주리고 있다고 추산한다.[7]

　　배고픈 사람들은 주로 여성과 아이들이다. 개발도상국에서는 어린이

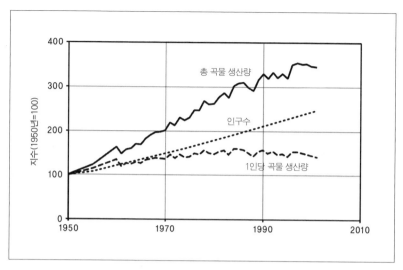

〔그림 3-2〕 세계 곡물 생산

전 세계 농부들은 2000년에 1950년보다 3배 많은 곡물을 생산했다. 하지만 인구 증가율 때문에 1인
당 곡물 생산량은 1980년대에 최고조에 이르렀다가 그 뒤로 서서히 하락했다. 그럼에도 불구하고
현재 1인당 세계 곡물 생산량은 1950년보다 40퍼센트 더 늘어났다(출처: 유엔식량농업기구, 미국
인구조회국).

3명 중 1명이 영양실조에 걸려 있다.[8] 인도에서는 약 2억 명이 해마다 굶
주림에 시달린다. 아프리카에서는 2억 명 이상, 방글라데시에서는 4,000만
명 이상, 아프가니스탄에서는 1,500만 명 이상이 마찬가지 상태에 있다.[9]
해마다 전 세계에서 약 900만 명이 기아와 관련해서 목숨을 잃는다. 하루
에 평균 2만 5,000명이 굶어 죽는 셈이다.

　지금까지 기아에 시달리는 사람들의 수는 인구가 계속해서 늘어나는
가운데서도 어느 정도 일정하게 유지되었다. 해마다 굶어 죽는 사람들의
추정치는 서서히 감소했다. 이것은 정말 놀라운 성과이다. 인구가 계속해
서 늘어나고 지구의 한계가 가중되고 있는 현실에서도 기아는 더 이상 악
화되지 않고 있다. 하지만 여전히 세계 곳곳에는 굶주림에 시달리며 힘든

나날을 보내는 사람들이 있고 꽤 넓은 지역들이 만성적인 영양실조로 고통을 겪고 있다.

현재의 기아는 지구의 물질적 한계 때문에 지속되는 것이 아니다(적어도 아직은 아니다). 그리고 지금보다 더 많은 식량을 생산할 수도 있다. 〔그림 3-3〕을 보면 몇몇 나라들과 전 세계 곡물 생산량의 변동 추이를 비교해 볼 수 있다. 각 나라의 토지는 토양과 기후가 서로 달라서 모든 나라가 똑같이 최고의 수확량을 거둘 수 없다. 하지만 여러 가지 농업 기술의 발전과 보급 덕분에 많은 나라의 곡물 산출은 계속해서 증가할 수 있었다.

유엔식량농업기구는 라틴아메리카와 아프리카, 아시아 117개 나라의 토양과 기후를 면밀하게 조사한 연구에서 이들 나라가 곡식을 재배할 수 있는 모든 토지를 경작하고, 발전된 기술을 이용해서 가능한 최고의 수확량을 거둔다면 2000년에 이들 나라 가운데 식량을 자급할 수 없는 나라는 겨우 19퍼센트밖에 안 될 것이라고 추정했다. 이 연구에 따르면 모든 경작 가능한 땅에서 곡물을 재배하고 토양 침식이 전혀 없으며 날씨와 농작물 관리가 완벽하고 농기자재를 자유롭게 쓸 수 있다면 이들 117개 나라는 식량 생산을 16배나 늘릴 수 있다고 한다.[10]

물론 이러한 가정들은 현실과 너무 동떨어져 있다. 실제 기후와 농사법, 식량 생산이 아닌 다른 목적으로 토지를 이용하고자 하는 욕구(숲이나 초원, 인간 주거지, 홍수 방지, 생물다양성 보호 같은 목적), 비료와 농약 과다 사용과 같은 문제들을 감안할 때, 현실에서 나타나는 식량 생산의 한계는 이론에서 생각하는 한계보다 훨씬 낮다. 실제로 앞서 보았듯이 1인당 곡물 생산량은 1985년 이후도 계속해서 떨어지고 있다.

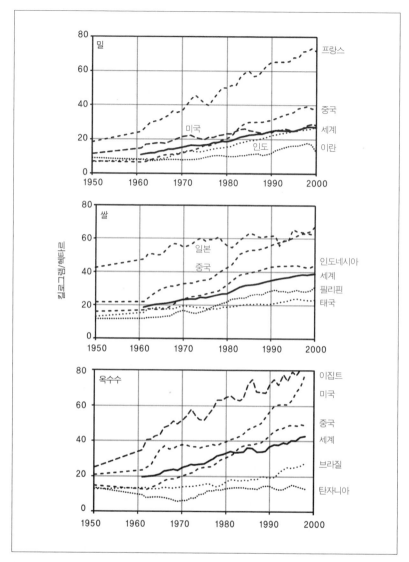

[그림 3-3] 곡물 생산량

밀, 쌀, 옥수수 생산량은 선진국일수록 많다. 중국, 이집트, 인도네시아 같은 일부 개발도상국들도
생산량이 빠르게 증가하고 있다. 대다수 후진국들은 여전히 생산량이 매우 적지만 점점 늘어나는
추세이다(해마다 기후 변동이 심하기 때문에 3년 평균 생산량으로 표시했다)(출처: 유엔식량농업
기구).

2차 세계대전 이후로 개발도상국에서는 농업 생산량과 생산성이 두드러지게 향상되었다. 농업 지대에서는 그것이 분명히 지속 가능한 성장이었지만, 그렇지 않은 지역에서는 생산성이 낮거나 토양 침식이 심한 땅을 새로 개간하거나 토양 자원의 기반을 고갈시키거나 파괴하면서 생산을 극대화하는 까닭에 지속 가능한 성장을 할 수 없었다.[11]

가장 명백한 한계를 가지고 있는 것이 바로 땅이다.[12] 지구에서 잠재적으로 경작 가능한 땅의 면적은 경작 가능하다는 의미가 무엇인지에 따라서 20억 헥타르에서 40억 헥타르까지(50억 에이커에서 100억 에이커까지) 추정할 수 있다. 그 가운데 약 15억 헥타르의 땅에서 지난 30년 동안 실제로 농작물이 경작되었다. 식량 생산의 증가는 대개 농지를 새로 확장해서가 아니라 소출량을 늘려서 이루어진 것이다. 그러나 그렇다고 해서 경작 가능한 땅이 앞으로도 계속해서 경작 가능한 땅으로 남아 있을 것이라는 보장은 할 수 없다. 새로운 농지가 끊임없이 개간되는 반면에 한때 비옥한 농지였던 땅이 토양 침식이나 염분 상승, 도시화, 사막화로 인해 사라져가고 있다. 지금까지 그렇게 사라진 토지는 새로 개간되는 토지와 어느 정도 균형을 이루었다. 물론 토지의 비옥도가 아니라 면적에서 그렇다는 말이다. 가장 비옥한 토지가 가장 먼저 개발되는 것이 당연하다고 볼 때 비옥한 토양은 시간이 흐를수록 점점 구하기 힘들어진다. 따라서 전에는 불모지였던 땅들이 계속해서 경작지로 개발되는 실정이다.[13]

유엔환경계획은 1986년에 인류가 지난 1,000년 동안 약 20억 헥타르의 경작지를 폐허로 만들었다고 추산했다.[14] 그 면적은 오늘날 전 세계에서 농작물을 재배하는 경작지 전체의 면적보다 더 넓다. 관개용수가 공급되는 약 1억 헥타르의 땅이 염분의 증가로 피해를 입고 또 다른 1억 1,000만 헥타르의 땅이 생산성 감소를 겪고 있다. 부식토의 감소율이 산업혁명 이전에는 해마다 2,500만 톤에서 지난 몇 세기 동안에는 해마다 3억 톤으로 증가하더니 지난 50년 동안에는 해마다 7억 6,000만 톤으로 급등했다.[15] 이러한 부식토의 감소는 토양의 비옥도를 떨어뜨릴 뿐 아니라 대기에 방출하는 이산화탄소의 양도 늘린다.

전 세계의 지역 전문가 수백 명이 지구의 토양 침식에 대해서 처음으로 비교 평가한 연구 보고서가 1994년에 발간되었다. 그 연구 보고서는 현재 경작 중인 농지의 38퍼센트(5억 6,200만 헥타르)와 영구 목초지의 21퍼센트, 삼림지의 18퍼센트가 황폐화했다고 결론지었다.[16] 황폐화의 정도는 약간 손상된 것에서 심각하게 망가진 것까지 다양하다.

전 세계에서 농지를 도로나 택지로 전용한 면적이 얼마나 되는지 아직까지 정확하게 알지는 못하지만 매우 엄청나게 크리라는 것은 쉽게 추측할 수 있다. 자카르타는 해마다 2만 헥타르씩 경작지를 늘려가고 있다고 한다. 베트남은 도시 개발로 해마다 논 2만 헥타르를 잃고 있다. 태국은 1989년과 1994년 사이에 농지 3만 4,000헥타르를 골프장으로 바꾸었다. 중국은 1987년과 1992년 사이에 개발 때문에 경작할 수 있는 땅 650만 헥타르를 잃은 동시에 숲과 초지 380만 헥타르를 경작지로 전환했다. 미국은 해마다 17만 헥타르가 넘는 경작지를 도로로 포장한다.[17]

이러한 개발 때문에 재생 가능한 두 가지 자원의 원천이 점점 악화되고 있다. 우선 경작지의 토질(깊이, 부식물, 비옥도)이 크게 악화되고 있다. 사람들은 식량을 생산하면서 오랫동안 이 문제에 대해서 인식하지 못할 수도 있다. 토양의 영양소를 화학 비료로 대체할 수 있기 때문이다.[18] 화학 비료는 토양 악화가 가시화되는 것을 감출 수 있다. 하지만 언제까지나 그렇게 할 수는 없다. 화학 비료는 그 자체가 지속 가능한 농사를 방해하는 투입 요소로서 토양의 비옥도가 악화되는 신호들이 외부로 드러나는 것을 지연시켜 결국에는 토양의 한계를 초과하게 만드는 구조적 특징들 가운데 하나이다.

두 번째로 지속 가능성을 잃는 것은 땅 그 자체이다. 수백만 헥타르의 땅이 황폐화되고 버려지는 반면에 경작지는 대강 일정한 수준만을 유지한다면 그것은 경작할 수 있는 땅이 점점 줄어드는데 농작물을 생산할 수 없는 불모지는 점점 늘어나고 있음을 뜻한다. 따라서 세계 인구를 먹여 살릴 수 있을 정도로 식량을 생산하기 위해서는 황폐화되거나 염분이 많고 침식되거나 도로포장이 된 토양을 뺀 새로운 경작지를 끊임없이 개간하지 않으면 안 된다. 하지만 그러한 노력은 영원히 지속될 수 없는 일이다.

인구는 기하급수적으로 늘어나는데 경작지 면적이 그대로라면 1인당 경작 면적은 감소하기 마련이다. 실제로 1950년에 1인당 0.6헥타르를 경작하던 것이 2000년에는 0.25헥타르로 줄었다. 하지만 1인당 경작 면적이 줄어도 늘어나는 인구를 먹여 살릴 수 있었다. 식량 생산량이 계속해서 증가했기 때문이다. 1960년에 해마다 1헥타르에서 평균 2톤의 쌀을 생산했지만 1995년에는 3.6톤을 생산했다. 실험장 환경에서는 1헥타르에서 최대 10톤까지 생산할 수 있는 것으로 나왔다. 1967년 미국의 옥수수 생산량은 1헥타르에 평균 5톤에서 1997년에는 8톤으로 늘었는데 그해 최고로 많은 생산량을 올린 농부는 20톤을 기록했다.

여기에 열거된 모든 데이터는 미래의 농지 부족 가능성에 대해서 무엇을 시사하고 있는가? [그림 3-4]는 다가올 세기에 발생할 수 있는 토지와 관련한 몇 가지 시나리오들을 보여준다. 우리는 여기서 지구 전체 경작지와 인구 증가, 평균 식량 생산량, 표준 식사량들 사이의 상호 연관성을 볼 수 있다.

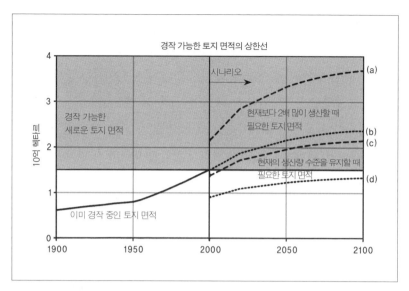

경작 가능한 토지 면적의 상한선

시나리오 →

경작 가능한
새로운 토지 면적

현재보다 2배 많이 생산할 때
필요한 토지 면적

현재의 생산량 수준을 유지할 때
필요한 토지 면적

10억 헥타르

이미 경작 중인 토지 면적

(a)
(b)
(c)
(d)

1900 1950 2000 2050 2100

〔그림 3-4〕 필요한 농지 면적 예측

21세기에 경작 가능한 땅의 면적은 아마도 위 도표에 표시된 어두운 부분처럼 15억 헥타르에서 40억 헥타르 사이가 될 것이다. 여기서 인구 증가는 유엔에서 예측한 인구수의 중간치를 따른다. 2000년을 기준으로 그 이후에 생산량이 동일할 경우와 두 배로 늘어났을 경우를 나누어서 전 세계 인구가 2000년 현재의 표준 식사량을 유지하거나 혹은 그렇지 않은 경우, 식사량을 서유럽 평균 수준으로 끌어올릴 수 있을 정도의 식량 생산을 위해 각각 얼마나 넓은 농지가 필요한지 시나리오별로 보여준다(출처: 유엔, 미국 연방제도준비이사회, 유엔식량농업기구, G. M. 히긴스 외).

그림에서 어두운 부분은 경작 가능한 전체 토지 면적이 현재 15억 헥타르에서 이론상 최대 40억 헥타르까지 늘어날 수 있음을 보여준다. 그림에서 어두운 부분의 땅은 아래에 있는 땅보다 생산성이 훨씬 떨어진다. 물론 전체 경작지 면적이 더 줄어들 수 있지만 〔그림 3-4〕에서는 더 이상 토지가 줄지 않는다고 가정한다. 또한, 각각의 시나리오는 유엔에서 예측한 인구수의 중간치를 따라 인구가 증가한다고 가정한다.

생산량을 늘리는 일은 시간이 흐를수록 점점 힘들어지고 비용도 점점 많이 들 것이 분명하다. 미국의 일부 농업 전문가들은 1999년에 이미 '생산량 정체' 현상이 일어날 것을 우려했다.[19] 토양 침식, 기후 변화, 고비용 화석 연료, 점점 낮아지는 지하수면, 그 밖의 여러 가지 자연력 때문에 현 수준의 식량 생산량이 줄어들 수도 있지만 [그림 3-4]에서는 금세기에 생산량이 현 수준을 유지하거나 두 배로 늘어난다고 가정한다.

생산량이 현 수준을 유지한다고 가정하면, 선 (a)는 2000년 서유럽의 평균 수준으로 세계 인구를 먹여 살리기 위해 필요한 토지 면적을 추정한다. 선 (b)는 금세기 동안 세계 인구를 먹여 살리기에는 부족하지만 현재 상태를 유지하기 위해 필요한 토지 면적을 보여준다. 하지만 생산량이 두 배로 는다고 가정한다면, 선 (c)가 2000년 서유럽 평균 수준으로 세계 인구를 먹여 살리기 위해 필요한 토지 면적을 추정한다. 같은 가정 하에서 선 (d)는 금세기 동안 세계 인구를 먹여 살리기에는 부족하지만 현재 상태를 유지하기 위해 필요한 토지 면적을 보여준다.

[그림 3-4]를 보면 급격한 인구 증가가 얼마나 빨리 전 세계의 토지를 고갈시키는지 알 수 있다.

하지만 [그림 3-4]는 자원을 재생산하는 자연의 복원력과 인류의 기술과 사회적 유연성이 결합할 경우 이러한 토지 문제에 대응할 방법들이 얼마든지 있다는 것도 보여준다. 더 이상 토지가 유실되지도 않고, 전 세계의 식량 생산량이 두 배로 늘고, 황폐화된 땅을 다시 복원할 수 있다면, 현재 전 세계 60억 명의 인구는 충분히 먹고살 수 있으며 앞으로 21세기 중반에 인구가 90억 명으로 는다고 해도 걱정할 까닭이 없을 것이다. 그러나 토양 침식이 계속되고, 현재의 관개 시설 비율을 유지할 수 없고, 토지 개발과 복원에 너무 많은 비용이 들고, 식량 생산량을 또 두 배로 늘리는 것이 너무 힘들거나 환경을 훼손할 우려가 있고, 인구 증가가 유엔이 예측한 것처럼 안정되지 않는다면, 심각한 식량 부족 현상은 어느 지역에 한정되

정말 놀랄 일이다. 옥수수 수확량은 꾸준히 증가했지만 최대 수확량은 25년 동안 바뀌지 않은 것처럼 보인다. 연간 평균 옥수수 수확량은 헥타르당 90 킬로그램까지 지속적으로 증가하지만 옥수수 육종 연구에 들어간 돈은 벌써 4배나 늘었다. 해마다 수확량 증가가 점점 더 어려워진다면 그것은 거꾸로 수확량이 감소할 것이라는 신호이다.

—케네스 S. 카스맨, 1999년

앞으로 반세기 안에 〔수확량〕 증가가 어디에서 올 것인지 확신할 수 없다.

—버논 루탄, 1999년

지난 30년 동안 최대 쌀 수확량은 변함이 없었다. 바이오매스 생산량도 정체 상태다. 왜 그런지는 잘 모른다.

—로버트 S. 루미스, 1999년

지 않고 전 세계로 빠르게 확산될 것이다. 이러한 부족 현상은 어느 날 갑자기 닥친 것처럼 보일지 모르지만 사실은 기하급수적 성장 추세가 가져온 당연한 결과일 뿐이다.

인간이 농업 자원 기반을 지속 불가능할 정도로 남용하는 것은 가난을 벗어나려는 필사적인 몸부림, 인간 주거지의 확대, 과도한 목축과 경작, 무지, 장기적인 자연환경의 고려보다 단기적인 경제 이익을 위한 생산 증대, 그리고 자연환경, 특히 토양 생태계를 이해하지 못하는 사람들과 같은 많은 요인이 복합적으로 작용한 결과이다.

식량 생산을 제한하는 요소들은 토양과 토지 말고도 물, 에너지, 농약의 생산과 처리 같은 것들이 있다.[20] 일부 지역에서는 이미 이러한 제한 요소들이 한계를 넘어선 지 오래이다. 토양은 끊임없이 침식되고 있고 관개 시설의 확대로 지하수면은 계속 낮아지고 있으며 농지에서 흘러나오는 물은 지표면과 지하수를 오염시키고 있다.

예를 들면 전 세계의 거대한 수역들 가운데 61곳이 생명력을 잃었다. 실제로 그곳에서는 주로 화학 비료나 토양 침식으로 발생한 오염수가 강이나 바다로 흘러들어 그 속에 사는 생명체들을 모두 죽였다. 일부에서는 1년 내내 그런 일이 발생하는데 대개는 봄에 상류에 있는 농지에서 뿌려진 화학 비료의 찌꺼기들이 하류로 흘러 내려가면서 여름에 강과 호수들을 오염시킨다. 미시시피 강의 죽음의 지대는 그 넓이가 무려 2만 1,000제곱킬로미터(8,000제곱마일)에 이르는데, 이는 매사추세츠 주 전체 면적만한 크기이다.[21] 그렇게 엄청난 규모로 생태계를 교란하는 농사법으로는 지속 가능한 농사를 지을 수 없다. 또한 그런 방식으로 농사를 지을 까닭도 없다.

아직도 토양이 침식되거나 토지가 황폐화되지 않고, 농약 때문에 땅과 물이 오염되지 않은 지역들이 많이 있다. 토양을 보존하고 기름지게 만드는 농사법들—계단식 경작, 등고선식 경작, 퇴비 주기, 사이짓기, 돌려짓기—은 이미 수백 년 전부터 널리 시행되어왔다. 특히 사이짓기나 산림농업과 같이 열대 지방에 적용할 수 있는 농사법들이 실험장이나 농장에서 시험 경작되고 있다.[22] 온대와 열대 지방의 농장들은 농장 형태와 상관없이 화학 비료나 농약을 적게 뿌리고도, 대개는 전혀 사용하지 않고도 지속 가능한 방법으로 높은 생산량을 올렸다.

여기서 높은 생산량이라고 말한 대목을 주목하라. 그 말은 오늘날 '유기농' 농부들이 원시시대로 되돌아가거나 생산성이 낮은 100년 전 농사법을 복원할 필요가 없음을 잘 표현한다. 오늘날 유기농 농부들 대다수는 여러 가지 다수확 품종과 노동력을 덜어주는 농기계, 화학 비료와 해충 억제를 위한 정교한 생태적 농사법들을 쓴다. 그들이 거둬들이는 수확량은 농약을 사용하는 이웃 농부들이 올리는 수확량과 비슷해지고 있다. 게다가 유기농으로 얻는 수익은 관영농보다 훨씬 높다.[23] 화학 비료와 농약, 유전자 조작에 몰두하는 연구의 일부만이라도 유기농 생산 방식에 주목한다면 유기농이 훨씬 더 생산성이 높다는 것을 알게 될 것이다.

> '유기농' 농사법은 전통적인 고집약적 농사법보다 토양 비옥도를 높일 수 있으며 환경에 끼치는 악영향을 최소로 줄일 수 있다. 그러면서도 전통적인 농사법에 뒤지지 않는 수확량도 거둘 수 있다.[24]

지속 가능한 농업은 가능할 뿐 아니라 이미 여러 곳에서 시행되고 있다. 전 세계 모든 지역에 있는 수백만 명의 농부들은 생태계를 건강하게 만드는 농사 기술을 쓰면서 황폐화된 토양이 다시 생기를 되찾고 생산량도 끊임없이 늘어나는 것을 목격한다. 적어도 선진국에서는 이런 방식으로 생산된 식량에 대한 수요가 점점 늘어나고 있다. 그들은 비록 값이 비싸더라도 기꺼이 유기농 농작물을 사먹는다. 미국과 유럽의 유기농 시장은 1990년대에 해마다 20~30퍼센트씩 성장했다. 1998년 전 세계 주요 시장의 유기농 식량과 음료수 매출액은 총 130억 달러였다.[25]

우리는 여기서 왜 유전자 조작 농작물의 전망에 대해 언급하지 않았을까? 이 신기술은 아직 섣부르게 판단하기 이르기 때문이다. 현재 이 문제에 대해서는 찬반 논쟁이 매우 극단을 달리고 있다. 유전 공학이 세상 사람들을 먹여 살리기 위해 꼭 필요한지, 그리고 그것이 지속 가능한 기술인지 아직 분명하지 않다. 사람들은 사먹을 식량이 모자라서 굶주리는 것이 아니다. 그들은 식량을 사먹을 형편이 안 되기 때문에 굶주리는 것이다. 비용을 많이 들여 더 많은 식량을 생산하는 것으로는 그들을 도울 수 없다. 유전 공학이 식량 생산을 늘릴 수 있을지는 모르지만, 일반 농민들이 접근하기 어려울 정도의 첨단 산업이자 생태계를 위협하는 기술인 유전자 조작 없이도 식량 생산량을 늘릴 수 있는 기회는 아직도 많이 남아 있다. 생명 공학의 급격한 유입은 벌써부터 생태계와 농업에 많은 문제를 일으키고 소비자의 격렬한 반발을 유발하고 있다.[26]

현재 재배되는 식량만으로도 전 세계 모든 사람들이 충분히 먹고도 남는다. 지금보다 더 많은 식량을 기를 수도 있다. 또한 토지도 덜 사용하고 화석 연료도 덜 쓰면서 오염도 지금보다 훨씬 더 줄일 수 있다. 수백만 헥타르의 땅을 자연으로 돌려주어 식물이나 동물이 자랄 수 있도록 하고 에너지를 생산할 수 있게 할 수도 있다. 지구를 살리는 이 모든 행위는 결국 농부들에게 적절한 대가로 되돌아갈 것이다. 그러나 지금까지는 이러한 과정으로 이끌고자 하는 인간의 정치적 의지가 매우 부족했다. 오늘날 전 세계 많은 곳에서 토양과 토지를 비롯한 식량을 생산하는 비옥한 원천들이 위기를 맞고 있으며 따라서 농업 경제와 지역 공동체들도 쇠락의 길을 걷는 것이 바로 우리의 현실이다. 거기에서는 현재의 상황만 놓고 보더라도 농업 생산이 여러 가지 한계를 이미 벗어났다. 서둘러 현재의 상황을 바꾸지 않는다면—충분히 바꿀 수 있는 것들이다—점점 늘어나는 세계 인구는 점점 줄어드는 농업 자원을 기반으로 농사를 짓는 소수의 농부들에 의지해서 식량을 조달해야만 할 것이다.

물

선진국이든 후진국이든 상관없이 많은 나라에서 지금과 같이 물을 사용하는 것은 더 이상 계속될 수 없다. (……) 세계 여러 지방과 지역에서는 수량과 수질 악화 문제로 골머리를 앓고 있다. (……) 한정된 수자원과 수질 하락은 인간 사회를 뒷받침하는 자원 기반들 가운데 하나를 무너뜨리고 있다.

— 유엔 담수 자원에 대한 포괄적 평가, 1997년

담수(민물)는 세계적 규모의 자원이 아니다. 그것은 특정한 수역 안에서 이용할 수 있는 지역에 한정된 자원이다. 따라서 그 한계는 수역마다 매우 다양한 형태를 띤다. 어떤 수역은 건기 동안 물 저장 능력에 따라 한계가 정해지는 계절적 요인이 있다. 또 어떤 수역은 지하수가 다시 채워지는 속도나 눈이 녹는 속도, 삼림토양의 물 저장 능력에 따라 한계가 결정되기도 한다. 또한 물은 자원이자 폐기물이 될 수도 있기 때문에 물 사용은 상류나 땅속의 물이 얼마나 오염되었는가에 따라 한계가 정해질 수 있다.

이러한 수자원의 한계를 둘러싼 지역적 특성 때문에 세계적 차원에서는 아무 문제가 없다고 생각하면 오해이다. 오히려 시간이 흐를수록 물 문제에 대한 걱정은 점점 더 커지고 있다. 물은 대체할 수 있는 자원이 거의 없으며 인간에게 없어서는 안 될 가장 중요한 자원이다. 물의 한계는 다른 필요한 자원들—식량, 에너지, 물고기, 야생 생물—의 생산을 제한한다. 또 다른 자원들—식량, 광물, 삼림 자원—의 추출은 거꾸로 수량이나 수질을 더욱더 제한할 수 있다. 세계에는 벌써 명백하게 자체 한계를 초과한 수역들이 점점 많아지고 있다. 일부 가장 가난한 나라와 가장 부유한 나라에서는 1인당 취수량이 점점 줄어들고 있는데 환경에 대한 우려나 비용의 증가, 물 부족 현상 때문에 그런 일이 일어난다.

[그림 3-5]는 여러 지역의 수역들을 전체적으로 요약해서 설명한 것이다. 그러나 우리는 이와 똑같은 일반적 특성—여러 가지 한계들과 그 한계들을 늘리거나 좁힐 수 있는 많은 요소들, 그리고 그 한계에 다다르거나 지역에 따라서는 그 한계를 넘어선 성장—을 지닌 모든 수역들을 대상으로 비슷한 그림을 그릴 수 있다.

그림의 가장 윗부분은 인간이 물을 쓸 수 있는 물리적 최대 한계, 즉 전 세계의 하천과 강의 연간 총 유수량이다(대수층에 채워진 모든 지하수까지 포함해서). 이것은 인간 경제에 유입된 전체 담수의 양을 거의 모두 재생산할 수 있을 정도로 엄청난 양의 물이다. 한 해에 4만 700세제곱킬로미터로 넉 달에 한 번꼴로 북아메리카의 오대호를 모두 채우고도 남을 만한 규모이다. 현재 전 세계의 한 해 취수량이 그것의 5퍼센트가 약간 넘는 2,290세제곱킬로미터라고 할 때, 아직도 우리가 쓸 수 있는 물의 양은 엄청나게 많이 남아 있다고 볼 수 있다.[27]

그러나 실제로는 땅 위에 흐르는 모든 물을 다 사용할 수 없다. 계절에 따라 흐르는 물의 양이 다르기 때문이다. 해마다 홍수로 약 2만 9,000세제곱킬로미터의 물이 바다로 흘러들어 간다. 강물과 지하수를 합해서 한 해 동안 인간이 수자원으로 사용할 수 있는 물의 양은 1만 1,000세제곱킬로미터밖에 안 된다.

[그림 3-5]는 홍수로 유실되는 물을 가두기 위해 댐을 건설하여 인간이 쓸 수 있는 물의 한계를 늘리고 있음을 보여준다. 20세기 말, 댐 건설로 인간이 쓸 수 있는 물이 한 해 약 3,500세제곱킬로미터 늘어났다.[28] (물론 댐은 대개 주요 농경지를 수몰 지대로 만든다. 그리고 전기도 일으킨다. 또한

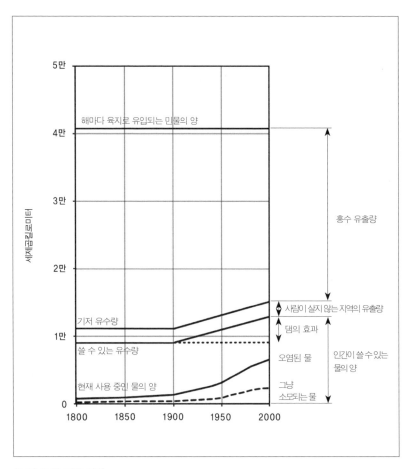

해마다 육지로 유입되는 민물의 양

홍수 유출량

기저 유수량

사람이 살지 않는 지역의 유출량

댐의 효과

쓸 수 있는 유수량

오염된 물

인간이 쓸 수 있는 물의 양

현재 사용 중인 물의 양

그냥 소모되는 물

세제곱킬로미터

5만
4만
3만
2만
1만
0

1800 1850 1900 1950 2000

[그림 3-5] 민물 자원

전 세계 민물의 공급량과 사용량을 비교한 도표는 인간의 물 소비와 오염이 얼마나 빨리 인간이 사용할 수 있는 물의 한계치까지 도달할 수 있는지, 그리고 댐 건설이 안정적인 물 공급을 위해 얼마나 필요한지 보여준다(출처: 피터 H. 글릭, S. L. 포스텔 외, 도널드 J. 보그, 유엔).

강 유역에서는 물의 증발량이 늘어나 땅 위에 흐르는 물의 양을 줄이고 강기슭과 수생 생태계를 변형시킨다. 얼마 지나지 않아 댐은 곳곳에 틈이 생기면서 효율성이 떨어진다. 따라서 댐은 지속적으로 유수량을 조절할 수 없다. 댐은 때로는 긍정적으로 때로는 부정적으로 여러 가지 영향을 끼치면서 인간이 쓸 수 있는 물의 한계에 대응할 수 있는 기회를 매우 오랫동안 뒤로 늦추는 구실을 한다.)

댐 말고도 바닷물을 담수화하거나 장거리 수운(水運)처럼 인간이 쓸 수 있는 수자원의 한계를 늘리는 방법이 여러 가지 있다. 이러한 방식들은 지역에 따라서 매우 중요할 수 있지만 에너지와 비용이 만만치 않다는 단점이 있다. 지금까지는 세계적 차원에서 성과를 보기에는 아직 부족한 부분이 많다.[29]

땅 위로 흐르는 물이 모두 사람이 사는 곳으로 흐르는 것은 아니다. 아마존 강 유역을 흐르는 물은 세계 유수량의 15퍼센트 정도이지만 전 세계 인구의 0.4퍼센트에 해당하는 사람들만이 그 물을 쓸 수 있다. 북아메리카와 유라시아 북단에 흐르는 강은 해마다 1,800세제곱킬로미터의 물을 나른다. 하지만 그 지역에 사는 사람들은 매우 적다. 지속적으로 흐르는 물 가운데 사람들이 쉽게 접근할 수 없는 물이 한 해에 약 2,100세제곱킬로미터로 추산된다.

지속 가능하게 흐르는 물이 1만 1,000세제곱킬로미터이고 거기다 댐으로 저장하는 물 3,500세제곱킬로미터를 더한 뒤 다시 사람들이 닿을 수 없는 곳에 흐르는 물 2,100세제곱킬로미터를 빼면 한 해 동안 인간의 손길이 닿을 수 있는 곳으로 지속 가능하게 흐르는 물의 양은 모두 1만 2,400세제곱킬로미터가 된다. 이것이 바로 인간이 한 해 동안 쓸 수 있는 재생산이 가능한 담수 공급량의 최대 한계인 셈이다.[30]

그러나 그 가운데 사람들이 그냥 소모하는 물(도중에 증발되거나 농작물 재배나 상품 생산에 쓰여 강물이나 지하수로 돌아가지 못하고 없어지는 물)은 한 해 2,290세제곱킬로미터에 이른다. 게다가 오염으로 더러워지거나 쓸모없어진 물도 4,490세제곱킬로미터나 된다. 따라서 이 두 종류의 물을 합하면 모두 6,780세제곱킬로미터로 한 해 지속 가능한 전체 담수의 한계 수량의 절반을 넘는다.

그렇다면 이것은 인간이 쓸 수 있는 물이 지금보다 두 배 더 남아 있다는 의미일까? 앞으로 물 사용량이 지금보다 두 배 더 늘어날까?

1인당 물 수요량이 전혀 바뀌지 않고 유엔이 현재 예측한 대로 2050년에 인구가 90억 명으로 늘어난다면 전 세계 사람들이 한 해에 쓰는 물의 양은 1만 200세제곱킬로미터가 될 것이다. 이것은 전 세계의 지속 가능한 담수량의 82퍼센트에 해당한다. 그러나 인구뿐 아니라 1인당 물 수요량도 늘어난다면 세계는 2100년이 되기 한참 전에 심각한 물 부족 사태를 맞을 것이다. 20세기 동안 취수량의 증가 속도는 인구 증가보다 약 두 배나 빨랐다.[31] 하지만 물이 귀해지면서 1인당 물 소비량은 정체되거나 감소할 것 같다. 취수량의 증가 곡선은 이미 눈에 띄게 느려지고 있으며 어떤 지역에서는 아래로 떨어지기 시작했다. 오늘날 전 세계 물 사용량은 30년 전 추정했던 지수 곡선에 나타난 수치의 절반밖에 안 된다.[32]

미국의 취수량은 20세기 동안 약 20년마다 두 배로 증가하다 1980년에 정점에 이르렀는데 그 뒤로 약 10퍼센트 감소했다(〔그림 3-6〕). 이렇게 취수량이 감소하는 까닭은 여러 가지이다. 하지만 그것들은 모두 경제가 물 부족 사태에 직면하기 시작하면 무슨 일이 일어날까 하는 질문과 관련이 있다. 공업용수 사용량은 40퍼센트 감소했다. 한편으로는 중공업 공장들을 다른 나라들로 이전했기 때문이기도 하지만 다른 한편으로는 경제적 이유에서든 법적 강제 때문이든 (혹은 둘 다이든) 물을 효율적으로 쓰고 재활용하며 폐수 처리 후 배출하도록 한 강력한 수질 규제 조치 때문이었다. 또한 농업용수 사용량도 감소했는데 물 이용 효율이 높아진 이유도 있지만 도시가 늘어나면서 식량 생산을 위한 농지들이 줄어들고 따라서 농업

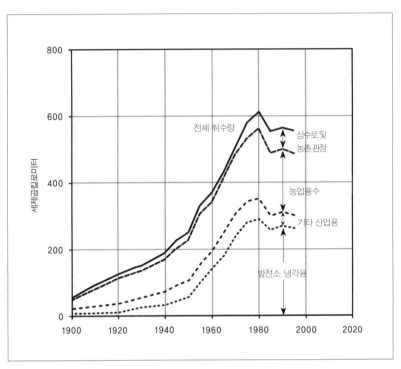

[그림 3-6] 물 사용량

미국의 취수량은 20세기 초부터 1980년대까지 해마다 평균 3퍼센트씩 증가했다. 그 뒤로 조금씩 감소하다 정체된 상태이다(출처: 피터 H. 글릭).

용수 사용도 줄었기 때문이다. 반면에 도시의 물 사용량은 늘었는데 인구가 증가한 만큼만 늘었을 뿐이다. 1인당 물 소비량은 특히 건조한 지역을 중심으로 감소했다. 물 사용 비용이 증가하면서 물을 효율적으로 사용하게 하는 장비들이 늘어났기 때문이다.[33]

　미국의 1인당 취수량은 서서히 줄어들었지만 아직도 여전히 한 해 1,500세제곱미터로 매우 많다. 개발도상국 국민의 평균 물 사용량은 미국의 3분의 1밖에 안 되고 아프리카 사하라 사막 이남 지역은 10분의 1밖에 안 된다.[34] 지금도 전 세계에서 10억 명이 안전한 식수를 마시지 못하고 있다. 또한 세계 인구의 절반이 기본적인 위생 시설도 갖추지 못하고 산다.[35] 그들의 물 부족 현상은 지금도 계속되고 있으며 앞으로 수요량은 계속 늘어날 것이다. 게다가 그들은 불행히도 세계에서 가장 물이 부족한 곳에서 산다.

전 세계 인구의 약 3분의 1이 늘어나는 인구와 그들의 활동 증가 때문에 물 수요가 급증하면서 크고 작은 고통을 당하는 나라에 산다. 2025년이 되면 세계 인구의 3분의 2가 물 부족 압박을 받을 것으로 예상된다. 물 부족과 수질 오염은 전 세계에 공중보건 문제를 야기하면서 경제와 농업 발전을 제한하고 생태계를 크게 훼손하고 있다. 이러한 문제들은 세계 식량 공급을 위험에 빠뜨리고 전 세계 여러 지역에 걸쳐 경제 침체를 불러올 가능성이 크다.[36]

콜로라도, 황하, 나일, 갠지스, 인더스, 차오프라야, 시르다리야, 아무다리야 강들은 농업용수와 도시 물 공급을 위해 너무 많이 취수되는 까닭에 수로들이 1년 중 일정 기간 동안, 또는 1년 내내 물이 마른다. 인도의 농업 지대인 펀자브 주와 하리아나 주는 지하수면이 해마다 0.5미터씩 낮아지고 있다. 중국 북부 지역은 해마다 30세제곱킬로미터씩 과도하게 우물물을 길어 올린다(황하의 강물이 마르는 이유 가운데 하나이다). 미국 전역

전 세계의 지하수 고갈 속도가 점점 빨라지고 있다. 남극을 제외한 모든 대륙에서 지속 불가능한 지하수 사용이 계속되고 있다.
—피터 H. 글릭, 《세계의 물》, 1998~1999년

에 있는 관개지의 5분의 1에 물을 공급하는 오갈라라 대수층에서도 해마다 12세제곱킬로미터씩 지하수가 과도하게 취수되고 있다. 그 때문에 지금까지 1백만 헥타르의 농지가 관개용수를 공급받지 못했다. 캘리포니아의 센트럴 계곡은 미국에서 재배하는 과일과 채소의 절반을 생산하는 곳인데 해마다 평균 약 1세제곱킬로미터씩 지하수를 과도하게 길어 올린다. 또한 북아프리카와 중동 전역에 걸쳐 지하수가 거의 다시 채워지지 않거나 없는 사막의 대수층에서도 물을 계속 뽑아내고 있다.[37]

지하수가 대수층에 다시 채워지는 속도보다 빠르게 물을 길어 올리면 더 이상 지속적으로 물을 공급할 수 없다. 따라서 물에 의존하는 인간의 활동은 다시 지하수가 채워지는 속도에 맞게 조절되어야 할 것이다. 그러나 지나친 취수 행위가 지속되어 바닷물이 지하로 침투하거나 토지 침식으로 대수층이 파괴된다면 인간의 모든 활동은 중지되고 말 것이다. 처음에는 이런 물 부족의 효과가 주로 특정 지역에만 한정된다. 그러나 그 영향이 점점 여러 나라로 퍼져 나가면서 결국 물 부족은 전 세계 문제로 커질 수밖에 없다. 아마도 이 문제 때문에 가장 먼저 나타나는 현상은 농작물 가격의 상승일 것이다.

물 부족 국가들은 대개 점점 도시와 산업에 대한 물 수요가 늘어나면서 관개용수를 도시와 산업용으로 전용하는데 그것 때문에 발생하는 식량 생산의 감소를 상쇄하기 위해 다른 나라에서 곡물을 수입한다. 곡물 1톤을 생산하려면 물 1,000톤이 필요하다. 따라서 곡물을 수입하는 것은 물을 수입하는 것이나 마찬가지이다. (……) 물 때문에 군사 충돌이 일어날 가능성은 항상 있지만 앞으로 물을 놓고 벌이는 경쟁은 세계 곡물 시장에서 더욱 치열할 것으로 보인다. (……) 이란과 이집트는 (……) 현재 전통적으로 밀 최대 수입국이었던 일본보다 더 많은 밀을 수입하고 있다. 두 나라는 (……) 전체 곡물 소비량의 40퍼센트 이상을 수입에 의존하고 있다. (……) 다른 여러 물 부족 국가들도 많은 곡물을 수입하고 있다. 모로코는 한 해 소비되는 전체 곡물의 절반을 수입한다. 알제리와 사우디아라비아는 곡물 수입량이 70퍼센트를 넘는다. 예멘은 거의 80퍼센트에 이르며 이스라엘은 90퍼센트가 넘는다. (……) 중국도 곧 세계 곡물 시장으로 발길을 옮기지 않을 수 없을 것이다.[38]

물 부족이 사회에 끼치는 영향은 그 사회가 부유한지 가난한지에 따라, 또 이웃들이 물이 풍부한지 아닌지에 따라, 그리고 그 이웃과 물을 함께 나눠 쓸 수 있는지 없는지에 따라 다르다. 남부 캘리포니아처럼 기꺼이 물을 함께 나눠 쓸 이웃이 있는 부유한 사회는 수로나 송수관, 양수 시설들을 건설해서 물을 수입할 수 있다(비록 일부 이웃들은 오늘날 다시 물을 되돌려달라고 요청하고 있지만). 사우디아라비아처럼 석유 매장량이 많은 부유한 나라들은 바닷물을 담수화하기 위해 화석 에너지를 쓸 수 있다(화석 연료를 지속적으로 채취할 수 있는 동안). 이 두 가지 경우가 아닌 이스라엘 같은 부자 나라들은 물을 가장 효율적으로 쓸 수 있는 정교한 기술을 개발하고 물 사용을 최소화하는 경제 활동을 추구할 수 있다. 일부 나라들은 이웃의 수자원을 강제로 약탈하거나 사용하기 위해서 무력을 동원할 수도 있다. 이러한 방법들 가운데 아무것도 동원할 수 없는 사회들은 물 사용을 규제하든지 배급제를 실시하든지, 기근에 시달리든지, 내분에 휩싸일 수밖에 없다.[39]

식량과 마찬가지로 물도 공급량을 늘리지 않고 더 적은 양을 훨씬 더 효율적으로 사용함으로써 지속 가능하게 공급할 수 있는 여러 가지 방법들이 있다. 다음과 같은 방법들이 그것에 해당한다.[40]

- 사용 용도에 따라 수질을 달리한다. 예를 들면, 변기 사용에 필요한 물이나 잔디밭에 주는 물은 식수 말고 싱크대로 배수되는 물을 정화한 중수도 용수를 사용한다.

- 물 사용을 30~70퍼센트 줄이면서 곡물 생산량은 20~90퍼센트 늘리는 세류 관개 기술(작은 호스를 통해 간헐적으로 용수를 공급함—옮긴이)을 이용하도록 한다.

- 물이 적게 배출되는 수도꼭지와 변기, 세탁기를 사용한다. 미국의 가정에서는 하루에 1인당 평균 0.3세제곱미터의 물을 쓰는데 물을 효율적으로 쓰는 이런 설비들을 이용하면 물 사용량을 절반으로 줄일 수 있다. 이 설비들은 당장에 사서 쓸 수 있다.

- 물이 새는 곳을 고친다. 물을 관리하는 지자체 관청들이 물 공급량을 늘리기 위해 쓰는 엄청난 돈의 일부로 물이 새는 곳을 고치기만 해도, 목표하는 공급량만큼 많은 물을 절약할 수 있다는 사실을 알면 깜짝 놀랄 것이다. 미국 도시들이 새는 송수관을 통해 그냥 흘려 버리는 물이 전체의 4분의 1에 이른다.

- 기후에 맞는 작물을 재배한다. 사막 지대에서는 알팔파나 밀처럼 물을 많이 줘야 하는 작물을 기르지 말고 물을 주지 않아도 되는 토착 작물을 심는다.

- 물을 재활용한다. 특히 물이 부족한 캘리포니아 지역에 있는 일부 기업들은 사용한 물을 다시 받아서 정화하고 재사용하는 효과적이고 값싼 기술을 앞서 개발했다.

- 도시 지역에서는 빗물을 저장한다. 지붕에 있는 물탱크와 빗물 집수 설비를 이용해서 빗물을 저장할 수 있다. 커다란 댐을 건설하는 것보다 훨씬 적은 비용으로 그에 맞먹는 양의 물을 얻을 수 있다.

이런 좋은 방법들을 실행에 옮기는 가장 좋은 방법 가운데 하나는 물 사용료에 대한 보조금 지급 정책을 중지하는 것이다. 물 사용료에 물을 공급하는 데 들어가는 모든 금융, 사회, 환경 비용을 포함시킨다면 사람들은 저절로 물을 효율적으로 사용하기 위해 머리를 짜낼 것이다. 덴버와 뉴욕은 계량기로 물 사용량을 측량해서 사용량이 많을수록 요금을 많이 부과하는 정책을 실시하는 것만으로 가구당 30~40퍼센트의 물 사용량을 줄였다. 그다음에 기후 변화 문제가 있다(이에 대한 자세한 내용은 뒤에서 거론한다). 인류가 현재 진행 중인 기후 변화가 계속 진전되도록 놔둔다면 물의 순환, 해류, 강우량과 지상에 흐르는 물의 패턴, 댐과 관개 시설의 효율성, 기타 물 저장 방식, 물 운송 비용과 같은 문제들이 모두 바뀔 것이다. 물의 지속 가능성은 기후의 지속 가능성 없이는 이루어질 수 없다. 이것은 곧 에너지의 지속 가능성과 곧바로 연결된다. 인류는 지금 하나의 거대한 상호 연결 시스템을 마주하고 있다.

삼림

그동안 전 세계에서 엄청난 규모의 삼림 지역이 사라졌다. (……) 오늘날 그 추세는 점점 더 빨라져서 특히 남아 있는 원시림 지역이 심하게 훼손되고 있다. 삼림 내부의 상황도 점점 더 악화되고 있다. (……) 현재 남아 있는 삼림 대다수가 계속해서 황폐화되고 있으며 그 안에 있는 모든 것들이 위협받는 상황이다.

—세계 삼림과 지속 가능한 개발 위원회, 1999년

지금까지 살아남아 있는 삼림은 그 자체가 경제적 가치를 따지기 전에 지구에 생명을 불어넣어 주는 구실을 하는 없어서는 안 될 필수 자원이다.

삼림은 기후를 안정화하고 홍수를 조절하며 물을 저장하여 가뭄을 막는다. 비가 내려 땅이 침식되는 것을 막고 경사지의 흙이 쓸려 내려가지 않도록 지지하는 구실을 하며 강과 해변, 관개 수로, 댐 저수지에 흙이 쌓이는 것을 막는다. 그리고 수많은 생명 종들에게 서식처를 제공한다. 지구 전체 표면의 7퍼센트를 덮고 있는 열대 삼림에서만 지구에 살아 있는 전체 종의 50퍼센트가 서식한다고 한다. 그 가운데서 등나무 덩굴에서 버섯, 의약품과 염료, 식량의 원천에 이르기까지 많은 종들이 상업적 가치를 지닌 소중한 자원들이다. 그들에게 서식처를 제공하는 나무들이 없다면 이 땅에 살아남기 힘들 것이다.

삼림은 거대한 탄소 덩어리를 흡수하고 보관해서 대기에 포함된 이산화탄소량을 조절하고 온실 효과와 지구 온난화가 더 이상 진전되지 않도록 막는다. 그리고 끝으로 무엇보다도 훼손당하지 않은 삼림은 인간의 영혼이 쉬면서 원기를 회복할 수 있는 아름답고 자애로운 곳이다.

인간이 농사를 짓기 전 지구에는 60~70억 헥타르의 삼림이 있었다. 그러나 현재는 인간들이 조림한 삼림 2억 헥타르를 포함해서 39억 헥타르의 삼림밖에 남지 않았다. 전 세계 자연림의 절반 이상이 1950년 이후에 훼손되었다. 1990년과 2000년 사이에 전 세계 자연림이 1억 6,000만 헥타르가량 사라졌는데 그것은 전체 자연림의 4퍼센트에 해당하는 규모이다.[41] 훼손된 자연림의 대부분이 열대 지방의 삼림이었다. 온대 지방 삼림은 1990년보다 훨씬 이전인 유럽과 북아메리카가 한창 산업화하던 시기부터 파괴되기 시작했다.

삼림의 훼손은 지구의 지속 불가능성, 즉 재생 가능한 지구 자원의 매장량이 점점 줄어들고 있음을 보여주는 명백한 징후이다. 하지만 흔히 그렇듯이 이러한 명백한 지구의 흐름 뒤에는 지역마다 복잡한 차이가 있다.

우리는 삼림 자원의 두 가지 척도, 삼림 면적과 삼림의 질적 구성을 구별할 필요가 있다. 수백 년 된 나무들이 들어찬 자연 그대로의 삼림 1헥타르와 50년 동안 경제성 있는 나무 한 그루 자라지 못하게 완전히 남벌되어 원시림의 생태적 다양성을 다시는 회복할 수 없게 된 삼림 사이에는 엄청나게 큰 차이가 있다. 하지만 많은 나라에서 자국의 삼림과 관련된 데이터를 작성할 때 이 둘 사이의 차이를 표시하지 않는다.

삼림의 질적 구성을 측량하는 것은 삼림의 면적을 재는 것보다 훨씬 더 힘들다. 삼림의 질적 구성을 평가하는 데이터 가운데 가장 논란이 적은 데이터는 실제로 삼림 면적과 관련된 것이다. 즉, 개간되지 않은(원시림, 미개척 삼림이라고 부르는) 삼림 면적에 대한 통계들이 바로 그런 데이터들이다. 오늘날 이런 소중한 삼림들이 그 가치를 잃고 급격하게 훼손되고 있다는 것은 의심할 나위 없는 사실이다.

지구의 원시림 가운데 오직 5분의 1(13억 헥타르)만이 넓은 지역에 걸쳐 상대적으로 훼손되지 않은 자연림 상태를 유지하고 있다.[42] 이 중 절반이 러시아, 캐나다, 알래스카에 있는 아한대 삼림이다. 나머지 삼림의 대부분은 아마존 강 유역의 열대 우림이다. 많은 지역이 이미 벌목이나 광산 채굴, 농업 개간과 같은 여러 가지 인간 활동 때문에 위협받고 있다. 사람들이 공식적으로 보호하는 삼림은 약 3억 헥타르 정도밖에 안 된다(그나마 일부는 문서로만 보호한다고 되어 있다. 이러한 삼림 대부분에서 목재나 야생 생물들이 남몰래 철저히 남획되고 있다).

(알래스카를 뺀) 미국은 원시림의 95퍼센트가 사라졌다. 유럽에는 원시림이 한 군데도 남아 있지 않다. 중국은 전체 삼림의 4분의 3이 사라졌는데 대개가 미개척 삼림이었다([그림 3-7]). 온대 지방에서는 한 차례 벌목한 뒤 다시 자란 (2차) 삼림들이 일부 서서히 조금씩 늘어나고 있지만 대부

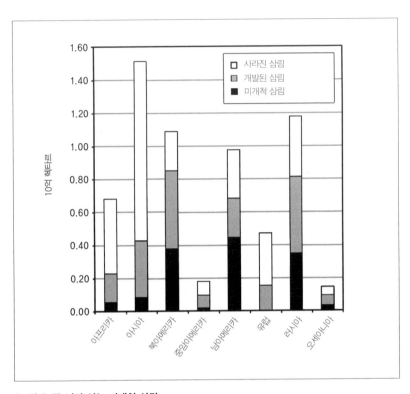

[그림 3-7] 남아 있는 미개척 삼림

1997년, 전 세계 원시림의 극히 일부분만이 사람의 손길이 닿지 않은 '미개척' 삼림으로 남아 있다 (출처: 세계자원연구소).

분 지역에서는 토양이 황폐화하고 종의 수가 줄어들고 나무의 크기나 목재의 질, 생장률이 계속해서 하락하고 있다. 대다수 삼림들이 지속 가능하게 관리되지 못하는 실정이다.

남아 있는 자연림의 절반 이하가 온대 지방에 있다(16억 헥타르). 나머지는 열대 지방에 있다(21억 헥타르). 1990년과 2000년 사이에 온대 지방의 자연림 면적은 아주 조금, 약 900만 헥타르밖에 줄지 않았다. 그것은 지난 10년 동안 사라진 삼림 면적의 0.6퍼센트밖에 안 된다. 이 자연림의 절반은 종이와 목재를 공급하기 위해 집약적으로 관리되는 인공림으로 탈바꿈했다. 거기다 거의 똑같은 면적의 삼림에 나무들을 다시 심었다.

온대 지방의 삼림은 이렇게 안정된 상태를 유지하는 반면에 열대 지방의 삼림은 급격하게 망가지고 있다. 유엔식량농업기구는 1990년부터 2000년까지 전 세계에 남아 있는 열대 지방 자연림 가운데 1억 5,000만 헥타르 이상—멕시코의 국토 면적과 비슷한 크기—이 다른 용도로 전용되었다고 발표했다. 따라서 1990년대에 사라진 열대 지방의 자연림 면적은 해마다 약 1,500만 헥타르에 이른다. 10년 동안 전체의 7퍼센트가 사라진 셈이다.

하지만 이것은 공식적으로 발표한 수치가 그렇다는 것이고 실제로 열대 지방의 삼림이 얼마나 빨리 사라지는지 정확히 아는 사람은 아무도 없다. 그 숫자들은 해마다 바뀌며 사람들 사이에 논란이 많다. 자원의 손실률이 명확하지 않다는 사실은 그 자체가 생태계의 한계 초과를 초래하는 구조적 원인들 가운데 하나이다.

1980년에 유엔식량농업기구가 수행한 세계 최초의 공식적인 열대 지방 삼림 남벌 평가 작업으로 해마다 1,140만 헥타르의 삼림이 사라지고 있다는 사실이 밝혀졌다. 1980년대 중반에는 해마다 사라지는 삼림 면적이 2,000만 헥타르 이상으로 늘어났다. 그러다 브라질을 중심으로 환경 정책이 일부 바뀌면서 1990년 열대 지방 삼림 손실률은 한 해 약 1,400만 헥타르로 줄었다. 1999년에 유엔식량농업기구에서 다시 조사한 바에 따르면 열대 지방의 연간 삼림 손실률은 1,130만 헥타르로 줄었다. 앞에 이미 나온 것처럼 1990년대 10년이 지난 뒤 최종 추정한 열대 지방 연간 삼림 손실률은 1,520만 헥타르였다.

하지만 여기서 계산된 수치는 토지 사용의 형태가 다른 목적으로 전환된 경우만(주로 농업이나 목축이고 그다음이 도로나 주택)을 포함한다. 벌목을 하고 있는 삼림은 포함되지 않는다(벌목된 삼림은 여전히 삼림 면적으로 계산한다). 그리고 불탄 삼림도 계산에 넣지 않는다. 1997년과 1998년 사이에 불탄 삼림은 브라질 200만 헥타르, 인도네시아 200만 헥타르, 멕시코와 중앙아메리카 150만 헥타르에 이른다(완전히 다 타버린 땅도 여전히 삼림으로 분류한다). 열대 지방 삼림 가운데 나무가 없어지는 삼림까지 손실률에 포함한다면 연간 삼림 손실률은 모두 1,500만 헥타르가 넘는다. 해마다 전 세계 삼림 면적의 1퍼센트가 사라지는 셈이다.

불확실한 데이터이기는 하지만 우리는 그 숫자를 가지고 만일 현재의 체계가 바뀌지 않는다면 열대 지방의 자연림이 앞으로 어떻게 될지 어렴풋하게 추측할 수 있다. 〔그림 3-8〕은 2000년 열대 지방 전체 삼림 면적을 21억 헥타르라고 추정하고 시작한다. 현재의 연간 삼림 손실률을 유엔식량농업기구의 공식 추정치보다 높은 2,000만 헥타르라고 가정한다. 불탄 삼림과 계속해서 벌목을 하는 삼림, 실제 훼손된 면적보다 작게 보고된 것까지 감안해서 가정한 것이다. 도표에 가로로 그어진 선은 최소한 보존되어야 할 삼림 면적을 표시한 것으로 현재 남아 있는 열대 지방의 삼림 면적의 10퍼센트에 해당한다(이것은 현재 어떤 형태로든 보호받고 있는 열대 지방 삼림 면적의 비율이다[43]).

만일 열대 지방의 삼림이 해마다 2,000만 헥타르씩 사라진다면, 인간의 보호를 받지 못하는 원시림은 95년이 지나면 이 세상에서 볼 수 없어질 것이다. 〔그림 3-8〕에 그려진 직선이 그럴 가능성을 보여준다. 이것은 다가오는 세기 동안 삼림을 파괴하는 힘이 더 세지거나 약해지지 않는다고 가정하고 계산한 것이다.

만일 열대 지방의 삼림이 기하급수적으로 사라진다면, 말하자면 열대 지방

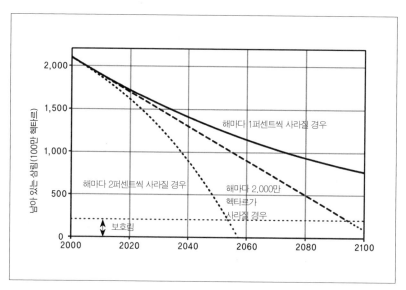

〔그림 3-8〕 열대 삼림이 사라지는 몇 가지 시나리오들

앞으로 열대 삼림이 사라질 추정치는 인구통계학과 법, 경제의 흐름에 대한 가정을 어떻게 하느냐에 달려 있다. 이 도표에서는 세 가지 시나리오를 보여준다. 1990년대에 그랬던 것처럼 연간 2,000만 헥타르가 사라지던 삼림 손실률이 해마다 2퍼센트씩 늘어난다면 인간이 의도적으로 보호하지 않는 삼림은 2054년이 되면 완전히 사라질 것이다. 하지만 삼림이 해마다 2,000만 헥타르씩 일정하게 훼손된다면 인간이 보호하지 않는 삼림은 2094년쯤에 사라질 것이다. 인간이 보호하지 않는 삼림 가운데 해마다 1퍼센트씩 사라진다면 72년에 한 번씩 삼림 면적이 줄어들 것이다.

의 인구 증가율(연간 2퍼센트)처럼 급격하게 훼손된다면 인간의 보호를 받지 못하는 삼림은 50년 안에 완전히 사라질 것이다. 이 곡선은 인구 증가와 삼림 자원의 증가가 삼림 손실률을 기하급수적으로 증가하게 강제하는 상황을 반영한 것이다.

만일 열대 지방의 삼림 손실률이 일정한 비율로 유지된다면(이를테면 해마다 1퍼센트씩 사라진다면), 잘려나가는 삼림 면적은 해마다 전년도에 비해 조금씩 줄어들 것이다. 해마다 남아 있는 삼림 면적이 줄어들 것이기 때문이다. 그렇게 될 경우, 72년이 지나면 열대 지방 삼림의 절반이 사라질 것이다. 이 곡선은 해마다 잘려나가는 삼림 면적이 줄어들 수밖에 없는 상황을 반영한 것으로 아마도 가장 가까이에 있는 소중한 삼림부터 먼저 사라지기 때문이 아닐까 생각한다.

앞으로 다가올 미래는 아마도 이 모든 가능성이 서로 얽히고설킨 모습일 것이다. 인구 증가와 경제 성장이 삼림 자원의 수요를 촉발시켜 삼림의 파괴 규모가 커지면서 좋은 품질의 목재를 구하기 위해서는 점점 더 먼 곳까지 이동해야 하고 따라서 벌목 비용은 점점 더 늘어날 것이다. 그와 동시에 남아 있는 삼림을 보호하려는 환경 단체들의 압력과 대량으로 목재를 생산하고자 하는 정치권의 압력이 증가할 것이다. 하지만 이러한 갈등 추세가 저절로 풀릴 수 있다고 하더라도 한 가지만은 피할 수 없다. 오늘날 열대 지방의 원시림에서 생산되는 삼림 자원이 앞으로도 계속해서 그 추세를 유지할 수는 없다는 사실이다. 원시림은 자연이 인간에게 아무런 대가도 받지 않고 그런 엄청난 양의 귀중한 나무들이 자라도록 심고 보살핀 결과인데 그렇게 되기까지 유구한 세월이 흘렀다.

열대 지방의 토양, 기후, 생태계는 온대 지방과 매우 다르다. 다른 지역보다 생물 종들이 더 많은 열대 삼림은 번성 속도도 더 빠르지만 다른 한편으로는 그만큼 더 취약한 환경이기도 하다. 열대 지방의 삼림이 완전히 벌목되거나 불이 나서 전소되고도 토양이나 생태계가 심각한 피해를 입지 않고 다시 살아날 수 있을지는 확실하지 않다. 오늘날 열대 삼림을 완전히 훼손하지 않으면서 나무들을 선택적으로 또는 한 줄로 길게 벌목하는 방법들이 실험되고 있는데 현재 대부분의 벌목 방법들은 열대 삼림을, 그 가운데 특히 매우 중요한 나무 종들을 재생할 수 없는 자원으로 취급한다.[44]

열대 삼림을 훼손하는 이유들은 나라마다 다르고 다양하다. 삼림을 훼손하는 세력은 돈벌이에 혈안이 된 다국적 목재 회사와 종이 회사들, 외채를 갚기 위해 목재 수출을 늘리려는 각국 정부, 삼림을 농지나 목축지로 전용하는 목장주와 농부들, 곡식을 재배하기 위해 불탄 숲이나 조그만 땅덩어리를 찾아 헤매는 자기 땅이 없는 사람들이다. 이들은 대개 서로 암묵적으로 협력 관계에 있다. 정부는 기업들을 불러들이고 기업들은 나무를 베고 땅이 없는 가난한 사람들은 벌목 도로를 따라 이동하면서 정착할 곳을 찾아다닌다.

온대 지방과 열대 지방에서 삼림을 지속적으로 이용할 수 없게 만드는 또 다른 까닭이 하나 있다. 양질의 목재를 점점 구하기 어려워지면서 수령이 오래된 원시림의 나무 한 그루 값이 만 달러가 넘게 나가기도 한다. 당연히 사람들의 마음을 사로잡을 만한 엄청난 가치이다. 국가 소유의 삼림 자원을 개인의 이익을 위해 거저 내주는 것이나 마찬가지인 행위들, 즉 벌목 허가를 받기 위해 정부와 기업이 서로 은밀한 거래를 하거나, 회계 부정을 저지르거나, 벌목할 나무의 종이나 규모, 지역에 대해 거짓 면허를 받거나, 겉으로만 규제하는 척하거나, 서로 몰래 결탁하거나 상납하는 관행들은 열대 지방에서만 일어나는 일이 아니다.

위원회는 삼림 구역에서 가장 손쉽게 발견할 수 있는 문제—가장 널리 횡행하며 노골적인—가 바로 부정부패의 관행이라는 사실을 알았다.[45]

가장 우려스러운 열대 지방의 몇몇 나라에서는 최소한의 부패 행위만으로도 삼림이 줄어든다. 하지만 얼마나 많은 삼림이 사라지는지 알기란 쉽지 않다. 1992년 개정판에서는 한 작은 나라 코스타리카의 훼손된 삼림 지도를 보여주었다. 우리는 거기에 나온 숫자들을 갱신하기 위해 코스타리카 대학의 지속 가능한 개발 연구센터를 접촉했다. 측정 기술의 발달로 전에 기술된 지난 연도들의 데이터들을 모두 바꿔야 했다.

삼림 자원의 수요는 삼림 감소의 문제와 얽히면서 점점 증가하고 있다. 1950년과 1996년 사이에 세계 종이 소비는 6배 늘어났다. 유엔식량농업기구는 세계 종이 소비가 2010년에 2억 8,000만 톤에서 4억 톤으로 늘어날 것이라고 예측한다.[46] 미국에서는 한 사람이 한 해 평균 330킬로그램의 종이를 사용한다. 다른 선진국에서는 한 사람이 평균 160킬로그램의 종이를 쓴다. 하지만 개발도상국의 경우는 1인당 한 해 평균 종이 소비량이 17킬로그램에 불과하다. 종이를 재활용하는 비율이 늘고 있기는 하지만 펄프 생산을 위한 새로운 목재 소비량 또한 해마다 1~2퍼센트 꾸준히 늘고 있는 상황이다.

건설용 목재, 종이 제품, 연료용 목재를 포함해서 전 세계 총 목재 소비량은 증가율의 둔화에도 불구하고 끊임없이 늘어나고 있다([그림 3-9]). 1990년대 들어 목재 소비 증가율이 둔화하는 이유 중의 하나는 아시아와 러시아의 경제 하락 때문인 듯하다. 따라서 통나무 소비량의 둔화는 일시적 현상일 수 있다. 전 세계 사람들이 모두 선진국에서 현재 1인당 평균 소비하고 있는 양만큼 많은 목재를 쓴다면 세계 목재 소비량은 금방 두 배이상으로 늘어날 것이다.[47]

하지만 삼림 제품을 재활용하거나 좀 더 효율적으로 사용하는 것처럼 목재 수요를 줄여나가려는 추세들도 있다. 이러한 추세가 지속된다면 세계는 손쉽게 삼림 자원의 채취를 줄이면서 필요한 목재 제품의 수요를 맞출 수 있을 것이다. 이를테면 다음과 같은 방법들이 있다.

• 종이의 재활용. 미국에서 제조하는 종이의 절반 정도가 재활용 종이이다. 일본에서 재활용하는 종이의 비율은 전체의 50퍼센트가 넘고 네덜란드는 무려

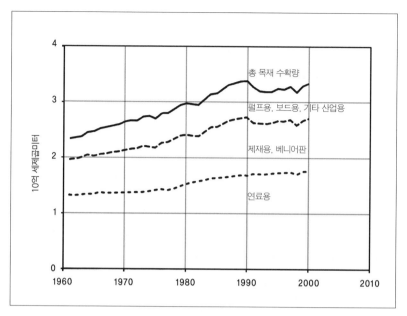

[그림 3-9] 세계 목재 사용량

목재 사용량은 증가율이 둔화되기는 했지만 계속해서 늘어났다. 전 세계 삼림에서 벌목되는 목재의 약 절반이 땔감으로 쓰인다(출처: 유엔식량농업기구).

96퍼센트에 이른다. 전 세계 종이와 판지의 41퍼센트가 재활용된다.[48] 세계가 네덜란드를 따라 한다면 종이 재활용률은 지금보다 두 배 이상 늘어날 것이다.

• 효율적인 제재소. 현대적 장비를 갖춘 제재소는 통나무 원목의 40~50퍼센트를 경제성 있는 목재로 제재한다(나머지는 연료나 종이용 또는 나무토막을 아교로 붙인 복합 목재로 사용). 하지만 개발도상국의 효율성이 떨어지는 제재소에서는 원목의 25~30퍼센트만 경제성 있는 목재로 제재할 수 있다. 이것만 개선되어도 원목 한 그루가 생산할 수 있는 쓸 만한 목재는 두 배로 늘어날 것이다.[49]

- 연료(의) 효율성. 삼림에서 베는 나무의 절반 이상이 가난한 사람들의 조리와 난방용으로 쓰이고 일부 소규모 사업(벽돌 제조, 양조, 담배 건조)을 하는 데 연료로 사용된다. 그들은 대개가 화목 난로나 덮개 없는 난로처럼 극도로 효율성이 떨어지는 난로를 쓴다. 효율성이 좋은 난로나 연료를 쓴다면 삼림을 덜 훼손하고 대기 오염도 줄이고 노동력도 줄이면서 필요한 만큼의 연료를 얻을 수 있을 것이다.

- 효율적인 종이 사용. 전 세계에서 생산한 종이와 판지의 절반은 포장지나 광고지로 쓰인다. 미국에서 한 가구가 해마다 받는 불필요한 '광고 우편물' 종이는 평균 550장이다. 그것들은 대부분 읽히지도 않은 채 버려진다. 전자 시대가 도래했지만, 아니 오히려 그것 때문에 미국인의 1인당 종이 소비량은 1965년에서 1995년 사이에 두 배로 늘었다. 광고 우편물과 과도한 포장에 들어가는 종이는 줄일 수 있다. 한 면만 찍히는 레이저 프린터와 팩시밀리를 비롯해서 많은 소모성 기술들도 개선될 수 있다.

- 원가를 모두 반영한 가격 체계. 벌목할 때 직·간접으로 지급되는 모든 정부 보조금을 없앨 수 있다. 벌목에 따른 손실 비용을 벌목세로 징수하면 목재 가격은 그 비용을 포함해서 실제 목재 생산에 들어간 원가를 반영한 가격으로 상승할 것이다.

선진국에서 이러한 진전이 이루어진다면 아마도 삼림을 훼손하여 목재를 벌목하는 양과 처음부터 폐기 목적으로 제조되는 소모성 종이의 양이 적어도 절반은 줄어들 것이다. 그렇게 해도 사람들이 누리는 삶의 질은 거의 변화가 없을 것이다.

그와 동시에 삼림 훼손을 줄이면서 귀중한 식물 섬유도 생산할 수 있다. 특히 가파른 경사지의 경우 나무들을 모두 베지 않고 일부만 선택적으로 또는 한 줄로 길게 벌목하는 방법도 있다. 강을 따라 길게 늘어선 나무들은 베지 않고 놔두면 토양 침식을 줄이고 수생 생태계를 강력한 햇빛으로부터 보호한다. 서 있거나 쓰러진 일부 죽은 나무들은 동식물의 서식처로 그대로 남겨둘 수도 있다.

소비자들이 신중한 벌목과 삼림 관리를 통해 생산된 삼림 제품이라는 것을 확인할 수 있도록 '녹색 인증제'를 실시하는 운동이 활발하게 전개되고 있다. 삼림관리협회(Forest Stewardship Council)는 2002년 말, 총 3,000만 헥타르의 삼림을 '지속 가능하게 관리한' 삼림으로 인증했다. 비록 얼마 안 되는 면적이지만 시장에서 소비자들의 호응이 높아지면서 현재 그 범위를 점점 넓혀가고 있다.

대규모 목재 생산을 위해 이미 벌목한 땅이나 불모지에도 나무를 심어 거대한 인공림을 조성할 수도 있다. 그렇게 하면 단위 면적당 엄청난 양의 목재를 생산하면서 동시에 자연림이 훼손되는 것을 막을 수 있다.

열대 지방의 대규모 인공림 가운데 한 곳은 한 해에 1헥타르의 면적에서 무려 100세제곱미터의 목재를 생산하기도 했다(물론 한정된 기간 동안이지만). 이것은 보통 한 해에 1헥타르에서 2.5세제곱미터의 목재를 생산하는 온대 지방 자연림에 비하면 40배가 넘는 양이다. 만일 이 정도의 단위 면적당 생산량을 유지할 수 있다면 현재 전 세계에서 필요로 하는 천연 펄프와 건축 목재, 연료용 목재를 공급하는 데 약 3,400만 헥타르(말레이시아 국토 면적만 한 규모)의 삼림만 있으면 충분하다. 하다못해 그 절반만 유지한다고 해도, 즉 한 해 1헥타르에서 50세제곱미터의 목재를 생산할 수 있다면, 오늘날 전 세계 목재 수요량을 충족시키는 데 6,800만 헥타르(소말리아 국토 면적)의 삼림만 있으면 된다. 열대 지방의 대규모 인공림이 그와 같은 엄청난 생산성을 지속 가능하게 유지하려면 무엇보다도 인공림을 좀 더 '유기농' 관점에서 관리해야 한다. 서로 다른 종류의 나무들을 섞거나 돌아가며 심고 화학 비료와 살충제 살포를 지금보다 줄이고 더욱 환경친화적인 방법으로 바꿔나가야 한다.

삼림 벌목량을 지속 가능한 수준으로 낮추는 방법들은 많다. 그 가운데 현재 시행할 수 없는 방법은 하나도 없다. 그것들 하나하나는 현재 세계 어느 곳에선가 시행되는 것들이다. 하지만 전 세계가 그런 방법을 쓰는 것은 아니다. 따라서 지금도 세계의 삼림은 끊임없이 줄어들고 있다.

최근 들어 전 세계에서 삼림이 사라지는 것에 대해 사람들의 우려가 높아지긴 했지만 그것만으로 삼림이 사라지는 속도를 늦출 수는 없다.[50]

생물 종과 생태계 서비스

살아 있는 지구 지수(Living Planet Index)는 전 세계 자연 생태계의 상태를 알려주는 지표 가운데 하나이다. (……) 그것은 삼림, 민물, 해양에 사는 생물 종의 수와 관련이 있다. 이 지수는 1970년과 2000년 사이에 전체 생물 종이 약 37퍼센트 감소했음을 보여준다.

—세계자연보호기금, 2002년

사람들은 토양과 물, 삼림이 인간의 삶과 경제를 지탱시켜주는 원천이라는 것을 잘 안다. 하지만 매우 중요하면서도 경제에서 금전적 가치로 환원할 수 없기 때문에 사람들이 분명하게 인식하지 못하는 또 다른 원천들이 있다. 바로 모든 생명체에 꼭 필요한 에너지와 물질을 포획해서 이동시키고 순환하게 하면서 형성되는 비영리적이고 비시장적인 자연의 생명 종과 생태계, 그리고 그것들이 제공하는 여러 가지 지원 기능들이다.

이러한 생명의 원천들이 날마다 수행하는 매우 귀중한 역할들을 일컬어 요즘 널리 쓰이기 시작하는 용어가 '생태계 서비스'라는 말이다. 다음과 같은 것들이 바로 생태계 서비스이다.

- 공기와 물의 정화.
- 가뭄과 홍수를 막는 물 흡수와 저장.
- 분해, 해독, 쓰레기 처리.
- 토양의 영양분 재생, 토질 복원.
- 수분 작용.
- 해충 방제.
- 종자와 영양소 배포.
- 태풍과 극한 기온 완화 작용, 부분적 기후 안정화.
- 매우 다양한 농업, 의학, 산업 제품 제공.
- 위에 나오는 모든 일을 수행하는 생명 유전자 풀(gene pool. 어떤 생물 종의 모든 개체가 지니고 있는 유전자 전체—옮긴이)과 생물다양성의 진화와 유지.
- 30억 년이 넘도록 스스로를 입증해온 생존, 복원력, 다양화 전략의 지혜.
- 어디에도 견줄 데 없는 미적, 정신적, 지적 도약.[51]

이러한 서비스의 가치는 단순히 측정할 수 있는 범위를 넘어서지만 그래도 사람들은 그것을 측정하려고 한다. 아무튼 자연이 제공하는 이런 서비스들을 돈으로 환산하면 그 가치는 한 해 몇조 달러에 이른다. 인간

경제가 한 해 만들어낸 생산물 전체의 금전적 가치를 훨씬 뛰어넘는 것이다.[52]

앞서 인용한 세계자연보호기금의 분석 결과는 지난 30년 동안 매우 중요한 생태계 서비스의 일부가 이 세상에서 사라졌음을 암시한다. 하지만 그것을 양적인 수치로 환산하는 것은 매우 어려운 일이다. 비록 그다지 의미 있는 작업은 아니지만 그래도 사람들이 가장 흔히 쓰는 방법은 생물 종의 수를 세고 그것들이 멸종하는 비율을 계산하는 것이다.

그러나 실제로는 놀랍게도 그런 계산을 할 수 없다. 오늘날 과학자들은 지구에 얼마나 많은 종의 생물이 있는지 정확히 알지 못한다. 다만 그 숫자가 적게는 300만 종에서 많게는 3,000만 종일 것이라는 추측만 할 뿐이다.[53] 그 가운데 약 150만 종 정도만 이름이 붙여지고 분류되어 있다. 그것들은 대개 몸집이 크고 눈에 띄는 종인 경우가 많다. 이를테면, 녹색 식물, 포유류, 조류, 파충류 같은 것들이다. 무수히 많은 곤충들 가운데는 아직도 종이 밝혀지지 않은 것이 많으며 미생물은 더 말할 나위도 없다.

이 세상에 얼마나 많은 생물 종이 있는지 아는 사람이 아무도 없기 때문에 또 얼마나 많은 생물 종들이 이 세상에서 사라졌는지 아무도 알 수 없다. 하지만 이 세상의 생물 종의 수가 급격하게 줄어들고 있다는 것은 누구도 의심할 수 없는 분명한 사실이다. 대다수 생물학자들은 현재 세계 곳곳에서 "대량 멸종"이 진행되고 있다고 서슴없이 얘기한다.[54] 생태학자들은 6,500만 년 전 백악기 말 공룡들이 멸종된 사건 이래로 지금처럼 거대한 멸종이 진행된 적은 없었다고 주장한다.

그들은 그 이유가 주로 생물들이 살아갈 서식지가 급격하게 사라지고 있기 때문이라고 말한다. 말하자면 상황은 이렇다.

- 마다가스카르는 생물 종의 보고이다. 동쪽 삼림에는 우리가 알고 있는 1만 2,000종의 식물과 19만 종의 동물이 서식하고 있으며 그 가운데 적어도 60퍼센트는 지구 위 어디서도 찾아볼 수 없는 종들이다. 하지만 삼림의 90퍼센트 이상이 주로 농사를 짓기 위해 이미 개간된 상태이다.

- 에콰도르 서부 지역은 한때 8,000종에서 1만 종에 이르는 식물들이 있었다. 그중에 약 절반이 그 지역에서만 서식하는 종이었다. 식물 한 종이 보통 10종에서 30종의 동물을 먹여 살린다. 하지만 1960년 이후로 에콰도르 서부 지역의 거의 모든 삼림이 대규모 바나나 농장과 유정(油井), 인간 거주지로 바뀌고 말았다.

대부분의 멸종은 대개 예상하는 것처럼 가장 많은 종들이 서식하고 있는 곳에서 일어난다. 열대 지방의 삼림과 산호초 지대, 습지대가 바로 그런 곳이다. 적어도 전 세계 산호초 지대의 30퍼센트가 치명적인 위기에 처해 있다. 1997년 산호초 지대 조사 당시 산호초의 95퍼센트가 붕괴되고 많은 생물 종들이 사라진 것을 알았다.[55] 습지대는 산호초 지대보다 훨씬 더 위험한 상황이다. 습지대는 많은 물고기 종들이 알을 낳는 것을 비롯해서 여러 가지 생물학적 활동을 집중하는 곳이다. 하지만 지구 지표면의 6퍼센트만이 습지대이다. 지금은 더 줄었을지도 모른다. 습지대의 절반 정도가 준설이나 매립, 배수, 수로 건설로 사라졌다. 게다가 오염으로 망가진 습지대는 여기에 포함되어 있지도 않다. 전 세계 생물 종의 멸종 비율은 그들이 사는 서식지가 사라진 정도를 보고 추정한다. 그 추정은 꽤 정확하다. 이것은 사라진 서식지에 얼마나 많은 종이 있었을까 하는 가정에서 시작한다. 그리고 나서 서식지 감소와 생물 종 감소 사이의 관계를 추정한다. 어림잡아 서식지의 90퍼센트가 사라지더라도 그 안에 살던 종의 50퍼센트는 그대로 살아남는다.

이러한 계산법은 논란의 소지가 매우 크다.[56] 그러나 이 장에서 다루는 다른 숫자들처럼 그것들이 제시하는 큰 방향은 분명하다. 과학자들은 오늘날 다른 생물 종들에 비해 상대적으로 많은 연구가 이루어진 큰 동물들의 경우, 전 세계 포유류 4,700종의 24퍼센트와 어류 2만 5,000종의 30퍼센트, 1만 종에 가까운 조류의 12퍼센트가 멸종 위기에 처해 있다고 추정한다.[57] 지금까지 알려진 27만 종의 식물들 가운데 3만 4,000종도 똑같은 처지에 놓여 있다.[58] 현재 멸종 위기에 처한 생물 종의 비율은 인간이 영향을 끼치지 않았다면 지금보다 1,000배는 낮았을 것이다.[59]

생물 종의 감소 비율로 생물권의 지속 가능성을 측정하기에는 미흡한 점이 많다. 생물 종이 얼마나 감소해야 한계에 도달하는지 아는 사람이 아무도 없기 때문이다. 얼마나 많은 생물 종이, 그리고 어떤 종이 생태계에서 사라지면 생태계 전체가 무너질까? 이것은 비행 중인 비행기에서 비행기 동체를 죄는 대갈못을 얼마나 제거하면 날아가는 비행기가 멈추는지 알기 위해 대갈못을 하나씩 빼는 것과 같은 어리석은 물음이다. 하지만 적어도 비행기는 대갈못끼리 서로 연결되어 있지는 않다. 그러나 생태계는 모든 생물 종들이 서로 연결되어 있다. 어느 한 종이 사라진다면 그것과 연결된 다른 생물 종들이 영향을 받는다. 세계자연보호기금은 지구상에 있는 생물 종의 수가 얼마나 줄어들고 있는지 측정하기가 어렵다는 것을 인정하고 생물학적 자원의 감소를 수량화하기 위해서 '살아 있는 지구 지수'를 개발했다. 세계자연보호기금은 생물 종의 수가 줄어드는 것을 추적하는 대신에 서로 다른 여러 종의 개체군들의 크기를 추적한다. 이러한 추세의 평균값을 구해서 '대표적인' 종의 개체군의 크기가 그동안 얼마나 달라졌는지 수량화한다. 세계자연보호기금은 이 방법을 써서 종의 개체군 크기가 '평균적으로' 1970년 이래로 3분의 1 이상 감소했다고 결론지었다.[60] 달리 말하면, 전 세계 동물과 식물, 물고기의 수가 급격하게 줄어들었다는 것이다. 생태계 서비스를 제공하는 원천이 지속 불가능한 상태로 고갈되고 있음이 틀림없다. 1992년에 발표된 「인류에게 보내는 세계 과학자들의 경고」는 이러한 점을 강하게 호소했다. 여기에는 노벨상을 받은 과학자들 대다수를 포함해서 전 세계 유수의 과학자 약 1,700명이 참여했다.

삼림 남벌, 생물 종의 감소, 기후 변화로 야기된 환경 파괴와 함께, 생명의 거미줄로 서로 밀접하게 연결되어 있는 이 세상을 마구 파헤친다면 우리가 지금 그 상호 작용이나 역동성에 대해서 잘 알지 못하는 중대한 생물학적 체계가 예상치 못한 순간에 무너져 내리는 것을 포함해서 광범위한 역효과가 발생할 수 있다. 그 영향력이 얼마나 클지 모른다고 해서 그것이 위안이 될 수도 없거니와 우리가 그런 위협에 직면하는 시점을 늦출 수도 없는 일이다.[61]

재생 불가능한 자원

화석 연료

전 세계의 유전 개발과 원유 생산에 대한 분석에 따르면 지금까지의 원유 공급량으로는 앞으로 10년 안에 원유의 수요를 따라잡을 수 없을 것이라고 판단된다. 전 세계 [원유] 개발은 1960년대 초에 정점에 이르렀고 그 뒤로 꾸준히 감소했다. (……) 지구에 매장된 원유는 한정되어 있다. 그리고 우리는 이미 그 가운데 90퍼센트를 발견했다.
—콜린 J. 캠벨, 장 H. 라에레르, 1998년

가까운 장래에 석유가 부족할지 모른다고 걱정하는 사람이 현재까지는 거의 없다. (……) 하지만 전 세계 석유 자원은 한정되어 있다. 따라서 결국에는 생산이 정점에 달했다가 나중에는 점점 줄어들기 시작할 것이다. (……) 좀 더 보수적으로 예상한다면 전 세계 석유 생산량은 앞으로 10년이나 20년 동안, 즉 2010년에서 2025년 사이까지는 정점에 도달하지 않을 것이다.

—세계 자원, 1997년

석유 생산의 정점이 언제 올 것인지에 대한 낙관론자와 비관론자의 견해 차이는 수십 년 벌어진다. 그러나 석유가 가장 한정된 주요 화석 연료라는 것에 대해서는 둘 다 이견이 없다. 전 세계 석유 생산이 금세기 상반기 중에 정점에 도달할 것이라는 예상에도 서로 공감한다. 인간 경제가 해마다 사용하는 에너지량은 1950년부터 2000년까지 연평균 3.5퍼센트씩 증가했다. 세계 에너지 소비량은 전쟁이나 경기 후퇴, 가격 불안정, 기술 변화에 따라 불규칙하지만 끊임없이 상승세를 탔다([그림 3-10]). 에너지의 대부분은 선진국들이 썼다. 서유럽의 상업용 에너지 평균 소비량은 아프리카의 5.5배이다.[62] 북아메리카는 인도보다 평균 9배나 많이 에너지를 쓴다.[63] 하지만 그 에너지는 상업용일 뿐이고 많은 사람들은 에너지 없이 지내야 한다.

전 세계 인구의 4분의 1 이상이 전기를 사용하지 못한다. 5분의 2는 아직도 옛날부터 전해오는 동식물의 폐기물을 기초 생활 에너지로 쓴다. 전력을 쓰지 못하고 사는 사람들의 수가 앞으로 수십 년 동안 줄어들기는 하겠지만 2030년에도 전기를 쓸 수 없는 사람들이 여전히 14억 명에 이를 것으로 예상된다. 목재와 농작물 찌꺼기, 동물 배설물을 조리와 난방 연료로 사용하는 사람들의 수도 실제

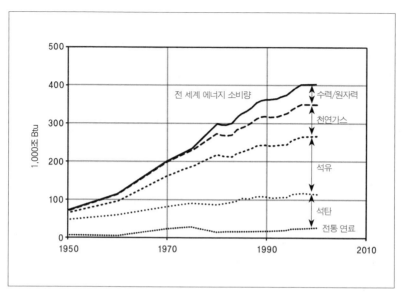

〔그림 3-10〕 **세계 에너지 사용량**

전 세계 에너지 사용량은 1950년과 2000년 사이에 세 배로 늘어났다. 화석 연료가 아직도 가장 중요한 에너지 공급원이다. 석탄은 1920년에 정점을 이루었는데 전체 소비 연료의 70퍼센트 이상을 차지했다. 석유는 1980년대 초에 전체 에너지 소비량의 40퍼센트를 차지하며 정점에 이르렀다. 석탄이나 석유보다 환경을 덜 오염시키는 천연가스는 앞으로 전 세계 에너지 사용에 더 많은 기여를 할 것으로 기대된다(출처: 유엔, 미국 에너지부).

로 늘어날 것이다.[64] (2009년 국제에너지기구 보고서에서는 현재 전기를 못 쓰는 인구가 15억 명이며 2030년이면 13억 명으로 줄 것이라고 수정함.—옮긴이)

대다수 에너지 분석가들은 세계 에너지 사용량이 계속해서 늘 것이라고 예상한다. 국제에너지기구(International Energy Agency)는 앞서 인용한 《세계 에너지 예측 2002》에 제시한 '기준' 시나리오에서 세계 주요 에너지 소비량이 2000년에서 2030년까지 3분의 2 정도 늘어날 것이라고 예상한다. '대안'(좀 더 환경을 고려한) 시나리오에서도 이 30년 동안 세계 에너지 소비량이 50퍼센트 이상 증가할 것으로 보고 있다. 덴마크 에너지청이 좀 더 자세하게 분석한 바에 따르면 2050년 전 세계 인구로 예상되는 93억 명에게 기본적으로 필요한 에너지를 공급하기 위해서는 2000년 전 세계에 (최종 사용자에게) 공급된 에너지 총량의 6배가 필요하다.[65]

2000년 상업용 에너지 사용량의 80퍼센트 이상이 석유, 천연가스, 석탄과 같은 재생 불가능한 화석 연료에서 나왔다. 이러한 화석 연료의 지하 매장량은 당연히 끊임없이 줄어들고 있다. 이러한 자원들의 원천이 지속 가능한지 여부를 판단하기 위해서는(나중에 이러한 자원의 폐기물에 대한 문제가 대두될 것이다) 그 자원들이 얼마나 빨리 고갈되는지, 그리고 그 자원들의 감소를 대체할 수 있을 정도로 빨리 재생 가능한 자원이 개발되고 있는지를 알아야 한다.

하지만 이 문제에 대해서 사람들 사이에 큰 논란이 있다. 심지어 재생 불가능한 연료가 실제로 고갈되고 있느냐에 대한 본질적인 의문을 제기하는 사람들도 있다. 이러한 혼란은 사람들이 잘못된 지표에 주목하면서 생긴다. '자원'은 지구 껍데기에 있는 전체 물질의 양과 관련된 개념이다. 하지만 '매장량'은 이미 발견되었거나 존재할 것이라고 추정되는, 그리고 기술이 있고 가격만 적당하다면 인간이 사용할 수 있는 물질의 양과 관련된 개념이다. 자원은 쓰면 쓸수록 줄어들 수밖에 없지만, 매장량은 계속해서 자원을 새로 발굴하고 가격이 오르고 기술이 발전함에 따라 늘어날 수도 있다. 따라서 자원을 매장량에 근거해서 말하는 경우가 많았던 것이 사실이다.

1970년에서 2000년 사이에 세계 경제는 석유 7,000억 배럴, 석탄 870억 톤, 천연가스 1,800조 세제곱피트를 태웠다. 그러나 같은 30년 동안 새로운 유전이나 탄광, 천연가스 매장지는 한 곳도 발견하지 못했다(기존에 있

	1970 생산량(연간)	1970 R/P(년)	2000 생산량(연간)	2000 R/P(년)	자원 평균 수명(년)
석유	170억 배럴	32	280억 배럴	37	50~80
천연가스	38조 세제곱피트	39	88조 세제곱피트	65	160~310
석탄	22억 톤	2,300	50억 톤	217	매우 길다

〔표 3-1〕 석유, 천연가스, 석탄의 연간 생산량, 매장량/생산량 비율(R/P), 자원 평균 수명

각 자원의 매장량 추정치는 '확인된 매장량'과 '앞으로 발견될 최소 자원 매장량'을 합한 것이다. 각
자원의 매장량 추정치를 2000년 생산량으로 나누면 해당 자원의 2000년 평균 수명이 나온다. 1970년
석탄 매장량은 2000년 석탄 매장량과 비교할 수 없다. 매장량의 기준이 다르기 때문이다. 석탄은
예전이나 지금이나 가장 풍부한 화석 연료이다(출처: 미국 광산국, 미국 에너지부).

던 매장지에서의 생산량은 더 늘었다). 따라서 매장량 대비 생산량 비율[66]—
매장된 화석 연료를 지금과 같은 생산량 비율로 계속해서 채굴할 수 있는
햇수—은 〔표 3-1〕이 보여주는 것처럼 실제로 높아졌다.

1970년부터 2000년까지 전 세계 천연가스의 소비량이 약 130퍼센트
늘어나고 석유는 약 60퍼센트, 석탄은 약 145퍼센트 크게 늘어났는데도 이
생산량 대비 매장량의 비율은 낮아지지 않고 높아졌다. 그러나 이 비율의
증가가 인간 경제에 에너지를 제공할 화석 연료가 1970년보다 2000년에 땅
속에 더 많이 매장되었다는 것을 의미하는 걸까?

아니다. 물론 그런 뜻은 아니다. 땅속에 매장된 화석 연료를 30년 동안
채굴하고 남은 석유는 7,000억 배럴이 안 되었다. 석탄은 870억 톤이 안 되
고 천연가스는 1,800조 세제곱피트가 되지 않았다. 화석 연료는 재생 불가
능한 자원이다. 그것들을 연소하면 이산화탄소와 수증기, 이산화황, 기타
여러 가지 물질들이 나온다. 그리고 다시는 화석 연료의 형태로 돌아오지

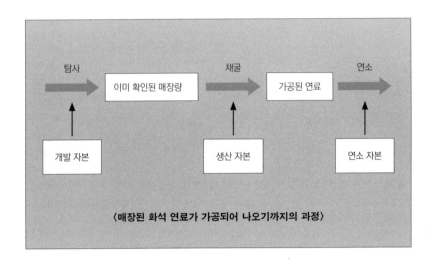

탐사   채굴   연소

이미 확인된 매장량   가공된 연료

개발 자본   생산 자본   연소 자본

〈매장된 화석 연료가 가공되어 나오기까지의 과정〉

않는다. 일부 돌아온다고 해도 인류에게 영향을 줄 정도의 양은 되지 않는다. 오히려 그것들은 지구에 폐기물과 오염 물질을 방출할 뿐이다.

지난 30년 동안 발견한 화석 연료의 양을 보고 아직도 화석 연료가 한계에 다다르려면 멀었다고 생각하는 사람들이 있다면 그들은 전 세계 에너지 체계의 일부분만을 보는 것이다.

땅속에 매장된 화석 연료를 탐사해서 이미 확인은 되었지만 아직 채굴하지 않은 매장량을 늘리기 위해서는 개발 자본(시추 장비, 비행기, 위성, 정교한 초음파 측심기와 탐사기)이 들어간다. 또 생산 자본(채굴, 양수, 정제, 수송 장치)을 투입해서 땅속에 매장된 원유를 채굴하고 그것을 가공된 연료를 저장하는 곳까지 나른다. 가공된 연료를 태워서 유용한 열을 발생시키는 과정에서 연소 자본(용광로, 자동차, 전열기)이 소요된다.[67]

화석 연료를 찾아내는 속도가 그것을 채굴하는 속도보다 빠르면 기존 매장량은 더욱 늘어난다. 그러나 위에 나온 도표는 전체 에너지 체계의 일부만 보여준다. 이 과정에 화석 연료가 생성되는 원천과 그것을 다 쓴 뒤

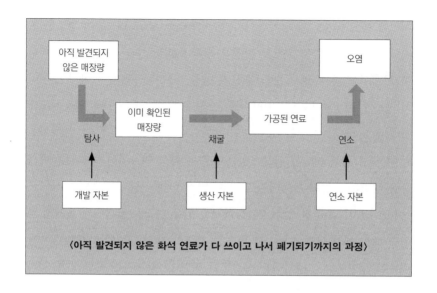

에 발생하는 폐기물까지 포함되어야 비로소 좀 더 완벽한 에너지 체계의
모습이 완성된다.

화석 연료 채굴로 이미 확인된 매장량이 줄어들기 때문에 다시 매장량
을 보충하기 위해서는 탐사 비용을 투자해야 한다. 그러나 화석 연료는 매
번 보충되는 것이 아니기 때문에 탐사할 때마다 새로운 화석 연료를 찾아
낼 수는 없다. 물론 아직 발견되지 않은 화석 연료들이 땅속에 매우 많이 매
장되어 있을 수도 있지만 그것들도 한정되고 재생 가능하지 않다는 점에
서는 마찬가지이다.

에너지 흐름의 맨 끝에 있는 화석 연료의 연소 과정은 오염 물질을 발
생시키며 최종적으로 지구의 폐기물 처리 과정인 생물지구화학적 순환
과정으로 들어간다. 이 과정을 통해 오염 물질들은 재순환되거나 인체나
환경에 무해한 것으로 만들어진다. 그렇지 않으면 지구는 오염 물질들로
더럽혀지거나 황폐화된다. 또한 화석 연료의 탐사에서 채굴, 정제, 수송,

저장에 이르기까지 각 단계마다 다양한 형태의 오염 물질들이 방출된다. 지난 10년 동안 매우 고도로 발전한 환경친화적 기술 덕분에 전체 에너지 체계의 흐름 속에서 오염 물질의 방출은 크게 줄었지만 아직도 에너지 생산은 여전히 미국의 지하수를 오염시키는 가장 중요한 원인 가운데 하나이다.

지구가 화석 연료를 만들어내는 능력과 화석 연료에서 방출되는 폐기물을 처리하는 능력 가운데 어느 것이 먼저 한계에 다다를지 아는 사람은 아무도 없다. 30년 전, 석유수출국기구가 원유 가격을 급격하게 올리기 직전만 해도 화석 연료의 매장량 한계는 지구의 지속 가능성을 가로막는 장애물이 분명하다고 생각하는 사람들이 많았다. 하지만 오늘날 인류가 가장 우려하는 것은 기후 변화 문제이다. 따라서 지구의 폐기물 처리 능력이 더 큰 문제로 세간의 주목을 받고 있는 듯하다.

현재 땅속에는 엄청난 양의 석탄이 매장되어 있다. 하지만 석탄이 연소하면서 발생시키는 엄청난 양의 이산화탄소를 대기가 처리할 수 없기 때문에 석탄의 사용은 한계가 있을 수밖에 없을 것이라고 생각한다. 석유는 매장량의 한계나 오염 발생 문제가 모두 그것의 사용을 제한하는 요소이다. 석유를 태우면 온실가스와 같은 여러 가지 오염 물질들이 발생한다. 그리고 석유는 화석 연료들 가운데 가장 먼저 고갈될 것으로 예상되고 있다. 지속 가능한 대체 에너지 자원들이 광범위하게 사용될 때까지 전 세계 에너지 생산을 지탱할 수 있는 에너지원은 천연가스라고 생각하는 사람들이 오늘날 많이 있다. 하지만 역사적으로 인간 사회를 지배하던 어떤 에너지원이 다른 에너지원으로 바뀌는 데 보통 50년이 걸렸다. 그동안에 세계는 기후 변화 때문이든 화석 연료 사용의 제한 때문이든 어려움을 겪을 수도 있다.

아직 발견하지 못한 석유와 천연가스의 매장량에 대한 추정치는 천차 만별이라 정확하게 얼마라고 말할 수는 없지만 [표 3-1]은 그러한 추정치 들 가운데 하나를 보여준다. 이 추정치들은 본디 불확실한 특성 탓에 오차 범위가 넓다.

이 표에 따르면 현재 남아 있는 석유 자원(현재 확인된 석유 매장량과 아 직 발견되지 않은 석유 매장량을 합한 수치)은 2000년 사용량을 기준으로 앞 으로 50년에서 80년 동안 사용할 수 있는 양이다. 반면에 천연가스는 앞 으로 160년에서 310년 동안 더 쓸 수 있으며 석탄은 그것보다 훨씬 더 많 은 양이 묻혀 있다. 자원을 탐사하는 비용은 물론 자원이 고갈될수록 더 욱 늘어날 것이다. 게다가 정치적 비용들이 생산 원가에 더해질 수도 있 다. 2000년에 전 세계 석유 생산량의 30퍼센트가 중동 지역에서 나왔고 11 퍼센트는 러시아 연방에서 나왔다. 전 세계에서 이미 확인된 석유 매장량 의 3분의 2가 이 두 지역에 있다. 어느 날 갑자기 송유관 꼭지에서 석유가 흘러나오지 않는 것처럼 석유 고갈도 순식간에 일어나지는 않을 것이다. 그것보다는 오히려 석유가 매장된 소수의 국가에 대한 의존도가 높아지 면서 석유 탐사에서 얻는 투자 수익률은 점점 낮아지고 마침내 전 세계 석유 생산량이 정점에 이르렀다가 서서히 감소하는 모습을 보일 것이다.

미국에서 나온 사례 연구 하나를 살펴보자. 미국에 매장된 천혜의 엄 청난 원유 자원은 이미 절반 이상이 바닥난 상태이다. 새로운 원유의 발 견은 1940년대와 1950년대가 정점이었다. 미국 국내의 석유 생산량은 1970년경에 정점이었다. 미국의 석유 소비는 수입 의존도가 점점 높아지 고 있다([그림 3-11]).

전 세계 차원에서도 미국과 동일한 현상이 벌어지고 있다. [그림 3-12] 는 [표 3-1]에서 보여준 것과 비슷한 가정을 바탕으로 세계 석유 생산량

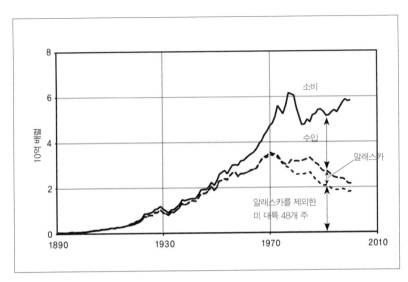

〔그림 3-11〕 미국의 석유 생산량과 소비량

미국 국내 석유 생산량은 1970년에 정점에 다다랐다. 그 이후 알래스카를 제외한 미 대륙 48개 주의 석유 생산량은 40퍼센트 줄었다. 알래스카에서 새로운 유전을 발견했지만 그것으로는 줄어든 석유 생산량을 상쇄하지 못했다(출처: 미국 석유기구, 미국 에너지정보관리국/미국 에너지부).

예측에 관한 두 가지 시나리오를 보여준다. 석유 소비량은 지금보다 많이 늘어나지 않을 것이며 몇십 년이 지난 뒤부터 21세기가 끝날 때까지 조금씩 감소할 것이라는 예측이다. 그러한 시나리오들은 전 세계 석유 탐사가 1960년대에 이미 정점에 올랐고 이제는 알래스카뿐 아니라 북극 심해와 외따로 떨어진 시베리아처럼 사람들이 접근하기 어려운 곳에 매장된 석유를 찾아 시추하는 경우가 늘어나면서 탐사 비용도 점점 증가하고 있다는 사실에 근거한다.

천연가스는 여러 방면에서 석유를 대체할 수 있는 좋은 자원이다. 모든 화석 연료 가운데 천연가스는 온실가스인 이산화탄소를 포함해서 에너

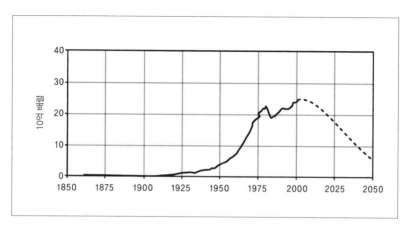

〔그림 3-12〕 세계 석유 생산량 예측 시나리오

2000년까지 전 세계 석유 생산량은 실선으로 표시되어 있다. 그 이후의 석유 생산량을 가장 잘 예측한 것으로 평가되는 지질학자 M. 킹 허버트의 방법을 사용했다. 오른편의 점선은 앞으로 새로 발견될 수 있는 석유의 총량이 1조 8,000억 배럴이라고 할 때 예상되는 연간 생산량이다(출처 : 케네스 S. 디페이즈).

지 단위당 오염 물질을 가장 적게 방출한다. 따라서 신속하게 석유와 석탄을 대체할 수 있는 자원으로 큰 주목을 받고 있다. 이러한 현상은 기하급수적 증가의 역동성을 제대로 이해하지 못하는 사람들이 깜짝 놀랄 정도로 빠른 속도로 천연가스 자원을 고갈시킬 것이다. 〔그림 3-13〕과 〔그림 3-14〕가 그 이유를 보여준다.

　2000년을 기준으로 천연가스의 매장량 대비 생산량 비율은 65년으로 이것은 2000년 천연가스 소비량만큼 앞으로 계속해서 천연가스를 쓴다면 현재 확인된 천연가스 매장량으로 2065년까지 쓸 수 있다는 의미이다. 하지만 다음의 두 가지 경우가 발생하면 이 단순한 예측은 틀릴 것이다. 하나는 매장된 천연가스가 예상보다 더 많이 발견되는 경우이고 다른 하나는 천연가스 사용량이 2000년보다 더 많이 늘어나는 경우이다.

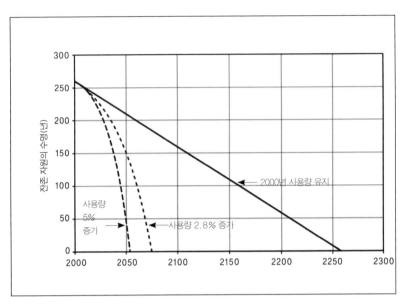

〔그림 3-13〕 세계 천연가스 고갈 예상 경로

남아 있는 천연가스의 '총 매장량'이 2000년 사용량 비율로 260년 동안 쓸 수 있는 양이라면 세계는 2260년까지 현재의 소비량을 그대로 유지할 수 있다. 그러나 석유 부족과 석탄의 환경 오염 문제가 부각되면서 앞으로 수십 년 동안 천연가스의 사용량은 더욱 증가할 것이다. 천연가스 소비량이 해마다 2.8퍼센트씩 증가한다면 천연가스 매장량은 2075년이면 바닥날 것이다. 5퍼센트씩 증가할 경우 2054년이면 끝난다.

따라서 남아 있는 총 천연가스 자원의 추정치(현재 알려진 매장량과 아직 발견되지 않은 매장량의 합)로 앞날을 예측하는 것이 더 나은 방법이다. 예를 들어, 전 세계의 천연가스 총 매장량이 2000년 사용량 기준으로 앞으로 260년 동안 충분히 쓸 수 있을 정도의 양이라고 가정하자. 이것은 〔표 3-1〕에 나온 천연자원의 평균 수명인 160년과 310년 사이의 기간이다. 세계가 2000년 천연자원의 사용량을 계속해서 유지한다면 천연가스 매장량은 〔그림 3-13〕에서 보는 것처럼 일직선으로 감소해서 260년 동안 천연가스를 쓸 수 있을 것이다. 그러나 천연가스 소비량이 1970년 이후로 그랬던

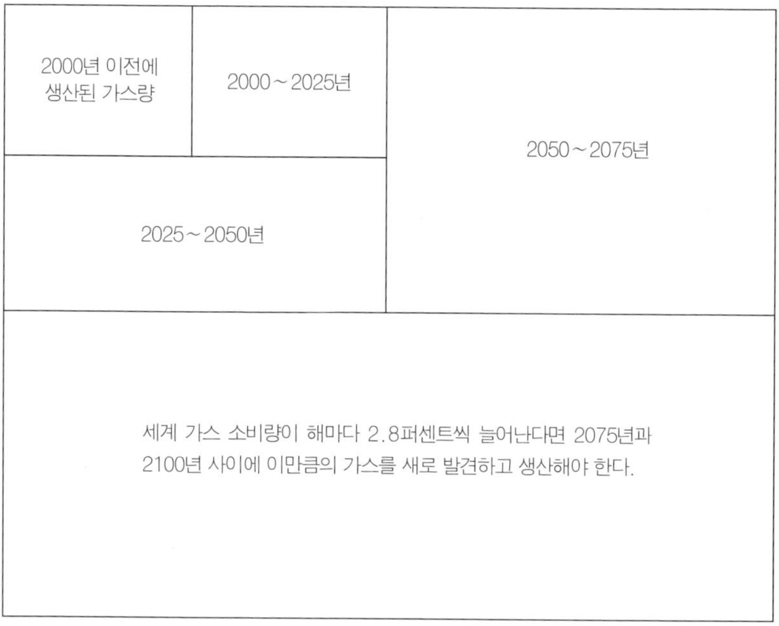

```
┌─────────────┬─────────────┬──────────────────────────────┐
│ 2000년 이전에   │             │                              │
│ 생산된 가스량    │ 2000~2025년  │                              │
│             │             │         2050~2075년           │
├─────────────┴─────────────┤                              │
│                           │                              │
│       2025~2050년          │                              │
│                           │                              │
├───────────────────────────┴──────────────────────────────┤
│                                                            │
│     세계 가스 소비량이 해마다 2.8퍼센트씩 늘어난다면 2075년과          │
│     2100년 사이에 이만큼의 가스를 새로 발견하고 생산해야 한다.          │
│                                                            │
└────────────────────────────────────────────────────────────┘
```

〔그림 3-14〕천연가스 사용량 증가를 보장하기 위해 새로 발견해야 할 천연가스 규모

천연가스 소비 증가율을 연간 2.8퍼센트로 계속 유지하려면 25년마다 그전에 발견한 천연가스 총량
만큼 새로 천연가스를 발견해야 한다.

것처럼 해마다 2.8퍼센트씩 증가하면 260년 동안 사용이 보장되었던 천연
가스 매장량은 〔그림 3-13〕에 그려진 가운데 곡선처럼 기하급수적으로 급
락할 것이다. 천연가스가 고갈되는 시점은 2260년이 아니라 2075년이 될
것이다. 즉, 세계는 천연가스를 260년이 아니라 겨우 75년밖에 쓰지 못한
다는 말이다.

더군다나 세계가 기후 변화를 줄이고 석유 고갈을 피하기 위해 현재의
석유와 석탄 사용량의 일부를 천연가스로 대체한다면 천연가스 사용량의
증가율은 연간 2.8퍼센트보다 더 커질 것이다. 따라서 천연가스 사용량이

해마다 5퍼센트씩 증가한다면 '260년 동안 공급될 천연가스의 양'이 순식간에 54년이면 고갈될 것이다.

[그림 3-14]는 천연가스 소비량이 해마다 2.8퍼센트씩 꾸준히 증가하려면 얼마나 많은 천연가스를 새로 찾아내야 하는지를 보여준다. 새로 발견해서 채굴해야 하는 천연가스의 양은 기하급수적 성장 곡선에 따라 25년마다 두 배로 늘어나야 한다.

여기서 중요한 점은 천연가스가 결국 고갈될 것이라는 사실이 아니다. 현재 남아 있는 많은 양의 자원들은 좀 더 지속 가능한 에너지원으로 바꾸어가는 과정에 있는 연료로서 중요하다. 화석 연료는 매우 한정된 자원이며 특히 사용량이 기하급수적으로 늘 때 이 점을 명심해서 조금이라도 허투루 낭비하지 않도록 해야 한다. 인간의 역사를 통틀어 따지고 보면 화석 연료의 시대는 아주 짧은 순간에 불과할 것이다.

하지만 화석 연료를 대체할 수 있는 재생 가능한 자원과 방법이 있으므로 세계가 반드시 에너지 부족 사태를 겪어야 하는 것은 아니다. 환경친화적이고 기술적으로도 가능하며 경제성도 있는 지속 가능한 에너지 개발 방식이 두 가지 있다. 그중 하나는 에너지 효율성을 지금보다 더 높이는 방식으로 당장이라도 실행할 수 있는 방법이다. 또 다른 하나는 좀 시간이 걸리기는 하지만 태양광을 이용하는 에너지 재생 방식이다. 어떤 사람들은 핵에너지가 세계 에너지 문제를 해결할 수 있는 해법 가운데 하나라고 주장한다. 하지만 우리는 그렇게 생각하지 않는다. 핵에너지는 아직까지 폐기물 처리 문제를 해결하지 못한 반면에 앞의 두 방식은 훨씬 더 현실적으로 적절한 방법이기 때문이다. 이 두 방식은 후진국에서도 좀 더 신속하고 값싸고 안전하고 쉽게 개발할 수 있다.

에너지 효율성은 에너지를 덜 쓰고도 그전과 동일한 효과—조명, 냉난방, 화물과 사람 운송, 양수, 전동기 작동—를 내는 것을 의미한다. 그것은 비용을 덜 들이고도—직접적인 에너지 비용뿐 아니라 오염 처리 비용, 국내 에너지원의 축소에 따른 손실, 에너지 시설 장소를 둘러싼 분쟁 비용, 그리고 많은 나라에서 보는 것처럼 다른 나라의 자원을 이용하거나 통제하기 위해 들어가는 외채나 군사 비용을 줄이고도—인간의 물질적 삶의 질은 전과 같거나 더 좋아지는 것을 뜻한다.

성능이 뛰어난 절연체에서 전동기에 이르기까지 에너지 효율을 높이는 많은 기술들은 매우 빠르게 발전하고 있어서 어떤 일을 완성하는 데 필요한 에너지량은 해마다 점점 줄어든다. 작고 경제적인 형광전구는 백열전구만큼이나 밝은 빛을 내면서도 전기는 4분의 1밖에 쓰지 않는다. 미국의 모든 건물의 창호를 슈퍼윈도로 단열한다면 미국이 현재 알래스카 석유에서 얻는 것의 두 배에 해당하는 에너지를 절약할 수 있을 것이다. 적어도 자동차회사 10곳이 천연가스 1리터로 30~60킬로미터(1갤런에 65~130마일)를 달릴 수 있는 시험용 자동차들을 만들었으며 현재 회자되는 최첨단 기술로는 1리터로 70킬로미터(1갤런에 170마일)를 달리는 자동차를 만들 수 있다고 한다. 이렇게 에너지 효율이 높은 자동차들은 흔히 알고 있는 것과 달리 안전성 시험을 모두 통과했으며 현재 널리 애용하는 자동차들보다 제조 원가도 비싸지 않다.[68]

에너지 효율을 높임으로써 얼마나 많은 에너지를 절약할 수 있을지는 그것을 계산하는 사람이 기술적이나 정치적으로 어떤 생각을 가지고 있느냐에 따라 달라진다. 보수적 관점에서 보더라도 미국 경제는 현재의 기술로도 충분히 비용도 더 들이지 않고 에너지도 절반만 쓰면서 현재 하고 있는 모든 일을 할 수 있을 것처럼 보인다. 그럴 경우 미국은 현재 서유럽의 에너지 효율 수준에 도달할 수 있을 것이다.[69] 그렇게 되면 세계는 석유 사용량을 14퍼센트, 석탄 사용량을 14퍼센트, 천연가스 사용량을 15퍼센트 줄일 수 있다. 동유럽과 저개발국에서도 이와 비슷하거나 이보다 더 효율적인 에너지 사용이 가능할 것이다.

낙관론자들은 이것이 이제 시작일 뿐이라고 말한다. 그들은 세계에서 이미 에너지를 가장 효율적으로 쓰고 있는 서유럽과 일본이 앞으로 20년 안에 현재 쓰고 있거나 곧 개발될 신기술로 에너지 효율을 2~4배 정도 높일 수 있을 것이라고 믿는다. 그 정도의 엄청난 에너지 효율이라면 태양광을 이용한 재생 가능한 에너지원─태양, 바람, 수력 발전, 바이오매스─을 통해 전 세계에 필요한 에너지 대부분을 공급할 수 있을 것이다. 태양은 현재 인간이 날마다 지상에서 사용하고 있는 에너지보다 만 배가 넘는 에너지를 내뿜는다.[70]

태양 에너지를 획득하는 기술의 발전은 에너지 효율을 높이는 것보다 더딘 게 사실이지만 꾸준히 진행되어왔다. 태양광전지와 풍력을 이용해서 전기를 생산하는 비용은 지난 20년 동안 크게 떨어졌다([그림 3-15]). 1970년에는 광전지로 1와트의 전기를 생산하는 데 120달러가 들었다. 하지만 2000년에는 3달러 50센트로 떨어졌다.[71] 원거리에 전선을 연결하는 자본 비용을 부담할 수 없는 저개발국에서는 광전지가 이미 농촌 마을과 관개 사업을 위해 비용 대비 효과가 가장 높은 기술로 인정받고 있다.

풍력 에너지는 현재 생산 원가로 볼 때 가장 빨리 성장할 가능성이 있는 에너지 자원이다. 2002년 말, 전 세계에 설치된 풍력 에너지 시설 용량은 3만 1,000메가와트로 핵원자로 30기가 생산하는 에너지보다 많다. 이것은 2001년 말 대비 28퍼센트 늘어난 것이며 1997년 말 이후로 5년 동안 4배 늘어난 규모이다.[72] 이러한 엄청난 변화는 에너지의 미래에 대한 온갖 추측을 불러일으킬 수 있다.

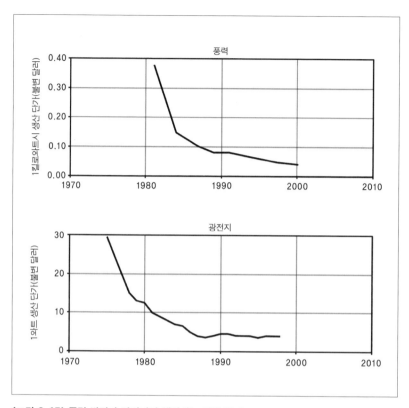

〔그림 3-15〕 풍력 발전과 광전지가 생산하는 전력 원가

1980년과 2000년 사이에 풍력 발전과 광전지가 생산하는 전력 원가는 매우 크게 떨어졌다. 풍력 발전은 이제 화석 연료를 때는 새로운 화력 발전소와 함께 경쟁력을 갖춰가고 있다(출처: 미국 풍력 에너지협회, 미국 에너지정보관리국/미국 에너지부).

우리는 전통적인 석유 회사가 막을 내리는 시대를 살고 있다. (……) 자동차 안에 장착된 연료 전지로 가정에서 쓸 전기를 자체 생산한다면 세계 경제는 변하게 될 것이다. 전국의 전력망은 이제 하나의 메인 프레임이라기보다는 오히려 인터넷처럼 보인다. 실제로 미국의 도로를 달리는 모든 차들이 연료전지를 쓴다면 지금보다 5배는 많은 전력량을 얻을 것이다.[73]

재생 가능한 에너지원이라고 해서 환경에 해를 끼치지 않거나 무한정 있는 것은 아니다. 풍차는 그것을 설치할 땅과 그곳까지 갈 수 있는 도로가 필요하다. 광전지 종류 가운데 일부는 유독성 물질을 함유하고 있다. 수력 발전 댐은 땅을 침수시키고 자연스럽게 흐르는 물줄기를 엉망으로 만든다. 바이오매스 에너지는 바이오매스를 생산하는 농업과 임업처럼 유일하게 지속 가능한 에너지이다. 일부 태양 에너지원은 아직 효과가 낮고 과도기 상태에 있다. 또한 태양광을 수집할 수 있는 넓은 지역과 복잡한 저장 장치가 있어야 하며[74] 물질 자본과 세심한 관리도 필요하다. 재생 가능한 에너지원도 생산 속도가 한정되어 있다. 에너지의 이동은 무한할 수 있지만 일정하게 정해진 속도로 움직인다. 그것으로 무한정 늘어나는 인구나 고속으로 성장하는 산업 발전을 지탱할 수는 없다. 하지만 이러한 재생 가능한 에너지원이 지속 가능한 사회를 만들기 위한 에너지 기반인 것은 분명하다. 그것들은 풍부하며 여기저기서 널리 구할 수 있고 종류도 다양하다. 그것들 때문에 발생하는 오염의 피해는 화석 연료나 핵에너지보다 훨씬 낮고 덜 해롭다.

오염을 최소화하면서 지속 가능한 에너지원을 개발해서 효율적으로 사용할 수 있다면 인류가 지구의 한계를 넘어서지 않고도 필요한 에너지를 충분히 얻을 수 있을 것이다. 그것을 위해서는 정치인들의 의지와 일부 기술의 발전, 거기에 알맞은 어느 정도의 사회 변화만 있으면 된다.

(아직 발견되지 않은) 천연가스 매장량이 상대적으로 풍부한 덕분에 21세기로 전환하는 시점에서 인간의 에너지 사용을 가장 제한하는 요소는 이제 화석 연료가 발생시키는 폐기물 처리에 있는 것처럼 보인다. 에너지 사용으로 이산화탄소가 발생해서 생긴 기후 변화의 문제는 이 장의 뒷부분에서 거론할 것이다.

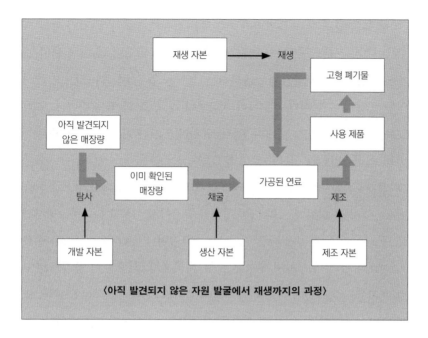

〈아직 발견되지 않은 자원 발굴에서 재생까지의 과정〉

물질

주요 천연자원을 추출하고 얻기 위해서는 아무런 경제적 이익도 없이 환경을 바꾸거나 파괴할 수 있는 엄청난 양의 물질이 이동하거나 변형되어야 한다. 예를 들면, 금속이 매장된 곳이나 광석, 석탄층에 접근하려면 (……) 그 위를 덮고 있는 엄청난 양의 물질을 파내야 한다. 대개 원광석은 실제로 사용할 수 있는 제품이 되기 전에 먼저 가공과 선별 과정을 거쳐야 한다. 그 과정에서 나중에 처리해야 할 엄청난 양의 폐기물이 나온다. (……)이 모든 과정은 한 국가의 경제 활동 가운데 일부이지만 그 과정의 대부분은 금융 경제 차원에서 아무 효과가 없다. (……) 그러한 활동들은 대개 경제적 가치를 계산할 때 포함되지 않는다. 따라서 최종 발표되는 경제 통계는 산업 경제가 천연자원에 의존하는 비중을 과소 평가하기 마련이다.

—세계자원연구소, 1997년

전 세계 인구의 8퍼센트만이 자동차를 소유하고 있다. 수백만 명의 사람들이 보통 사람들이 살기 힘든 집에서 살거나 살 집이 없다. 하물며 그들이 냉장고나 텔레비전을 소유한다는 것은 꿈 같은 일이다. 앞으로 세계 인구가 더 많이 늘어나고 그들이 지금보다 더 많고 더 좋은 집이나 보건, 교육, 자동차, 냉장고, 텔레비전을 소유하려면 철과 콘크리트, 구리, 알루미늄, 플라스틱들과 같이 수많은 물질들이 필요하다.

땅에서 나온 물질들이 인간 경제로 흘러들어 갔다가 다시 땅으로 되돌아오는 과정은 화석 연료의 이동 경로와 똑같이 도식화할 수 있다. 하지만 그 둘 사이에는 한 가지 다른 점이 있다. 금속이나 유리 같은 물질들은 화석 연료와 달리 다 사용된 뒤 연소 가스로 바뀌지 않는다. 이 물질들은 고형 폐기물로 어딘가에 버려져 쌓이거나 아니면 재생되어 다시 쓰인다. 또 깨지거나 부서지거나 용해되거나 증발하기도 하고 아니면 토양이나 강, 바다, 대기로 흩어지기도 한다.

〔그림 3-16〕은 1900년에서 2000년까지 주요 금속 자원 다섯 종의 전 세계 소비량 추이를 보여주는데, 1950년에서 2000년 사이에 소비량이 4배 이상 늘어났다.

구리와 니켈, 주석, 그리고 심지어 부자들을 위한 귀금속들도 해마다 구할 수 있는 양이 한계가 있다. 그러나 적어도 미국인들이 생활하는 모습을 볼 때 그 한계는 높다. 대부분의 금속의 경우, 선진국 국민 1인당 평균 금속 사용량은 후진국보다 8~10배가 많다. 만일 90억 명의 인구가 모두 20세기 말 미국인 평균 사용량만큼 금속을 사용한다면 전 세계 철은 5배, 구리는 8배, 알루미늄은 9배 더 생산해야 할 것이다.

대다수 사람들은 직관적으로 그렇게 많은 금속을 생산할 수도 없고 또 그럴 필요도 없다고 생각한다. 지구의 매장량과 폐기물 처리 능력을

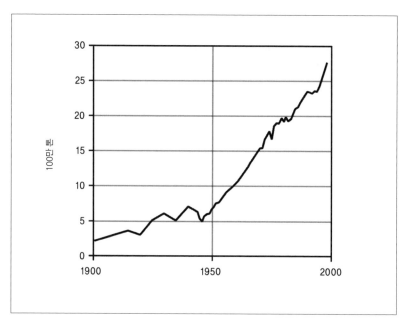

〔그림 3-16〕 다섯 가지 주요 금속의 전 세계 생산량

구리, 납, 아연, 주석, 니켈의 소비는 20세기에 걸쳐 급격하게 증가했다(출처: C. G. M. 클레인 골데베이크와 J. J. 바트예스, 미국 광산국, 미국 상품조사국).

생각할 때 그런 일은 일어날 수 없다. 새로운 금속 자원을 찾아내고 폐기물을 처리하기까지 물질을 가공하고 제작하고 처리하고 사용하는 전 과정에 걸쳐 지구는 끊임없이 오염된다. 하지만 20세기 말 선진국 국민의 1인당 물질 소비는 그들의 식량, 물, 목재, 에너지 소비와 함께 매우 쓸데없는 것이 많다. 따라서 사실은 인류에게 그렇게 많은 물질이 필요하지 않다. 좋은 삶은 지구를 조금이라도 덜 파괴하는 데서 온다.

세계가 그러한 사실을 조금씩 깨닫기 시작했다는 신호들이 나타나고 있다. 〔그림 3-17〕은 최근의 세계 철강 소비량 추이를 보여준다. 1970년

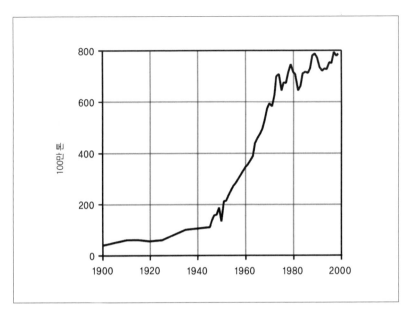

〔그림 3-17〕 세계 철강 소비

철강 소비량은 S자 모양의 성장 곡선을 그린다(출처: C. G. M. 클레인 골데베이크와 J. J. 바트예스,
미국 광산국, 미국 상품조사국).

대 중반에 철강 수요의 기하급수적 성장 추세에 제동을 거는 중요한 사건
들이 일어났다. 그러한 성장률 감소를 설명하는 논거가 여러 개 있다. 그
것들은 모두 맞는 말이지만 부분적으로만 그렇다.

- 더 적게 투입해서 더 많은 것을 얻을 수 있게 하는 기술의 발전과 경제적 동
  기는 최근의 '비물질화' 추세를 불러왔다.
- 1973년과 1979년 두 차례에 걸친 오일 쇼크는 에너지 집약적인 금속의 가격
  을 크게 치솟게 했고 따라서 모든 방면에 걸쳐 에너지와 물질의 사용을 줄이
  지 않으면 안 되게 만들었다.

- 가격 상승과 더불어 환경법, 고형 폐기물 처리 문제들이 서로 뒤얽히면서 물질을 재활용하는 방안이 힘을 얻기 시작했다.
- 이러한 모든 압력은 기술 혁신을 촉진했다. 플라스틱과 세라믹과 같은 여러 물질들이 금속을 대체했다. 금속으로 만든 제품들—자동차, 음료수 깡통 같은 것들—은 더 가볍게 만들어졌다.
- 1980년대 경제가 하강 국면에 빠지면서 중공업 분야가 침체의 늪에서 허우적거리자 기본적인 금속 수요가 급속도로 줄었다.[75]

금속 소비량의 증가가 둔화된 이유 가운데 경제적 이유는 일시적인 문제일 수 있다. 하지만 환경 문제가 물질 사용을 줄이도록 압박하면서 결국 관련 기술들을 바꿔야 하는 문제는 일시적일 수 없다. 흥미롭게도 물질들의 가격은 지난 수십 년 동안 꾸준히 하락했다. 공급이 수요를 초과했다는 것을 가리키는 증거이다.[76]

자원이 부족한 지역에서는 자원을 구할 곳이 없어서 언제나 물질들을 재생해서 다시 사용해왔다. 반면에 자원이 풍부한 지역에서는 다 쓴 자원을 폐기 처리할 곳이 없어서 물질을 재사용하는 법을 다시 배우고 있다. 그 과정에서 재생 작업은 과거의 노동 집약적인 활동에서 자동 퇴비 혼합기, 파쇄기, 차폐 장치, 생물 환원 처리용 밀폐식 탱크, 오니 처리용 혼합기, 빈 병 회수기(빈 병을 회수하고 돈을 돌려줌), 그리고 산업체와 지자체의 쓰레기 재활용 프로그램을 운영하는 폐기물 관리 업체들의 등장과 같은 자본 집약적이고 에너지 집약적인 활동으로 바뀌고 있다.

앞을 내다볼 줄 아는 제조 업체들은 찻주전자부터 자동차에 이르기까지 마침내 다 쓰고 해체할 때 그것을 재생해서 다시 사용할 것을 염두에 두고 제품들을 설계하고 있다. 예를 들면 신형 BMW 자동차는 나중에 재

사용하기 편하게 하기 위해 차체를 플라스틱으로 설계했다. 플라스틱은 오늘날 합성수지에서 개별 수지로 제조 형태가 바뀌면서 나중에 다시 분리해서 재사용하기가 쉬워졌다.

작은 변화도 여러 번 반복하면 큰 변화를 만들 수 있다. 1976년에 새로 개발한 사이다 알루미늄 깡통 따개는 땄을 때 그 따개가 깡통에 그대로 붙어 있도록 만든 덕분에 따개를 그냥 버리지 않고 재활용할 수 있게 되었다. 21세기로 바뀌는 시점에서 미국인이 해마다 쓰는 알루미늄 깡통은 약 1,050억 개였는데 그 가운데 약 55퍼센트가 재활용되었다. 이것은 그 작은 깡통 따개를 재활용함으로써 해마다 알루미늄 1만 6,000톤과 2억 킬로와트시(kwh)의 전력을 절약하는 셈이다.[77]

물질들을 다 쓴 뒤 분리해서 재활용하는 것은 지속 가능한 세계로 한 걸음 나아가는 길이다. 자연에서 물질이 순환하는 방식처럼 인간 경제에서도 물질은 밀폐 순환(closed cycle)을 한다. 즉 자연에서는 한 과정에서 나온 폐기물이 또 다른 과정으로 투입된다. 특히 생태계를 구성하는 모든 영역들, 토양의 경우는 자연이 버린 폐기 물질들을 분해해서 그 가운데 유용한 요소들을 분리해내고 그것들을 다시 살아 있는 생물들에게 되돌려준다. 오늘날 인간 경제도 마침내 재생 영역을 발전시키고 있다.[78]

그러나 재생 과정에서 발생하는 쓰레기는 전체 물질의 흐름 가운데 가장 문제가 적은 최종 단계로 다뤄지고 있다. 어림잡아 소비자가 버리는 1톤의 쓰레기는 제조 단계에서 그것을 생산하기 위해 5톤의 쓰레기를 배출하며 제품의 재료가 되는 물질을 추출하는 과정(채굴, 양수, 벌채, 농사)에서 20톤의 쓰레기를 배출한다고 한다.[79] 이러한 쓰레기의 방출을 줄이는 가장 좋은 방법은 제품의 수명을 늘리고 가급적 자원의 채굴을 줄이는 것이다.

더 좋은 설계와 수리, 재사용을 통해 제품의 수명을 늘리는 것은(예를 들어 종이컵을 쓰고 버리는 대신 깨끗이 닦아 다시 쓰는 것 같은) 다 쓴 제품을 재생하는 것보다 더 효과가 높다. 그것은 재생할 때처럼 제품을 부수고 갈고 녹이고 정화해서 재생한 물질을 다시 가공하지 않아도 되기 때문이다. 어떤 제품이고 평균 수명을 두 배로 늘리면 그 제품을 만들기 위해 들어가는 모든 물질의 에너지 소비와 쓰레기, 오염 물질의 방출을 반으로 줄이고 결국에는 그 물질들이 고갈되는 것도 늦출 것이다. 그러나 무엇이 정말로 생태발자국을 최소화하는지 최종 판단을 내리기 위해서는 제품의 수명 주기를 면밀하게 분석할 필요가 있다. 그 결과는 대개 상당히 놀랍다.

자원을 발굴할 수 있는 곳이 점점 줄어든다는 것은 평소보다 물질을 덜 쓰고 똑같은 성과를 낼 수 있는 방법을 찾아야 함을 의미한다. 그것은 에너지 효율성을 높인다는 말과 같은 뜻이다. 방법은 정말 무궁무진하다. 1970년에 미국의 일반 자동차의 무게는 대개 3톤이 넘었다. 모든 부품이 거의 금속이었기 때문이다. 오늘날 평균 자동차 무게는 그것보다 훨씬 더 가볍다. 부품 가운데 플라스틱으로 만든 것이 많아서이다. 컴퓨터 회로는 무거운 강자성체 코어가 아니라 미세한 실리콘칩에서 돌아간다. 여러분의 주머니에 넣을 수 있는 자그마한 플래시 메모리 하나에 20만 쪽 분량의 정보가 들어간다. 얇은 머리카락만 한 초고순도의 유리섬유 한 가닥으로 수백 통의 전화 통화를 할 수 있으며 통화 품질도 훨씬 뛰어나다.

이제 과학자들은 산업혁명 이후로 제조 과정의 특징이라고 알려진 고온, 고압, 복잡한 화학적, 물리적 힘을 이용하는 대신에 분자 기계 장치와 유전자 프로그래밍을 이용할 줄 알게 되었다. 나노 기술과 생명 공학의 발전으로 인간은 물질의 분자 배열을 조작할 수 있게 됨으로써 자연에서 일어나는 화학적 반응과 같은 과정을 산업체에서도 적용할 수 있게 되었다.

재생 이용과 에너지 효율성 증대, 제품의 생명 주기 확대의 가능성과 물질 자원을 발굴할 수 있는 장소가 점점 사라져가는 것은 정말 절박한 문제이다.

하지만 전 세계적 차원에서 아직도 사람들은 인간 경제 전반에 떠도는 거대한 물질의 흐름을 줄이지 못했다. 기껏해야 그것들은 물질 사용의 성장률을 둔화시켰을 뿐이다. 수십억 명의 인구가 아직도 자동차와 냉장고를 갖고 싶어 한다. 대다수 사람들이 지금은 자원의 부족 문제보다는 폐기물 처리의 한계에 대해서 더 많이 우려하지만 지금처럼 물질에 대한 수요가 계속해서 늘어난다면 결국 자원의 부족 문제도 그 한계를 드러낼 것이다. 인간 사회에 가장 유용한 물질들은 대개 지각에 밀집된 형태로 드물게 분포하는 경우가 많다. 그 물질들을 개발하는 비용, 즉 에너지와 자본은 물론 환경에 미치는 영향과 사회 분열에 따른 비용을 모두 포함한 비용은 점점 눈덩이처럼 커지고 있다.

지질학자 얼 쿡은 대부분의 광석이 얼마나 한정된 지역에 얼마나 적은 양이 매장되어 있는지 보여주었다.[80] 쿡이 30년 전 분석을 끝마친 이후로 기술은 크게 발전했다. 하지만 그가 연구한 총괄적인 결과는 여전히 유효하다. 철과 알루미늄 같은 일부 광석은 지금도 매우 풍부하다. 그것들은 장소에 구애받지 않고 많은 지역에서 캐낼 수 있다. 하지만 납, 주석, 은, 아연 같은 광석은 매장량이 매우 한정되어 있다. 이 광석들은 앞으로 얼마 안 있어 고갈될 위험에 처해 있다.

국제환경개발연구소(IIED)가 최근에 연구 발표한 전 세계 광산 자원과 매장량 데이터는 그러한 광석이 다른 광석들에 비해 얼마나 부족한지 잘 보여준다. 〔표 3-2〕는 중요한 여덟 가지 금속에 대한 데이터를 요약한 것이다. 현재의 매장량으로 해마다 2퍼센트씩 소비량이 증가한다고 가정하면(일부 금속들보다 높기도 하고 낮기도 하지만 평균 이하는 아니다) 앞으로

	1997~1999 평균 연간 생산량	1975~1999 평균 연간 생산량	1999 확인된 매장량	연간 2% 생산량 증가 시 확인된 매장량 한계 수명	총 추정 매장 자원	연간 2% 생산량 증가 시 총 매장 자원 한계 수명
금속	백만(10^6) 톤/년	%/년	십억(10^9) 톤/년	년	조(10^{12}) 톤	년
알루미늄	124	2.9	25	81	2,000,000	1,070
구리	12	3.4	0.34	22	1,500	740
철	560	0.5	74,000	65	1,400,000	890
납	3.1	-0.5	0.064	17	290	610
니켈	1.1	1.6	0.046	30	2.1	530
은	0.016	3.0	0.00028	15	1.8	730
주석	0.21	-0.5	0.008	28	40.8	760
아연	0.8	1.9	0.19	20	2,200	780

[표 3-2] 여덟 가지 금속의 확인된 매장량의 한계 추정치

이 표는 확인된 매장량과 아직 확인되지는 않았지만 지구에 매장되었을 것으로 추정되는 전체 매장량 사이에 엄청난 차이가 있음을 보여준다. 확인된 매장량은 지금까지 묻혀 있는 것으로 확인되었고 현재의 기술과 비용으로 채굴할 수 있는 매장량을 말한다. 총 추정 매장 자원은 지각에 묻혀 있을 것으로 생각되는 전체 자원의 양이다. 인류는 땅속에 묻혀 있는 전체 자원을 모두 채굴할 수 없다. 하지만 비용이나 기술이 바뀌거나 새로운 매장지를 발견한다면 확인된 매장량이 늘어날 수는 있다(출처: 광업, 광석과 지속 가능한 개발).

15년에서 80년까지는 계속해서 생산할 수 있는 양이다.

물론 앞으로 기술도 발전하고 가격도 상승하겠지만 다른 한편으로 생산자들은 해당 광석이 묻혀 있는 새로운 장소도 찾아내고 새로운 광물질들도 발견할 것이다. 따라서 이러한 매장량 한계 추정치는 너무 낮다. 그렇다면 얼마나 낮은가? 넓은 지각의 크기로 추정할 때 이들 광석의 생산 수명은 500~1,000년은 될 것이다. 그 가운데 인간이 실제로 사용할 수 있는 양의 한계는 그 사이 어느 시점이 될 것이다. 매장된 광석을 채굴하지 않고 비축해둘 수 있는 자원의 양은 채굴에 따른 에너지와 자본 비용에 따

라 달라진다. 생산자들은 광석 채굴에 따른 사회 비용과 환경 비용을 고려하지 않을 수 없기 때문이다.

IIED의 연구 결과는 지구가 폐기물을 처리할 수 있는 능력의 한계 때문에 인간의 광석 사용을 제한할 수 있음을 지적한다.

오늘날 광석의 생산과 사용 추세나 땅속에 묻혀 있을 것으로 예상되는 총 자원의 양을 추정했을 때 이제 전 세계 광석이 '곧 고갈될' 것이라는 우려가 많이 잦아든 것은 사실이지만 환경이나 사회적 요인들이 광석의 사용을 제한할 수 있다는 우려는 반대로 점점 커지고 있다. 광석의 사용을 제한할 수 있는 개발에는 다음과 같은 것이 있다.

- 채굴되는 광석의 품질이 떨어질 때 단위 산출물당 에너지 사용량은 증가하는데 이때 에너지의 가용성이나 에너지 사용이 환경에 미치는 영향에 대한 문제 발생.
- 낮은 품질의 광석을 생산하면서 물 사용량이 증가하고 그에 따른 환경 피해와 광석 생산량 대비 물 사용량의 가용성 문제 발생.
- 광석 생산보다 생물다양성, 자연 보호 구역 지정, 문화적 중요성, 농업과 식량 안보와 같은 다른 목적으로 토지를 사용하려는 사회의 우선순위 변화.
- 광산업이 지역 공동체에 미치는 피해에 대한 불만 고조.
- 광석 제품의 증가와 그것들(특히 금속)이 대기, 물, 표토, 식물들에 끼치는 부차적 결과에 대한 생태계의 한계.[81]

〔그림 3-18〕은 점점 광석의 품질이 하락하는 구리의 경우처럼 광석의

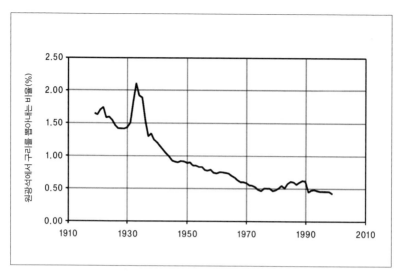

[그림 3-18] 미국에서 채굴된 구리 광석의 품질 하락

1910년 이전까지 미국에서 채굴된 구리 광석에서 구리를 뽑아낼 수 있는 비율은 평균 2~2.5퍼센트였다. 하지만 그 뒤로 구리 광석의 품질은 계속해서 하락했다. 1930년대에 품질이 최고 정점에 이르고 1980년대에 약간 품질이 좋아졌던 것은 당시 경제가 불경기에 빠지면서 생산성이 낮은 광산은 문을 닫고 일부 최고 품질의 광석을 생산하는 광산만 문을 열었기 때문이다(출처: 미국 광산국, 미국 지질조사소).

고갈 과정이 어떻게 진행되는지 잘 보여준다. [그림 3-19]는 광석의 품질이 하락한 결과를 보여준다. 광석에서 나오는 쓸모 있는 금속의 양이 줄어들면서 생산자들이 채굴해서 가루로 만들고 화학 처리해야 하는 광석의 양은 엄청난 속도로 증가한다. 미국 몬태나 주 뷰트 시에서 채굴된 구리 광석의 평균 등급이 30퍼센트에서 0.5퍼센트로 떨어지면서 구리 1톤을 생산하고 남은 선광 부스러기가 3톤에서 200톤으로 늘었다. 이러한 폐기물의 증가 곡선에 따라 최종 물질 1톤을 생산하기 위해 들어가는 에너지의 양도 급격하게 상승 곡선을 그리게 된다. 금속 광석의 고갈은 화석 연료의 고갈을 재촉하며 지구의 폐기물 처리 능력에도 엄청난 부담을 준다.

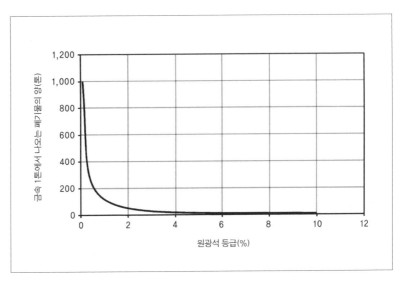

〔그림 3-19〕 광석의 품질 하락으로 인해 증가하는 광산 폐기물의 양

광석의 평균 등급이 8퍼센트 이상에서 3퍼센트로 떨어지는 동안에는 최종 금속을 추출하기 위해 배출되는 광산 폐기물의 양이 늘어나는 것을 거의 알지 못한다. 하지만 3퍼센트 아래로 품질이 떨어지면 최종 금속 1톤을 생산하기 위해 버려지는 폐기물의 양은 급격하게 증가한다. 결국에는 광산 폐기물 처리 비용이 생산된 금속의 가치보다 훨씬 더 커진다.

지구의 오염 물질과 폐기물 처리 능력

지난 수십 년 동안, 인간은 새로운 자연력으로 부상했다. 우리는 새로운 방식으로, 지구 역사상 가장 빠르고 전례 없이 거대한 영역에 걸쳐 물리적, 화학적, 생물학적 지구 체계를 바꾸고 있다. 인간은 자신도 의식하지 못하는 사이에 우리 지구를 상대로 거대한 실험에 착수했다. 이러한 실험의 결과는 아무도 알지 못한다. 그러나 지구에 사는 모든 생명체에 심각한 영향을 끼칠 것은 분명하다.

—제인 루브첸코, 1998년

1972년 스톡홀름에서 환경 회의가 열렸을 때 정부 부처에 환경부나 환경청이 있는 나라는 10개국도 안 됐다. 하지만 오늘날 전 세계에 환경 관련 부처가 없는 나라는 거의 없다. 환경 교육 프로그램의 확산은 환경과 관련된 다양한 대의를 추구하는 수많은 특수한 이익 단체들과 함께 전면에 모습을 드러냈다. 이러한 비교적 새로운 환경 보호 단체들이 보유하고 있는 기록들은 서로 각양각색이다. 세계가 이미 오염 문제를 해결했다거나 아니면 아직까지 아무런 진전도 없었다고 말하는 것은 모두 잘못된 생각이다.

인간 보건에 명백하게 해를 끼치는 몇 가지 특정한 독성 물질들 가운데 일부를 골라내서 그것의 사용을 금지함으로써 아주 큰 성과를 올린 사례들이 있다. 이를테면 〔그림 3-20〕은 미국에서 휘발유에 납을 쓰지 못하게 함으로써 사람의 혈액에 농축되는 납의 양을 줄이는 데 성공한 사례를 보여준다. 최근 몇십 년 동안 특정 지역에서는 여러 종류의 오염 물질들이 감소했다. 핀란드에서는 인공 방사성 원소 세슘-137, 발틱 해 연안의 여러 나라들에서는 살충제 디디티(DDT) 같은 오염 물질의 사용이 크게 줄어들었다.

선진국에서는 단호한 노력과 더불어 꽤 많은 대가를 치른 뒤에 전체는 아니지만 대기와 수질 오염의 일부를 해결하는 데 어느 정도 성과를 보았다. 〔그림 3-21〕은 G7 국가[82]에서 공장 굴뚝에 집진기를 설치하고 저황 연료를 사용하게 함으로써 아황산가스 방출을 40퍼센트가량 줄였음을 보여준다. 이산화탄소와 질소산화물 같은 오염 물질들은 화학적으로 제거하기가 매우 어렵다. 하지만 그러한 오염 물질의 방출도 지난 20년 동안 높은 경제 성장에도 불구하고 주로 에너지 효율을 높이는 노력을 기울인 덕분에 일정한 수준을 유지하고 있다.

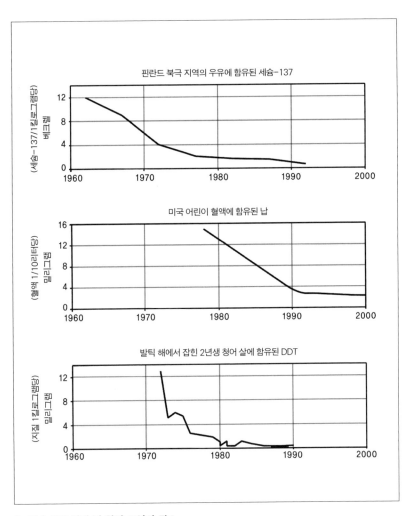

[그림 3-20] 인체 및 환경 오염의 감소

특정 지역에서는 지난 수십 년 동안 일부 오염 물질 수준이 감소해왔다. 특히 휘발유와 살충제 DDT에 함유된 납과 같은 독성 물질의 사용을 전면 금지하고 지상에서 핵폭탄 실험을 중지함으로써 가장 급격한 개선 효과를 가져왔다(출처: 스웨덴 환경조사연구소, 북극감시평가프로그램, 미국 환경보호청).

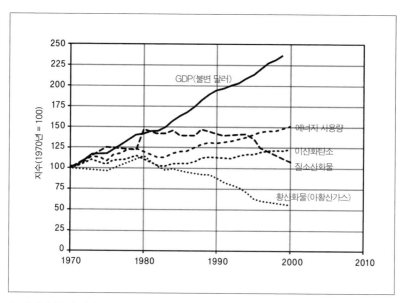

〔그림 3-21〕 몇 가지 대기 오염 물질 방출 추세

선진국들은 에너지 효율성을 높이고 배기가스 방출을 줄이기 위해 매우 많은 노력을 기울였다. 선진국 경제 규모(국내총생산)는 1970년 이래로 두 배로 증가했지만 이산화탄소와 질소산화물의 방출은 (주로 에너지 효율을 높인 까닭에) 거의 정체 상태를 유지했고 아황산가스의 방출은 (에너지 효율성의 증가와 적극적인 방출 완화 기술 덕분에) 40퍼센트가량 줄었다(출처: 세계은행, 경제협력개발기구, 세계자원연구소).

라인 강의 오염은 세계 역사에서 수질 오염 조절의 성공과 실패를 둘 다 잘 보여주는 사례이다. 2차 세계대전이 끝난 뒤, 라인 강의 오염 물질 증가로 강을 살아 있게 만드는 수중 산소량이 점점 줄어들게 되었다. 라인 강의 수중 산소량은 1970년 즈음에 어떤 생명체도 살 수 없는 최저 수준에 도달했다. 하지만 1980년에 하수 처리 시설에 엄청난 투자를 한 덕분에 상태가 크게 호전되었다. 그러나 수은과 카드뮴 같은 유독 중금속은 하수 종말 처리장에서도 제거하지 못했다. 라인 강을 끼고 있는 국가들이 서로 오염 물질 방출에 대해서 강력하게 규제하기로 합의하고 나서야 비로소 그러한 유독 중금속의 농축이 줄어들기 시작했다. 그 결과 2000년 라인 강에 함유된 중금속은 크게 줄어들었다. 하지만 강바닥에 쌓인 침전물에는 여전히 중금속이 남아 있었다. 중금속이 화학적으로 분해 처리되지 않은 까닭에 특히 라인 강 삼각주 지역은 중금속 오염이 심각했다. 또한 염화물의 농도도 매우 높은 수준을 유지했다. 라인 강 하류에 있는 나라들은 아직까지 알자스 지역의 소금 광산들―물론 이들 광산은 언젠가 폐쇄되겠지만―에서 방출되는 염화 물질을 막을 수 있는 효과적인 방법을 찾지 못했다. 화학 비료 때문에 발생하는 질소 오염은 농토의 배수로를 따라서 매우 심각한 상황이다. 하지만 질소가 유출되는 곳이 너무 널리 분산되어 있어서 그것을 단일한 하수 처리 시설로 모으는 것은 불가능하다. 따라서 질소 오염을 줄일 수 있는 유일한 방법은 라인 강 수계를 따라 농사짓는 방법을 바꾸는 것이다. 어쨌든 1996년에 라인 강 상류 계곡 바덴바덴에 60년 만에 처음으로 연어가 다시 나타난 사건은 경축할 만한 일이었다.[83]

다른 선진국에서도 이와 비슷하게 수질 오염 문제를 해결하기 위해 대규모 투자를 함으로써 주요 강과 수로에서 수질 개선 효과를 보았다. 전에 시궁창이었던 곳들이 수백억 달러를 투자해서 만든 하수 처리 시설 덕분에 연어가 다시 돌아오는 수질로 바뀌었다. 이러한 것 가운데 가장 유명한 사례는 아마도 템스 강이 아닐까 한다. 심지어 뉴욕 항도 1970년 이래로 훨씬 수질이 좋아졌다([그림 3-22]).[84]

물이 더 깨끗해졌다는 것은 실제로 인간 활동 단위당 오염 물질 방출량이 인간 활동량의 증가보다 더 빨리 감소했다는 것을 의미한다. 수로의 생태발자국도 감소했다. 많은 선진국의 대기 오염도 마찬가지로 개선되고 있다. 엄격한 규제와 여과 시설에 대한 투자, 생산 기술의 개선이 함께 어우러져 영국과 미국의 대기 오염 수준(예를 들면 미세 먼지, 아황산가스, 일

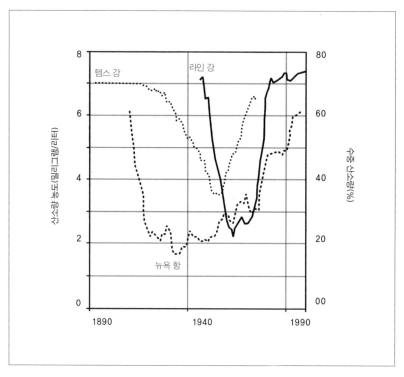

〔그림 3-22〕 오염된 물의 산소량 농도

유기성 오염은 강에 생명을 주는 수중 산소량 농도를 줄일 수 있다. 1960년대와 1970년대 이래로 하수 처리 시설에 대한 엄청난 투자는 라인 강과 템스 강, 뉴욕 항의 수중 산소량을 개선하는 데 큰 구실을 했다.

산화탄소, 납 농도)은 지난 수십 년 동안 급속도로 개선되었다. 심지어 대기권 하층부에 있는 이산화질소와 오존 같은 처리하기 어려운 오염 물질들의 농도도 줄어들었다.[85] 더군다나 발전이나 난방, 사람과 물자의 수송과 같은 활동들이 크게 늘어났는데도 이러한 현상이 발생했다. 폴리염화비페닐(PCB), DDT, 각종 살충제를 포함해서 오늘날 새롭게 등장한 독성 물질의 사용 금지 조치가 지속적으로 대폭 강화된 결과였다.[86]

그러나 여기서의 성공은 일정 지역에 극도로 한정된 성공을 말한다. 전체를 따지고 보면 그림이 좀 복잡하다. 끊임없이 생체에 축적되는 이러한 물질들은 대개 어느 한 지역에 머무르지 않고 전 세계를 가로질러 이동하며 멀리 떨어져 있는 사람들의 체내 지방에도 쌓이기 때문이다.

하지만 이것은 오염 방지를 위해 쓸 돈이 있는 부자 나라들 이야기이다. 오늘날 세계에서 가장 심각한 대기 오염과 수질 오염은 동유럽이나 신흥 경제국에서 나타나는데 이들 지역에서 오염 방지를 위해 수십억 달러를 쓰는 것은 상상할 수 없는 일이다. 2001년 동남아시아의 하늘이 수 주 동안 옅은 안개로 어둡게 뒤덮이며 세계의 주목을 받았던 것은 바로 이런 이유 때문이었다.

그리고 그것은 사람들이 직접 경험하고 그래서 정치적 관심을 끌 수 있는 아주 명백한 오염 물질들에 대한 기록이다. 세계에서 환경 문제를 앞장서서 고민하는 기업들은 물과 공기를 오염시키는 명백한 오염 물질들에 대한 환경 효율성을 높이는 데 점점 더 주목하고 있으며 일부 성공을 거두고 있다. 하지만 이러한 관심은 끊임없이 증가하는 인간의 활동에 대응하기 위해서 영원히 지속되어야 한다.

어쨌든 현재로서 가장 처치 곤란한 오염 물질은 핵폐기물과 유해 폐기물, 그리고 온실가스처럼 지구의 생물지구화학적 작용을 위협하는 폐기물들이다. 이 폐기물들은 화학적으로 격리하거나 독성을 제거하기가 매우 어려울 뿐 아니라 우리의 감각으로 감지하기도 어렵고 경제나 정치적으로 배출을 규제하기도 매우 어렵다.

핵폐기물 문제를 해결한 나라는 지구상에 한 나라도 없다. 핵폐기물은 근본적으로 독성 그 자체일 뿐 아니라 유전자에 돌연변이를 일으킬 수 있다는 점에서 모든 생명체에 치명적으로 유해하다. 또한 잘못 이용될 경우에는 순식간에 테러의 도구로 바뀔 수도 있다. 자연적으로 핵폐기물을 무해하게 만들 수 있는 방법은 없다. 그것들이 저절로 분해되기까지 어쩌면 수십 년, 수백 년, 또는 수천 년이 걸릴지도 모른다. 원자력 발전의 부산물인 핵폐기물은 지금도 땅속이나 원자로 안에 든 물속에 계속해서 축적되고 있다. 언젠가 인류가 그것들을 안전하게 처리할 다른 장소를 마련할 수 있는 새로운 기술과 제도를 개발해내기만을 기다리면서 말이다. 그러나 마침내 언젠가 원자력 에너지를 대량으로 안전하게 사용할 수 있는 날이 올 것이라는 기대는 한갓 헛된 꿈에 지나지 않을 것이다.

또 다른 매우 심각한 문제를 일으키는 폐기물 가운데 하나는 인간이 합성해 만들어낸 화학 물질들이다. 그것들은 예전에 지구상에 존재하지 않았던 물질이다. 따라서 자연에서 그런 물질들을 분해하고 무해한 것으로 만들 수 있는 유기체는 아무것도 없다. 현재 합법적으로 시장에서 널리 사용되고 있는 산업용 화학 물질들은 6만 5,000종이 넘는다. 그것들 가운데 독성 시험 데이터를 가지고 있는 물질은 일부뿐이다. 날마다 새로운 화학 물질들이 시장에 나오는데 대개는 그 물질들이 보유한 독성에 대해서 철저한 시험을 거치지 않는다.[87] 또 전 세계는 날마다 수천 톤의 유해 폐기물을 방출하는데 대부분이 선진국에서 나온다. 이제 세계는 천천히 이 문제에 대해서 주목하기 시작했다. 이들 가운데 많은 나라들이 지난 수십 년 동안 무책임하게 화학 폐기물들을 마구 방출하여 오염시켰던 토양과 지하수를 원 상태로 복구하려고 노력하기 시작했다.

그런데 지구 전체를 오염시키는 오염원들이 또 있다. 이 전 지구적 오염 물질은 누가 그것들을 만들어내든 상관없이 모든 사람들에게 악영향을 미친다. 그 가운데 가장 극적인 사례는 염화불화탄소(CFCs)라고 부르는 산업용 화학 물질이 성층권 오존층에 끼친 영향일 것이다. 오존층 문제는 인류가 최초로 전 세계 차원에서 지구의 한계와 직접 대면한 사건이기 때문에 매우 흥미로운 사례이다. 이 문제는 매우 중요하므로 나중에 5장에서 충분히 다룰 것이다.

오늘날 대다수 과학자들뿐 아니라 많은 경제학자들도 인류가 반드시 해결해야 할 다음번 지구의 한계는 온실 효과 문제 또는 지구의 기후 변화 문제라고 생각한다.

전 지구 차원에서 그리고 지역 차원에서 지구의 기후 체계는 바뀌었다. 그러한 변화 일부는 인간의 활동에서 기인한 것들이다.

- 지구는 1860년 이래로 섭씨 0.6에서 ±0.2도 온도가 상승했다. 최근 20년은 지난 세기 가운데 가장 따뜻했다.
- 20세기 동안 북반구의 지표면 온도는 지난 1,000년 동안 다른 어느 세기보다도 크게 상승한 것으로 보인다.
- 일부 지역에만 집중적으로 폭우나 폭설이 내리는 경향이 많아졌다.
- 1900년 이래로 해수면이 10~20센티미터 높아졌다. 북극이나 남극 아닌 곳에 있던 빙하들이 점점 녹아내리고 있다. 북극해의 여름 결빙 지역도 점점 줄어들고 얼음 두께도 점점 얇아지고 있다.
- 인간 활동의 증가로 온실가스의 대기권 농축이 커지면서 대기가 따뜻해지고 있으며 일부 지역에서는 황산 에어로졸의 방출이 늘면서 대기가 차가워지고 있다.
- 지난 50년 동안 관찰된 지구 온난화는 대부분 인간 활동 때문에 일어난 일이다.[88]

수십 년 동안 과학자들은 화석 연료를 태울 때 발생하는 이산화탄소가 대기에 얼마나 많이 축적되는지 측량해왔다. 우리는『성장의 한계』초판에서 이미 이산화탄소 발생량에 대한 데이터를 발표했다.[89] 태양 에너지가 안으로 들어올 수는 있지만 밖으로 나가지는 못하는 온실처럼 이산화탄소가 열의 발산을 막아서 지구의 온도를 상승시키기 시작한 지는 100년도 넘은 것으로 알려져 있다. 지난 30년 동안 여러 가지 인간 활동으로 발생한 다른 온실가스들도 대기 속에 기하급수적으로 축적되고 있다는 사실이 점점 더 명백해졌다. 메탄, 아산화질소, 염화불화탄소 같은 온실가스들이 오존층을 위협하고 있는 것이다([그림 3-23]).

날마다 또는 해마다 날씨가 다른 것은 당연하기 때문에 지구의 기후 변화를 금방 알아채기란 쉽지 않다. 기후는 장기간 날씨를 관찰하여 평균을 낸 것이다. 따라서 오랫동안 날씨를 측량해야만 기후의 변화를 알 수 있다. 지구 온난화의 증거는 벌써 10년 전에 확인되었고 그때부터 계속해서 심상치 않은 속도로 축적되고 있다. 해마다 지구 온난화가 기록을 경신하는 것은 이제 일상적인 사건이 되고 있다. [그림 3-24]에서 보는 것처럼 지구의 평균 기온 상승률을 고려할 때 그것은 그다지 놀랄 일이 아니다.

인공위성들이 송출하는 사진들을 보면 북반구를 덮고 있던 얼음과 눈들이 점점 사라지고 있고 북극 빙하는 엷어졌다는 것을 알 수 있다. 러시아 쇄빙선을 타고 순항하는 서방 여행객들은 최근에 북극에 도착해서 얼었던 바다가 녹은 것을 발견하고는 깜짝 놀랐다. 1980년과 1998년 사이에, 전 세계의 산호초들이 하얗게 변해서 죽는 '산호 탈색'에 대한 이야기가 언론을 통해 백 번은 보도되었다. 그 이전 100년 동안 그런 현상이 발생한 것은 겨우 세 번밖에 없었다. 탈색은 해양 온도가 비정상적으로 상

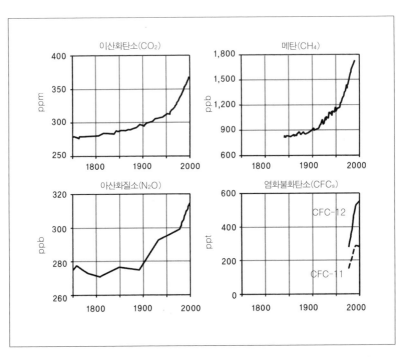

[그림 3-23] 전 세계 온실가스 농도

이산화탄소, 메탄, 아산화질소, 염화불화탄소는 모두 열이 지구 밖으로 방출되는 것을 막는다. 따라서 지구의 온도가 상승한다. 이러한 온실가스의 대기 농도는 염화불화탄소를 빼고 1800년대 이래로 계속 증가했다. CFCs는 1900년대 중반에 처음 나왔다(출처: 미국 이산화탄소정보분석센터, 유엔환경계획).

승하면서 산호가 그것에 즉각 반응한 현상이다.[90]

심지어 일부 경제학자들—'환경을 지나치게 걱정하는 것'에 대해 의구심을 나타내는 일단의 경제학자들—조차도 지구의 대기에 뭔가 비정상적인 큰 문제가 발생하고 있으며 그 원인은 인간에게 있다고 믿기 시작했다. 1997년, 노벨상 수상자 6명을 포함한 2,000명의 경제학자들이 성명서를 발표했다.

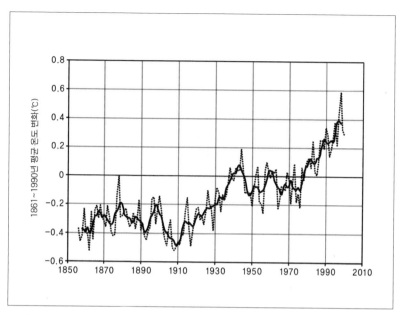

〔그림 3-24〕 높아지는 지구 온도

지구의 평균 온도는 지난 100년 동안 섭씨 0.6도 안팎으로 상승했다. 점선은 연평균 온도를 나타낸다. 실선은 5년 이동 평균 온도를 나타낸다(출처: 미국 이산화탄소정보분석센터).

인간이 지구의 기후에 영향을 끼친다는 증거들이 명백해지고 있다. 우리는 경제학자로서 지구의 기후 변화가 거대한 환경과 경제, 사회, 지정학적 위기를 수반한다고 믿는다. 따라서 그러한 위기를 막기 위한 제반 조치들은 당연히 필요하다.[91]

경제학자들의 우려가 점점 높아지는 이유 가운데 하나는 1985년부터 시작된 날씨와 관련된 재난들 때문에 엄청난 경제적 손실이 계속해서 불안한 상승세를 타고 있다는 사실이다(〔그림 3-25〕).

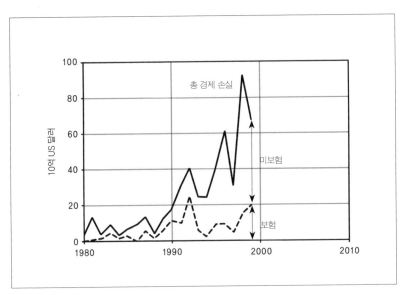

[그림 3-25] 날씨 관련 재난이 초래하는 전 세계 경제 손실

20세기 마지막 20년 동안 날씨와 관련된 재난이 초래한 전 세계의 경제 손실은 계속 증가했다(출처: 월드워치연구소).

위에 나온 지구의 온도 상승 관찰 결과에서 계속되는 기후 변화가 인간 때문에 발생했다는 증거는 어디서도 찾아볼 수 없다. 비록 그런 증거가 있다고 하더라도 지구의 기후 변화가 미래의 인간 활동과 생태계의 안정에 끼칠 결과는 누구도 확실하게 예측할 수 없다. 일부는 그런 불확실성을 악용해서 사람들을 혼란스럽게 만들었다.[92]

따라서 우리가 무엇을 해야 하는지 분명히 말하는 것은 매우 중요하다. 여기서 우리는 5년마다 신중하게 자신들의 견해를 발표하는 유엔 기후 변화에 관한 정부 간 협의체(IPCC. Intergovernmental Panel on Climate Change)의 주장을 인정한다.[93]

- 인간 활동, 특히 화석 연료 사용과 삼림 파괴와 같은 활동은 대기권의 온실가스 농도를 높이는 데 일조한다.
- 대기권의 이산화탄소(가장 주요한 온실가스) 농도가 기하급수적으로 늘어나고 있다. 이산화탄소 농도는 수십 년 동안 측정되었다. 지난 과거의 이산화탄소 농도는 남극과 북극의 만년설에 구멍을 뚫어 얼음장에 낀 기포를 측정해서 확인할 수 있다.
- 온실가스는 열을 지구에서 외계로 빠져나가지 못하도록 가둔다. 그것은 온실가스의 분자 구조와 분광 흡수 파장의 특성 때문이다.
- 지구를 빠져나가지 못한 열은 지구의 온도를 비정상적으로 상승시킨다.
- 온도 상승 지역은 적도 부근보다 남극과 북극 근처에 더 많이 분포한다. 지구의 날씨와 기후는 대개 남북극과 적도 사이의 온도 차이에 따라 달라지므로 바람과 비, 해류도 그 세기나 방향이 바뀐다.
- 지구의 온도가 올라가면 바다는 더 넓어지고 해수면은 더 높아진다. 시간이 오래 걸리기는 하겠지만 지구 온난화로 남극과 북극의 빙하가 대량으로 녹는다면 해수면은 엄청나게 높아질 것이다.

우리가 잘 알지 못하는 것이 세 가지 있다. 첫 번째는 인간의 개입이 없었다면 지구의 온도는 어떻게 되었을까 하는 것이다. 만일 온실가스의 증가와 무관한 장기적인 기상학적 요소들이 지구를 따뜻하게 데우는 역할을 한다면 그때는 온실가스가 그러한 요소들을 강화시키는 역할을 할 것이다. 두 번째는 지구 온난화가 지구상에 있는 각각 특정한 지역의 기온, 바람, 해류, 강수량, 생태계, 그리고 인간 경제와 정확하게 무슨 상관관계가 있는가 하는 문제이다.

세 번째로 가장 큰 불확실성은 피드백과 관련된 문제이다. 지구상에서 탄소의 흐름과 에너지의 흐름은 엄청나게 복잡하다. 지구에는 스스로 온실가스나 온도를 안정시키는 자동 조절 기제, 즉 음의 피드백 과정들이 있는지도 모른다. 그것들 가운데 하나는 이미 작동하고 있다. 바다는 인간이 과도하게 방출한 이산화탄소의 절반 정도를 흡수한다. 대기에 축적된 이산화탄소의 농도 증가를 완전히 막지는 못하지만 그래도 그 속도를 늦출 수는 있다. 하지만 기온이 올라가고 모든 것들이 훨씬 더 따뜻해지면서 지구의 상태가 불안정해지는 양의 피드백 순환이 발생할 수도 있다. 이를테면 지구 온난화로 빙하들이 녹으면 지구는 태양에서 받은 열을 외계로 반사하는 양이 적어지고 점점 더 더워진다. 툰드라 지역의 토양이 녹으면 얼었던 엄청난 양의 메탄가스, 즉 온실가스가 대기로 방출될 수 있다. 따라서 기온은 더 올라가고 다시 더 많은 동토가 녹고 훨씬 더 많은 메탄가스가 방출되는 양의 피드백 과정이 반복될 것이다.

수많은 음의 피드백 순환 과정과 양의 피드백 순환 과정이 온실가스 상승과 관련해서 서로 어떻게 상호 작용을 할지, 또는 그 과정에서 음의 피드백 과정이 우세할지, 양의 피드백 과정이 우세할지 아무도 알지 못한다. 다행히도 1990년대부터 이러한 문제들에 대한 과학적 탐구가 활발히 전개되면서 현재는 기후 변화가 가져올 결과들이 과거에 비해 훨씬 정확하게 예측되고 있다.[94] 그 결과로 나온 '2050년까지의 기상 예측'은 일반인들도 주목할 만큼 매우 우려스럽다.

문제는 인간 활동에 대응해서 지구가 앞으로도 계속해서 기후 변화를 진행할 것인가가 아니라 어디서(지역별 패턴), 언제(변화 속도), 얼마나 많이(규모) 바뀔 것인가이다. 기후 변화가 세계 여러 지역에서 수자원, 농업, 임업, 어업, 주거지, 생태계(특히 산호초), 보건(특히 곤충 매개 전염병) 문제를 포함해서 사회 경제 영역에 역효과를 일으킬 것이라는 사실 또한 명약관화하다. 실제로 IPCC의 3차 평가 보고서(에서)는 기후 변화가 대다수 사람들에게 악영향을 미칠 것이라고 결론지었다.[95]

과학자들은 과거에도 지구의 기온이 상승한 적이 여러 차례 있었지만 한 번도 단기간에 자연스럽고 질서정연하게 안정화된 적은 없었다는 것을 잘 알고 있다. [그림 3-26]은 지난 16만 년 동안 지구의 온도와 두 가지 온실가스, 이산화탄소와 메탄의 대기권 농도가 어떻게 변화했는지 보여준다.[96] 그동안 지구의 온도와 온실가스는 어느 것이 원인이고 어느 것이 결과인지 모르지만 모두 다양하게 바뀌었다. 대개는 아마도 복잡한 피드백의 순환 고리 속에서 서로가 원인과 결과를 반복했을 것이다.

그러나 무엇보다도 [그림 3-26]이 전하는 가장 중요한 의미는 오늘날 대기권에 축적된 이산화탄소와 메탄의 농도가 지난 16만 년 동안 축적된 것보다 훨씬 더 높다는 사실이다. 그 결과가 무엇이든 상관없이 오늘날 인간이 지구가 처리할 수 있는 것보다 훨씬 더 빠르게 대기권에 온실가스를 방출하고 있다는 것은 의문의 여지가 없는 명백한 사실이다. 지구의 대기에 아주 심각한 불균형이 발생한 것이다. 그리고 그 불균형은 점점 더 급격하게 악화되고 있다.

이러한 불균형 때문에 발생하는 여러 가지 현상들은 인간의 시간 기준으로 볼 때 매우 느리게 움직이는 것처럼 보일 수 있다. 마침내 빙하가 녹고, 해수면이 높아지고, 해류가 바뀌고, 강우량이 달라지고, 폭풍이 더 거세지고, 곤충과 새, 포유류가 살던 곳을 옮기는 데 수십 년이 걸릴 수도 있다. 하지만 우리가 아직까지 잘 알지 못하는 여러 가지 양의 피드백 순환 고리를 통해 기후가 정말로 순식간에 바뀔 수도 있을 것이다.

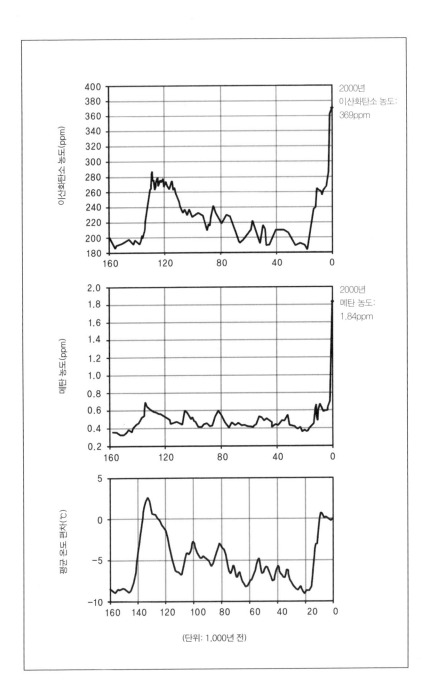

(단위: 1,000년 전)

2002년, 미국 국립과학원의 한 위원회는 다음과 같이 보고했다.

> 최근의 과학적 증거는 매우 중대한 기후 변화가 광범위한 지역에 걸쳐 놀랍도록
> 빠른 속도로 발생했음을 보여준다. 예를 들면, 마지막 빙하기 이후 북대서양 거
> 의 절반의 수온이 올라간 것은 불과 10년도 안 된다. 그리고 그것은 지구 전체에
> 심각한 기후 변화를 일으켰다. (……) 우리는 지구가 이렇게 갑자기 바뀐 이유
> 를 아직까지 정확하게 설명하지 못하고 있다.[97]

변화의 징후가 늦건 빠르건 상관없이 어쨌든 그러한 부정적인 결과가
역전되려면 수백 년, 아니 어쩌면 수천 년이 걸릴지도 모른다.

앞서 이 장에서 거론한 것처럼 인간 활동이 환경에 미치는 부정적 영
향은 우리가 반드시 치를 수밖에 없는 대가가 아니었다. 우리는 그것들
을 모두 피할 수 있었다. 오염은 이제 더 이상 인간 사회의 발전 때문이
아니라 비효율과 부주의 때문에 치러야 할 대가로 인식되고 있다. 이러
한 사실을 깨달은 기업들이 늘어났고, 그들은 자신들이 방출하는 폐기물
과 자원 사용을 줄일 수 있는 방법을 재빨리 찾기 시작했다.

많은 기업들이 제조 공정에 대해서 처음부터 끝까지 다시 생각하면
서, (끊임없는 생산 과정에서 발생하는 폐기물 방출을 줄이는) '폐기물 처리
해법'을 모색하던 것에서 (폐기물 방출과 자원 사용을 최소화할 수 있는 생산

[그림 3-26] 지난 16만 년 동안 온실가스와 지구 온도의 변화 추이

빙하 속 얼음 덩어리들을 측정한 결과 지구에는 매우 커다란 기온 변화가 다양하게 일어났고(두 번
의 빙하 시대와 그 사이 시기) 대기 속의 이산화탄소와 메탄의 농도도 지구 온도의 변화와 함께 바
뀌었음을 알 수 있다. 최근에 측정한 이러한 온실가스의 농도는 인류가 지구에 나타나기 오래전보
다 훨씬 더 높아졌다(출처: 미국 이산화탄소정보분석센터).

품과 생산 공정을 설계하는) '청정 생산'으로, 그리고 (한 공장에서 나온 산업 폐기물을 다른 공장의 원재료로 쓰는) '산업 생태학'으로 이동하고 있다. 한 회로기판 제조 업체는 중금속 폐기물을 재생 이용하기 위해 이온교환수지(이온을 교환할 수 있는 이온을 지닌 불용성 합성수지로 불순물 이온 제거, 경수 연화, 회토류와 초우라늄 원소 분리 추, 비타민, 알칼로이드, 아미노산 추출 정제에 사용—옮긴이) 장치(ion-exchange column) 개발에 투자한다. 그 결과 그 기업은 여기서 발생한 재생 금속을 팔아서 수입도 올리고 수도 요금도 크게 줄이고 책임 보험료도 더 적게 내는 성과도 거둔다. 또 다른 제조 업체는 대기와 수질을 오염시키는 물질들의 방출을 줄이고 물 사용량과 고형 폐기물 생산도 줄여서 한 해에 수억 달러의 운영비를 절감한다. 또 예상되는 폐기물 처리 비용을 줄이면서 동시에 에너지 비용도 크게 절감하기 위해 이산화탄소 배출을 줄이기로 결정한 화학 회사도 있다.

이러한 기업체의 변화는 어쩌면 다소 놀랍게도 단순히 기업체에 좋은 이미지를 주는 홍보 효과를 넘어서 실제로 기업 실적에 이익을 주는 것으로 밝혀졌다. 이러한 변화에 따른 경제적 이익 실현은 기업들이 왜 생태발자국을 계속해서 줄여나가야 하는지 충분한 명분을 제공한다.

인간 경제 안에 흘러다니는 모든 제품의 평균 수명이 두 배로 늘 수 있다면, 재생해 이용하는 물질들이 지금보다 두 배 더 는다면, 처음에 제품을 만들 때 들어가는 물질의 양이 지금의 반으로 준다면, 오늘날 인간 경제가 처리하는 물질의 양은 지금보다 8배가 줄어들 것이다.[98]

게다가 에너지를 좀 더 효율적으로 사용하고, 재생 에너지 사용이 늘고, 토지와 목재, 식량, 물의 낭비를 줄이고, 삼림을 복원한다면 온실가스를 비롯한 많은 오염 물질의 증가를 막을 수 있다.

한계를 초과하다

대강만 봐도 (……) 오늘날 자연이 제공하는 자원과 서비스의 이용은 지구의 장기적인 수용 한계를 이미 벗어났음을 알 수 있다. (……) 지구에 있는 모든 사람들이 오늘날 북아메리카 사람들이 누리는 것과 똑같은 생태 기준을 누린다면 현재의 기술 수준에서 필요한 물질의 총량을 충족시키기 위해서는 지구가 세 개는 있어야 할 것이다. (……) 더욱이 앞으로 40년 동안 늘어날 인구와 경제적 생산량을 아무 문제 없이 수용하려면 지구가 6개에서 12개 정도 추가로 더 있어야 한다.

—마티스 베커나겔, 윌리엄 리스, 1996년

이 장에서 우리가 내놓은 증거들과 전 세계 데이터베이스에 담긴 더 많은 증거들, 그리고 날마다 언론매체를 통해 전해지는 보도들은 모두 오늘날 인간 경제가 지구의 자원과 폐기물을 지속 가능하게 이용하거나 처리하지 못하고 있음을 보여준다. 토양, 표층수, 지하수, 습지, 대기, 그리고 자연의 다양성은 점점 더 파괴되고 있다.

남아메리카의 삼림이나 유럽의 토양처럼 재생 가능한 자원의 보고들이 아직 안정된 상태에 있는 것처럼 보이는 곳에서도 자원의 질과 다양성, 안정성이 의심받고 있는 실정이다. 그곳에서도 오염 물질들은 계속해서 쌓이고 자연이 스스로 폐기물을 처리할 수 있는 자정 능력 또한 한계를 초과하고 있다. 지구 전체를 둘러싼 대기의 화학적 구성은 이미 지구의 기후를 혼란에 빠뜨릴 정도로 크게 바뀌고 있는 중이다.

소득 없이 무위도식하기

오직 하나의 자원 또는 소수 몇 종의 자원만 줄어들고 나머지 자원들은 안정 상태이거나 늘어나고 있다면 부족한 자원을 다른 자원으로 대체해서 과거부터 이어온 성장을 지속할 수 있을 것이라고 말할 수 있을지 모른다(물론 그러한 대체도 한계가 있을 수 있지만). 또 지구가 폐기물을 처리할 수 있는 능력 가운데 일부만 한계에 다다르고 있다면 그것(이를테면 태양)을 다른 것(이를테면 대기)으로 대체하면 그만일 것이다. 그러나 지구의 폐기물 처리 능력 가운데 많은 것이 점점 한계에 다다르고 지구의 가용 자원 가운데 많은 것이 자취를 감추면서 인간의 생태발자국이 지속 가능한 수준을 넘어섰다면 우리는 좀 더 근본적으로 변하지 않으면 안 된다.

좀 더 명확히 하자면, 현존하는 한계들은 세계총생산으로 측정되는 인간의 경제 활동 수준을 제한하는 것이 아니다. 현존하는 한계들은 인간 활동에 따른 생태발자국을 억제한다. 단기적으로 볼 때 이러한 한계들은 절대적인 것이 아니다. 그 한계를 넘어간다고 해서 무조건 벽을 향해 달려가는 것을 의미하지 않는다. 간단하게 어업을 예로 들어 유추해보자. 한동안 한 해 어획량이 다음 해에도 똑같은 양의 물고기를 다시 잡을 수 있는 한계를 초과할 수 있다. 실제로 지금까지 강과 바다의 물고기 수가 격감해왔다. 마찬가지로 온실가스의 방출도, 심지어 지속 가능한 한계를 초과한 때에도, 기후 변화에 따른 음의 피드백 작용으로 어쩔 수 없이 방출량이 줄어들 때까지는 한동안 계속해서 늘어날 수 있다. 그러나 인간이 스스로 선택해서든 아니면 자연적으로 한계에 다다라서든 생태계가 한계를 벗어나면 결국 지구의 물질 처리량은 줄어들 수밖에 없다.

많은 사람들은 자기가 사는 지역의 환경을 보며 인간의 생태발자국이 지역의 한계를 벗어나 증가했음을 알 수 있다. 자카르타는 인간의 폐가 견딜 수 없을 정도로 많은 배기가스를 방출하여 대기를 오염시킨다. 필리핀에는 산림 지대가 거의 없다. 아이티의 토양은 완전히 파괴되어 돌들만 남았다. 캐나다 뉴펀들랜드 연안의 대구잡이는 벌써 중단된 지 오래되었다. 파리 시민들은 여름철에 자동차가 내뿜는 매연으로 대기 오염이 심각해지는 것을 막기 위해 자동차 속도를 제한해야 한다. 유럽 여러 나라에서는 2003년 여름 기록적인 기온 상승으로 수천 명이 죽었다. 라인 강에는 수년 동안 너무 많은 화학 물질들이 쌓여왔기 때문에 이제 네덜란드의 항구들에서 준설한 개흙은 유해 폐기물로 다뤄야 한다. 2001년 겨울 오슬로에 스키를 타러 온 사람들은 쓸 만한 눈을 거의 발견하지 못했다.

오존층을 파괴하는 염화불화탄소처럼 특별히 심각한 문제들의 경우에는 생태계의 한계 초과에 대한 인식뿐 아니라 그 문제를 해결하기 위한 국제 사회의 단호한 노력들이 있었다. 또 비록 이기적이고 근시안적으로 자기 국민들을 대변하는 각국 정부의 지속적인 훼방에도 불구하고 온실가스 방출을 제한하려는 전 세계의 노력은 힘들지만 끊임없이 계속되고 있다. 교토 의정서(1997년 12월 일본 교토에서 열린 기후 변화 협약 제3차 당사국 총회에서 채택된 온실가스 감축 목표에 관한 의정서—옮긴이) 채택 과정은 생태계의 한계 초과를 극복하는 것이 얼마나 어려운 일인지 분명하게 보여준다.

그러나 국제 사회는 아직까지도 생태계의 한계 초과에 대한 총체적인 문제의식이 부족하다. 좀 더 효율적으로 물질을 처리하기 위해 절실히 필요한 기술 변화에 대한 압박도 거의 없다. 세계 인구와 자본 증가를 견인하는 힘들을 적절하게 처리할 의지도 거의 없다. 1987년에는 생태계 한계 초과에 대한 국제 사회의 관심 부족을 어느 정도 이해해줄 수 있었을지 모른다. 그 당시에는 세계환경개발위원회 같은 전문가 집단들조차도 세계의 변화와 추세를 주목하면서 그것들을 단순히 "지속 가능하지 않은" 것이라고 불렀으며, 인류가 한계를 넘어섰다고 말하는 것은 정치적으로 적절치 못하다고 생각했다. 따라서 국제 사회가 무엇을 해야 할 것인가에 대해 좀 더 진지하게 고민하지 못했다. 어쩌면 그들도 생태계의 한계 초과가 사실이라고 믿을 수 없었는지도 모른다. 그러나 이제 21세기로 접어든 시점에서 생태계의 한계 초과라는 엄연한 현실을 부인하고 그에 따른 결과들을 무시하는 것은 더 이상 용인될 수 없다.

쉽게 짐작할 수 있듯이, 생태계 한계 초과 문제를 회피하려는 이유는 대개 정치 문제들과 관련이 있다. 성장 축소와 관련한 어떤 회담도 결국에는 가용 자원과 현 상태에 대한 책임 분배 문제를 두고 서로 격렬한 논쟁만을 벌이다 끝나기 일쑤다. 대체로 부자 나라 국민의 생태발자국은 가난한 나라 국민의 생태발자국보다 훨씬 더 크다. 말하자면 독일인 한 사람의 생태발자국은 모잠비크인 한 사람보다 10배나 더 크다. 반면에 러시아인 한 사람은 독일인 한 사람이 지구에서 가져다 쓰는 자원만큼 많은 자원을 쓴다. 물론 그렇다고 러시아인이 높은 생활 수준을 누리는 것은 아니다. 세계가 전체적으로 한계를 초과하고 있다면 누군가는 그것에 대해서 무언가를 해야 한다. 자원을 많이 낭비하는 부자 나라 사람들이 그 책임을 져야 하는가? 아니면, 점점 인구가 늘어나는 가난한 나라 사람들이 책임을 져야 하는가? 그것도 아니면 과거에 자원을 비효율적으로 남용했던 사회주의 국가들의 책임인가? 이것이 지구에 관한 문제인 한 이들 모두에게 책임이 있다.

지구에 거주하는 대다수 사람들이 끊임없이 가난에 시달리는 반면, 소수의 사람들은 과도하게 소비를 독점한다. 이것이 지구 환경을 파괴하는 두 가지 중요한 원인이다. 현재와 같은 상황은 앞으로 얼마 지속될 수 없으며 더 이상은 즉각적인 조치를 뒤로 미룰 수 없다.[99]

환경 운동가들은 때때로 환경 파괴의 원인을 IPAT라고 부르는 공식으로 요약해서 정리한다.

환경에 미치는 영향(Impact)
= 인구(Population) X 풍요(Affluence) X 기술(Technology)

어떤 개체군이나 국가가 지구의 자원 기반과 폐기물 처리 능력에 미치는 영향(I)은, 그 개체군이나 국가를 구성하는 인구(P)에 그 집단의 풍요 수준(A)을 곱하고 그 풍요 수준을 지탱하기 위해 특별한 기술(T)을 사용하여 생긴 피해를 곱한 것과 같다. 인간의 생태발자국을 줄이기 위해서는 무엇보다도 모든 사회가 자신들이 가장 먼저 개선해야 할 부분들을 고쳐 나가는 것이 합리적이다. 남반부 국가에서 개선하기 가장 쉬운 부분은 인구(P)이며, 서방 국가들은 자신들이 누리는 풍요로움(A)을 조금씩 줄이기 위해 노력하고, 동유럽 국가들은 기술(T) 사용을 가장 먼저 개선할 필요가 있다.

이러한 개선이 모두 이루어진다면 그 결과는 매우 놀라울 것이다. IPAT 방정식의 각 항을 좀 더 자세하게 정의하면 생태발자국을 줄일 수 있는 방법이 얼마나 많은지, 그리고 그 축소 규모가 얼마나 큰지 알 수 있다([표 3-3 참조]).[100]

'풍요'는 텔레비전 시청 시간, 자동차 운전 시간, 집에서 쉬는 시간 등

인구	풍요		기술	

정의식

인구 × $\dfrac{\text{자본 비축량}}{\text{사람}}$ × $\dfrac{\text{물질 처리량}}{\text{자본 비축량}}$ × $\dfrac{\text{에너지}}{\text{물질 처리량}}$ × $\dfrac{\text{환경에 미치는 영향}}{\text{에너지}}$

사례

인구 × $\dfrac{\text{잉여 수}}{\text{사람}}$ × $\dfrac{\text{물+비누}}{\text{잉여 수년}}$ × $\dfrac{\text{기가톤 또는 킬로와트시}}{\text{물+비누}}$ × $\dfrac{\text{이산화탄소, 질소산화물 토지 사용 면적}}{\text{기가톤 또는 킬로와트시}}$

적용 가능한 수단

인구	풍요		기술	
산아 제한	가치	생산 수명	최종 용도 효율성	좋은 자원
여성 교육	가격	물질 선택	전환 효율성	비례 축소
사회 복지	전부 원가 계산	최소 물질 설계	분배 효율성	대지 구획
여성 역할	무엇을 바라나?	재생, 재사용	시스템 통합	기술적 완화
토지 소유권	무엇이 중요한가?	폐품 회수	공정 재설계	상쇄

장기 변화에 따른 대강의 유효 범위

인구	풍요		기술	
~ 2x	?	~ 3-10x	~ 5-10x	~ 100-1,000x

큰 변화가 일어나는 데 걸리는 시간

인구	풍요		기술	
~ 50-100년	~ 0-50년	~ 0-20년	~ 0-30년	~ 0-50년

[표 3-3] 인구, 풍요, 기술이 환경에 미치는 영향

에너지 소비율이 높은 활동들이다. 인간이 풍요로움을 누리기 위해 발생하는 생태발자국은 이러한 소비와 관련된 물질, 에너지, 배기가스의 방출이 지구 환경에 주는 충격이나 처리량을 말한다. 예를 들면, 어떤 사람이 하루에 커피를 세 잔 마신다고 할 때, 도자기 잔에 마시느냐 아니면 플라스틱 잔에 마시느냐에 따라 그 사람이 만드는 생태발자국의 크기는 크게 달라진다. 도자기 잔을 쓰면 잔을 씻는 데 약간의 물과 비누가 들고 해마다 파손되는 잔만 바꾸어주면 된다. 하지만 어떤 사람이 폴리스티렌이라는 합성수지로 만든 일회용 컵으로 커피를 마시고 그냥 버린다면 그 행위는 일회용 컵을 만들고 그것을 사용할 지점까지 운반하는 데 들어간 모든 석유와 화학 물질을 방출하는 것을 의미한다.

[표 3-3]에서 기술의 영향력은 개별 물질의 흐름을 만들고 전달하는 데 필요한 에너지가 환경에 미치는 영향에 의해서 배증하는 것을 말한다. 도자기 잔을 만들기 위해 고령토를 채취하고 도자기를 굽고 완성된 잔을 집으로 배달하고 또 사용한 잔을 닦기 위해 더운 물을 데우는 데 모두 에너지가 들어간다. 폴리스티렌 컵을 만들기 위해 유전을 탐사하고 원유를 길어 올려서 그것을 수송하고 정유하고 중합체를 만들고 그것으로 일회용 컵을 제작해서 배달하고 다 쓴 컵을 쓰레기 처리장으로 옮기는 데도 모두 에너지가 들어간다. 이들 에너지는 모두 환경에 영향을 미친다. 우리는 오염 방지 장치를 쓰고 에너지 효율성을 높이고 또 다른 에너지원으로 전환하는 기술의 발전을 통해서 여기서 발생하는 생태발자국을 바꿀 수 있다.

[표 3-3]에 나온 어떤 요소가 바뀐다면 생태발자국도 따라 바뀔 수 있다. 그에 따라 인간 경제는 지구의 한계에 더 가까워질 수도 있고 더 멀어질 수도 있다. 인구를 줄이거나 개인별 물질 축적량을 줄이는 것은 인간 세계를 지구의 한계 안에 계속 머무르게 하는 데 도움을 줄 것이다. 그렇

게 되면 에너지나 물질의 사용과 배기가스 방출을 줄이면서 소비 단위당 환경 효율성이 높아질 것이다. 표를 보면 방정식에 있는 각 요소들의 크기를 줄일 수 있는 몇 가지 방법들을 알 수 있다. 또한 각 요소들이 환경에 미치는 영향을 얼마 동안, 얼마나 많이 줄일 수 있는지도 추측해볼 수 있다.

이런 식이라면 우리가 선택할 수 있는 방법은 너무도 많다. 인간이 지구의 자원 기반과 폐기물 처리 능력에 끼치는 영향은 놀랄 정도로 크게 줄어들 수 있다. 각 영역에서 최소한의 변화만이라도 동시에 이룰 수 있다면 인간이 지구에 미치는 영향은 수백 배 이상 줄어들 수 있다.

이렇게 많은 방법들이 있는데 우리는 왜 그 가운데 어느 것도 실행해보려고 애쓰지 않는 걸까? 만일 한다면 무엇을 할까? 인구, 풍요, 기술 추세가 방향을 전환하기 시작한다면 과연 어떤 변화가 일어날까? 그것들은 또 서로 어떤 식으로 연결될까? 기술의 변화 덕분에 생태발자국이 줄 때 인구와 자본이 훨씬 더 커진다면 어떤 일이 일어날까? 생태발자국이 전혀 줄지 않는다면 어떤 일이 일어날까?

우리가 이 장에서 살펴본 것처럼 이것들은 지구의 자원 기반과 오염 처리 능력을 따로 분리해서 따질 문제가 아니라 인구와 자본이 자연환경과 서로 돌아가면서 상호 영향을 미치는 생태발자국 전반에 걸친 문제들이다. 이러한 문제들에 대해서 답하기 위해서는 한 요소씩 따로 따져보는 정태적 분석 방식에서 시스템 전체를 동태적으로 분석하는 방식으로 옮겨가야 한다.

4장
월드 3:
미리 보는 가상의 미래

현재의 인구 증가 예측이 정확히 들어맞는다면, 그리고 지구상의 인간 활동이 지금과 전혀 달라지지 않는다면, 과학과 기술이 아무리 발달한다고 하더라도 환경이 다시 회복될 수 없을 정도로 파괴되고 세계의 많은 사람들이 끊임없이 가난에 시달리는 것을 막을 수 없을지도 모른다.

—런던 왕립협회와 미국 국립과학원, 1992년

인구 증가와 산업 성장에 영향을 미치는 요소들은 장기적으로 서로 대립하거나 아니면 서로를 강화하는 경우가 많다. 출생률은 예상했던 것보다 더 빨리 낮아졌지만 인구는 여전히 늘어나고 많은 사람들이 더 부유해지고 있다. 그들은 한편으로 더 많은 산업 제품들을 요구하고 있지만 다른 한편으로 환경이 덜 오염되기를 바란다. 끊임없이 산업 성장을 지속하기 위한 에너지와 물질의 흐름은 재생 불가능한 자원을 고갈시키는 한편, 재생 가능한 자원을 파괴하고 있다. 그러나 자원이 매장된 곳을 새로 찾고 물질을 좀 더 효율적으로 사용할 수 있게 하는 기술 발전도 꾸준히 이어지고 있다. 모든 사회의 자본은 한정되어 있다. 더 많은 자원을 발견하고 더 많은 에너지를 생산하고 오염을 정화하고 교육과 보건을 비롯한 여러 가지 사회 서비스들을 개선하기 위해서는 많은 투자가 필요하다. 점점 늘어나는 소비재 수요에 따른 투자 증가 또한 고려하지 않을 수 없다.

이러한 추세들은 앞으로 수십 년 동안 어떻게 서로 영향을 주고받으며 발전해나갈까? 우리는 그것들이 무엇을 암시하는지 이해하기 위해서 우리 머릿속에 있는 것보다 훨씬 더 복잡한 모형을 만들 필요가 있다. 4장은 우리가 창안해서 사용한 컴퓨터 모형인 월드 3에 대한 것이다. 우리는 여기서 월드 3 구조의 주요 특징들을 요약하고 그것들을 통해서 21세기를 꿰뚫어 볼 수 있는 몇 가지 중요한 의미들을 설명할 것이다.

월드 3의 목적과 구조

누군가 미래를 진지하게 논의하기 위한 기초로서 어떤 모형을 제시할 때 그 모형이 예측한 것이 정확하기를 바라는 사람들의 보편적인 기대는 자칫 오해와 좌절로 끝나기 쉽다. 30여 년 전에 이 책의 초판이 발간된 이래로 우리 또한 그러한 어려움 속에 있었다. 이 문제는 한 고전 공상 과학 소설에 나오는 모형 설계자 셀던과 황제가 나누는 대화 속에 잘 나타나 있다.

"당신이 앞날을 예견할 수 있다는 얘기를 들었소." 셀던은 갑자기 온몸에 기운이 쫙 빠지는 것 같았다. 자기가 하는 얘기를 앞으로도 계속해서 이렇게 오해할 것 같다는 생각이 들었다. 어쩌면 그는 황제에게 연구 논문을 보여주지 말았어야 했는지도 모른다. 셀던이 말했다. "정확히 말씀드리자면 꼭 그런 것은 아니고요. 제 연구는 그것보다 훨씬 더 한정되어 있습니다. (······) 제가 하는 일은 (······) 사고의 출발점을 선택하고 적절한 가정을 만들어 혼란을 막을 수 있다는 것을 (······) 보여주는 것입니다. 그것이 미래를 예견할 수 있게 해줄 것입니다. 물론 아주 미세한 것까지 다는 아니고 대강의 틀만이죠. 또 아주 정확한 것은 아니고 (······)." 셀던의 말을 주의 깊게 듣고 있던 황제는 "그러면 그 말은 당신이 앞날을 예견하는 법을 찾았다는 걸 뜻하는 게 아니란 말이오?"라고 물었다.[1]

이 책에서는 앞으로 미래를 '폭넓게 전망'하는 데 도움이 될 예측 시나리오들을 생성하기 위해 월드 3를 자주 사용할 것이다. 우리의 목표가 갈피를 못 잡고 혼돈에 빠지지 않도록 모형들에 대한 몇 가지 정의와 주의사항들을 먼저 얘기하겠다.

모형은 실제 현실을 아주 단순화해서 표현한 것이다. 현실을 아주 완벽하게 복사해낼 수 있다면 모형을 만드는 일은 필요 없을 것이다. 이를테면, 도로 지도에 실제 지형을 포함해서 모든 풍경들이 다 들어 있다면 그것은 운전자들에게 전혀 쓸모가 없다. 예컨대 도로 지도는 도로를 중심으로 길을 표시해야지, 그 길을 따라 늘어선 건물들이나 식물들의 특징을 모두 나타내서는 곤란하다. 자그마한 비행기 모형은 풍동(風洞, 항공기 모형이나 부품을 시험하는 통 모양의 장치―옮긴이)에서 특정한 프로펠러 날개의 역학 관계를 파악하는 데 유용하게 쓰일 수 있지만 실제로 날아가는 비행기 안에 탄 승객들의 안락함에 대해서는 아무런 정보도 주지 않는다. 그림은 실제 풍경 속에서 느끼는 분위기나 실제 배치된 모습을 전달하는 시각 모형이다. 하지만 그것은 거기에 그려진 건물들을 짓는 데 들어간 비용이 얼마이며 거기 쓰인 단열재가 무엇이냐 하는 질문에는 아무런 대답도 하지 못한다. 그러한 문제들을 다루기 위해서는 다른 형태의 시각 모형이 필요하다. 이를테면 건축가가 그린 건축 설계도 같은 것 말이다. 모형들은 언제나 모든 것을 단순화하기 때문에 어떤 것도 완벽하게 정확하지 않다. 어떤 모형도 완전히 실물과 같은 것은 없다는 말이다.

모형을 만드는 목적은 어떤 특별한 목적을 위해서, 서로 관련된 특정한 질문들에 답하기 위해서이다. 사람들은 모든 모형이 한계가 있음을 명심해야 하며 모형으로 대답할 수 없는 질문들이 많이 있다는 것을 알아야 한다. 우리는 지구가 장기적으로 물질적 성장을 지속할 수 있는지 여러모로 검토하는 의문들에 월드 3가 답을 줄 수 있도록 노력했다. 그렇다고 해서 월드 3가 당신이 주목하는 거의 모든 질문들에 유용한 대답을 줄 것이라고 기대해서는 안 된다.

모형은 여러 가지 형태를 띤다. 형태에 따라 심성 모형, 문자 모형, 그림 모형, 수학 모형, 물리적 모형으로 나뉜다. 예를 들면, 책에 쓰인 많은 단어들은 문자 모형이다. 성장, 인구, 삼림, 물이라는 단어는 매우 복잡한 실체들을 단순하게 문자로 표현한 상징들이다. 모든 도표와 도식, 지도, 사진은 그림 모형이다. 그것들의 관계는 종이 위에 그려진 대상들의 모양과 위치를 통해 표현된다. 우리는 성장과 한계를 이해하기 위해서 공동체나 산업 제품들을 설계하는 것과 같은 여러 가지 목적에 유용한 물리적 모형들을 사용하지 않았다.

심성 모형은 정신으로 전달되는 추상 작용이다. 다른 사람들은 그것을 직접 이해할 수 없다. 그것은 형체가 없다. 형체가 있는 모형은 다른 사람들이 그것을 직접 볼 수 있으며 때로는 조작할 수도 있다. 이상적으로 생각하면 이 두 가지 모형은 서로 영향을 끼쳐야 한다. 형체가 있는 모형들을 이용하면 실체에 대해서, 그리고 다른 사람들의 심성 모형들에 대해서도 더 많이 알 수 있다. 그것은 우리 자신의 심성 모형들을 더욱 풍요롭게 만든다. 우리는 형체가 있는 유용한 모형들을 더 많이 만들어낼 수 있다. 지난 30년이 넘는 기간 동안 우리가 몰두한 작업이 바로 이 과정을 되풀이하는 것이었다. 이 책이 바로 그러한 노력의 결과 가운데 하나이다.

우리는 이 책을 내기 위해 글을 모으고 데이터와 도표, 컴퓨터 예측들을 정리했다. 책은 우리 마음속에 있는 것을 모형화한 것이다. 그리고 그 과정에서 우리의 생각은 계속해서 바뀌었다. 이 책은 다가오는 세기 동안 발생할 지구의 물질적 성장에 대한 현재의 우리 생각과 이해를 최선을 다해 상징화한 결과이다. 하지만 이 책은 다른 모든 사람들처럼 우리 자신의 생각을 모형화한 것일 뿐이다. 그저 '현실 세계'의 모형일 뿐이다.

따라서 어려움이 한 가지 있다. 우리는 이제 형체가 있는 모형, 컴퓨터를 기반으로 현실 세계를 모의실험한 것에 대해서 얘기할 것이다. 이 모형이 어떤 목적으로 쓰이든 우리는 그것을 '현실 세계'와 비교해야만 한다. 그러나 우리도 독자들도 그것과 비교할 '현실 세계'에 대해서 서로 합의한 실체가 없다. 우리 모두에게는 그저 일반적으로 현실 세계라고 부르는 실체에 대한 심성 모형만 있을 뿐이다. 우리를 둘러싼 세계에 대한 심성 모형들은 객관적인 증거와 주관적인 경험이 뒤섞여 있다. 그것들은 호모사피엔스를 크게 성공한 종으로 인정한다. 그것들은 또한 사람들을 여러 면에서 매우 난처하게 만들었다. 그러나 인간의 심성 모형들은 장단점을 떠나서 그것이 설명하고자 하는 엄청나게 크고 복잡하고 끊임없이 변하는 현실 세계와 너무도 단순하게 비교된다.

우리 모두는 결국 그런 모형들에 의존할 수밖에 없다는 것을 잊지 않기 위해 월드 3 모형의 실체인 '현실 세계'를 표시할 때 이처럼 인용 부호를 쓸 것이다. '현실 세계'나 '현실'이 의미하는 것은 이 책의 저자들이 공유하는 심성 모형일 뿐이다. 여기서 현실이라는 단어는 그 단어를 쓰는 사람의 심성 모형 이상의 어느 것도 의미할 수 없다. 우리는 그런 사실로부터 벗어날 수 없다. 우리가 만든 심성 모형들은 컴퓨터 모의실험을 통해서 전보다 더 정확하고 더 포괄적이며 더 분명해질 수밖에 없다. 컴퓨터 모형의 장점이 바로 이런 것이다. 컴퓨터 모형은 심성 모형만으로는 이루기 힘든 약간의 규칙과 논리, 기본 계산을 강요한다. 그래서 심성 모형을 개선할 수 있는 훨씬 더 유용한 기반을 제공한다.

월드 3는 복잡하다. 하지만 기본 구조는 난해하지 않다. 월드 3는 인구,

산업 자본, 지속성 오염물, 경작지들의 축적량에 대한 과거 기록들을 데이터로 가지고 있다. 이렇게 축적된 데이터들은 월드 3 모형 안에서 출생과 사망(인구의 경우), 투자와 상각(개별 자본의 경우), 오염 발생과 흡수(지속성 오염물의 경우), 토양 침식과 토지 개발, 도시와 산업화로 사라진 토지(경작할 수 있는 토지의 경우)와 같은 흐름을 통해 바뀐다. 경작할 수 있는 토지 가운데 일부만 실제로 경작한다. 현재 경작하는 토지 면적에 평균 토지 생산량을 곱하면 전체 식량 생산량이 나온다. 식량 생산량을 다시 인구 수로 나누면 1인당 식량 생산량이 나온다. 1인당 식량 생산량이 임계치 아래로 떨어지면 사망률이 올라가기 시작한다.

월드 3에 있는 구성 요소들과 그것들 사이의 관계는 차례로 하나씩 검토하면 간단하다. 예를 들어, 월드 3는 인구 증가의 추이, 오염 축적, 자본 설비의 낙후성, 서로 다른 분야들 사이의 투자 선택들을 고려한다. 특히 월드 3는 어떤 상황이 발생하는 데 걸리는 시간, 흐름의 지체, 물리적 과정의 느린 전개에 주목한다. 그리고 그것은 매우 많은 피드백 순환 고리들로 구성되어 있다. 이러한 순환 고리들은 그 안에 있는 요소들이 서로 인과 관계를 맺는 밀폐 순환 고리들로서 대개 그 안에 있는 한 구성 요소가 앞으로 일어날 행동을 유발시키는 원인의 일부가 된다. 예를 들면, 인구 변화는 경제 변화를 야기할 수 있다. 또 경제적 산출물의 구성이 바뀌면 그것은 출생률과 사망률에 영향을 미친다. 이러한 비율 변화는 인구 구성을 훨씬 더 크게 바꾼다. 피드백 순환 고리들은 월드 3를 더욱 역동적으로 복잡하게 만드는 특징 가운데 하나이다.

월드 3의 또 다른 특징은 모형 안에 비선형적 관계들이 많다는 것이다. 그러한 관계들은 직선으로 표시될 수 없다. 여기에 관련된 변수들은 모든 영역에 걸쳐 서로 비례하며 변하지 않는다. A가 B에게 영향을 미친다고

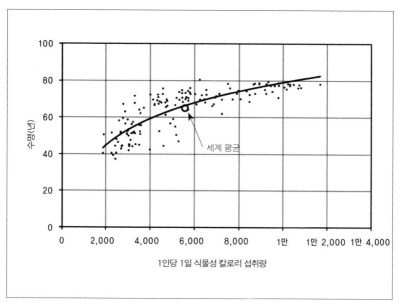

[그림 4-1] 영양과 평균 수명

한 집단의 평균 수명은 그 집단이 공급받는 영양 상태와 비선형 함수 관계를 갖는다. 이 도표에 나타난 각 점은 1999년 어느 한 나라의 평균 수명과 영양 상태의 상관관계를 나타낸다. 영양 상태는 1인당 1일 섭취량을 식물성 칼로리로 표현한다. 동물성 칼로리는 식물성 칼로리의 7배로 계산한다(동물성 칼로리 1칼로리를 생산하는 데 식물성 칼로리 7칼로리가 필요하기 때문)(출처: 유엔식량농업기구, 유엔).

가정하자. 선형 관계에서는 A가 두 배로 늘 때 B도 두 배가 된다면 A가 반으로 줄면 B도 따라서 50퍼센트 준다. A가 다섯 배 늘면 B도 다섯 배 는다. 따라서 선형 관계는 비교적 이해하기 쉬운 행동 양식을 보인다. 그러나 '현실 세계'에서는 선형성을 거의 발견할 수 없다. 예를 들면, 우리는 월드 3에서 1인당 식량 생산량이 인간의 평균 수명에 미치는 영향을 설명해야 한다. 이 두 요소 사이의 관계들 가운데 하나가 [그림 4-1]에 나온다. 충분하게 영양을 공급받지 못한 사람들이 더 많은 식량을 얻는다면 그들의 평균 수명은 크게 늘어날 수 있다. 1인당 하루 평균 식품 섭취량을 식물성 칼로리 2,000칼로리에서 4,000칼로리로 두 배 늘린 사회는 구성원들의 평균 수명이 마흔 살에서 예순 살로 50퍼센트 증가한 것을 볼 수 있다. 그러나 다시 섭취량을 8,000칼로리로 두 배 늘리면 평균 수명은 섭취량을 두 배 늘렸을 때보다 덜 늘어난다. 아마도 약 10년 정도 더 늘어나는 데서 그칠 것이다. 어떤 지점에 이르러서는 식품 섭취량을 더 늘려도 오히려 평균 수명은 감소할지도 모른다.

이러한 비선형적 관계들은 '현실 세계' 전반에 걸쳐 나타난다. 따라서 월드 3 모형에서도 그와 같은 관계들이 나타난다. 월드 3에서 사용된 비선형적 관계의 한 예가 [그림 4-2]에 나온 새로운 농지를 개발하는 데 드는 비용과 아직 사용하지 않고 남아 있는 경작 가능한 토지 사이의 함수 관계이다. 가장 비옥하고 물이 풍부한 평야에 이주한 최초의 농부들은 거의 돈을 들이지 않고 농사를 짓기 시작했다고 가정한다. 도표에서 곡선의 맨 오른쪽 구석이 이 상황을 나타내는 지점이다. 경작할 수 있는 토지가 아직 하나도 개발되지 않고 남아 있는 상태를 나타낸다. 그러나 농경지로 개발되는 토지가 많아질수록 (도표에서는 왼쪽으로 점점 이동해가면서) 남아 있는 토지는 점점 더 메마르거나 경사가 지고 박토가 되거나 이상 기온이 발생한다. 그리고 이런 문제를 해결하는 데 들어가는 비용은 토지 개발 비용을 상승시킨다. 소비자들은 가장 비용이 낮은 제품을 가장 먼저 취한다는 고전 경제학의 원리에 따라, 월드 3는 마지막으로 남은 경작할 수 있는 토지를 개발하는 데 들어가는 비용이 실제로 엄청나게 커질 것이라고 가정한다. 그 비용은 비선형적으로 급상승한다.

한 사건이 다른 사건을 밀어붙이고 결과를 낳는다. 그것은 다시 좀 더 강하게 박차를 가한다. 하지만 그에 비례해서 더 큰 결과가 나오지 않고 아무런 변화가 없거나 예상한 것보다 훨씬 더 큰 변화를 초래하거나 아니

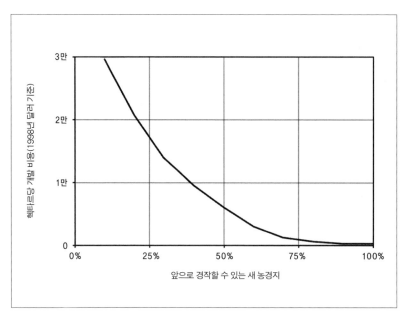

〔그림 4-2〕 새 농경지 개발 비용

월드 3는 경작할 수 있는 땅이 줄어들수록 새로 농경지를 개발하는 비용이 늘어난다고 가정한다(출처: 데니스 L. 메도즈 외).

면 정반대의 결과를 낸다. 이러한 비선형적 특성 때문에 때때로 '현실 세계'와 월드 3는 둘 다 예상치 못한 방향으로 움직일 수 있다. 우리는 이 장에서 나중에 그 사례를 보여줄 것이다.

월드 3에서 나타나는 지체 현상과 비선형성, 피드백 순환 고리들은 모형을 더욱 역동적으로 복잡하게 만들지만 그것은 여전히 '현실 세계'를 크게 단순화한 모형일 뿐이다. 그것은 지리적으로 서로 다른 세계를 구분하지도 않고 부자 나라와 가난한 나라를 나누어서 설명하지도 않는다. 그 가운데 오염 모형은 가장 크게 단순화한 모형이다. 생산 과정은 수많은 서로 다른 오염 물질들을 방출한다. 이 오염 물질들은 서로 다른 속도로 환경 속으로 이동하고 여러 가지 서로 다른 방식으로 식물과 동물 종에 영향을 미친다. 월드 3는 이 오염 물질들의 영향력을 두 가지 집계 변수로 포착한다. 하나는 단기적인 대기 오염이고 다른 하나는 장기적인 유독 물질이다. 월드 3는 식량과 섬유소를 생산하는 재생 가능한 자원의 기반과, 화석 연료와 광물을 생산하는 재생 불가능한 자원의 기반을 구분한다. 하지만 식량의 형태, 연료의 형태, 광물의 형태를 따로 기록하지는 않는다. 월드 3 모형에는 폭력의 원인과 결과가 나타나지 않는다. 또한 군사 자본이나 부패의 영향 같은 것도 겉으로 드러나지 않는다.

일부 사람들은 모형을 이렇게 단순화한 것을 보고 깜짝 놀란다. 그들은 세계를 모형으로 만들 때는 우리가 세상에 대해 알고 있는 모든 것이 들어가야 하며, 특히 학계의 비판적 관점들처럼 모두가 관심이 있는 특징들이 포함되어야 한다고 생각한다. 하지만 그런 특징들을 많이 포함시킨다고 해서 반드시 모형이 더 나아지는 것은 아니다. 그것이 오히려 상황을 훨씬 더 이해하기 어렵게 만들 수도 있다. 월드 3는 장기적인 지구의 미래를 예측하기 위해 쓰이는 대부분의 다른 모형들보다 상대적으로 단순하지만, 훨씬 더 폭넓고 복잡하다.

어떤 사회 체계의 미래 행동 양식을 이해하고자 한다면 균형 잡힌 모형이 필요하다. 어떤 한 영역에 대해서는 매우 자세하게 기술하고 다른 영역에 대해서는 매우 단순하게 가정하는 모형을 만드는 것은 사리에 맞지 않는다. 예를 들면, 일부 인구통계학적 모형들은 남성과 여성에 대한 기록을 가지고 있으며 여러 나라 또는 지역에 있는 많은 연령 집단들에 대한 데이터를 기록한다. 그러나 그들 모형은 출생률과 사망률이 서로 독립적으로 이미 정해진 경로들을 따라갈 것이라고 단순하게 가정한다.[2] 일부 경제 모형들은 수십 또는 수백 개의 경제 분야들을 포함하지만 투입과 산출이 서로 선형적 관계에 있다거나, 시장은 신속하게 공급과 수요를 일치시키다거나, 사람들은 경제 최적화 이론과 완벽한 시장 정보를 기반으로 의사 결정을 내린다고 단순하게 가정한다.

어떤 시스템의 미래 행동 양식에 대해서 유용한 통찰력을 제공하는 모형이 있다면 그것은 그런 결과를 초래하는 중요한 변수들의 원인을 모두 명확하게 보여주어야 한다. 일부 모형들은 어느 한 변수 또는 영역에 미치는 영향력을 보여주는 수백 개의 방정식을 가지고 있지만, 과거 데이터나 모형을 만든 사람의 직관에서 나온 모형 밖 요소들의 영향을 받는 외생적 요소인 에너지 사용량 같은 다른 변수들은 버린다. 모형은 마치 금속 사슬처럼 가장 약한 고리의 제약을 받는다. 우리는 월드 3의 다양한 영역들을 모두 똑같이 강하게 만들려고 애썼다. 핵심 요소들을 놓치는 바람에 가정을 단순화하거나 중요한 변수들을 외생적 투입물에 의존하는 잘못을 피하기 위해 최선을 다했다.

우리가 반드시 옳은 것은 아니다. 우리는 월드 3 모형과 문서들이 들어 있는 시디롬을 만들었다. 여러분은 그것을 가지고 우리가 예측한 시나리오들을 재생해서 그것들을 비교하고 우리가 분석한 내용을 평가할 수 있다.[3]

월드 3를 만든 목적

모형을 만드는 사람들은 가정들이 서로 얽히고설켜 이해할 수 없게 되는 일을 막기 위해 스스로 엄격해야 한다. 자신들이 알고 있는 모든 것을 모형에 집어넣어서는 안 된다. 모형의 목적에 합당한 것만 집어넣어야 한다. 모형을 만드는 기술은 시나 건축, 공학이나 지도 제작 기술처럼 목적을 이루기 위해 필요한 것만 포함시키고 나머지는 버리는 것이다. 그러나 이렇게 말하기는 쉬워도 실제로 하기는 어렵다.

따라서 어떤 모형을 이해하고 그것의 유용성을 판단하기 위해서는 무엇보다도 모형의 목적을 먼저 이해하는 것이 중요하다. 우리는 미래를 폭넓게 전망하기 위해 월드 3를 개발했다. 인간 경제는 다가올 세기에 그러한 미래의 행동 양식을 통해서 지구의 수용 능력과 상호 작용할 것이다.[4] 물론 거기에는 세계적 차원에서 해결해야 할 또 다른 여러 가지 중요한 장기적인 문제들이 있다. 어떤 정책이 아프리카의 산업을 가장 발전시킬 수 있을까? 많은 사람이 문맹인 지역에서는 가족계획 프로그램을 어떻게 설계하는 것이 가장 좋을까? 한 국가 내의, 그리고 국가 간의 빈부 차를 좁히기 위해서 사회는 어떻게 해야 할까? 국가 간의 분쟁을 해결하는 가장 좋은 방법은 충돌일까, 아니면 협상일까? 크게 보자면 월드 3는 이러한 문제들에 답하기 위해 필요한 요소와 관계들은 놓치고 있다. 다른 컴퓨터 모형들을 포함해서 다른 미래 예측 모형들이 이러한 문제들 가운데 일부를 답하는 데 도움을 줄 수도 있다. 하지만 그 모형들이 쓸모가 있으려면 월드 3가 제기하는 핵심 문제에 답해야 한다. 날로 늘어나는 세계 인구와 물질 경제는 앞으로 수십 년 동안 서로 어떻게 영향을 주고받을 것이며 지구의 제한된 수용 능력과 어떻게 조응할 것인가?

좀 더 구체적으로 말하면 지구의 수용 능력은 지구의 한계를 말한다. 지구의 수용 능력을 초과해서, 즉 한계를 벗어나 늘어나는 어떤 집단도 오랫동안 지속할 수 없음은 자명한 이치이다. 어떤 집단이 수용 능력을 벗어나 있는 한, 그 집단이 의존하고 있는 시스템의 지탱 능력은 계속 악화될 것이다. 만약 환경을 재생할 수 있다면 그러한 퇴행 현상은 일시적일 수 있다. 하지만 재생이 불가능하거나 그러한 재생이 몇 세기에 걸쳐 일어나게 된다면 퇴행 현상은 영원히 지속될 것이다.

성장하는 사회는 다음 페이지에 나오는 네 가지 총체적인 방식([그림 4-3])으로 지구의 수용 능력에 접근할 수 있다.[5] 첫 번째로는 [그림 4-3a]의 가능성을 생각해볼 수 있다. [그림 4-3a]처럼 아직 한계에 다다르려면 멀었거나, 인구가 증가하는 속도보다 성장률이 더 빠른 사회라면 아무런 방해 없이 성장할 수 있다. 두 번째 가능성은 [그림 4-3b]이다. [그림 4-3b]에서 보는 것처럼 생태학자들이 로지스틱 곡선이라고 부르는 S자형 성장 곡선 모양으로, 수용 능력 아래로 서서히 사회가 안정화할 수 있다. 그러나 오늘날 이미 지속 가능한 한계를 벗어난 지구촌에서는 더 이상 이러한 방식이 가능하지 않다.

성장하는 사회의 세 번째 가능성은 지구의 수용 능력을 벗어나긴 하지만 지속적으로 대규모 피해를 입지 않는 경우이다. 이 경우에는 생태발자국이 지구의 한계 주변을 왔다 갔다 하다 점점 안정된 상태로 될 것이다. [그림 4-3c]에서 보는 이러한 행태를 감쇄 진동이라고 부른다. 네 번째 가능성은 사회의 자원 기반을 심각하게 영구적으로 파괴하면서 한계를 초과하는 것이다. 그런 일이 일어난다면 인구와 경제는 최근에 훨씬 더 낮은 수준으로 줄어든 지구의 수용 능력과 새롭게 균형을 맞추기 위해 급속하게 하락할 수밖에 없다. 우리는 이러한 가능성을 나타내기 위해 [그림 4-3d]에서 보는 한계 초과 붕괴 국면을 사용한다.

오늘날 지구촌이 지구의 수용 능력을 벗어났다는 것을 입증하는 명확한 증거가 여기저기 폭넓게 나타나고 있다. 과연 어떤 정책들이 [그림 4-3d]가 아니라 [그림 4-3c]처럼 지구의 한계 아래로 서서히 이행할 수 있는 가능성을 높일 것인가?

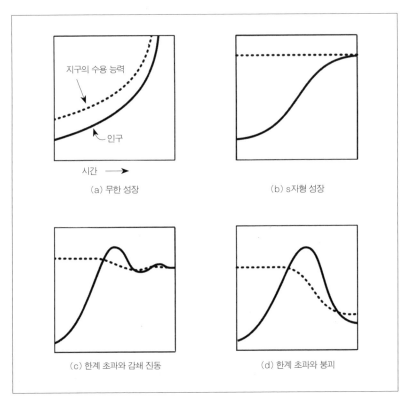

〔그림 4-3〕 **인구와 지구의 수용 능력이 만날 수 있는 방식**

월드 3가 제기하는 핵심 문제는 과연 이러한 행동 양식들 가운데 어느 것이 인구와 인간 경제가 지구의 수용 능력과 만나서 초래할 결과인가이다.

'지구촌(global society)'이라는 개념은 인구의 크기와 그들의 소비 규모 및 구조가 지구에 끼치는 영향들을 통합한 개념이다. 우리는 이 개념을 표현하기 위해 마티스 베커나겔과 동료 학자들이 정의한 생태발자국이라는 용어를 사용한다.[6] 인간의 생태발자국은 앞서 지적한 것처럼 인류가 지구에 지운 모든 부담을 합한 것이다. 거기에는 농사, 광산 채굴, 고기잡이, 삼림 벌채, 오염 물질 방출, 토지 개발, 생물다양성 감소와 같은 것들이 지구에 미친 영향이 포함된다. 생태발자국은 대개 인구가 늘 때 증가하는데 소비가 늘면 인구도 증가하기 때문이다. 그러나 인간 활동에 따른 지구의 피해를 줄일 수 있는 적절한 기술이 개발된다면 거꾸로 생태발자국이 줄어들 수도 있다.

우리가 월드 3를 개발하게 된 계기를 다른 방식으로 표현할 수도 있다. 지구 인구의 생태발자국이 현재 지구의 수용 능력을 넘어섰다면 지금 시행되고 있는 정책들은 인구와 경제가 강제로 급격하게 하락하지 않고도 지구촌을 비교적 순조롭게 안정된 상태로 이끌 것인가? 아니면 붕괴로 이끌 것인가? 붕괴할 가능성이 더 크다면 언제쯤 그런 일이 일어날까? 이제 그 쇠락의 속도와 규모, 사회 생태적 비용을 줄이기 위해서는 과연 어떤 정책들을 시행해야 할까?

정확한 미래 상황에 대해서가 아니라 미래가 어떤 방향으로 움직일 것인가 하는 폭넓은 가능성에 대한 의문들이 많다. 그것들에 대답하기 위해서는 정확한 예측을 목적으로 하는 모형과는 다른 종류의 모형이 필요하다. 예를 들면, 공을 공중으로 수직으로 던져 올리면 그다음에 공이 어떤 행태를 보일지 누구든 잘 안다. 공이 올라가면서 속도가 점점 떨어지다가 그다음에는 아래로 점점 더 빠르게 낙하하면서 마침내 땅바닥에 부딪친다. 여러분은 공이 계속해서 위로 올라가지도 않고 지구 주위를 돌지도 않으며 공중에서 세 번 돌다 땅에 떨어지지도 않을 것임을 안다.

그 공이 얼마나 높이 올라갈지 또는 언제 어디서 땅에 떨어질지 정확하게 예측하고 싶다면 그 공의 여러 가지 특징들과 고도, 풍향, 최초로 공을 던진 힘, 여러 가지 물리 법칙들에 대한 정확한 정보가 있어야 한다. 마찬가지로 2026년에 세계 인구가 몇 명이 될지, 언제 전 세계 석유 생산이 정점에 이를지 정확하게 예측하고 싶거나, 2070년에 토양 침식이 얼마나 진행될지 정확히 알고 싶다면 월드 3보다 훨씬 더 복잡한 모형이 필요할 것이다.

우리가 아는 한, 그런 모형을 만드는 데 근접한 사람은 아무도 없다. 또한 그런 모형을 만들 수 있는 사람이 있다고 생각하지도 않는다. 앞으로 수십 년 동안의 전 세계 인구와 자본, 환경의 미래에 대해서 정확하게 '짚어서 예측'할 수는 없다. 어느 누구도 그 정도까지 많은 정보를 가진 사람은 없다. 어느 누구도 그렇게 할 수 없다고 믿을 만한 충분한 이유들이 있다. 지구촌의 체계는 끔찍할 정도로 복잡하다. 그 체계를 구성하는 수많은 핵심 요소들 가운데 측정할 수 없는 채 남아 있는 것들이 많다. 어떤 요소들은 어쩌면 절대 측정할 수 없을지도 모른다. 인간은 복잡한 생태 순환에 대해서 매우 한정된 부분만 알고 있다. 더군다나 인간은 관찰하고 적응하고 배우고 고르고 목표를 바꿀 줄 알기 때문에 근본적으로 지구촌 체계의 앞날을 예측하는 것은 불가능하다.

따라서 우리가 세계에 대한 모형을 만들 때 그것은 앞으로 일어날 상황을 족집게처럼 정확하게 예측하기 위해서가 아니라 오히려 이 지구 체계가 어떤 방향으로 흘러갈지 폭넓게 전망하기 위한 것이다. 우리의 목표는 인간에게 어떤 선택을 해야 할지 알려주고 그것에 영향력을 미치는 것이다. 이 목표를 달성하기 위해 반드시 미래를 정확하게 예측해야 하는 것은 아니다. 우리에게 무엇보다 중요한 일은 지구 체계가 지속 가능한 방향으로 갈 수 있는 가능성을 높이면서 다른 한편으로 지구의 붕괴 가능성을 줄이는 정책들이 무엇인지 찾아내는 것이다. 어떤 현자가 있어서 앞으로 어떤 재난이 발생할지 미리 안다면 당연히 그것을 막을 조치를 취함으로써 재난의 가능성은 스스로 소멸하고 말 것이다. 아무튼 이 모든 이유 때문에 우리는 개별적인 숫자보다는 전체적인 형태나 양식을 주목하기로 했다. 우리는 월드 3가 바로 이처럼 앞으로 일어날 수 있는 재난을 미리 알고 막는 구실을 하기를 바란다.

우리는 이런 목표를 달성하기 위해 어떤 특정한 공을 공중에 던졌을 때 그것이 정확하게 어떤 궤적을 그릴지 예측하기 위해 필요한 정보들이 아니라, 불특정한 공들을 공중에 던졌을 때 (또는 경제가 성장하고 인구가 증가할 때) 그것들이 과연 그 뒤에 어떻게 움직일지 알기 위해 필요한 정보들을 월드 3에 입력했다.

우리가 주목하는 것은 앞으로 수십 년 동안 무슨 변화가 일어날지에 관한 것이다. 따라서 우리는 근본적으로 아주 오랜 세월 동안 환경에 잔류하는 지속성 유해 물질이 일으키는 오염 문제에 대해서 관심을 집중했다. 지속성 오염이란 농업과 산업 과정에서 발생하는 인체와 농작물에 악영향을 미칠 수 있는 화학 합성물과 금속의 장기적인 축적을 말한다. 우리는 그러한 오염이 직접적으로 해를 끼치기 전에 얼마 동안 지체 현상이 있다는 것을 모형에 적용했다. 예를 들어, 살충제가 지하수에 스며들어 환경에 영향을 미치거나, 염화불화탄소(CFCs)분자가 늘어나서 오존층을 파괴하거나, 수은이 강으로 씻겨 들어가서 물고기의 체내에 축적되기까지는 어느 정도 시간이 걸린다. 자연은 일정 기간 동안 대다수 오염 물질들을 자체적으로 정화할 수 있지만 그 기간이 지나면 이러한 자연의 자정 과정은 점점 힘을 잃는다. 우리는 이러한 사항도 월드 3에 입력했다. 월드 3는 이러한 지속성 오염 물질들이 공유하는 광범위한 특징들을 모두 고려하지만 PCB, CFCs, DDT, 여러 가지 중금속과 방사성 폐기물의 개별적 특성들을 따로 구분하지 않는다.

우리가 월드 3에 적용한 수치들은 우리가 발견할 수 있는 최선의 데이터들이지만 많은 것들이 광범위한 영역에 걸쳐 불확실한 것 또한 사실이다. 모형을 만드는 사람들은 모형에 적용되는 중요한 숫자들에 의문이 생기면 여러 가능성들을 두고 폭넓게 검증한다. 그들은 불확실성의 범위 안에 있는 어떤 추정치들이 서로 다른 중요한 결론을 도출하는지 세밀하게 검토한다. 예를 들면, 우리는 지질학자들의 데이터를 이용해서 지하에 남아 있는 재생 불가능한 자원의 매장량에 대해서 최선의 판단을 내렸다. 그 과정에서 지질학자들의 데이터가 오류는 없는지, 우리가 그들의 데이터를 잘못 해석한 것은 아닌지를 검증하기 위해 그 데이터들을 반으로 줄이거나 두 배로 만들어서 월드 3가 과연 다른 결론을 내는지도 확인했다. 우리는 월드 3에 존재하는 (그리고 우리가 아직까지 알지 못하지만 분명히 있을 것이라고 믿는) 불확실성과 단순성 때문에 월드 3가 만들어내는 인구와 오염, 자본, 식량 생산과 관련된 자세한 예측 숫자들에 대해서는 신뢰하지 않는다.

우리는 월드 3의 중요성이 무엇보다도 인간 사회에서 일어나는 중요한 변화들의 인과 관계를 잘 설명하는 데 있다고 생각한다. 월드 3 모형이 추구하는 총체적인 방향은 어떤 정확한 숫자를 뽑아내는 것이 아니라 바로 이러한 상호 연관성들을 찾아내는 것이다. 따라서 우리는 월드 3가 창출해내는 역학적 행동 양식들을 절대적으로 신뢰한다. 우리는 앞으로 2100년까지 일어날 것으로 예상되는 11가지 시나리오들을 제시할 것이다. 이 시나리오들은 앞으로 인구와 산업, 기타 관련 요소들이 계속해서 성장할지, 정체할지, 성장과 하락을 오락가락할지, 아니면 붕괴할지, 그리고 그렇게 된다면 어떤 조건 아래서 그렇게 될 지에 대한 매우 중요한 통찰과 원칙들을 밝혀줄 것이다.

월드 3의 구조

대체 여기서 말하는 상호 연관성이란 무엇을 말하는 것일까? 상호 연관성은 앞서 2장에서 설명한 인구와 자본의 피드백 순환 고리들에서 시작한다. 이러한 순환 고리들은 〔그림 4-4〕에서 다시 재현된다. 여기서 출생률이 증가하고 투자가 늘어나는 양의 순환 고리가 우세하면 인구와 자본은 기하급수적으로 늘어날 수 있다. 하지만 사망률과 자본의 상각률이 증가하는 음의 순환 고리가 대세를 이룬다면 인구와 자본이 급격하게 늘어날 가능성은 줄어든다. 또 그 순환 고리들이 균형을 이룬다면 인구와 자본은 일정한 수준을 유지할 것이다.

〔그림 4-4〕처럼 피드백 순환을 나타내는 그림에서 화살표는 단순히 한 변수가 물질이나 정보의 흐름을 따라서 다른 변수에 영향을 끼침을 가리킨다. 여러분은 우리가 표시한 피드백 순환들을 보고 그에 대한 가정을 각자 나름의 방식으로 해석할 수 있다. 예를 들면, "산업 자본이 증가하면 산업 산출물에 영향을 미칠 것이다. 산업 산출물의 변화는 투자의 변화를 이끈다. 투자 행태가 바뀌면 그것은 산업 자본의 비축량에 영향을 미칠 것이다"라고 말할 수 있다. 하지만 이 그림에서 영향력의 종류와 크기는 나타나지 않는다. 물론 그것들은 월드 3을 구성하는 여러 수학 방정식에 자세하게 명기되어야 한다. 그 영향력이 흘러가는 방향은 시계 방향이든 그 반대 방향이든 전혀 차이가 없다. 중요한 것은 순환 고리들이 어떻게 구성되어 있는가이다.

그림에 나오는 네모 상자들은 비축량을 의미한다. 이것들은 인구나 공장 수, 오염처럼 어떤 유의미한 물질적 축적량을 말할 수 있다. 또는 지식이나 소망, 기술력처럼 손으로 만질 수 없는 무형의 축적량을 말할 수도

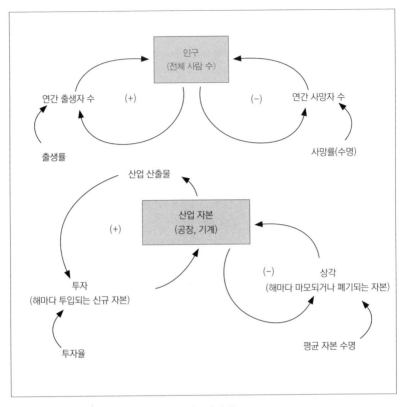

〔그림 4-4〕 인구와 자본 증가를 관할하는 피드백 순환

월드 3의 중요한 피드백 순환은 인구 증가와 산업 자본의 증가를 관할한다. 출생과 투자를 수반하는 두 가지 양의 피드백 순환은 인구와 자본의 기하급수적 증가를 유발한다. 사망과 자본 상각을 수반하는 두 가지 음의 피드백 순환은 이러한 기하급수적 증가를 억누른다. 다양한 피드백 순환들의 상대적 힘은 시스템 안에 있는 다른 많은 요소들의 영향을 받는다.

있다. 한 시스템에서 비축량은 대개 천천히 변한다. 그것은 대개 비교적 장기간에 걸쳐 물질이나 정보와 대응하기 때문이다. 각 순간의 비축량의 크기는 과거 전반에 걸쳐서 어떤 물질이나 정보의 유입량에서 유출량을 뺀 순 축적량을 나타낸다. 공장 수, 사람 수, 오염 물질의 양, 지하에 남아 있는 재생 불가능한 자원의 양, 개발지 면적을 비롯해서 다른 모든 것은 월드 3에 들어 있는 중요한 비축량 데이터들이다. 이러한 데이터들은 모의 실험을 할 때마다 월드 3 모형이 지닌 한계와 가능성을 결정한다.

이 그림에 나온 피드백 순환 고리들은 양의 순환이라면 (+)로 표시된다. 이러한 자기 강화형 순환 고리들은 기하급수적으로 증가하거나 감소한다. 하지만 (-)로 표시되는 음의 피드백 순환 고리들은 목표를 향해서 변화의 방향을 반대쪽으로 돌리거나 적어도 시스템이 균형을 이루게 한다.

월드 3에서 인구와 자본이 서로 영향을 끼치는 방식 가운데 일부를 〔그림 4-5〕에서 볼 수 있다. 산업 자본은 산업 산출물을 생산한다. 산업 산출물은 화학 비료나 살충제, 양수기처럼 농사에 투입되는 농업 투입물을 비롯해서 여러 종류의 산업 생산품들을 포함한다. 1인당 식량 생산량이 바랐던 것보다 아래로 떨어지면 농업 투입물들은 증가할 것이다. 기준이 되는 1인당 식량 생산량은 지구 전체 인구를 먹여 살리기 위한 시장 수요와 시장 이외의 프로그램에 필요한 식량을 모두 합한 것의 추정량이며 그것은 사회의 산업화 수준과 함께 변한다. 농업 투입물과 경작지 면적은 식량 생산량을 결정하는 데 도움을 준다. 또한 식량은 오염의 영향을 받는데 오염은 산업 활동뿐 아니라 농업 활동의 결과이기도 하다. 1인당 식량 생산량과 오염 수준은 인구의 수명에 영향을 미친다.

〔그림 4-6〕은 월드 3에서 인구, 산업 자본, 사회 서비스 자본, 재생 불가능한 자원이 서로 어떻게 연결되어 있는지 보여준다. 산업 산출물 가운데 일부는 주택, 학교, 병원, 은행 혹은 그것들과 관련된 지식이나 기술 같은 사회 서비스 자본의 형태를 띤다. 이것은 사회 서비스 부문에 투자되어 사회 서비스 자본의 수준을 높인다. 사회 서비스 자본을 인구로 나누면 1인당 평균 사회 서비스 수준이 나온다. 보건 서비스는 인구의 사망률을 줄

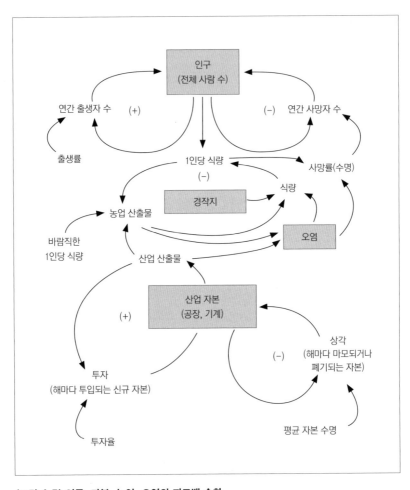

[그림 4-5] 인구, 자본, 농업, 오염의 피드백 순환

인구와 산업 자본의 상호 연관성 가운데 일부는 농업 자본, 경작지, 오염의 영향을 받는다. 각각의 화살표는 인과 관계를 나타내는데 각 모형에 포함된 가정들에 따라 즉각 영향을 미칠 수도 있고 한 동안 지체 현상이 있은 뒤 영향을 미칠 수도 있으며, 영향력의 크기도 크거나 작을 수 있다. 또한 양의 순환이 될 수도 있고 음의 순환이 될 수도 있다.

인다. 교육과 산아 제한 서비스는 출산을 줄여서 출생률을 낮춘다. 또한 1 인당 산업 산출물이 늘어나면 (얼마 동안 지체 현상이 있은 뒤) 고용 형태가

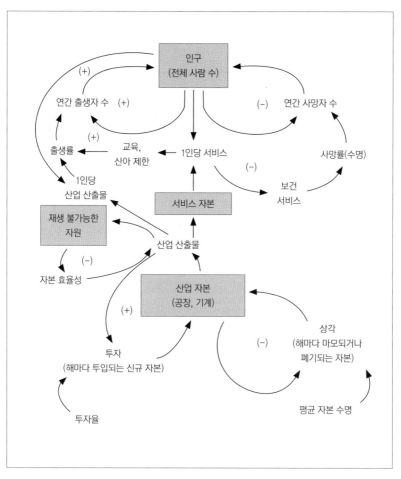

〔그림 4-6〕 인구, 자본, 사회 서비스, 자원의 피드백 순환

인구와 산업 자본은 (보건, 교육 서비스 같은) 사회 서비스 자본과 재생 불가능한 자원의 수준에 따라 영향을 받기도 한다.

변하면서 출산율이 낮아진다. 어떤 사회든 산업화 과정에서 양육비 증가와 대가족에 따른 복지 혜택의 축소를 경험한다. 따라서 사회가 바라는 가족 규모는 작아지고 그로 인해 출생률은 낮아진다.

산업 산출물의 각 단위는 재생 불가능한 자원을 쓴다. 월드 3에서는 다른 조건들이 변함이 없다고 할 때 기술이 발전하면 할수록 산업 생산 단위당 필요한 자원량은 점점 줄어든다. 그러나 산업체는 무無에서 물질 제품들을 생산할 수 없다. 재생 불가능한 자원이 감소할수록 자원을 개발할 때 들어가는 자본의 효율성도 감소한다. 즉, 자원 한 단위가 산업 부문에 전달하는 자원의 양은 점점 줄어든다. 또 자원이 자꾸 소비되면서 땅속에 매장되어 남아 있는 자원의 품질도 점점 떨어진다고 가정한다.

자원은 점점 더 깊은 곳에 매장되어 있고 실제로 그것을 사용할 곳과는 점점 더 멀리 떨어지게 마련이다. 이것은 지하에 매장된 구리 1톤과 원유 1배럴을 캐내고 정제하고 수송하는 데 필요한 자본과 에너지의 양이 점점 더 많아짐을 의미한다. 이런 추세는 단기적으로 기술의 발전에 의해 상쇄될 수 있다. 하지만 장기적으로는 물질적 성장력을 약화시킬 것이다.

남아 있는 자원과 그것들을 얻기 위해 들어갈 자본의 양 사이의 관계는 매우 비선형적이다. 둘 사이의 관계를 나타내는 곡선의 모양은 〔그림 4-7〕과 같다. 이 도표는 다양한 품질 등급의 철과 알루미늄을 채굴하고 정련하는 데 필요한 에너지의 양을 보여준다. 에너지는 자본이 아니다(광물을 채굴하는 데 실제로 들어가는 자본의 양은 가늠하기 어렵). 그러나 그 일을 수행하는 데 들어가는 에너지의 양은 거기에 들어가는 자본의 양을 측정하는 데 중요한 암시를 준다. 원광석의 등급이 낮을수록 최종 자원 1톤을 뽑아내는 데 채굴해야 할 원광석의 양은 더욱더 많아진다. 그 원광석은 더 잘게 부서져야 한다. 그리고 원광석에 들어 있는 광물들을 더욱 세밀하게 분류해야 한다. 따라서 처분해야 할 부스러기 원광석들도 더 늘어난다. 이 모든 작업은 기계가 해야 한다. 다른 조건들이 모두 동일하다면 자원을 생산하는 과정에 소요되는 에너지와 자본의 양이 많아질수록 다른 경제

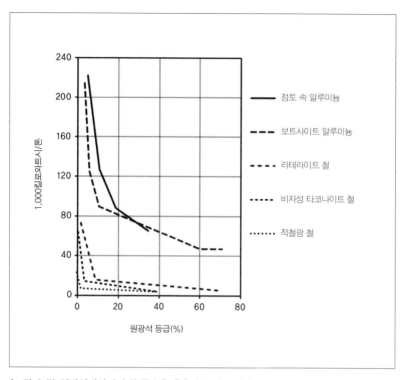

〔그림 4-7〕 원광석에서 순수한 금속을 추출하는 데 들어가는 에너지

원광석에 함유된 금속 성분이 감소하면 할수록 원광석을 정련하는 데 소요되는 에너지의 양은 점점 더 커진다(출처: N. J. 페이지, S. C. 크리시).

부문에 투자되어야 할 자본이 점점 줄어든다.

월드 3에 전제된 가정들을 모두 보여주면서 그 가정들 사이의 모든 상호 연관성을 나타내는 그림은 월드 3 시디롬으로 재생할 수 있는데 그 안에는 11가지 예측 시나리오 하나하나에 대한 매우 자세한 정보들이 들어 있다. 그러나 월드 3 모형이 어떻게 돌아가는지 알고 각 시나리오들을 평가하기 위해서 반드시 그것들 사이의 연관성을 모두 이해할 필요는 없다. 그냥 월드 3 모형의 가장 중요한 특징 몇 가지만 이해하면 된다.

- 성장 과정
- 한계
- 지체
- 침식 과정

우리는 2장에서 이미 인구 증가와 자본의 성장 과정을 설명했다. 3장에서는 '현실 세계'에 존재하는 여러 가지 환경의 한계에 대해서 많은 정보를 보았다. 이제 우리는 월드 3에 표현된 한계들을 설명할 것이다. 그런 다음에 우리의 컴퓨터 모형에 적용된 지체 현상과 침식 과정을 설명할 것이다.

이후 논의 과정에서 반드시 명심해야 할 중요한 문제는 우리가 검토하고 있는 컴퓨터 모형과 '실제' 인구와 경제 사이에 유사점이나 차이점이 있는지, 있다면 어떤 조건 아래서 그런지를 아는 것이다. 사람들은 대개 그것들을 자기 자신의 심성 모형을 통해서 이해한다. 거기에 어떤 차이점이 있다면 여러분은 모형을 만드는 사람들이 언제나 직면하는 문제들과 대면할 것이다. 여러분 자신의 심성 모형과 월드 3 모형, 이 두 가지 가운데 어떤 것이 미래를 예측하는 데 더 유용할 것 같은가? 여러분이 그 문제를 푸는 데 도움을 줄 수 있는 어떤 기준이 있는가? 컴퓨터 모형이 더 유용해 보인다면 그 까닭은 무엇인가? 여러분의 심성 모형과 통합해서 지구의 여러 문제들을 이해하고 그것들에 대해서 효과적인 조치를 취할 수 있게 만드는 월드 3 모형의 특징들은 무엇인가?

한계와 한계 제거

　기하급수적으로 성장하는 경제는 자원을 고갈시키고 각종 폐기물들을 방출하며 땅에서 더 이상 재생 가능한 자원을 생산할 수 없게 만든다. 이러한 상황이 한정된 자연환경 안에서 계속 진행될수록 점점 확대되는 경제는 강한 압박을 받기 시작한다. 이러한 압박은 더 이상 사회가 성장할 수 없는 지점에 이를 때까지 한동안 점점 더 심해진다. 자연환경은 그에 따라 경제에 여러 가지 형태로 많은 신호를 보내기 시작한다. 대수층이 줄어들면서 물을 길어 올리는 데 들어가는 에너지는 점점 더 많아지고 따라서 새로 경작지 1헥타르를 개발하는 데 드는 비용은 계속 늘어난다. 그리고 무해하다고 생각했던 배기가스가 지구에 큰 피해를 입힌다는 것이 입증되고 지구의 자연 체계는 갑작스런 오염의 증가로 자기 치유 능력을 점점 잃고 만다. 하지만 이러한 비용의 증가가 실제로 현실에서는 화폐 가격의 인상으로 즉각 모습을 드러내지는 않는다. 시장 가격은 불환지폐 발행이나 보조금 지급 같은 방식으로 인하되거나 여러 가지 다른 방식으로 왜곡될 수 있기 때문이다. 이렇게 자연이 보내는 신호와 압력들은 시장 가격의 상승으로 그것들이 더욱 강화되든 안 되든 음의 피드백 순환에서 중요한 요소로서 작용한다. 그것들은 인간 경제가 자연환경의 제약 요소들과 서로 조화를 이룰 것을 요구하는 것이다. 말하자면, 이러한 신호와 압력들은 지구의 자원 기반과 폐기물 처리 능력을 약화시키는 생태발자국의 증가를 멈추게 하려는 자연의 노력이다.

　월드 3에는 지구의 자원 기반과 폐기물 처리 능력과 관련된 한계들 가운데 극히 일부분만 들어 있다('현실 세계'에는 훨씬 더 많은 한계들이 있다). 그 한계들은 모두 기술, 인간 사회의 조치, 목표의 변화, 모형 세계 안에서

의 선택에 따라 더 늘어날 수도 있고 줄어들 수도 있다. 지구의 자원 기반
과 폐기물 처리 능력과 관련된 한계들 가운데 월드 3의 기본 모형에 들어
있는 한계들은 다음과 같다.

- 경작지는 어떤 형태로든 농사짓는 모든 토지를 말한다. 우리는 지구상에서
  경작할 수 있는 땅이 모두 합해서 최대 32억 헥타르라고 추정한다. 토지 개발
  에 대한 투자에 따라 경작지도 늘어난다. 〔그림 4-2〕에서 본 것처럼 새로운
  토지 개발 비용은 점점 증가하는데 가장 접근성이 좋고 비옥한 땅부터 먼저
  개발된다. 경작지는 토양 침식이나 도시화, 산업화 과정에서 줄어든다. 토양
  침식은 토지 관리 비용이 증가하면 줄 수도 있다.

- 토지 산출력(지력)은 식물 성장을 지탱하는 토양의 타고난 능력이다. 토질, 토
  양의 깊이, 함수(含水) 능력, 토양 구조를 종합해서 말한다. 우리는 1990년에
  토지 산출력이 화학 비료를 뿌리지 않고도 해마다 1헥타르(의) 땅에서 곡물
  600킬로그램을 생산하기에 충분하다고 추정했다. 토지 산출력은 일부분 산
  업 농업의 투입물 때문에 발생하는 오염으로 약화된다. 토지 산출력의 저하
  로 휴경 중인 토지는 20년이 지나야 본래 산출력의 절반 정도를 회복할 수 있
  다고 한다. 유기질 비료를 주거나 콩과 식물을 심거나 퇴비 같은 것을 뿌리는
  노력이 선행되면 지력을 회복하는 기간이 훨씬 더 빨라질 수 있다.

- 토지 단위당 생산성은 토지 산출력과 오염 정도, 화학 비료와 같은 산업 투입
  물의 투여 정도, 기술 수준에 따라 다르다. 산업 투입물은 생산성을 올리지만
  나중에는 다시 생산성을 떨어뜨린다. 즉 화학 비료 1킬로그램을 추가로 뿌리
  면 그전에 1킬로그램을 뿌렸을 때보다 생산성이 떨어진다. 우리는 처음에 산
  업 투입물을 토지에 투여했을 때 자연 그대로의 상태보다 최대 7.4배 정도 생
  산성을 높일 수 있다고 가정한다(무려 740퍼센트 증가라는 것을 주목하라.

그것도 생산성이 높은 일부 토지가 아니라 모든 논밭에 투입한다고 가정한다). 우리는 산업 투입물을 훨씬 더 많이 투입했을 때도 그런 높은 생산성을 지속할 수 있는지 검증할 수도 있다.

- 재생 불가능한 자원에는 광물, 금속, 화석 연료들이 있다. 월드 3은 1900년부터 모의실험을 시작하는데 이들 재생 불가능한 자원의 공급량은 1900년에 실제로 채굴한 양보다 7,000배 이상 많은 것으로 추정한다.[7] 가장 매장량이 풍부하고 접근하기 쉬운 곳이 가장 먼저 채굴되며 그다음부터는 채굴에 투자되는 비용이 계속해서 증가하는 것으로 가정한다.

- 땅의 오염 처리 능력은 월드 3에 적용된 또 다른 한계이다. 이것은 장기적으로 악영향을 미치는 유해 물질들을 격리하거나 변환시켜 더 이상 환경에 피해를 주지 못하게 하는 여러 종류의 자연 정화 과정을 말한다. 우리가 여기서 주목하는 유해 물질들은 유기 염소, 온실가스, 방사성 폐기물들이다. 우리는 이 한계를 환경의 동화 작용 반감기—자연 과정이 현존하는 오염을 절반 수준으로 낮추는 데 걸리는 시간—라고 표현한다. 물론 플루토늄 동위원소와 같은 일부 유해 물질들은 반감기가 거의 무한정이다. 하지만 여기서는 매우 낙관적인 수치들을 적용했다. 우리는 1970년에 반감기를 1년이라고 가정했다. 따라서 지속성 오염 수준이 1970년보다 250배 높아진다면 반감기는 10년으로 늘어날 것이다. 이것은 양적으로 무엇보다도 가장 이해하기 힘든 한계이다. 심지어 개별 오염 물질 각각에 대해서도 그렇다. 따라서 지속성 유해 물질 전체에 대한 땅의 오염 처리 능력이 어디까지인지는 분명하게 파악하기 힘들다.

다행히도 우리가 지속성 유해 물질들의 제거 문제에 대해서 가정한 것들은 월드 3 모형에서 그다지 중요하지 않다. 이 유해 물질들이 월드 3의 다른 부분에 있는 변수들에 미치는 영향이 별로 크지 않기 때문이다. 우리는 오염이 축적되어서 2000년의 오염 수준보다 5배 증가한다면 인간 수명이 2퍼센트 가까이 줄어든다고 추정했다. 하지만 우리가 예측한 11가지 시나리오에서는 지속성 오염이 2000년보다 5배 늘어난 것이 하나도 없었다. 지속성 오염이 5배로 늘어난다면 극단적인 경우에 토지 산출력은 해마다 10퍼센트 이상씩 감소한다. 그러나 그러한 감소는 토지를 되살리기 위한 투자로 상쇄될 수 있다. 우리는 월드 3에서 나온 다른 추정치들이 어떤 영향을 미칠지 알기 위해 그 추정치들을 검증한다.

'현실 세계'에는 관리하기 힘들고 사회적 제약을 받는 한계들을 포함해서 여러 종류의 한계들이 많다. 그것들 가운데 일부는 월드 3에 나오는 숫자들 속에 함축되어 있다. 월드 3 모형의 계수들은 지난 100년 동안 '실제' 세계 역사에서 나온 것들이기 때문이다. 그러나 월드 3에는 전쟁이나 노동 쟁의, 부정부패, 마약 중독, 범죄, 테러 행위 들이 나타나지 않는다. 월드 3에서 모의실험되는 표본 집단은 인지된 문제들을 풀기 위해 최선을 다할 뿐, 정치권력이나 인종 편견에 대한 갈등 또는 부정부패에 따른 영향을 전혀 받지 않는다. 월드 3는 수많은 사회적 한계들의 영향을 받지 않기 때문에 지구의 미래에 대해서 지나치게 낙관적인 그림을 그린다.

예컨대 아직 발견되지 않은 채 지하에 매장되어 있는 재생 불가능한 자원의 양을 우리가 잘못 예측한다면 어떻게 될까? 우리가 추정한 수치가 실제 수치의 절반뿐이라면, 또는 2배이거나 10배 이상이라면 어떻게 될까? 인간 집단에 해를 끼치지 않고 오염을 흡수할 수 있는 땅의 '실제' 자정 능력이 1990년 배기가스 배출 비율보다 10배 더 큰 것이 아니라 50배나 500배 더 크다면 (또는 0.5배 더 크다면) 어떻게 될까? 산업 생산 단위당 오염 물질 배출량을 줄이는 (또는 늘리는) 기술이 개발된다면 어떻게 될까?

컴퓨터 모형은 그러한 의문들에 답하기 위해 만든 도구이다. 우리는 그러한 문제들을 적은 비용으로 빨리 검증하기 위해 컴퓨터 모형을 쓴다. 이러한 '만약에 그렇다면 어떻게 될까?'라는 의문들은 모두 검증 가능하다. 예를 들면, 우리는 월드 3에 나오는 한계 수치들을 엄청나게 높게 설정할 수도 있고 그것들이 기하급수적으로 증가한다고 프로그램을 짤 수도 있다. 우리는 실제로 그렇게 했다. 모든 물질적 한계들이 아무 비용도 들어가지 않고 잠재적이고 실제로 즉각적인 충격에 제약받지 않으면서 오류도 없는 완벽한 가상의 기술들 덕분에 월드 3 체계에서 효과적으로 제거된다고 가정할 때 인간 경제는 엄청난 성장을 거듭하는 것으로 실험 결과가 나온다. [그림 4-8]에 나오는 시나리오 0는 그때 무슨 일이 일어날지 잘 보여준다.

[그림 4-8]에 나타난 시나리오 0는 다음에 나오는 가정들 아래서 월드 3에 적용된 수치들을 바꿔서 실행한 결과이다.

- 산업 산출물 한 단위를 생산하는 데 필요한 재생 불가능한 자원의 양은 연간 5퍼센트로 무한정 급감한다. 즉 사회가 자원의 효율성을 높이려고 애쓰는 한, 재생 불가능한 자원의 사용량은 15년마다 50퍼센트씩 감소하는 셈이다.
- 산업 생산물 한 단위가 발생시키는 오염의 양은 원한다면 연간 5퍼센트로 무한정 급감한다.
- 산업 투입물 한 단위당 농업 생산량은 연간 5퍼센트로 무한정 급증한다. 식량 증산 노력을 계속하는 한 15년마다 두 배씩 늘어나는 셈이다.
- 이 모든 기술의 발전은 사회가 그 기술의 필요성을 인정하면 추가로 자본을 투입하지 않고 그 기술을 실제로 적용하는 데 2년밖에 안 걸리면서 (최초 모형에서는 20년으로 상정) 전 세계 경제에 영향을 끼친다.

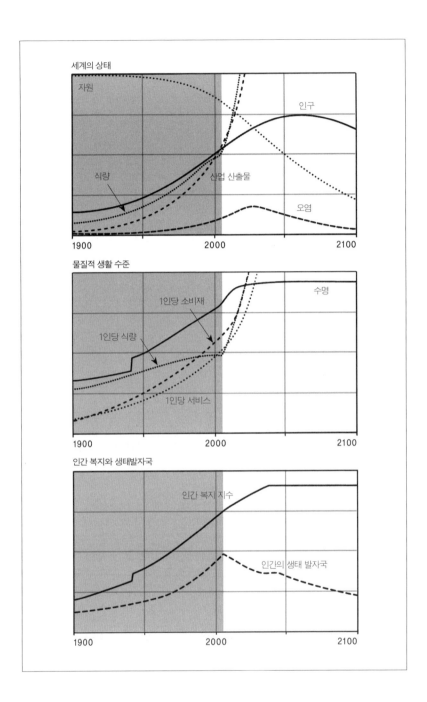

세계의 상태

자원

식량

인구

산업 산출물

오염

1900   2000   2100

물질적 생활 수준

1인당 소비재

1인당 식량

수명

1인당 서비스

1900   2000   2100

인간 복지와 생태발자국

인간 복지 지수

인간의 생태 발자국

1900   2000   2100

- 월드 3에서는 경작지의 4분의 1이 인간의 거주지로 사라진다고 가정한다. 그리고 인구 과밀이 인간 수명에 부정적 영향을 끼치지 않는다.
- 농업 산출량은 더 이상 오염 때문에 크게 줄어들지 않는다.

이 시나리오에서 인구 증가 속도는 느려지고 최대 90억 명 수준에서 안정되다가 그 뒤부터는 서서히 감소한다. 전 세계 인구가 인구통계학적 천이를 경험할 정도로 충분히 부유해지기 때문이다. 전 세계 인구의 평균 수명은 80살 안팎에서 안정화된다. 2080년 평균 농업 생산량은 2000년보다 거의 6배 늘어난다. 산업 산출량은 도표의 곡선이 꼭대기까지 폭증한다. 그것은 마침내 매우 높은 수준에 이르면 심각한 노동력 부족으로 증가를 멈춘다. 그러한 산업 산출량을 관리하고 운영하는 데 드는 산업 자본이 2000년보다 40배나 증가하는데 노동력은 1.5배밖에 늘어나지 않기 때문이다. (우리는 자본을 사용하는 노동자의 생산 능력이 기하급수적으로 빠르게 증가한다고 가정함으로써 그러한 한계도 제거할 수 있다.)

2080년 세계 경제는 2000년보다 산업 산출량은 30배, 식량 생산은 5배 더 늘어날 것이다. 이러한 결과를 성취하기 위해서 21세기 처음 80년 동안에 20세기 한 세기 동안 축적한 산업 자본보다 40배 많은 자본을 축적했다. 〔그림 4-8〕에 나타난 세계는 그러한 자본 팽창을 이루는 동안 재생 불가능한 자원의 사용을 조금씩 줄이고 오염 물질 방출을 2000년과 비교해

〔그림 4-8〕 시나리오 0: 무한대 투입, 무한대 산출

월드 3 체계의 모든 물질적 한계가 제거된다면 인구는 90억 명 가까이 치솟고 인구통계학적 천이는 서서히 감소하기 시작한다. 경제는 2080년까지 성장을 계속해서 2000년 산업 생산 수준보다 30배 더 높은 수준에 이르는 반면에 재생 불가능한 자원의 연간 사용량은 같음에도 불구하고 연간 오염 물질 배출량은 8분의 1밖에 안 된다.

월드 3 시나리오 읽는 법

이 책의 4, 6, 7장에서 우리는 월드 3가 생성해낸 11가지 '컴퓨터 실행 결과', 즉 예측 시나리오들을 제시한다. 각각의 시나리오들은 동일한 월드 3 모형 구조 안에서 만들어진다. 그러나 우리는 각 시나리오에서 '현실 세계'의 변수들에 대한 서로 다른 추정치들을 검증하거나, 향후 기술 발전에 대한 낙관적 전망을 감안하거나, 서로 다른 정책이나 윤리 체계, 목표를 선택할 때 무슨 일이 일어날지 알기 위해 몇몇 수치들을 바꾼다.

우리는 새로운 시나리오에서 검증하고자 하는 변화를 수행했을 때 시간이 흐르면서 서로에게 영향을 끼치는 월드 3에 있는 200개가 넘는 방정식들 사이의 상호 작용들을 다시 계산한다. 컴퓨터는 1900년부터 2100년까지 6개월마다 각 변수들을 새로 계산한다. 그러면 월드 3는 각 시나리오별로 8만 개가 넘는 수치들을 내놓는다. 여기서 이 모든 정보를 재생할 까닭은 없다. 개별 숫자들을 따로 분리해서 보면 아무 의미가 없다. 따라서 우리는 월드 3가 예측한 결과를 이해하고 다른 사람들에게 그 내용을 전달하기 위해서 전체 결과를 극도로 단순화한다.

우리는 인구, 오염, 천연자원과 같은 몇몇 핵심 변수들의 값을 시간의 흐름에 따라 도표에 간단하게 표시한다. 이 책에서는 각 시나리오마다 이러한 도표를 세 가지씩 보여준다. 도표 형식은 모든 시나리오가 동일하다. 첫 번째 도표는 '세계의 상태'로 다음과 같은 지표들의 전 세계 총합을 보여준다.

1. 인구
2. 식량 생산량
3. 산업 산출량
4. 상대적 오염도

5. 남아 있는 재생 불가능한 자원

두 번째 도표는 '물질적 생활 수준'으로 다음과 같은 지표들의 전 세계 평균값을 보여준다.

6. 1인당 식량 생산량
7. 1인당 사회 서비스
8. 평균 수명
9. 1인당 상품 소비량

세 번째 도표는 '인간 복지와 생태발자국'으로 두 가지 세계 지표들의 값을 보여준다.

10. 인간의 생태발자국
11. 인간 복지 지수

세로축은 모두 0으로 시작한다. 우리는 비교를 쉽게 하기 위해서 각 변수의 세로축 눈금자를 모든 시나리오에서 동일하게 유지했다. 하지만 각 변수의 세로축 값은 모두 뺐다. 모의실험한 시간대별 각 좌표의 정확한 값은 실제로 아무 의미가 없기 때문이다. 또한 동일한 도표 위에 있는 변수들이지만 그것들도 각자 서로 다른 단위의 축척으로 좌표에 표시된다는 점을 주의하라. 예를 들어, 1인당 식량 생산량 규모는 1인당 연간 곡식 소비량 0킬로그램에서 1,000킬로그램으로 표시되는 데 반해 인간 수명의 크기는 0살에서 90살까지로 표시된다.

도표에서 숫자로 표시된 값은 아무 의미도 없기 때문에 한 시나리오에서 다른 시나리오로 바뀔 때 도표의 곡선이 어떻게 변화하는지 주목해야 한다. 그러나 갑자기 폭락한 곡선을 보여주는 시나리오에서는 그 곡선이 정점에서 벗어나 하락하기 시작하는 지점 이후의 곡선의 모양에 대해서는 어떤 의미도 부여하지 않는다. 각 시나리오는 2100년까지 예측한다. 하지만 우리는 어떤 중요한 요소가 붕괴되기 시작한 지점 이후에는 다른 요소들이 어떤 행동 양식을 보이든 그것들에 대해서 아무 설명도 하지 않는다. '현실 세계'에서는 인구가 갑자기 줄거나 산업이 붕괴하면 많은 중요한 관계들이 바뀌고 따라서 우리가 월드 3에 적용했던 많은 가정들이 타당성을 잃을 것이 분명하다.

컴퓨터는 우리가 시나리오를 생성할 때마다 1900년과 2100년 사이에 6개월 간격으로 모든 모형 변수들의 값을 저장한 자세한 데이터 표를 만든다. 이 표들은 엄청난 양의 매우 세밀한 데이터들을 제공한다. 예를 들어, 시나리오 0에 있는 표를 보면 전 세계 인구가 2065.0년에 최대 88억 7,618만 6,000명에 이른다는 것을 알 수 있다. 지속성 오염 지수는 2000년에 3.150530에서 2026.5년에 최대 6.830552로 높아진다. 즉, 그 기간 동안에 2.1680배 증가하는 셈이다. 하지만 그러한 숫자들은 대개 아무 쓸모없는 정보들이다. 월드 3가 생성해낸 미래의 수치나 데이터들은 어떤 것도 다섯 자리 수의 정밀성을 보장하지 않는다. 우리는 무엇보다도 미래에 대한 폭넓은 전망을 예측하는 데 관심이 있다는 것을 잊지 말라.

따라서 우리가 주목하는 것은 몇 가지 핵심 변수들이며 오직 소수의 핵심 문제들에 대해서만 의문을 제기한다. 다가올 세기 동안 어떤 변수들이 성장을 멈출까? 그 변수들은 또 얼마나 빨리 성장하거나 하락할까? 어떤 변수가 시나리오에 적용된 가정들 때문에 더 빠르게 또는 더 느리게 성장할까? 어떤 정책을 쓰면 더 좋은 결과가 나올까?

시나리오별로 이러한 질문들에 대한 해답을 전하고자 한다면 컴퓨터가 내놓은 결과를 두 가지 규칙에 입각해서 크게 단순화해야 한다. 여기에 표시되는 시간 간격은 아주 단순화해서(5.0은 10으로 반올림한다) 이를테면 2016, 2032.5, 2035가 아니라 2020, 2030, 2040으로 표시한다. 특정한 변수의 값과 두 수치 사이의 비율도 반올림한 값으로 표시한다. 따라서 위에 나온 시나리오 0에 대해서 설명할 때 "전 세계 인구는 2070년에 최대 90억 명에 이른다. 지속성 오염 지수도 2000년에 3에서 2030년에 최대 7로 높아진다. 즉 그 기간 동안에 2배 증가하는 셈이다"라고 표현할 것이다. 때로는 이런 규칙들이 데이터 사이에 사소한 불일치를 야기하는 것처럼 보일 것이다. 하지만 그런 것들은 개의치 않아도 된다. 그것은 용인될 수 있는 오차들이기 때문에 우리들이 월드 3 모형에서 얻는 핵심 내용에 아무런 영향을 미치지 못한다.

서 8배 정도 낮춘다. 2000년에서 2080년 사이에 인간 복지는 25퍼센트 증가하고 생태발자국은 40퍼센트 감소한다. 마침내 2100년이 되면 생태발자국은 지속 가능한 수준 아래로 감소하며 안정화된다.

어떤 사람들은 이런 종류의 시나리오를 믿는다. 아니 그러기를 바라거나 그렇게 예측하기를 즐긴다. 우리는 특정 국가나 경제 부문, 산업 과정에서 뛰어난 효율성을 보여준 사례들이 늘어났다는 것을 안다. 앞서 3장에서 그런 사례들을 언급했다. 우리는 앞으로 효율성이 심지어 100배까지 더 높아질 수 있기를 바란다. 하지만 3장에서 제시된 데이터를 보면 지구 전체 경제가 그렇게 빨리 그런 결과를 얻을 것이라고는 전혀 생각할 수 없다. 비록 실제로 아무 것도 이렇게 급격한 변화를 막을 수 없다고 할지라도, 오늘날 자본 설비의 수명—차량, 건물을 비롯한 세계 경제를 구성하는 각종 기계 장치들을 교환하거나 갱신하는 데 걸리는 기간—과 엄청난 신규 자본을 매우 신속하게 창출할 수 있는 기존 자본의 능력을 보노라면 이러한 '비물질화' 시나리오가 가능할 것이라고 믿을 사람은 없을 것이다. 더군다나 '현실 세계'에서는 정치와 관료주의에서 발생하는 여러 가지 제약들 때문에, 가격 체계가 그러한 시나리오를 가능하게 하는 데 필요한 기술들이 시장에 이익이 된다는 신호를 보내지 못함으로써 이러한 무한대 시나리오가 현실로 이루어지기는 더욱 어렵다.

우리가 이 시나리오를 여기에 포함시킨 것은 그것이 '현실 세계'의 미래상 가운데 하나라고 믿어서가 아니라 월드 3라는 모형의 예측 작업이 과연 어떤 것인지 잘 이해할 수 있도록 해주기 때문이다.

이 시나리오는 월드 3 모형의 구조에서 인구에 대한 제약 요소는 자기 제어가 가능하지만 자본에 대한 제약 요소는 자기 제어가 불가능하다는 것을 보여준다. 이 시나리오에서는 1인당 산업 산출량이 매우 많아지면 전 세계 인구는 안정 상태를 이루다가 서서히 감소하기 시작한다. 그러나 '현실 세계'에서는 부자들이나 부강한 나라들이 더욱더 부유해지려고 하는 욕심을 버리지 않는다. 따라서 월드 3에 적용된 정책들에는 자본가들은 무한정 부를 추구하며 소비자들은 언제나 소비를 늘리려고 한다는 가정이 밑바닥에 깔려 있다. 이러한 가정들은 7장에 나오는 정책 방향에서 바뀔 수 있고 바뀔 것이다.

〔그림 4-8〕은 컴퓨터 모형의 가장 유명한 원리 가운데 하나를 보여준다. '쓸데없는 것을 입력하면 쓸데없는 것이 나온다(GIGO. Garbage In, Garbage Out)' 모형에 현실과 안 맞는 가정들을 입력하면 거기서 나오는 결과도 현실과 안 맞는다. 컴퓨터는 여러분이 입력한 가정들에 대해서 논리적으로 합당한 결론을 내놓지만 그 가정들이 옳고 그른지는 판단하지 않는다. 경제 성장으로 산업 자본이 40배나 더 늘어나고 물질적 성장을 제

한하는 한계는 더 이상 없으며 기술의 발전이 전 세계 자본 설비로 확산되는 데 추가 비용도 들이지 않고 2년밖에 걸리지 않다고 가정하면, 월드 3는 생태발자국을 줄이면서 동시에 무한정 경제가 성장할 수 있다는 결론을 내놓을 것이다. 하지만 이러한 시나리오에서 무엇보다도 중요한 문제는 그 시나리오를 구성하는 최초의 가정들을 믿을 수 있느냐 없느냐이다.

우리는 [그림 4-8] 이면에 있는 가정들을 믿지 않는다. 이 시나리오는 전혀 실현될 수 없는 기술적 이상향을 보여준다. 따라서 우리는 이 시나리오를 '무한대 투입, 무한대 산출(IFI-IFO, Infinity In, Infinity Out)'이라고 부른다. 좀 더 '현실에 맞는' 가정들을 모형에 적용한다면 어떤 시스템이든 성장하는 과정에서 그것을 둘러싼 물질적 한계들의 저항에 직면한 행동 양식을 보여주기 시작한다.

한계와 지체

성장을 추구하는 어떤 물리적 실체는 오직 자신을 제약하는 한계가 어디에 있는지 정확하고 즉각적인 신호들을 받을 때만, 또 그런 신호들에 신속하고 정확하게 반응할 때만 성장 속도를 늦추고 서서히 그 한계들과 보조를 맞추다 마침내 성장을 멈춘다(S자형 성장)([그림 4-9b]).

당신이 차를 운전하고 가다가 바로 앞에 있는 신호등이 빨강색으로 바뀌는 것을 본다고 가정하자. 정상적이라면 당신은 차를 신호등 앞까지 천천히 몰고 가 멈출 것이다. 당신의 시각이 신호등이 어디에 있는지 신속하고 정확하게 신호를 보내고, 당신의 두뇌가 그 신호에 신속하게 반응해서 당신의 발이 차의 브레이크 페달을 밟도록 명령을 내리고 차는 평소 이해

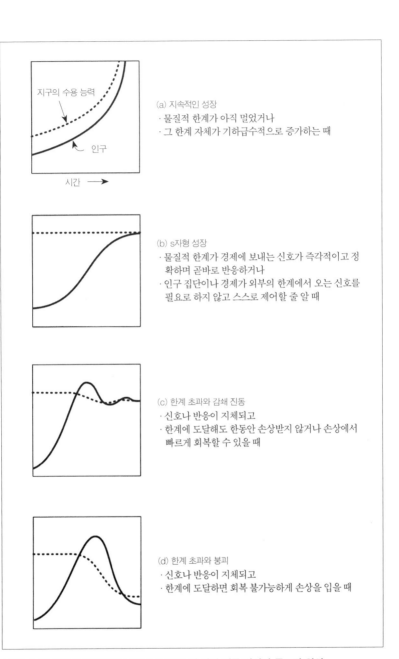

지구의 수용 능력

인구

시간 ⟶

(a) 지속적인 성장
· 물질적 한계가 아직 멀었거나
· 그 한계 자체가 기하급수적으로 증가하는 때

(b) s자형 성장
· 물질적 한계가 경제에 보내는 신호가 즉각적이고 정확하며 곧바로 반응하거나
· 인구 집단이나 경제가 외부의 한계에서 오는 신호를 필요로 하지 않고 스스로 제어할 줄 알 때

(c) 한계 초과와 감쇄 진동
· 신호나 반응이 지체되고
· 한계에 도달해도 한동안 손상받지 않거나 손상에서 빠르게 회복할 수 있을 때

(d) 한계 초과와 붕괴
· 신호나 반응이 지체되고
· 한계에 도달하면 회복 불가능하게 손상을 입을 때

[그림 4-9] 월드 3 모형에서 나타날 수 있는 네 가지 행동 양식의 구조적 원인

하는 방식으로 밟은 브레이크에 즉각 반응하기 때문이다.

그러나 안개가 자욱하게 끼어 자동차 앞 유리가 보이지 않아 신호등이 어디에 있는지 옆 사람의 지시를 따라야 한다면 옆 사람과 대화하느라 약간 지체하는 사이에 (속도를 늦추지 않는다면) 신호등을 그냥 지나칠 수도 있다. 옆에 탄 사람이 거짓말을 하거나, 당신이 그의 말을 듣지 않거나, 브레이크를 밟고 차가 멈추기까지 2분이 걸리거나, 도로가 빙판이라서 예상치 않게 수백 미터를 더 가서 멈춘다면 당신은 신호등을 지나치고 말 것이다.

어떤 시스템은 피드백 신호가 지체되거나 왜곡되는 바람에, 또는 그 신호가 무시되거나 부정되는 바람에, 또는 잘못 적용되는 바람에, 또는 일정한 지체가 있은 뒤에야 비로소 시스템이 작동하는 바람에 그것을 둘러싼 한계들과 정확하고 안정되게 균형을 이루지 못할 수 있다. 이러한 조건들 가운데 어느 하나라도 관련이 있다면 그 성장을 추구하는 실체는 너무 늦게 방향 수정을 하거나 시기를 놓치는 상황에 직면할 것이다([그림 4-9c, d]).

우리는 앞서 월드 3에 있는 정보 지체와 반응 지체들 가운데 일부에 대해서 설명했다. 오염 물질이 생물권에 방출되는 시기와 그것이 인간의 건강과 식량 공급에 실제로 해를 입히는 시기 사이에 지체가 발생하는 것이 바로 그러한 지체들 가운데 하나이다. 지표면에 방출된 CFCs 분자가 성층권의 오존층을 파괴하기 시작하기까지 10년에서 15년 정도 걸린다는 사례가 있다. 정책 시행의 지체 문제도 또한 중요하다. 문제를 처음 발견해서 모든 중요한 관련자들이 그 문제에 대해 동의하고 문제 해결을 위해 행동 계획을 승인하기까지 대개 몇 년이 걸린다. 이러한 지체 문제는 다음 장에서 설명한다.

이러한 지체의 한 예가 폴리염화비페닐(PCBs)의 환경 침투 사례이다. 1929년부터 산업계는 PCBs이라고 부르는 안정되고 불에 타지 않는 유성 화학 물질을 약 200만 톤 정도 생산했다.[8] 그것들은 주로 전기 축전기에서 나는 열을 방산하는 용도로 쓰지만 유압유나 윤활유, 내화재, 페인트와 광택제 성분, 잉크, 복사지, 살충제 원료로도 썼다. 사람들은 이 화학 물질이 환경에 미칠 영향에 대해서는 전혀 생각하지 못한 채 40년 동안 쓰레기 매립지와 도로변, 하수구, 물속에 마구 버렸다. 덴마크의 연구자 조렌 옌센은 1966년 이정표가 될 만한 한 연구에서 우리 환경에 얼마나 많은 DDT가 침투해 있는지 추적하다가 PCBs도 마찬가지로 광범위하게 침투해 있다는 사실을 발견했다.[9] 그때부터 다른 연구자들이 거의 모든 지구 생태계에서 PCBs을 발견했다.

PCBs은 대개 물에는 잘 안 녹고 지방에는 잘 녹는다. 그리고 환경에 매우 오랫동안 잔류한다. 또 대기를 통해 신속하게 이동하지만 토양이나 강과 호수의 퇴적물을 통해서는 느리게 이동한다. PCBs은 어떤 생명체에 침투해서 체내 지방 조직에 축적되었다가 먹이 사슬을 따라 이동하면서 점점 더 많이 농축된다. 따라서 육식성 물고기와 바닷새, 포유류, 인체의 지방질과 모유에서 가장 농도가 높은 PCBs을 발견할 수 있다.

PCBs이 인간과 다른 포유류들의 건강에 미치는 영향은 오랜 시간에 걸쳐 아주 서서히 나타난다. PCBs은 각자 다른 영향을 미치는 209가지 관련 성분들이 서로 밀접하게 얽혀 있기 때문에 이야기를 풀어나가기가 매우 힘들다. 하지만 아무리 그렇다 하더라도 일부 PCBs이 체내의 호르몬 분비를 교란시키는 요소로 작용한다는 것은 점점 더 분명해지고 있다. 그것들은 에스트로겐 같은 일부 호르몬들의 활동은 촉진시키고 갑상선 호르몬 같은 다른 호르몬들의 활동은 막는다. 그 결과, 새, 고래, 북극곰, 인간

PCBs은 지구 생태계 거의 모든 지역에 고루 분포해 있다. 강이나 바다 같은 수계는 대기에 있는 PCBs의 주요 원천이다. (……) PCBs 잔류물은 강이나 호수, 해양 퇴적물에서도 발견되었다. (……) 오대호 생태계를 종합적으로 연구한 결과 PCBs 잔류물의 생물 농축이 먹이 사슬에 침투한 것을 알아냈다.

—환경 캐나다, 1991년

북극에 있는 해양 포유류의 신체 조직 성분을 오랫동안 관찰해온 결과 거기서 DDT와 PCBs 같은 유기 염소가 발견되었다. (……) 이누이트 족 여성의 모유에 함유된 PCBs의 농도는 지금까지 알려진 것 가운데 가장 높다. (……) 그들이 주로 많이 먹는 물고기와 해양 포유동물이 아마도 PCBs을 체내에 축적시키는 주요 통로가 아닐까 생각한다. (……) 따라서 PCBs과 같은 유독 성분은 이누이트 족 어린이들의 면역 체계를 파괴해서 전염병에 걸리게 할 가능성을 높이는 구실을 할 수 있다.

—E. 드와일리, 1989년

[네덜란드의 바덴 해 갯벌 습지 생태계 보호 구역에서] 가장 높은 농도의 PCBs을 섭취하는 바다표범들의 수태 성공률이 매우 크게 감소했다. (……) 바다표범들이 수태에 실패하는 것은 오염 지역에 서식하는 물고기들을 잡아먹는 것과 관련이 있다. (……) 이러한 발견은 밍크를 가지고 실험한 결과와도 일치한다. 그 실험에서 PCBs이 생식 기능을 해친다는 사실이 밝혀졌다.

—P. J. H. 레인더스, 1986년

을 비롯해서 내분비 체계를 가진 포유류들은 신진대사 작용과 행동을 제어하는 복잡한 신호 체계에 혼란이 온다. 특히 태아가 자라는 동안에는 호르몬 분비를 교란시키는 성분이 아주 조금이라도 농축될 경우 엄청난 피해를 입을 수 있다. 그것은 자라고 있는 유기체를 곧바로 죽일 수 있으며 신경 체계를 비롯해서 지능, 생식 기능까지 모두 손상시킬 수 있다.[10]

PCBs은 아주 느리게 이동하고 매우 오랫동안 잔류하면서 먹이 사슬의 상층부에서 축적되기 때문에 사람들은 그것을 "생물학적 시한폭탄"이라고 부른다. 1970년대부터 여러 나라에서 PCBs의 제조와 사용을 금지하고 있지만[11] 아직도 엄청난 양이 환경에 남아 있다. 지금까지 생산된 PCBs의 총량 가운데 많은 부분이 아직도 사용되고 있거나 버려진 전기 장치에 남아 있다. 많은 나라에서는 유해 폐기물법을 만들어 이런 노후 PCBs 제품들을 땅에 묻거나 그것의 분자 구조를 파괴해서 생태계에 영향을 주지 못하게 소각 처리하여 없애고 있다. 1989년에 그때까지 제조된 모든 PCBs의 30퍼센트가 이미 환경으로 방출된 것으로 추정되며, 그중에 오직 1퍼센트만이 바다에 도달했다. 나머지 29퍼센트는 토양, 강, 호수로 분산 유입되었다. 아마도 거기서 수십 년에 걸쳐 살아 있는 생물의 체내로 이동했을 것이다.[12]

[그림 4-10]은 화학 물질이 토양을 통해서 지하수로 서서히 유입되는 오염 지체의 또 다른 사례를 보여준다. 토양 소독제 1, 2-디클로로프로펜(dichloropropene, DCPe)은 1960년대부터, 사용이 금지된 1990년까지 네덜란드에서 감자와 구근 작물을 재배할 때 엄청 많이 쓰였다. DCPe은 1, 2-디클로로프로판(dichloropropane, DCPa)이라는 오염 물질을 보유하고 있는데 과학자들의 말에 따르면 이것은 지하수에 유입되면 영원히 제거할 수 없다고 한다. 어느 강 유역에서 시험한 결과, 지금까지 토양 속에 녹

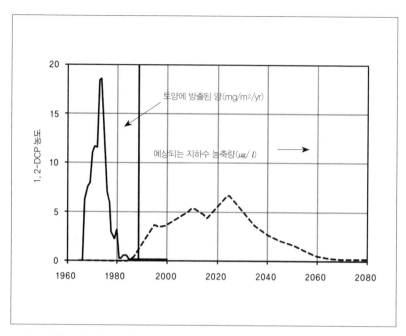

〔그림 4-10〕 오랜 세월에 걸친 1, 2-디클로로프로핀(DCP)의 지하수 유입

토양 소독제 DCP은 1970년대에 네덜란드에서 널리 사용되다 점차 제한되더니 1990년 마침내 완전히 금지되었다. 그 결과, 경작지의 표토에 농축된 DCP이 빠르게 감소했다. 그러나 1991년에 지하수에 농축된 DCP을 계산한 결과 2020년이 되어야 비로소 농축량이 정점에 이를 것이라고 나왔다. 21세기 중반 이후에도 지하수에는 여전히 많은 양의 DCP이 농축되어 있을 것이다(출처: N. L. 반데 누트).

아든 DCPa이 지하수로 스며들었다가 거기서 눈에 띄게 농축된 상태로 나타나려면 2010년이 지나야 한다고 추정됐다. 그런 다음 지하수는 적어도 한 세기 동안 오염되고 현재 유럽연합의 식수 기준보다 50배나 높은 DCPa을 농축할 것으로 예상되었다.

이것은 네덜란드에만 해당되는 문제가 아니다. 미국에서도 1977년에 DCP을 농사짓는 데 사용하지 못하도록 금지했다. 그러나 워싱턴 주 살충제 감시 프로그램은 1988년과 1995년 사이에 11개 지역을 집중 조사한

결과 243곳에서 인간의 건강을 해칠 정도로 농축된 화학 물질들을 발견했다.[13]

월드 3에서 지체 현상을 보이는 또 다른 영역은 인구 집단의 연령 구조와 관련이 있다. 최근에 높은 출생률을 보이는 인구 집단은 노년층보다 청년층이 훨씬 더 많다. 따라서 출생률이 떨어진다고 해도 청년층이 출산할 나이에 이르는 수십 년 동안 인구는 계속해서 늘어난다. 한 가구당 아이 수가 줄어들어도 가구 수는 늘어난다. 이러한 '인구 증가 추이' 때문에 전 세계 인구의 출생률이 2010년에 인구를 보충해야 할 수준(한 가구당 평균 두 명의 아이)으로 낮아진다고 해도 인구는 2060년까지 계속해서 늘어날 것이고 모두 약 80억 명이 되어야 비로소 안정화될 것이다.

'현실 세계'에서는 여러 가지 더 많은 지체 현상들이 있다. 재생 불가능한 자원은 수 세대에 걸쳐 점점 줄어들다가 마침내 고갈되어 심각한 경제 상황을 초래할 수 있다. 산업 자본은 하룻밤 사이에 축적될 수 없다. 만일 그런 상황이 도래하면 그것은 수십 년 동안 계속될 것이다. 정유 공장이 순식간에 트랙터 제조 공장이나 병원으로 바뀔 수는 없는 노릇이다. 하다못해 정유 공장을 좀 더 효율적으로 돌리고 오염 배출을 줄이게 하기 위해서도 많은 시간이 걸린다.

앞서 말한 것들을 포함해서 월드 3의 피드백 순환 고리들도 여러 가지 지체 현상들이 있다. 우리는 오염 물질의 방출과 그것이 시스템에 미치는 영향을 인지하는 시점 사이에 지체가 일어난다고 생각한다. 또 남녀가 가족 규모에 대한 자신들의 결정을 전적으로 믿고 조정하고 유아 사망률이 바뀌기까지 대강 한 세대 정도의 지체가 있을 것이라고 본다. 월드 3에서는 자본 투자가 할당되고 새로운 자본 설비가 건설되고 식량이나 사회 서비스의 부족에 완벽하게 대응하기까지 대개 수십 년이 걸린다.

토지 산출력이 되살아나고 오염을 자기 정화할 수 있는 능력이 복원되는 데도 많은 시간이 걸린다.

세계 경제 체제의 성장 과정에서나 볼 수 있을 것 같은 점진적인 S자형 성장은 가장 단순하고 명백한 물질적 지체 현상들만으로도 이미 기대하기 어렵다. 자연의 한계가 보내는 신호들을 인간이 깨닫기까지 걸리는 지체 현상 때문에 만일 한계가 스스로 제어될 수 없다면 한계 초과는 불가피하다. 하지만 이론적으로 한계 초과는 감쇄 진동으로 갈 수도 있고 붕괴 국면으로 갈 수도 있다.

한계 초과와 감쇄 진동

자연의 한계가 성장을 추구하는 실체에게 보내는 경고 신호들이 중간에 지체된다면, 또는 그 신호들에 대한 반응이 지체된다면, 그리고 환경이 과도한 압박을 받았는데도 손상되지 않는다면 그 실체는 한동안 한계를 초과하다가 자기 조절 과정을 거쳐 한계 아래로 잦아들고 다시 한계를 초과하는 과정을 반복하면서 한계 안에서 서서히 안정된 균형 상태를 찾아갈 것이다([그림 4-9c]).

한계 초과와 감쇄 진동은 환경이 한계를 초과해서 심한 압박을 받는 동안에도 그다지 심각한 피해를 입지 않거나 한계 아래로 떨어진 동안에 스스로 신속하게 피해를 복구할 수 있을 때만 발생한다.

삼림, 토양, 물고기, 지표수 같은 재생 가능한 자원은 한계를 초과하면 줄어들 수 있지만 스스로 복원할 수 있는 능력이 있다. 이러한 자원은 과도하게 사용되더라도 그 규모가 영양소 공급원이나 종자군, 대수층의 피해가 회복 불가능할 정도로 크지 않거나 그 피해를 견뎌낼 수 있을 정도라면 다시 원상태로 돌아갈 수 있다. 삼림은 적절한 시간, 토양, 종자, 기후만 마련된다면 다시 울창하게 자랄 수 있다. 물고기 개체군은 서식지와 먹이 공급원만 파괴되지 않는다면 다시 복원될 수 있다. 토양도 특히 농부들만 적극 협조한다면 금방 복원될 수 있다. 또 환경의 자기 조절 기능이 심하게 손상되지 않은 한 자연에 축적된 여러 종류의 오염 물질도 줄어들 수 있다.

따라서 한계 초과와 감쇄 진동이라는 행동 양식은 세계 시스템에 중요한 시사점을 던진다. 일부 자원들을 생산하는 지역에서 이런 행동 양식들이 나타났다. 예를 들면, 뉴잉글랜드에서는 어느 시점에서 제재소가 급격하게 늘어나는 바람에 그 지역의 삼림이 지속 가능하게 목재를 제공할 수 없게 된 적이 여러 차례 있었다. 그런 일이 일어날 때마다 결국 상업용 목재 공급은 고갈되고 제재소들은 문을 닫아야 했다. 그러다 수십 년이 흘러 삼림이 복원되면 제재소들은 삼림이 수용할 수 있는 한계를 넘어서 다시 많아졌다. 노르웨이 연안 어업은 물고기 부족으로 적어도 한 차례 고기잡이를 중단했다. 물고기 개체군이 다시 복원될 때까지 정부가 어선을 사들이고 고기잡이를 금지했기 때문이다.

한계 초과와 감쇄 진동의 하락 국면은 무척 힘든 시기이다. 함부로 마구 써서 부족해진 자원에 대한 의존도가 높은 산업은 어려운 고통의 시기를 맞이할 수 있다. 심각한 오염에 노출된 집단은 건강상 큰 피해를 입을 수도 있다. 이렇게 오락가락하는 감쇄 진동은 될 수 있으면 피하는 것이 가장 좋다. 하지만 그것은 최소한 시스템에 치명적인 영향을 주지는 않는다.

한계 초과는 그것이 야기하는 피해가 회복할 수 없을 정도로 클 때 파멸로 이어진다. 멸종된 종은 다시 되살릴 수 없다. 화석 연료는 그것을 사용하는 순간 바로 이 세상에서 영원히 사라진다. 방사성 폐기물과 같은 일부 오염 물질들은 어떠한 자연 과정을 통해서도 무해한 물질로 바꿀 수 없다. 지질학 연구에 따르면 기후가 크게 바뀔 경우, 기온과 강수 유형은 인간 사회가 존재하는 동안에는 다시 정상으로 돌아오지 않을 것이다. 심지어 재생 가능한 자원과 지구의 오염 처리 능력도 지속적으로 철저하게 오용되거나 혹사된다면 영원히 파괴될 수 있다. 열대 삼림이 다시 복원되지 못할 정도로 심각하게 파괴되고, 바닷물의 염분이 민물 대수층에 스며들고, 토양이 유실되어 바닥돌만 남고, 산성화된 토양이 거기에 함유된 중금속 성분을 쏟아낼 때 지구의 수용 능력은 영원히 또는 적어도 인간이 영원하다고 생각하는 기간 동안 한계를 드러낼 것이다.

따라서 한계 초과와 감쇄 진동은 인류가 성장의 한계에 직면해서 나타날 수 있는 유일한 자연의 행동 양식이 아니다. 또 다른 가능성이 한 가지 더 있다.

한계 초과와 붕괴

자연의 한계가 보내는 신호나 반응이 지체되고 환경이 과도한 압력을 받아 돌이킬 수 없을 정도로 무너져 내린다면 경제는 성장을 수용할 수 있는 한계를 뛰어넘어 자원을 공급하는 근원을 파괴하면서 붕괴하고 말 것이다(그림 4-9d).

한계 초과와 붕괴는 영원히 회복하기 어려울 정도로 환경을 망가뜨린다. 또 환경이 과도한 압력을 전혀 받지 않았을 때보다도 훨씬 더 낮은 물질적 생활 수준을 초래한다.

한계 초과에 따른 감쇄 진동과 붕괴의 차이는 한계 초과 때문에 발생하는 피해가 시스템 안에서 반복되느냐 마느냐이다. 양의 피드백 순환 과정은 가장 최악의 상황에 발생한다. 그 과정은 정상일 때는 잠복해 있다가 상황이 악화되면 모습을 드러내며 시스템을 끊임없이 파괴한다. 방목 가축의 수는 포식자의 위협, 계절에 따른 이동, 질병에 의해 조절된다. 생태계는 아무런 피해도 입지 않는다. 그러나 포식자들이 갑자기 사라지거나 계절에 따른 이동을 할 수 없게 되거나 방목지가 지나치게 넓어지면 방목 가축들은 너무 많이 늘어나서 풀뿌리까지 먹지 않을 수 없다. 그것은 급격한 붕괴를 초래할 수 있다.

땅에서 자라는 식물이 줄어들면 들수록 토양을 보호해줄 식물도 줄어든다. 토양을 보호해줄 식물이 줄어들면 토양은 바람에 날리거나 비에 씻겨 유실되기 시작한다. 토양이 유실되면 식물도 더 자랄 수 없다. 식물이 자라기 힘들어지면 토양은 점점 더 많이 유실된다. 이렇게 계속하다 보면 토지 산출력은 점점 하강 곡선을 그리다가 마침내 방목 지역을 사막으로 만들고 만다.

월드 3에는 이렇게 피해가 반복되는 경우가 여러 사례 있다. 예를 들면 다음과 같다.

- 사람들은 식량이 부족하면 더욱 집중적으로 농사를 짓는다. 따라서 장기간에 걸쳐 토양 관리에 많은 돈을 투자하지만 단기간에 그보다 더 많은 식량을 생산한다. 그래서 토양 산출력이 낮아지면 식량 생산은 훨씬 더 감소한다.
- 더 많은 산업 산출물을 필요로 하는 문제들이 나타날 때—예를 들면, 오염 문제를 해결하려면 오염 방제 장치가 필요하고, 기아를 해결하려면 더 많은 농업 투입물이 필요하고, 자원 부족을 해결하려면 새로운 자원 개발과 가공 과정이 필요하다—사람들은 가용 자본을 기존의 산업 자본 설비를 유지 보

수하는 데 쓰기보다는 당장의 문제를 해결하는 데 쓸 수 있다. 만일 기존의 산업 자본 설비가 줄어들기 시작하면 미래에 생산할 산업 산출물은 훨씬 더 줄어든다. 산출물의 감소는 설비의 유지 보수를 더 뒤로 미루고 산업 자본 축적 규모를 더 줄어들게 할 수 있다.

- 경제가 하락하면 1인당 사회 서비스도 감소한다. 산아 제한 예산의 축소는 결국 출생률 상승을 초래할 수 있다. 이것은 인구 증가를 유발하고 1인당 사회 서비스는 훨씬 더 감소한다.

- 오염 수준이 너무 높아지면 환경의 오염 자정 능력이 망가질 수 있다. 따라서 오염 흡수율은 낮아지고 오염 축적률은 훨씬 더 높아진다.

마지막 사례에서 자연이 스스로 오염 물질을 흡수 처리하는 오염 자정 능력의 손상 체계는 평소에는 거의 겉으로 드러나지 않는다. 따라서 30여 년 전 우리가 처음 월드 3을 설계했을 때는 거의 입증되지 않았던 현상이다. 당시에 우리는 농약을 강이나 바다에 무단 방류해서 유기성 폐기물을 정화하는 미생물을 죽이거나 질소산화물과 휘발성 유기 화학물을 대기에 방출해서 그 둘이 더욱 치명적인 광화학 스모그를 만드는 것과 같은 상호작용만을 생각했다.

하지만 그 뒤로 지구의 오염 조절 능력을 파괴하는 또 다른 사례들이 밝혀졌다. 그 가운데 하나가 일산화탄소처럼 대기를 청소하는 히드록실라디칼을 없애는 단기성 대기 오염 물질들의 영향력이다. 이 히드록실라디칼은 온실가스인 메탄과 만나면 메탄을 파괴한다. 대기 오염이 공기 중의 히드록실라디칼을 제거하면 메탄 농축량은 당연히 늘어난다. 단기성 대기 오염은 대기의 오염 자정 능력을 파괴함으로서 장기적으로 기후 변화를 악화시킬 수 있다.[14]

대기 오염 물질은 삼림의 기능을 약화시키거나 파괴함으로써 온실가스인 이산화탄소를 제거하는 능력을 떨어뜨리기도 한다. 또 대기 오염 물질이 끼치는 세 번째 악영향은 화학 비료나 산업용 배기가스 방출에 따른 토양 산성화의 결과이다. 정상적인 산성도를 가진 토양은 오염 물질을 스스로 흡수한다. 정상 토양은 유독성 금속 성분을 한데 묶어서 격리시켜 강이나 지하수로 흘러가지 못하게 하고 살아 있는 유기체로 흡수되는 것을 막는다. 하지만 토양 산성화가 심해지면 그런 구실을 하지 못한다. W. M. 스티글리아니는 1991년에 이 과정을 다음과 같이 설명했다.

> 토양이 산성화되면 오랫동안 끊임없이 축적된 유독성 중금속 성분이 지하수와 지표수로 흘러들어 침전되거나 식물의 체내로 흡수될 수 있다. 산성 침전물에 의해 유럽의 토양이 점점 더 산성화하는 것이 중금속 오염의 가장 근원적인 문제이다.[15]

'현실 세계'에는 월드 3에 포함된 것 말고도 환경에 심각한 손상을 입히는 양의 피드백 순환 고리들이 많다. 우리는 지금까지 물리적, 생물학적 체계에 심각한 손상을 유발할 수 있는 가능성에 대해서 얘기했다. 지금까지 설명한 것과는 전혀 다른 한 사례는 사회 질서를 무너뜨릴 수도 있다. 한 국가의 지배층이 불균등한 복지 격차를 문제로 생각하지 않을 때 그들은 권력을 이용해서 자신들의 배를 채우고 빈부 격차를 확대할 수 있다. 이러한 불평등은 중산층을 좌절시키고 분노하게 만들어 지배층을 향해 저항하도록 이끌 수 있다. 중산층의 저항은 혼란을 초래할 것이고 결국 지배층은 그 저항을 진압하려고 할 것이다. 무력 진압은 지배층을 일반 국민들과 더욱 멀어지게 만들고 권력자들은 자신들과 일반 대중들 사이의 큰 격차를 정당화하는 윤리와 가치를 확대 생산한다. 소득 격차가 늘어나고 분노와 좌절도 커진다. 이것은 더 큰 억압을 야기할 수 있다. 마침내 혁명이나 대혼란이 올 수도 있다.

어떤 종류의 붕괴 기제든 그것을 수량화하는 것은 어렵다. 붕괴는 다양한 힘들이 상호 작용하는 전체 시스템과 관련된 현상이기 때문이다. 따라서 붕괴는 과중한 압박을 받고 있을 때만 나타난다. 붕괴 상황이 명백해지면 그것을 막는 것은 쉽지 않다. 하지만 이러한 불확실성에도 불구하고 우리가 분명하게 말할 수 있는 것이 있다. 어떤 시스템이든 손상될 수 있는 잠재성이 있으면 그것이 과도한 압력을 받을 경우 붕괴할 수 있다.

지역 차원에서 한계 초과와 붕괴는 사막화, 광물이나 지하수 고갈, 지속성 유독 폐기물에 의한 농지와 삼림지의 황폐화, 특정한 생물의 멸종 과정에서 볼 수 있다. 버려진 농장, 황폐한 탄광 도시, 폐기된 산업 쓰레기는 모두 이러한 시스템 행동 양식의 '현실'을 보여준다.

지구 전체 차원에서 한계 초과와 붕괴는 기후를 조절하고 공기와 물을 정화하고 생물량(어떤 환경 내에 현존하는 생물의 총수—옮긴이)을 복원하고 생물다양성을 보존하고 쓰레기를 영양소로 바꾸는 자연을 지탱하는 거대한 순환 체계의 붕괴를 의미할 수 있다. 1972년 우리의 연구 결과가 처음 발표되었을 때 대다수 사람들은 인간이 지구 전체 차원에서 자연 과정을 혼란에 빠뜨릴 수 있다는 것을 깨닫지 못했다. 이제 그것은 신문의 1면 기사 제목이며 과학 학술 모임의 주요 의제이고 국제 협상의 대상이다.[16]

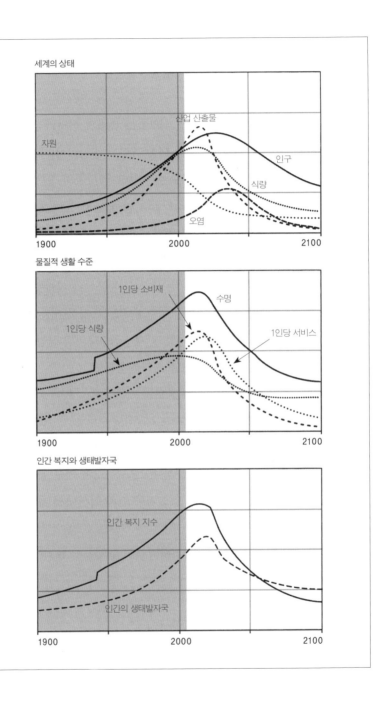

세계의 상태

산업 산출물

자원

인구

식량

오염

1900   2000   2100

물질적 생활 수준

1인당 소비재

수명

1인당 식량

1인당 서비스

1900   2000   2100

인간 복지와 생태발자국

인간 복지 지수

인간의 생태발자국

1900   2000   2100

월드 3: 가능한 두 가지 시나리오

월드 3 모형의 세계가 추구하는 가장 중요한 목표는 성장이다. 월드 3에서 인구 집단은 오직 경제적으로 매우 풍요로워졌을 때만 성장을 멈출 것이다. 경제도 한계에 다다를 때만 성장을 멈춘다. 자원은 과도한 사용으로 점점 줄어들다 고갈된다. 이러한 결정 사항을 연결하고 알리는 피드백 순환 고리들엔 기본적으로 지체 현상이 일어나고 기존에 진행되던 물질적 과정은 상당 기간 그 여세를 그대로 유지한다. 따라서 대부분의 모형 세계가 보여주는 행동 양식이 한계 초과와 붕괴가 될 수밖에 없다는 것은 자명한 사실이다.

〔그림 4-11〕의 시나리오 1의 도표는 20세기 후반에 평균적으로 나타난 세계의 상태를 '현실적으로' 설명하는 수치들을 어떤 특별한 기술이나 정치적 가정 없이 '있는 그대로' 모의실험했을 때 월드 3가 어떤 행동 양식을 나타내는지 보여준다. 우리는 1972년에 그것을 '기준 시나리오'라고 불렀다. 하지만 그렇다고 그것을 지구의 가장 가능성 있는 미래상이라고 생각하지 않았다. 분명히 말하지만 그것은 미래를 예측하기 위해서 제시된 것이 아니다. 그러나 많은 사람들은 이 '기준 시나리오'를 다음에 나올 다른 시나리오들보다 훨씬 중요하다고 생각했다. 우리는 이제 사람들이 다시는 그런 오해를 하지 않도록 하기 위해 그것을 그냥 '기준점'이라고 부를

〔그림 4-11〕 시나리오 1: 기준점

세계 사회는 20세기 내내 특별한 정책 변동 없이 전통적인 방식대로 나아간다. 인구와 생산은, 접근하기 어려운 재생 불가능한 자원이 점점 늘어나면서 성장이 중단되기 전까지는 늘어난다. 자원의 흐름을 관리하기 위해서는 점점 더 많은 투자가 필요하다. 마침내 다른 경제 영역들에 투자할 기금의 부족 때문에 산업 제품과 사회 서비스 양쪽에서 모두 산출량이 감소한다. 따라서 식량과 보건 서비스가 감소하면서 수명은 줄고 평균 사망률은 늘어난다.

것이다. 그리고 각 시나리오는 숫자로 표시할 것이다. 그래서 이것은 그냥 시나리오 1이다.

시나리오 1에서 인간 사회는 주요 정책의 변화가 없는 한 매우 전통적인 길을 따라 나아간다. 시나리오 1은 광범위한 영역에 걸쳐 우리가 이미 알고 있는 20세기 역사의 전철을 그대로 따라간다. 식량과 산업 제품의 생산, 사회 서비스 공급은 명백한 수요 증가와 축적된 가용 자본의 증가에 따라 늘어난다. 당장의 경제적 이유 말고는 오염을 줄이거나 자원을 보존하고 토지를 보호하기 위해 어떤 특별한 노력도 기울이지 않는다. 시나리오 1의 세계는 인구통계학적 천이를 이겨내고 산업 경제를 발전시키려고 애쓴다. 이 세계는 사회적 부문이 성장하면서 보건의료와 산아 제한의 혜택을 폭넓게 베푼다. 농업 부문도 성장하면서 농업 투입물의 증가에 맞춰 농업 생산량도 크게 증가한다. 또 산업 부문이 성장하면서 오염 물질의 방출도 늘어나고 재생 불가능한 자원의 수요도 늘어나지만 산업 생산량은 전보다 훨씬 더 많이 늘어난다.

시나리오 1에서 인구는 1900년에 16억 명에서 2000년에 60억 명으로 늘고 2030년에는 70억 명이 넘는다. 전체 산업 산출량은 1900년과 2000년 사이에 약 30배 증가하고 2020년까지는 10퍼센트씩 증가한다. 또 지구 전체의 재생 불가능한 자원 가운데 1900년과 2000년 사이에 사용되는 자원의 양은 기껏해야 30퍼센트밖에 안 된다. 즉, 70퍼센트 이상의 자원은 2000년에도 남아 있다. 2000년의 오염 수준은 막 증가하기 시작하는 수준으로 1990년보다 50퍼센트 정도 늘어난다. 2000년의 1인당 소비재 산출량은 1990년보다 15퍼센트 늘어나는데, 이는 1900년에 비하면 거의 8배 수준이다.[17]

시나리오 1 도표의 오른쪽 절반을 가리고 2000년까지 그려진 곡선들만 본다면 세상은 매우 좋아진 것처럼 보인다. 인간의 수명도 늘어나고, 1인당 사회 서비스와 상품 소비량도 증가하고 식량 생산과 산업 제품 생산도 모두 늘어나고 있다. 평균적으로 누리는 인간 복지도 끊임없이 향상되고 있다. 지평선 저 멀리에 약간의 구름이 보일 뿐이다. 오염 수준과 생태 발자국은 증가하고 있다. 1인당 식량 생산량은 정체 상태이다. 하지만 크게 봐서 전체 시스템은 여전히 성장하고 있으며 가까운 시일 안에 큰 변화가 있을 조짐은 전혀 보이지 않는다.

그런데 갑자기 21세기로 들어서서 몇십 년이 지나면, 경제는 성장을 멈추고 오히려 거꾸로 하락한다. 이러한 과거 성장 추세의 단절은 근본적으로 재생 불가능한 자원을 생산하는 비용이 급격하게 증가하는 데 있다. 이러한 비용 상승은 다양한 경제 영역에서 점점 더 투자 기금이 고갈되는 양상으로 전개된다. 다음 과정을 따라가 보자.

2000년 현재, 지하에 매장된 채 남아 있는 재생 불가능한 자원은 2000년 소비 수준을 기준으로 향후 60년 동안 버텨낼 수 있다. 당시 심각한 자원의 한계를 보여주는 징후는 아무 데도 없다. 그러나 2020년에 가면 그때 남아 있는 자원으로는 오직 30년밖에 견디지 못한다. 왜 갑자기 이렇게 빨리 부족량이 발생할까? 자원 매장량은 해마다 줄어드는 반면에 산업 생산과 인구의 증가로 자원 소비량은 늘기 때문이다.

2000년과 2020년 사이에 인구는 20퍼센트 늘고 산업 생산은 30퍼센트 증가한다. 시나리오 1에서 이 20년 동안 계속해서 늘어나는 인구와 자본 설비가 쓰는 재생 불가능한 자원의 양은 거의 지난 100년 동안 지구 전체가 사용한 양과 같다! 따라서 앞으로 계속해서 성장하기 위한 연료를 공급하려면 당연히 남아 있는 재생 불가능한 자원을 탐사, 채굴, 정제하는 데 더 많은 자본을 투자해야 한다.

시나리오 1에서 재생 불가능한 자원을 구하기가 점점 더 힘들어지면서 자원 개발에 더 많은 자본이 들어간다. 그 결과, 농업 생산량과 더 높은 산업 성장을 유지하기 위해 투자되는 산업 투입물은 점점 줄어든다. 마침내 2020년이 되면, 산업 자본에 대한 투자는 더 이상 기존 자본에 대한 상각 속도를 따라잡지 못한다(이것은 물질적 의미의 투자와 상각을 말한다. 달리 말하면, 회계 장부에 나오는 금전적 상각이 아니라 물리적 마멸과 노후화를 의미한다). 경제는 자원 개발에 자본을 계속해서 쏟아붓지 않을 수 없기 때문에 결국 산업은 이러한 상황을 피하지 못하고 쇠퇴하고 만다. 만일 자원 개발에 대한 자본 투입을 중단한다면 원재료와 연료의 부족 때문에 산업 생산은 훨씬 더 빨리 내리막길로 접어들 것이다.

따라서 산업 설비의 유지 관리는 뒤로 밀리고 그것에 대한 투자는 줄어들면서 동시에 다른 경제 영역에서 늘어나는 자본 축적과 생산 속도를 유지하는 데 필요한 다양한 산업 산출물을 생산하기 시작한다. 결국 산업 부문의 쇠퇴는 산업 투입물에 의존하는 사회 서비스와 농업 부문의 쇠퇴로 이어질 수밖에 없다. 시나리오 1에서 산업의 쇠퇴는 특별히 농업에 심각한 영향을 끼친다. 2000년 이전에 토지를 지나치게 혹사한 결과 토지 산출력이 이미 어느 정도 황폐화되었기 때문이다. 이러한 토지 황폐화 때문에 식량 생산은 화학 비료와 살충제, 관개 시설과 같은 산업 투입물에 의존해서 생산량을 유지할 수밖에 없다. 사회적으로 연령 구조와 출산 경향이 바뀌는 동안 그 사이에 인구가 계속해서 늘어나기 때문에 시간이 흐르면서 상황은 점점 더 악화된다. 마침내 2030년이 되면 세계 인구는 정점에 이르고 그 뒤 식량과 보건 서비스의 부족으로 사망률이 증가하면서 인구가 줄기 시작한다. 인간의 평균 수명은 2010년에 80살까지 올라갔다가 점점 내려가기 시작한다.

이 시나리오는 '재생 불가능한 자원의 위기'를 보여준다. 이것은 절대 예측이 아니다. 모형을 구성하는 어떤 변수들의 정확한 값이나 어떤 구체적인 사건이 일어나는 정확한 시점을 예측하는 것이 아니다. 우리는 이 시나리오가 '현실 세계'에서 일어날 가능성이 가장 큰 사건을 나타낸다고 생각하지 않는다. 우리는 곧바로 6장과 7장에서 또 다른 여러 가지 가능성들을 보여줄 것이다. 우리가 시나리오 1에서 가장 강조하고자 하는 것은 만일 미래에 경제 성장과 인구 증가에 영향을 미칠 정책들이 20세기 마지막 시기를 지배했던 정책들과 비슷하다면, 또 그 세기를 대표하던 기술과 가치들이 그대로 이어진다면, 그리고 모형에 있는 불확실한 숫자들이 대강 맞다면, 그 모형의 시스템에서 나타날 수 있는 가장 일반적인 행동 양식을 보여주는 것이다.

우리가 가정한 것과 숫자들이 맞지 않다면 어떻게 될까? 예를 들어, 지하에 매장되어 아직 발견되지 않고 남아 있는 재생 불가능한 자원이 실제로 우리가 시나리오 1에서 추정한 양의 2배라면 과연 무엇이 달라질까? 그 예상 결과는 [그림 4-12] 시나리오 2에서 보여준다.

그림에서 보는 것처럼 시나리오 2에서 자원 고갈은 시나리오 1에서 그랬던 것처럼 꽤 나중에 일어나 성장을 더 오랫동안 지속할 수 있게 한다. 성장은 향후 20년 동안 더 계속된다. 20년은 산업 생산량과 자원 사용량이 한 번 더 두 배로 늘어나기에 충분한 기간이다. 인구 증가 또한 2040년에 80억 명 이상으로 정점에 이르기까지 더 오랫동안 지속된다. 이러한 확대에도 불구하고 이 모형의 일반적인 행동 양식은 여전히 한계 초과와 붕괴이다. 시나리오 2에서 붕괴가 일어나는 것은 지구 환경의 심각한 오염 때문이다.

더 높은 수준의 산업 생산은 오염 수준을 엄청나게 높인다. 시나리오

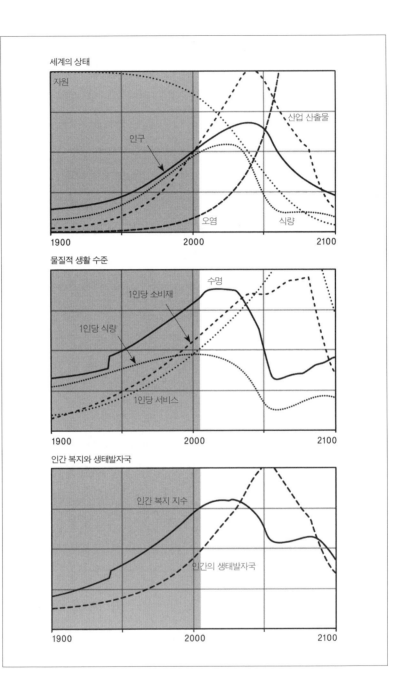

세계의 상태

자원

인구

산업 산출물

오염

식량

물질적 생활 수준

1인당 소비재

수명

1인당 식량

1인당 서비스

인간 복지와 생태발자국

인간 복지 지수

인간의 생태발자국

1900 2000 2100

2에서 오염 수준은 시나리오 1에서보다 50년 더 뒤에 5배나 더 높은 수준으로 정점에 이른다. 이러한 오염 수준의 상승은 한편으로는 오염 방출 속도가 더 빨라지기 때문이기도 하고 다른 한편으로는 자연의 오염 흡수 과정이 점점 망가지면서 자정 능력이 약화되기 때문이다. 환경에 유입된 오염 물질의 평균 수명은 2090년쯤에 정점에 이르는데 2000년보다 3배 늘어난다. 화학 비료와 살충제, 그 밖의 농업 투입물의 엄청난 환경 살포는 생태발자국을 더욱 늘린다.

오염은 토지 산출력에 매우 큰 영향을 미치는데 시나리오 2에서는 토지 산출력이 21세기 처음 절반 동안 급격하게 감소한다. 그러한 감소에 대응하기 위해 투자를 늘린다고 해도 그것이 토지 산출력을 복원하는 데 끼치는 영향은 미미해서 2030년이 지나면 농작물 수확과 식량 생산이 급격하게 하락한다. 따라서 사망률도 증가한다. 더 많은 자본을 농업 부문에 쏟아부어도 기아는 막을 수 없고 마침내 산업 부문은 재투자 부족으로 성장을 멈춘다.

시나리오 2는 '지구 전체의 오염 위기'를 보여준다. 21세기의 처음 절반 동안 오염 수준은 매우 높이 상승해서 토지 산출력에 큰 영향을 끼친다. 이러한 현상은 중금속이나 지속성 화학 물질을 통해서, 또는 농부들이 적응할 수 있는 것보다 더 빠르게 성장 패턴을 바꾸는 기후 변화를 통해서, 또는 줄어든 오존층에서 나오는 자외선의 증가를 통해서 '현실 세계'

〔그림 4-12〕 시나리오 2: 재생 불가능한 자원이 더 풍부한 경우

만일 시나리오 1에서 가정한 재생 불가능한 자원을 2배로 늘린다면, 그리고 더 나아가 자원을 채굴하는 기술의 발전이 채굴 비용의 상승 시점을 늦출 수 있다고 하면, 산업은 20년 더 성장할 수 있다. 인구는 2040년에 80억 명으로 정점에 오르면서 소비 수준도 훨씬 더 높아진다. 하지만 오염 수준도 함께 폭등해서 (도표 밖으로!) 토지 생산성은 낮아지고 농업 복원에 엄청난 투자가 필요하다. 마침내 인구는 오염 때문에 발생하는 식량과 보건 서비스의 부족으로 줄어들기 시작한다.

에서도 일어날 수 있다. 토지 산출력은 1970년과 2000년 사이에 아주 조금 감소한다. 그러나 2000년부터 2030년까지 20퍼센트 감소하다가 2060년이 되면 2000년 토지 산출력의 일부 수준으로 급격하게 떨어진다. 동시에 토양 침식은 매우 심각한 상황에 처한다. 총 식량 생산은 2030년에 감소하기 시작하면서 적절한 식량 공급 수준을 유지하기 위해 농업 부문에 투자를 늘리게 된다. 그러나 오염 피해가 너무 큰 까닭에 식량 생산은 절대 적정한 수준으로 회복되지 못한다.

21세기 하반기가 되면 식량 부족과 함께 매우 높아진 오염 수준 때문에 인간의 평균 수명은 그 어느 때보다 훨씬 더 낮아질 수밖에 없다. 끊임없이 커져만 가던 인간의 생태발자국은 붕괴 국면에 이르러서야 비로소 20세기 수준으로 떨어진다.

시나리오 1과 시나리오 2 둘 중에 어느 것이 더 미래에 발생할 가능성이 높을까? 이 질문에 대해서 과학적인 방식으로 대답하려면 지하에 묻힌 채 아직 발견되지 않은 재생 불가능한 자원의 '실제' 매장량을 확실하게 알아야 한다. 하지만 우리는 그 양을 정확하게 알지 못한다. 아무튼 우리는 아직도 많은 숫자들을 검증해야 하고 수많은 기술과 정책 변화를 모색해야 한다. 앞으로 6장과 7장에서 그러한 시도를 할 것이다. 월드 3가 지금까지 우리에게 얘기한 것은 지구 체계가 한계 초과와 붕괴를 향해 가고 있다는 사실이다. 실제로 여러 해에 걸쳐 수많은 모형을 모의실험한 결과 언제나 그런 것은 아니지만 가장 빈번하게 나타난 시스템의 행동 양식은 한계 초과와 붕괴였다. 이제 왜 그런지 그 이유를 분명히 알아야 한다.

왜 한계 초과와 붕괴인가?

세계 인구와 경제는 지속 불가능한 속도로 자원을 감소시키고 오염 물질을 방출하는 한계 초과 상태에 있다. 그러나 아직까지는 더 이상 자원 사용과 오염 물질 방출을 늘릴 수 없을 정도로 상태가 극한 상황에 이르지는 않았다. 달리 말하면, 인간의 생태발자국이 지속 가능한 수준을 넘어 한계 초과에 이르렀지만 아직까지는 생태발자국이 더 이상 늘어날 수 없어 거꾸로 줄어드는 단계로 접어들 정도로 그렇게 많이 악화되지는 않았다는 것이다.

한계 초과는 피드백의 지체에서 온다. 시스템의 의사 결정자들은 그 시스템이 한계를 초과했다는 정보를 즉시 얻지 못하거나, 얻더라도 즉시 믿지 않거나, 믿더라도 즉시 조치를 취하지 못한다. 한계 초과는 일정하게 고정된 자원이 점점 감소하면서 발생한다.

예를 들면, 은행에 예금이 있다면 당신은 적어도 얼마 동안 달마다 자기가 번 돈보다 많은 돈을 지출할 수 있다. 또 적어도 저수조에 저장해놓은 물이 바닥이 날 때까지는 수도꼭지로 공급되는 물의 속도보다 더 빨리 욕조에 담긴 물을 배수구로 빼낼 수 있다. 그리고 수십 년 동안 나무를 키우고 삼림을 조성한 상태에서는 연간 삼림 성장률보다 빠른 속도로 나무를 벨 수 있다. 또 오랫동안 꼴을 베지 않아 벌판에 풀이 무성하고, 물고기를 잡지 않아 바다에 물고기가 많다면 일시적으로 방목장 면적에 비해 많은 가축 무리를 풀어놓거나 배가 넘치도록 물고기를 남획할 수도 있다. 최초에 비축한 양이 많으면 많을수록 한계 초과의 기준은 더 높아지고 더 길어진다. 하지만 사람들이 줄어든 자원을 어떻게 보충할 것이냐는 생각보다 비축된 자원을 어떻게 쓸 것인가에만 골몰한다면 한계 초과는 불을 보듯 뻔한 일이다.

또한 기존에 자원을 소비하던 타성 때문에 인간 사회는 자연이 보내는 한계 초과 신호를 더 늦게 받아들이게 된다. 즉, 인간 사회는 그러한 자연의 경고에 대응할 수 있는 시기를 점점 더 늦추게 된다. 숲이 다시 울창해지고 사람들이 나이를 먹고 오염 물질이 생태계에서 정화되고 오염된 물이 다시 깨끗해지고 자본 설비가 낡아지고 사람들이 교육을 받거나 유지되는 데 시간이 걸리기 때문에 인간 사회가 아무리 그 문제들을 인식하고 인정한 뒤라고 해도 하룻밤 사이에 시스템을 바꿀 수는 없다. 어떤 시스템이든 기존의 타성을 극복하기 위해서는 그 타성의 영향력이 어느 정도인지 더 멀리까지 내다볼 줄 알아야 한다. 배가 방향을 바꾸는 데 시간이 많이 걸리면 걸릴수록 그 배에 장착된 레이더는 더 멀리까지 전방을 탐지해야 한다. 하지만 지구의 정치와 시장 체계는 필요한 만큼 충분히 앞을 내다보지 못한다.

마지막으로 한계 초과를 불러오는 요소는 성장지상주의이다. 앞 유리에 안개가 껴 앞을 못 보고 브레이크가 고장난 채로 운전을 하고 있을 때 정지 신호등을 무시하고 지나치지 않기 위해서는 속도를 늦추어야 한다. 그 상태에서 가속 장치를 밟을 사람은 아무도 없다. 시스템의 움직임이 너무 빨라서 한계를 넘어서기 전에 신호를 받고 대응할 수 없을 정도가 아니라면 피드백의 지체는 어느 정도 통제될 수 있다. 어떤 시스템이든 그것이 아무리 똑똑하고 멀리 내다볼 줄 알고 잘 설계되어 있다고 해도 쉬지 않고 계속해서 속도를 높인다면 시스템이 제때 대응할 수 없는 지점까지 나아갈 것이다. 아무리 모든 기능이 완벽하게 돌아가는 자동차라도 고속 운전 상태에서는 안전을 장담하지 못한다. 성장 속도가 빠르면 빠를수록 한계 초과는 급속도로 더 증가하고 몰락할 때는 점점 더 깊은 낭떠러지로 떨어진다. 하지만 불행히도 지구의 정치와 경제 체계는 가능한 한 최고의 성장을 추구한다.

마침내 한계 초과가 붕괴로 바뀌는 것을 침식이라고 한다. 침식은 비선형성의 특징을 가지고 있다. 침식은 만일 빨리 개선되지 않는다면 스스로 점점 더 빨리 무너져 내린다. 〔그림 4-2〕와 〔그림 4-7〕에서 본 것과 같은 비선형성은 시스템의 행동 방식이 어느 순간 갑자기 바뀌는 임계점과 상응한다. 어느 나라든 시간이 흐를수록 점점 더 품질이 낮은 구리 광석만을 채굴하게 될 것이다. 하지만 어떤 특정한 등급 이하로 광석의 품질이 떨어지면 그것을 채굴하는 비용은 순식간에 급등한다. 토양은 흙의 두께가 농작물의 뿌리를 덮는 수준을 유지해주는 한 농작물 산출에 아무 영향을 주지 않으면서 침식할 수 있다. 그러다 점점 더 침식이 심해지면 급속하게 사막화가 진행된다. 임계점은 피드백 지체로 생긴 결과를 훨씬 더 악화시킨다. 앞서 예를 든 것처럼 안개 낀 상태에서 브레이크가 고장난 채로 운전을 하다 급커브 길을 만나면 당연히 이전보다 훨씬 더 속도를 늦춰야 한다.

어떤 인구 집단-경제-환경 체계든 피드백 지체와 때늦은 물리적 대응 현상이 있게 마련이다. 임계점과 침식 과정도 존재한다. 따라서 급격한 성장은 말 그대로 통제할 수 없다. 관련 기술이 아무리 정교하고, 경제가 아무리 효율적이고, 지도자가 아무리 현명하다고 하더라도 그 자체로 시스템을 위험에서 구해낼 수 없다. 계속해서 성장의 속도를 높인다면 얼마 안 있어 한계를 초과하고 말 것이다.

한계 초과를 달리 정의하면 환경이 인간 사회에 보내는 신호의 지체가 아직 성장을 중단시킬 정도로 충분히 강하지 않은 상태를 말한다. 그렇다면 한계 초과 상태에 있을 때 인간 사회는 어떤 징후를 보일까? 맨 처음 알 수 있는 징후는 자원 비축량이 감소하고 오염 수준이 증가하는 것이다. 여기에 그 밖의 다른 몇 가지 징후들이 있다.

- 전에는 자연으로부터 아무런 대가 없이 제공받던 생태계 서비스의 손상을 보상하기 위한 활동에 자본과 자원, 노동을 전용(예를 들면, 하수 처리, 공기 정화, 수질 정화, 홍수 관리, 해충 방제, 토질 복원, 인공 수분, 종 보존).
- 최종 완제품 생산에 투입되던 자본과 자원, 노동을 이제 더 멀고 깊은 곳에 매장된 부족하고 희박해진 자원 개발로 전환.
- 고품질 자원의 고갈로 여기저기 흩어져 있는 낮은 품질의 작고 덜 귀한 자원 개발을 위해 필요한 기술 개발.
- 자연의 오염 정화 기능 손상으로 인한 오염 수준 증가.
- 투자를 초과하는 기존 자본 설비의 가치 하락과 유지 보수의 지연 때문에 발생하는, 특히 장기성 기반 시설의 쇠락.
- 점점 더 좁고 멀고 위험한 지역으로 한정되고 있는 자원들을 얻으려고 접근하거나 또는 그것들을 보호하고 지키기 위해서 군사와 산업 부문에 요구되는 자본과 자원, 노동의 수요 증가.
- 빠른 소비와 투자, 안보의 필요성에 대응하거나 국가 채무를 갚기 위한 인력 자원에 대한 투자(교육, 보건의료, 주택) 지연.
- 실질 산출물에 대한 연간 부채 비율 증가.
- 보건과 환경 목표의 하락.
- 갈등의 증가. 특히, 지구의 자원 기반과 폐기물 처리 능력을 둘러싼 갈등 상태의 심화.
- 사람들이 더 이상 진짜 자신이 사고 싶은 것을 사는 것이 아니라 자신이 지불할 수 있는 한도 안에서 구매하는 방식으로 소비 패턴이 변화.

- 점점 줄어드는 자원에 대한 자기 몫을 지키거나 늘리기 위해 각국 지도자들이 정부 간 맺은 협정서를 자기에게 유리하게 해석함으로써 정부 간 협정서들에 대한 신뢰 저하.
- 환경 체계의 복원력 약화로 '자연' 재해가 더욱 늘어나고 심각해지면서 자연 체계의 혼란 가중.

오늘날 '현실 세계'에서 이런 징후들 가운데 어떤 것을 목격한 적이 있는가? 있다면, 현재 인간 사회가 한계 초과의 위기에 직면해 있지 않나 한 번쯤 의심해봐야 하지 않을까?

한계 초과 기간이 반드시 붕괴로 이어지는 것은 아니다. 하지만 붕괴를 피하려면 무엇보다도 신속하고 단호한 조치가 따라야 한다. 자원을 생산하는 기반은 신속하게 보호되어야 하고 거기서 자원을 채굴하는 행위도 줄여야 한다. 오염 수준이 일정 한계를 넘으면 신속하게 낮춰야 하며 배기가스 방출량도 지속 가능한 수준으로 되돌려야 한다. 그렇다고 반드시 인구나 자본, 생활 수준을 축소해야 하는 것은 아니다. 그러나 무엇보다도 물질과 에너지 규모는 신속하게 줄여야 한다. 달리 말하면, 인간의 생태발자국을 줄여야 한다. (좀 삐딱한 생각이기는 하지만) 다행히도 오늘날 지구 경제에는 엄청 많은 폐기물과 비효율성이 있어서 현재 우리 삶의 질을 그대로 유지하거나 심지어 향상시키면서도 생태발자국을 줄일 수 있는 방법이 무궁무진하다.

요약하면, 월드 3 모형을 한계 초과와 붕괴로 이끄는 중요한 가설들이 여기에 있다. 만일 당신이 우리가 만든 모형과 주제, 우리 책이나 결론에 동의하고 싶지 않다면 이러한 논점들을 검토해야 한다.

- 사람들은 물질 경제의 성장을 중요하게 생각한다. 그것은 우리의 정치, 심리, 문화 체계 전반의 핵심 요소이다. 인구와 경제는 일단 늘기 시작하면 기하급수적으로 성장하는 경향이 있다.
- 그 인구 집단과 경제를 지탱하는 물질과 에너지의 생산 기반은 물질적으로 한계가 있으며 인간 활동의 결과로 발생하는 폐기물을 흡수하는 지구의 처리 능력 또한 한계가 있다.
- 증가하는 인구 집단과 경제는 자연의 물질적 한계에 대한 신호를 받는데 그 신호는 왜곡되거나 훼손되거나 지연되거나 헷갈리거나 부정된 채로 전달된다. 이러한 신호에 대한 반응도 지연되기 일쑤이다.
- 시스템의 한계는 한정된 것이 아닐 뿐더러 과도한 압력을 받거나 남용되면 점점 침식당할 수 있다. 게다가 그 과정은 비선형적 특성이 매우 강하다. 따라서 임계점을 넘어서면 손상 속도가 빨라지고 다시는 회복할 수 없는 상태로 나아간다.

이러한 한계 초과와 붕괴의 원인들은 동시에 그것들을 피할 수 있는 방법도 제안한다. 시스템을 지속 가능하고 통제할 수 있게 바꾸려면 똑같은 구조적 특징을 거꾸로 적용하면 된다.

- 우선 인구와 자본의 증가 속도를 늦춰야 한다. 그런 다음 인간의 통제 밖에 있는 이미 초과된 자연의 한계 때문에 어쩔 수 없이 성장을 멈추기 전에 인간이 먼저 앞날을 예견해서 결단해야 한다.
- 에너지와 물질의 처리량은 자본의 효율성을 크게 높여 축소해야 한다. 달리 말하면 비물질화(에너지와 물질 사용을 줄이고도 똑같은 산출물을 생산), 공평성 증대(에너지와 물질 사용으로 얻은 이익을 부자에게서 가난한 사람에게로 재

분배), 생활 양식의 변화(수요를 낮추고 물질적 환경에 악영향을 덜 끼치는 상품과 서비스로 소비 행태를 변경)를 통해 생태발자국을 줄여야 한다.

- 지구의 자원 생산 기반과 폐기물 처리 능력을 보존해야 하며 할 수 있다면 원 상태로 복원해야 한다.

- 자연이 보내는 신호를 잘 알아듣고 활용해야 하며 그것에 대한 반응도 신속해야 한다. 사회는 지금보다 더 멀리 내다보고 장기적인 손익 계산을 바탕으로 즉시 조치를 취할 줄 알아야 한다.

- 환경의 침식을 막아야 한다. 이미 침식 상태에 있다면 속도를 늦추고 원상태로 복원해야 한다.

우리는 6장과 7장에서 이런 종류의 변화가 월드 3 시스템이—그리고 믿고 바라건대, 세계가—한계 초과와 붕괴로 가는 경향을 어떻게 바꿀 수 있는지 보여줄 것이다. 그러나 우리는 먼저 5장에서 우리가 이 장에서 설명한 모든 역학적 원리들을 예증하는 사례를 보여주기 위해 잠시 본론에서 벗어나고자 한다. 이 사례는 우리에게 한 줄기 희망의 근거를 제공할 것이다.

5장

희망의 불빛:
오존 사례의 경우

우리는 어느새 이런 저런 방식으로 성층권의 화학적 구성을 변화시키는 거대한 실험을 진행하고 있지만 그 결과가 생물과 기상에 어떤 영향을 끼칠지는 전혀 알지 못한다.

—F. 셔우드 롤랜드, 1986년

지구를 구성하는 한 가지 중요한 요소가 한계를 초과했고, 그것은 인간 사회에 엄청난 충격을 끼쳤다. 이 장에서는 이후 치열한 노력 끝에 그 한계를 다시 지속 가능한 수준으로 되돌리는 데 성공한 유용한 사례를 소개할 것이다. 이 사례는 인간이 만든 염화불화탄소(CFCs)라는 화학 물질을 흡수하는, 성층권에 존재하는 오존층의 한계 수용 능력과 관련된 이야기이다.[1] 앞으로 적어도 수십 년 안에 이 사례의 결말을 완벽하게 알 수는 없을 것이다. 그러나 지금까지 지나온 경과만으로도 이 이야기는 우리에게 희망의 근거를 제공한다. 그것은 사람들이 수많은 실패에도 불구하고 전 세계적 차원에서 여러 제도와 정책들을 통해 한계 초과 문제를 진단하고 해결책을 설계해서 실행할 수 있음을 보여주었기 때문이다. 이 경우, 지구촌은 인간이 지구의 한계 안에서 살 수밖에 없다는 것을 인정하는 대가로 따로 어떤 것을 희생하지 않았다.

오존 사례에 나오는 주요한 사건들은 다음과 같다. 과학자들은 처음에 오존층이 사라지는 것에 대해서 경고한 뒤 그 사건을 효과적으로 연구할 수 있는 방법을 개발하기 위해서 정치적 경계를 넘어서는 전 세계 차원의 광범위한 조직을 구성했다. 그러나 그들은 자신들의 인식적 오류와 전에 전혀 경험해보지 못했던 정치 영역의 흐름을 극복하게 된 뒤에야 비로소 자신들의 목적대로 일을 할 수 있었다. 소비자들도 환경에 유해한 추세를 뒤집기 위해 신속하게 조직을 결성했다. 하지만 그들의 행동만으로 문제를 풀 수 있는 항구적인 해결책을 만들기에는 부족한 점이 많았다. 정부와 기업들은 처음에 그러한 행동에 발목을 잡고 반대했다. 하지만 그들 가운데 일부는 사심을 버리고 용기 있는 지도자로 나섰다. 환경 운동가들은 엉뚱한 경고만 해대는 사람들로 낙인이 찍혔다. 그러나 나중에 환경 운동가들도 당시에는 오존 문제를 과소평가한 것으로 드러났다.

이 사례에서 유엔은 전 세계에 결정적인 정보를 전파하고 중립적인 입장에서 각국 정부들이 이 문제를 피할 수 없는 국제적인 문제로 인식하도록 세심한 노력을 기울였다. 한편 공업국들은 이 오존 위기를 통해서 자신들의 이익을 관철할 수 있는 새로운 힘을 발견했다. 그들은 자신들이 절실히 필요로 하는 기술과 재정적 지원을 보장받을 때까지 국제 사회에 대한 협력을 거부했다.

마침내 전 세계 국가들은 자신들이 한계를 초과해도 한참 초과했음을 깨달았다. 그들은 어쩔 수 없지만 냉정하게 이익이 많이 나고 유용한 산업 제품들을 포기하기로 했다. 그들은 비록 과학적으로 완벽하게 실체를 파악하지 못했지만, 경제와 생물계, 인간에게 가시적으로 큰 피해가 발생하기 전에 조치를 취하기 시작했다. 아주 적절한 시점이었다고 할 수 있다.

성장

1928년에 처음 개발된 CFCs는 지금까지 인간이 합성한 화학 물질 가운데 가장 유용한 화합물 가운데 하나이다. CFCs는 화학적으로 잘 분해되지 않는 매우 안정된 물질이기 때문에 살아 있는 생물에게 해를 끼칠 것처럼 보이지 않는다. CFCs는 불에 타지 않고 다른 물질과 반응하거나 그것을 부식시키지 않는다. 또 열전도율이 낮은 덕분에 절연체로서 뛰어난 기능을 하여 뜨거운 물을 담는 컵이나 햄버거 용기, 벽 절연재와 같은 발포성 플라스틱 재료로 널리 쓰인다.

또 어떤 CFCs는 실내 온도를 내리거나 재응결시킨다. 이런 특성을 이용해서 냉장고와 에어컨의 냉각제로도 쓴다(프레온이라는 상표로 널리 알려져 있다). CFCs는 전기 회로판과 같은 매우 복잡한 미세 공간에서 비행기 동체를 연결하는 대갈못에 이르기까지 금속을 청소하는 용매로도 인기가 높다. CFCs는 만드는 데 비용이 많이 들지 않고 버릴 때도 그냥 가스 상태로 대기에 방출하거나 그것이 든 제품을 쓰레기매립장에 묻어도 안전하다고 생각했다. [그림 5-1]을 보면 알 수 있듯 1950년에서 1975년까지 전 세계가 생산한 CFCs는 해마다 11퍼센트 넘게 늘어났다. 거의 6년 만에 두 배로 늘어난 셈이다. 1980년대 중반에 이르러서는 해마다 CFCs가 백만 톤씩 생산되었다. 미국에서만 CFC 냉각제를 쓰는 냉장고가 1억 대, 냉동실 3,000곳, 가정용 에어컨 4,500만 대, 차량용 에어컨 9,000만 대, 음식점과 슈퍼마켓, 냉동 트럭에서 쓰는 냉각 장치가 수십만 대에 이르렀다.[2] 북미와 유럽에서 한 해 평균 사용하는 CFCs의 양은 0.9킬로그램(2파운드)이었다. 반면에 중국의 한 해 평균 사용량은 0.03킬로그램(1온스)에 불과했다.[3] 북미와 유럽, 러시아, 아시아에 있는 수많은 화학 회사들에게 이 물질은 중요

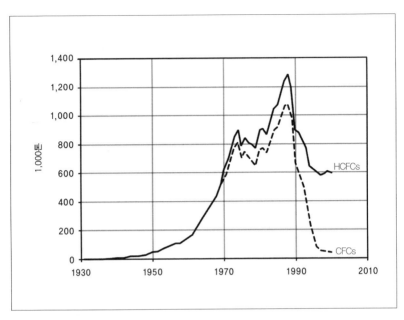

[그림 5-1] 전 세계 CFCs 생산량

CFCs 생산은 그것이 오존층을 파괴하고 있다는 주장이 처음 나온 1974년까지 급격하게 증가했다. 그 뒤에 생산량이 준 것은 1978년 미국에서 사용 금지된 CFC가 든 분무기에 대한 환경 운동가들의 거센 반대 운동 덕분이었다. 1982년 이후로 다른 용도로 CFC가 사용되면서 일시적으로 다시 생산이 늘었다. 1990년에 전 세계가 CFCs를 퇴출시키는 데 동의하면서 생산량이 급락하기 시작했다. 수소염화불화탄소(HCFCs)는 지금도 CFCs의 대체재로 인정받고 있다. 이런 부류의 화학 물질 사용 또한 2030년부터 2040년까지 단계적으로 금지될 예정이다(출처: 대체 불화탄소 환경수용성 연구).

한 수입의 원천이었다. 수천 개의 기업들은 이 물질을 생산 공정에 꼭 필요한 필수 투입물로 생각했다.

한계

이 이야기의 주인공은 산소 원자 2개로 구성된 일반 산소(O_2)와 대조적으로 산소 원자 3개가 서로 단단히 붙어 있는 오존(O_3)이라고 부르는 눈에 보이지 않는 가스이다. 오존은 반응도가 매우 높아서 자신과 접촉하는 거의 모든 것을 공격하고 산화시킨다. 오존은 낮은 기압에서 분자 표면을 고밀도로 만들어 외부와 반응한다. 특히 식물 조직과 인간의 폐와 밀접한 관련이 있다. 지표면 가까이에서 오존은 파괴적이며 단기성 대기 오염 물질에 속한다.

하지만 성층권 상층에서는 오존 분자가 거의 충돌하지 않고 대개 50년에서 100년까지 상대적으로 오랫동안 남아 있다. 오존은 성층권 상층에서 햇빛과 일반 산소가 반응해서 끊임없이 만들어진다. 따라서 지구는 6마일에서 20마일 두께의 '오존층'이 감싸고 있다.

오존층에 오존이 많다고 하는 것은 대기권 가운데 그 밖의 다른 곳에 오존이 거의 없다는 점에서 상대적으로 많다는 의미이다. 실제로 오존층을 구성하는 분자 가운데 10만분의 1만이 오존이다. 그러나 그 정도의 농축만으로도 태양에서 발사하는 중파장 자외선(UVB)이라고 부르는 매우 유해한 자외선 파장의 대부분을 흡수하기에 충분하다([그림 5-2]). UVB 광선은 생명을 복제하는 부호를 나르는 DNA를 포함해서 모든 생명체를 구성하는 분자인 생체 분자를 분해하는 에너지 파장들을 빗발치듯 쏟아낸다. 따라서 오존층은 섬세한 거미줄처럼 얇은 막을 형성하며 생명체 유지에 매우 중요한 구실을 한다.

살아 있는 유기체가 UVB를 쐬면 암에 걸릴 수도 있다. UVB 광선이 동물의 피부암을 유발한다는 것은 오래전 실험에서 알려진 사실이다. 인간에게 발병하는 거의 모든 피부암은 태양에 노출된 신체 부위에서 발생한다. 특히 오랫동안 야외에 있었던 흰 피부의 사람들이 많이 걸린다. 전 세계에서 가장 피부암 발병률이 높은 나라는 오스트레일리아이다. 현재의

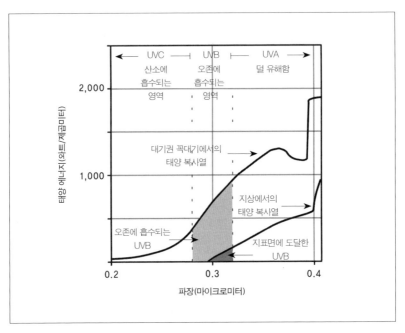

내부 그래프 라벨:

UVC
산소에
흡수되는
영역

UVB
오존에
흡수되는
영역

UVA
덜 유해함

2,000

1,000

태양에너지(와트/제곱미터)

대기권 꼭대기에서의
태양 복사열

지상에서의
태양 복사열

오존에 흡수되는
UVB

지표면에 도달한
UVB

0.2   0.3   0.4

파장(마이크로미터)

〔그림 5-2〕 대기에서의 빛의 흡수

태양에서 지구로 보내는 자외선은 대기권에 있는 산소와 오존이 대부분 흡수한다. 특히 오존은 생명체를 매우 위협하는 UVB라고 부르는 영역에 속하는 자외선을 흡수한다(출처: 유엔환경계획).

발병률로 볼 때 전체 오스트레일리아 국민 가운데 절반이 일생 동안 어떤 종류의 피부암이든 한 번은 걸린다. 가장 치명적인 피부암인 악성 흑생종은 15살에서 44살 사이의 오스트레일리아인들이 가장 잘 걸리는 암이다.[4] 과학자들은 오존층이 1퍼센트 감소할 때마다 지표면에서는 UVB 방사선이 2퍼센트 증가하고 따라서 피부암 발병률도 3~6퍼센트 증가할 것이라고 추정한다.[5]

UVB 방사선은 인간의 피부에 이중으로 위험하다. UVB는 암 발병을 촉진할 뿐 아니라 암을 비롯해서 대상포진과 여러 전염성 질병들과 싸울 수 있는 면역력을 떨어뜨릴 수 있다.

피부 말고도 신체에서 햇빛에 가장 많이 노출되는 부위는 눈이다. UVB 광선은 각막을 태울 수 있는데 스키를 타는 사람들이나 높은 산을 오르는 산악인들을 괴롭히는 '설맹'이라는 고통스러운 상태를 유발하기도 한다. 설맹 증상이 반복되면 영원히 시력을 잃을 수도 있다. UVB 광선은 또한 망막을 손상시켜 수정체에서 백내장을 유발할 수도 있다.

UVB 광선이 지표면에 (더 많이) 도달하면 햇빛에 노출된 동물들의 눈과 피부도 인체와 비슷한 증상을 겪을 것은 당연하다. UVB의 영향에 대한 더 자세한 연구는 이제 막 걸음마 단계이지만 현재까지 밝혀진 내용은 다음과 같다.

- 단세포와 매우 작은 유기체들은 큰 유기체들보다 더 큰 손상을 입는다. UVB 가 소수의 세포층에만 스며들기 때문이다.

- UVB 광선은 바다 속 몇 미터까지밖에 관통하지 못한다. 하지만 수생 미생물이 가장 많이 서식하는 곳이 바로 그곳이다. 조사 결과에 따르면 이들 미세한 부유 식물과 동물들은 UVB 방사선에 매우 민감하다.[6] 그 결과에 대한 중요성이나 UVB가 생태계의 다양한 종들 사이의 상호 관계에 미치는 영향에 대해서는 아직까지 명확하게 밝혀진 것이 없다. 그러나 이 미생물들은 대부분의 해양 먹이 사슬의 기반이다. 따라서 UVB의 증가는 바다에 사는 많은 종들을 교란시킬 수 있다.

- UVB 광선에 노출이 많아지면 녹색 식물의 잎 크기와 키가 작아지고 광합성 작용이 감소한다. 농작물마다 UVB 방사선에 반응하는 정도가 다르다. 하지만 연구 결과에 따르면 농작물의 60퍼센트가 UVB가 늘어나면 수확량이 주는 것으로 나왔다. 예를 들면, 한 연구에서는 오존층이 25퍼센트 줄면 콩 수

확이 20퍼센트 준다고 주장한다.[7]

- 자외선은 옥외용 중합체와 플라스틱을 분해한다. 그것은 지표 가까이서 오존
  을 생성하며 도시 스모그의 한 성분이 된다.

살아 있는 생명체들은 각자 자기 나름대로 자외선으로부터 자신들을 보호하기 위해 여러 가지 방법을 개발했다. 색소 형성이나 머리털, 비늘, 손상된 DNA 복구 체계, 민감한 생명체가 강력한 햇살을 쐬면 몸을 숨기는 행동 양식들이 그런 것이다. 이런 방식들은 특정 종들에게 더 유리하게 작용하기 때문에 오존층이 파괴될 경우, 어떤 종이나 집단은 감소하거나 멸종하는 반면에 또 다른 어떤 종이나 집단은 거꾸로 늘어난다. 방목 가축들은 먹을 풀이 늘면서 과도하게 늘어날 수 있다. 해충의 수도 천적의 증감에 따라 달라지고 기생충도 숙주의 수에 따라 달라질 수 있다. 모든 생태계는 오존층 감소에 따른 영향을, 특히 지구 온난화와 같은 변화들이 동시에 진행될 때, 아무도 예측할 수 없는 여러 가지 방식으로 감지한다.

첫 번째 신호

1974년에 두 개의 과학 논문이 각각 발표되었다. 둘 다 오존층이 위협받는다는 주장이었다. 한 논문은 성층권에 있는 염소 원자가 오존을 파괴하는 주 요인일 수 있다고 주장했다.[8] 또 다른 논문은 CFCs가 성층권에 도달해서 염소 원자를 방출하면서 오존층을 파괴한다고 주장했다.[9] 이 논문들은 모두 인간의 CFC 사용이 극도로 심각한 결과를 초래할 수 있다고 예견했다.

CFCs는 불활성이고 불용성 기체이기 때문에 빗물에도 분해되지 않고 다른 기체들과 화학 작용을 일으키지도 않는다. 대기권 하층부에 도달한 햇빛의 파장은 CFCs의 강력한 탄소-염소 결합과 탄소-불소 결합을 파괴하지 못한다. CFC 분자가 대기에서 정화될 수 있는 유일한 방법은 단파장 자외선과 만나기 위해 충분히 높이 상승하는 것이다. 단파장 자외선은 오존과 산소가 그것을 걸러내기 때문에 절대 지표면까지 도달할 수 없다. 이 자외선은 CFC 분자에서 유리염소 원자를 떼어내어 CFC 분자를 파괴한다.

문제는 바로 여기서 시작한다. 유리염소(Cl)는 오존과 작용해서 산소와 산화염소(ClO)를 만들 수 있다. 그러면 ClO는 산소 원자(O)와 작용해서 산소(O_2)와 Cl를 다시 만든다. Cl는 다시 또 다른 오존 분자를 산소로 바꾸고 Cl를 또다시 만들어낼 수 있다([그림 5-3]).

Cl 원자 하나가 이런 일련의 화학 작용을 수없이 반복할 때마다 오존 분자 하나가 파괴되는데, Cl 원자가 마침내 활동을 중지할 때까지 평균 10만 개의 오존 분자가 파괴된다(Cl 원자는 메탄이나 이산화질소 같은 물질과 작용하면 활동을 중지하고 지표면으로 내려온다).

지체

한계 초과 현상이 나타나기까지는 도중에 지체 현상이 있기 마련이다. 오존 체계에도 많은 지체 현상들이 있다. Cl가 끊임없이 다시 만들어지는 것은 성층권에 도달한 Cl 원자가 마침내 오존을 파괴하는 일을 멈출 때까지 여러 해가 걸린다는 것을 의미한다. 또 산업체가 CFC 분자의 합성물을 만들어서 그것이 성층권 상층부까지 도달하는 데도 오랜 시간이 걸린다.

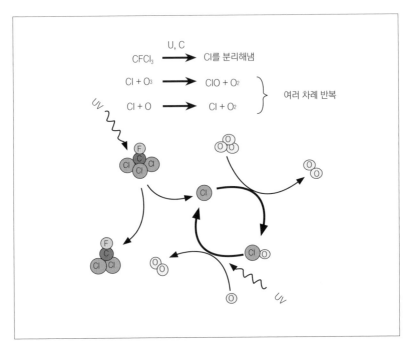

〔그림 5-3〕 CFCs가 성층권 오존을 파괴하는 방식

유리염소(Cl) 원자를 방출하는 자외선이 성층권 상층부에 있는 CFC 분자를 파괴한다. 이 원자들은 오존(O_3)과 작용해서 산화염소(ClO)를 생성한다. 그러면 ClO는 산소 원자와 작용해서 Cl를 다시 방출할 수 있다. 그것은 다시 또 다른 오존 분자와 작용할 수 있다. 이러한 화학 작용이 반복되면서 대기권에 농축된 오존이 크게 감소한다.

어떤 CFC 분자는 (분무용 압축 불활성 가스 같은 경우) 생성되자마자 곧바로 대기로 방출된다. 또 어떤 CFC 분자는 (냉각제나 발포성 단열재 같은 경우) 생성되고 여러 해가 지난 뒤 대기로 방출된다. 모든 CFC 분자는 대기로 방출된 뒤 대기의 흐름을 따라 순환하다가 마침내 성층권 상층부로 이동하기까지 수십 년이 걸린다. 따라서 우리가 아무 때고 측정했을 때 나타나는 얇은 오존층은 수 년 또는 수십 년 전에 생성된 CFCs가 만들어낸 결과이다.

새로운 지식을 발견하고 마침내 과학적 합의를 이루는 과정에도 또한 지체가 따르기 마련이다. 이 사례의 경우는 여러 가지 정치적 요인들 덕분에 지체 시간이 줄었다.

오존층의 파괴를 예견하는 이 두 논문을 발판으로 대기 중에 있는 염소의 화학적 변화에 대한 연구가 봇물 터지듯 쏟아져 나왔다. 미국에서는 이러한 과학 정보들이 정치 과정에 신속하게 반영되었다. 처음에 발표된 논문 가운데 하나의 저자들이 미국인이기 때문에 그렇기도 했지만 그들은 자신들이 발견한 것에 대해서 크게 우려했으며 또한 일반 대중들의 관심을 이끌어내는 데 매우 열성적이었다(특히 오존층 파괴 문제를 미국 국립과학원과 의회로 가져간 F. 셔우드 롤랜드의 역할이 컸다). 특별히 미국에 충격을 주었던 또 다른 요인은 잘 조직된 환경 운동 덕분이었다.

미국의 환경 운동가들은 CFC와 오존의 관계가 암시하는 것이 무엇인지 깨닫는 순간 곧바로 행동에 돌입했다. 그들은 CFC가 들어 있는 분무기 사용을 비난하기 시작했다. 방취제와 면도 크림을 편리하게 뿌려 쓰기 위해 지구에 있는 생명체들을 위협하는 행위는 미친 짓이나 다름없다고 주장했다. 하지만 그들은 분무기 사용을 지나치게 단순화해서 비난했다. CFC를 방출하지 않는 분무기들도 있고 여러 가지 다른 용도로 CFC를 사용하기도 했기 때문이다. 하지만 분무기는 오존을 파괴하는 제품으로 낙인찍혔고 소비자들은 그렇게 반응했다. 분무기 판매는 60퍼센트 이상 급락했다. 〔그림 5-1〕에서 그 결과를 볼 수 있다. 분무기의 판매 증가는 1975년쯤 잠시 멈추었고, 정치권에 대한 압력으로 분무기에 CFC를 사용하지 못하도록 하는 법이 상정되었다.

물론 기업들의 반발이 있었다. 뒤퐁의 한 임원은 1974년 미 의회에서 "염소-오존 가설은 현 시점에서 그것을 입증할 어떤 확실한 증거도 없는 관념의 소산일 뿐입니다"라고 증언했다. 그러나 그는 "어떤 염화불화탄소도 인간의 건강을 해치지 않고는 사용될 수 없다는 (……) 믿을 만한 과학적 데이터가 나온다면, 뒤퐁은 그러한 화합물의 생산을 중지할 것입니다"라고 했다.[10] 세계에서 CFC를 가장 많이 생산하는 기업이었던 뒤퐁은 그로부터 14년이 지난 뒤에야 비로소 그 약속을 지켰다.

미국은 1978년에 분무기에 CFC 사용을 금지하는 법을 통과시켰다. 그 금지법은 이미 그 이전부터 분무기 사용을 줄이는 소비자 운동과 더불어 전 세계의 CFC 생산을 크게 줄이는 데 기여했다. 하지만 미국을 제외한 그 밖의 많은 나라에서는 여전히 CFC가 든 분무기를 사용했다. 특히 전기 산업과 같은 다른 분야에서는 CFC의 사용이 계속해서 늘어났다. 1980년 무렵 전 세계 CFC 사용은 1975년 정점에 이르렀을 때처럼 되돌아가 계속해서 늘어났다([그림 5-1]).

한계 초과: 오존층 구멍

1984년 10월, 영국 남극 조사단 소속 과학자들은 남극 대륙의 헬리 만에서 자신들이 조사하는 지역 상공의 성층권에 있는 오존이 40퍼센트 감소했다고 주장했다. 그들이 10월에 측정한 오존의 양은 약 10년 동안 계속해서 감소하고 있었다([그림 5-4]). 하지만 과학자들은 자신들이 보고 있는 것을 믿을 수 없었다. 40퍼센트 급락은 불가능해 보였기 때문이다. 당시, 대기 화학에 대한 지식을 바탕으로 만든 컴퓨터 모형들은 대부분 기껏해야 몇 퍼센트만 감소하는 것으로 예측하고 있었다.

과학자들은 자신들의 측정 장비들을 재점검했다. 자신들이 측정한 결

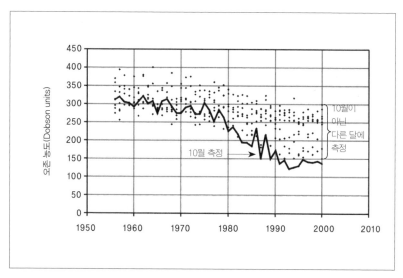

〔그림 5-4〕 남극 대륙 핼리 만에서 측정한 오존의 양

남극 대륙의 핼리 만 상공에서 남극의 봄철인 10월에 측정한 오존의 농도는 1985년에 오존층 구멍이 생겼다는 논문을 발표하기 전 10년 이상 동안 계속 감소하였다. 10월 오존 측정 기록은 그때 이후로 계속 떨어지고 있다(출처: J. D. 샨클린).

과를 확인하기 위해 그 밖의 다른 장소에서도 오존의 양을 측정했다. 그들은 마침내 한 가지 사실을 발견했다. 북동쪽으로 1,600킬로미터(1,000마일) 떨어진 곳의 성층권 상층에서도 엄청난 양의 오존이 감소했음을 밝혀낸 것이다.

1985년 5월, 남반구 상공에 '오존층 구멍'이 생겼다는 역사적으로 중요한 논문이 발표되었다.[11] 그 소식은 전 세계 과학계를 충격에 빠뜨렸다. 그것이 사실이라면 인류는 이미 지구의 한계를 초과했음을 입증하는 것이었다. CFC 사용은 지속 가능한 한계를 넘어 늘어났다. 인간은 이미 자신들을 보호하는 방패 구실을 하는 오존층을 파괴하는 중이었다.

미국 항공우주국(NASA) 소속 과학자들은 1978년부터 주기적으로 대기권에 있는 오존의 양을 측정해서 보내는 님버스 7호 위성의 기록들을 서둘러 점검하기 시작했다. 하지만 님버스 7호의 기록에는 오존층 구멍의 징후가 전혀 보이지 않았다. 나사 과학자들이 다시 기록을 점검한 결과, 그들의 컴퓨터는 너무 적은 양의 오존 기록은 기계 오류라고 가정하고 그것을 읽지 않도록 프로그램되어 있다는 사실을 발견했다.[12]

나사의 과학자들은 다행히도 컴퓨터가 읽지 않고 버린 측정치들을 다시 복원할 수 있었다. 그들은 지난 10년 동안 남극 상공의 오존 수준이 계속해서 떨어지고 있었다는 핼리 만에서의 관찰 결과를 확인했다. 그들은 더 나아가 오존층에 뚫린 구멍을 자세하게 지도로 그렸다. 구멍은 엄청나게 커서 미국 대륙의 크기만 했다. 그리고 그 구멍은 해마다 점점 더 커지고 깊어졌다.

왜 구멍이 생긴 것일까? 왜 하필 남극 대륙 상공일까? 이 발견은 UVB 방사선으로부터 지구 전체를 보호하는 것과 관련해서 무엇을 예고하는 것일까? 그 후 몇십 년 동안 이러한 비밀을 풀기 위한 과학자들의 연구 결과는 매우 의미 있었다. 그 가운데 가장 중요한 성과 중 하나는 염소가 실제로 오존층에 구멍을 낸 주범이라는 사실을 밝혀낸 것이다. 1987년 9월, 과학자들은 비행기를 타고 남아메리카에서 직접 남극점으로 날아가면서 오존층 구멍을 통과했다. 그들이 비행하면서 측정한 오존과 산화염소(ClO)의 양은 [그림 5-5]에서 볼 수 있다. 오존의 증감 곡선은 ClO의 증감 곡선을 거울에 비춘 모습과 거의 정확하게 일치한다.[13] 더군다나 '구멍'에서 측정된 ClO의 농축 수준은 정상의 대기 화학으로 설명할 수 있는 수준보다 수백 배 더 높다. 이 측정치들은 심지어 CFC 제조 업체들조차 오존층 구멍이 정상적인 현상이 아니라는 사실을 인정하지 않을 수 없게 만드는 '확실한 증거'였다. 이것은 인간이 생산한 염소를 함유한 오염 물질들이 대기

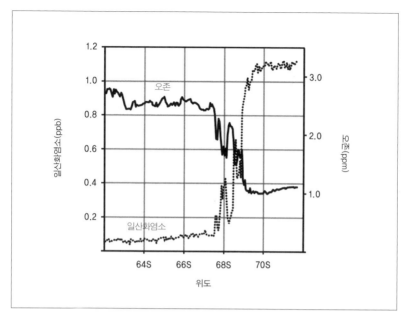

[그림 5-5] 반응성 염소의 증가로 감소하는 남극 대륙의 오존

나사의 ER-2 연구 비행선이 칠레의 푼타아레나스(남위 53도)에서 남위 72도로 비행하면서 그 안에 장착된 계측 장비들을 통해 일산화염소와 오존의 농도를 동시에 측정했다. 위에 나온 데이터는 1987년 9월 16일에 수집한 것이다. 비행기가 오존층 구멍으로 들어가자 일산화염소의 농도는 정상 수준보다 여러 배 증가하고 오존 농도는 급락했다. 이 발견을 통해 염소를 함유한 오염 물질들이 오존층에 구멍을 내고 있다는 것을 알 수 있었다(출처: J. G. 앤더슨 외).

를 크게 교란시켰다는 사실을 입증한다.

과학자들이 그 구멍을 완벽하게 설명하기까지 여러 해가 걸렸다. 간단하게 말하면 이렇다.

남극 대륙은 바다로 둘러싸여 있기 때문에 바람이 대륙의 간섭을 받지 않고 주위를 빙빙 돌 수 있다. 이 현상은 겨울철에 공기를 남극 대륙에 가두고 대기권의 다른 공기들과 섞이지 않게 하는 남극 소용돌이(circumpolar vortex)를 만든다. 이 소용돌이는 극지방의 대기에 있는 물질들이 서로 화학 작용을 할 수 있는 '반응 용기'를 제공한다(북극 주위에 도는 소용돌이는 이처럼 강하지 않다. 따라서 북극 상공의 오존층 구멍에 대해서는 별로 말이 없다).

겨울철 남극 대륙 상공의 성층권은 지구에서 가장 추운 곳이다(섭씨 영하 90도까지 떨어짐). 이러한 극한의 추위에서 수증기는 아주 작은 얼음 결정체들로 바뀌어 마치 안개처럼 공중을 떠돈다. 얼음은 촉매 구실을 한다. 이 수많은 얼음 결정체들의 표면은 화학 반응을 촉진시켜 CFCs를 분해해서 오존을 파괴하는 염소를 방출한다.

어두운 밤만 지속되는 남극 대륙의 겨울에 형성된 염소 원자들은 곧바로 오존을 파괴하는 화학 반응의 사슬 속으로 들어가지 못한다. 대신에 각 염소 원자는 오존과 딱 한 번 반응해서 ClO를 생성한다. 두 개의 ClO 분자는 하나로 합쳐져서 상대적으로 안정된 염소 화합물 ClOOCl이라는 2분자체를 만든다. 이 2분자체는 태양이 다시 남극 대륙 상공으로 돌아올 때까지 계속해서 쌓인다.[14]

해마다 남극의 봄철인 9월이나 10월이 오면 태양 광선은 그동안 쌓인 ClOOCl 분자들을 분해해서 엄청나게 많은 Cl를 방출한다. 그러면 Cl는 오존과 화학 반응을 일으키고 오존 농도는 급락한다.

서서히 태양이 남극 대륙을 비추기 시작하면서 남극 소용돌이도 사라지고 남극의 공기는 다시 대기권의 다른 공기들과 섞인다. 오존이 파괴된 공기는 지구의 나머지 상공으로 퍼져 나가는 반면에 남극 대륙 상공의 오존 수준은 거의 정상으로 돌아온다.

북극 상공에서 봄철에 관찰한 오존층 구멍들은 훨씬 더 적었다. 그 밖의 다른 곳은 오존층에 구멍이 뚫릴 것으로 예상되지 않는다. 하지만 대기권을 떠도는 기체들이 서로 섞이면서 지구 전체를 둘러싼 성층권의 오존 농도는 점점 감소한다. CFCs와 Cl의 대기권 잔류 수명이 길기 때문에 오존층 파괴는 적어도 100년은 계속될 것이다. 따라서 인류가 이미 한계를 넘어간 이상(최대로 지속 가능한 CFCs의 방출량을 기준으로 했을 때) 비록 CFCs 방출을 당장 멈춘다고 하더라도 오존층 파괴는 UVB로부터 정상적인 오존을 보호할 수 있는 기간보다는 짧지만 오랫동안 지속될 수밖에 없다. 한계 초과는 이미 현실이고 앞으로도 오랫동안 그 상태를 유지할 것이다.

후속 반응: 현실에서의 지체

1985년에 발표된 오존층 구멍이 과학자들로 하여금 연구에 몰두하게 했던 것처럼 정치인들도 그 문제에 열성적으로 주목하게 만들었는지에 대해서는 여러 번 국제 협상에 참여했던 사람들 사이에 약간의 이견이 있다. 전 세계는 이미 여러 번 국제회의를 통해 CFC 생산을 제한하는 과정에 있었지만 그다지 큰 진전은 이루지 못했다. 오존층 구멍이 발견되기 두 달 전에 열린 비엔나 회의에서 참가국들은 오존층을 보호하기 위해 "적절한 조치들"을 취해야 한다는 자기 만족 식의 선언을 도출했지만, 어떤 조치를 어떻게 취할지 아무런 일정표도 만들지 않았고 어떤 제재나 구속력도 명문화하지 못했다. 기업들은 CFC를 대체할 물질을 찾는 일을 방기했다. 그것이 당장 필요하다고 생각하지 않았기 때문이다.[15] 사람들은 남극 대륙의 오존층 구멍을 발견하고 나서 3년이 지난 뒤에야 비로소 그 문제를 CFCs와 연관지어 생각하기 시작했다.

실질적인 조치가 전혀 없었던 비엔나에서의 1985년 3월과 오존층과 관련해서 최초로 국제 협정에 47개국 대표들이 서명한 1987년 9월 사이에 정치적으로 중요한 사건이 발생했다. 남극 대륙 상공에 뚫린 구멍은 확실히 심리적 효과가 컸다. 어쩌면 일반인들이 그것을 잘 이해할 수 없었기 때문에 더욱 그랬는지도 모른다. 오존층이 괴상한 짓을 하고 있다는 사실은 의심할 여지가 없었다. 아직 분명한 증거는 없어도 CFCs가 아마도 그 범인일 것이라는 과학적 심증은 충분했다.

증거를 찾든 못 찾든 상관없이 전 세계 국가들을 정치적 협상 자리로 이끌어내고 재촉하는 유엔환경계획(UNEP)의 역할이 없었다면 아마도 아무런 일도 일어나지 않았을 것이다. 유엔환경계획의 직원들은 과학적 증거들을 모으고 해석해서 각국 정부에 그것을 보내고 고위급 회담을 위한 중립적 회의 자리를 마련하고 중재자로서 역할을 수행했다. 당시 유엔환경계획의 사무국장 무스타파 톨바는 환경 문제와 관련해서 스스로 매우 유능한 외교관임을 입증했다. 그는 회의에서 제기되는 수많은 논쟁들은 중립적 입장에서 뒤로 미루고 어떠한 단기적인 국가 이익도 지구의 오존층 보호만큼 중요하지 않다는 것을 모든 국가에 끊임없이 상기시켰다.

국가 간 협상 과정은 전혀 순탄하지 않았다.[16] 각국 정부들은 스스로 문제를 분명하게 깨닫기도 전에, 그리고 그것이 인간의 건강과 경제에 얼마나 큰 피해를 주는지 알기도 전에 전 세계적인 환경 문제에 직면하고 있었다. CFC를 생산하는 주요 국가들이 CFC 사용을 축소하는 조치를 막기 위해 안간힘을 썼을 것임은 충분히 예견할 수 있는 일이다. 때로는 매우 중요한 결정이 정치적 문제와 미묘하게 결부되었다. 예를 들면, 미국은 매우 강력한 리더십을 발휘했는데 레이건 행정부 안에서 심각한 분열이 일어나면서 거의 힘을 못 쓰는 경우도 여러 차례 있었다. 당시 미국 내무부 장관이었던 도널드 호델은 국민들이 외출할 때 챙이 넓은 모자와 선글라스를 쓰고 나간다면 오존층이 파괴되어도 아무 문제가 없다고 공공연하게 떠들고 다녔다. 그 말이 전 세계에 알려지면서 국제적 조롱거리가 되자 (암소와 개, 나무, 옥수수가 모자와 선글라스를 쓰고 있는 만평을 포함해서) 미국 행정부와 대통령은 오존 문제를 심각하게 접근하기 시작했다.

한편, 유엔환경계획은 국제 사회에 계속해서 압력을 가했다. 유럽과 미국의 환경 단체들이 각국 정부에 강한 압박을 가하면서 과학자들은 언론과 의회, 일반인을 대상으로 교육과 홍보 활동을 전개했다. 사방에서 압력을 받고 있던 각국 정부는 마침내 놀라울 정도로 신속하게 1987년 몬트리올에서 오존층을 파괴하는 물질에 관한 의정서에 서명했다.

몬트리올 의정서에는 가장 많이 쓰는 CFCs 다섯 종의 세계 생산량을 1986년 수준으로 동결하기로 한 내용이 처음으로 명문화됐다. 그리고 이어서 1993년에 20퍼센트, 1998년에 다시 30퍼센트를 줄이기로 했다. 이 '20-30 동결'에는 CFCs를 생산하는 주요 국가들이 모두 서명했다.

몬트리올 의정서는 당시 환경 운동가들이 정치적으로 할 수 있을 것이라고 기대했던 것을 훨씬 뛰어넘는 매우 파격적이고 역사적인 협정이었다. 그러나 그것을 CFC 감축이라고 부르기에는 너무 부족하다는 사실이 금방 명백해졌다. 〔그림 5-6〕은 몬트리올 의정서에 따라서 (또 이후 런던, 코펜하겐, 비엔나, 다시 몬트리올, 그리고 이후 더 많은 후속 협정에 따라서) 배기가스 방출을 줄인다면 성층권에서 오존을 파괴하는 Cl의 농도에 어떤 변화가 일어날지를 보여준다. CFCs의 생산을 줄이더라도 이미 생산되었지만 아직 방출되지 않았거나 방출되기는 했지만 아직 성층권에 도달하지 않은 엄청난 양의 CFCs는 이후에도 계속해서 Cl의 농도를 높일 것이다.

협정이 그다지 힘을 쓰지 못한 데는 충분히 그럴 만한 이유들이 있었다. 대다수 공업국들이 그 협정에 서명하지 않았던 것이다. 예를 들면 중국은 그들이 최초로 생산한 냉장고를 자국 내 수백만 가구에 보급하려고 애쓰고 있었다. 그것은 엄청난 양의 프레온 수요를 새로 창출했다. 러시아는 자국의 경제개발 5개년 계획 때문에 CFC 생산이 급격하게 늘어난 것은 아니라고 말하면서 모호한 태도를 취했다. 하지만 그 계획 때문에 CFC 생산을 협정 내용보다 더 천천히 감축하지 않을 수 없었던 것은 자명했다. CFCs를 생산하는 대다수 기업들은 적어도 여전히 자신들의 시장 몫은 유지하고 싶어 했다.

몬트리올 의정서에 서명한 지 1년도 안 되어 오존층 파괴는 오히려 더 심각해졌고 그 '결정적 증거'가 세상에 발표되었다. 그러자 뒤퐁은 이제 완전히 CFCs 제조를 중단하겠다고 선언했다. 1989년, 미국과 유럽연합은 2000년까지 가장 많이 사용하는 CFCs 다섯 종의 생산을 모두 종료하겠다고 선포했다. 이들 국가는 전 세계에 필요하면 주기적으로 오존 상태를 재평가해서 더 강력한 조치를 취하도록 요구하는 몬트리올 의정서의 조항을 상기하라고 요구했다.

다시 유엔환경계획이 주도하는 후속 협상들을 통해 1990년 런던에서 92개국 정부들이 만나 2000년까지 모든 CFC 생산을 전면 중단하기로 합의했다. 그들은 생산을 중단할 화학 물질 목록에 메틸클로로포름, 사염화탄소, 할론과 같이 오존을 파괴하는 또 다른 화학 물질들을 추가했다. 여러 공업국들은 만일 CFC를 대체할 수 있는 기술로 이전할 수 있도록 지원하는 국제 기금이 마련되지 않는다면 협정문에 서명할 수 없다고 버텼다. 미국이 기금 설립에 난색을 표하면서 협정은 거의 무산될 지경에 이르렀다. 하지만 막판에 그 기금을 설립하기로 합의했다. 런던 협정 이후 예측한 성층권 염소 (그리고 또 다른 오존 파괴 화학 물질인 브롬) 농도의 증가는 [그림 5-6]에 잘 나와 있다.

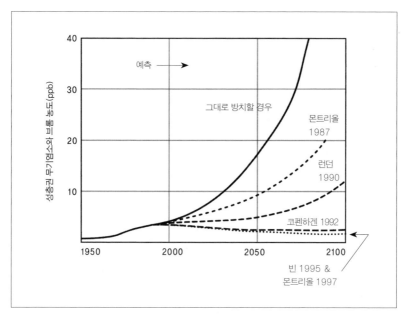

〔그림 5-6〕 CFC 방출에 따른 성층권 무기염소와 브롬 농도의 증가 전망

의정서 이전, 최초의 몬트리올 의정서 서명, 이후 추가 협정들에 따른 다양한 정책 아래서 성층권의 염소와 브롬 농도의 과거와 미래 전망. 1986년 수준의 CFCs 생산율을 계속 유지한다면 성층권의 염소 농도는 2050년에 8배로 증가할 것이다. 최초의 몬트리올 의정서는 배기가스 방출을 줄이라고 명문화했지만 염소 농도는 여전히 기하급수적으로 증가하는 것으로 나왔다. 런던 협정 이후 CFC 사용이 많이 줄어들었지만 완전히 멈춘 것은 아니다. 2050년을 기점으로 염소 농도가 다시 증가하는 추세를 보이기 때문이다. 그 이후 후속 협정들을 통해 염소를 방출하는 화학 물질들의 사용규제가 점점 강화되면서 2000년 뒤부터 성층권의 염소 농도가 감소하기 시작하는 것으로 나온다 (출처: 세계기상기구, 미국 환경보호청, R. E. 벤딕).

　　1991년 봄, 인공위성이 북반구 상공을 새로 관측한 바에 따르면 오존층 파괴가 예상했던 것보다 2배나 빠른 속도로 진행되고 있었다. 과학자들은 북아메리카, 유럽, 중앙아시아의 인구 거주 지역 상공에서 방사선 손상이 사람과 농작물에 모두 피해를 줄 가능성이 높은 여름철에도 오존층 파괴가 계속되고 있음을 처음으로 확인했다. 1990년대 후반에 이르자 스페인 남쪽 멀리까지 오존 농도가 평균 이하로 줄어들었다는 보고가 나왔다.

이런 우려스러운 소식이 들리자 독일을 비롯한 많은 나라들이 런던 협정의 일정표보다 훨씬 더 빨리 CFC와 할론 생산을 중단하기로 결정했다. 특히 전기와 자동차 관련 기업들과 같은 많은 다국적 기업들도 똑같은 조치를 취했다. 멕시코와 같은 일부 개발도상국들은 자신들에게 보장된 10년 유예 기간을 포기하고 선진국들과 똑같은 감축 일정에 동참하기로 했다. 중국과 인도를 포함해서 다른 나라들도 서서히 그 대열에 동참했다. 현재는 모든 국가들이 2010년에 CFC 생산을 전면 중단하기로 되어 있다(유엔환경계획 2010년 연차 보고서에 따르면 전 세계 CFC 생산은 2010년 1월 1일자로 전면 중단되었음. 1986년부터 2010년 사이에 오존층을 파괴하는 물질의 전 세계 소비량이 98퍼센트 줄었다고 함—옮긴이).

또 1992년 코펜하겐에서는 몬트리올 의정서 서명국들이 CFC 생산 중단 조치를 한층 더 진전시키기로 합의했다. 1994년에 할론, 1996년에는 모든 CFC의 신규 생산을 중단하고, 런던에서도 논의되지 않았던 또 다른 강력한 오존 파괴 물질인 토양 소독제 브롬화메틸의 방출도 제한하기로 했다. 당시의 대기 모형 실험에 따르면 코펜하겐의 '강화 조치'는 런던에서 추정했던 것보다 10년 더 빨리(즉 2055년이 아니라 2045년에) 오존층을 1980년대 수준으로 되돌릴 것이라고 내다보았다. 그것은 오존의 누적 손실을 28퍼센트 줄여서 피부암 환자 발생을 450만 건, 실명 환자 발생을 35만 건 줄이는 결과를 가져올 것이다.[17] 나중에 실제로 코펜하겐의 '강화 조치'는 염소와 브롬 농도를 줄이는 데 꼭 필요한 조치였음이 밝혀졌다([그림 5-6]).

1996년, 전 세계 157개 나라가 이 강력한 협정에 동참했다. 더할 나위 없이 좋은 환경이 마련된 것이다. 최초로 의정서에 합의한 지 10주년이 되는 1997년, 몬트리올에서는 사소한 사항 몇 가지만 수정했다. 1998년, 「오존층에 대한 과학적 평가」보고서(세계기상기구와 유엔환경계획 후원 아래 수행)는[18] "과거 오존 파괴 물질들의 방출 기록을 바탕으로 몬트리올 의정서 이후 그 물질들의 최대 허용치를 전망했을 때 오존 파괴가 정점에 이르는 시기는 앞으로 10년이나 20년 안에 올 것으로 추정된다"라고 기록했다. 그로부터 4년 뒤, 2002년「오존 파괴에 대한 과학적 평가」보고서는 "남극 대륙의 오존 농도는 2010년에 다시 증가할 것이다. 1980년 이전 오존 수준으로 돌아가는 것은 금세기 중반이면 가능하다"라고 예상했다.[19] 그러나 이는 오존층 파괴가 가장 정점에 이르는 기간—1995년에서 2010년까지—에 어떤 영향을 미치기에는 너무 시기가 늦었다. 그때쯤이면 이미 오존을 파괴하는 물질들이 성층권으로 서서히 상승하는 시기가 될 것이기 때문이다. 오존층 파괴가 그때 정말 정점에 이르렀다가 실제로 다시 회복되기 위해 필요한 일은 의정서 일정을 계획대로 수행하고 강화하는 것이었다. 이에 몬트리올 의정서와 관련된 당사국 회의에서는 협정 내용을 서로 끊임없이 맞추고 개선했다. 예를 들면, 1999년 베이징에서는 개발도상국들이 마감 시한을 맞추게 하기 위한 재정 지원의 목적으로 다국 간 기금을 늘리기로 합의했다. 지금도 여러 다른 물질들이 처방 계획에 추가되고 있으며 오존 파괴 물질의 거래도 금지되고 있다.

2002년, 전 세계 'CFC 가스' 생산은 1988년 정점에 이르렀을 때의 연간 100만 톤 이상에서 10만 톤 미만으로 감소했다([그림 5-1]).[20] 기업들도 국제 협상을 시작했을 때 예상했던 것보다 훨씬 적은 비용과 혼란으로 이 중요한 화학 물질들의 생산 중단에 적응했다(협상과 강제 조치에 따른 비용을 포함해서 최종 손실 규모가 400억 달러에 이를 것으로 추정된다[21]). 또한 CFCs는 이산화탄소보다 수천 배 더 강력한 온실가스이기 때문에 CFCs의

생산 중단은 지구의 기후 변화 속도를 늦추는 효과도 있다. 하지만 CFCs
보다 피해가 적어 CFCs의 대체재로 쓰이는 수소염화불화탄소(HCFCs)는
아직도 연간 50만 톤씩 계속 생산되고 있다([그림 5-1]).

그동안 성층권에서는 조금씩 새로운 변화가 계속되었다. 1995년과
1996년에 북극 상공의 오존 농도는 기록적으로 감소했는데 잠시 동안이었
지만 시베리아 상공의 경우 45퍼센트나 떨어졌다. 북반구의 중위도 오존
층은 1998년 겨울과 봄에 평균 6~7퍼센트 정도 파괴되었다. 1998년 가을
남극 상공의 오존층 구멍은 지금까지 관측된 것 가운데 가장 크고 깊어졌
다.[22] 똑같은 주장이 2000년과 2003년에도 반복되었다. 비록 오존층 구멍
이 커지는 속도가 점점 느려지는 것은 사실이지만 2002년 세계기상기구의
「과학적 평가」 보고서는 아직 "(남극 대륙의) 오존층 구멍이 최대로 커졌다
고 말할" 수는 없다고 하면서 "오존층이 앞으로 50년 동안 서서히 회복될
것"이라는 데는 동의했다.[23]

오존층은 21세기 처음 20년 동안 가장 취약한 상태가 될 것이다. 그러
나 몬트리올 의정서와 후속 협정들이 지켜지고, 불법적인 CFC 제조가 중
단되고, 또 (단기간에 성층권의 오존층을 파괴할 수도 있는) 어떠한 큰 화산
폭발도 일어나지 않는다면, 2050년쯤 되었을 때 오존층은 거의 원상태로
회복될 것이다.

이러한 성공담에 한 가지 걸림돌은 CFC 밀수의 증가이다. 미국과 유럽
의 각국 정부들은 새로 CFCs를 제조하고 수입하는 것을 모두 막았지만 그
나라의 국민들 가운데는 자동차 에어컨과 냉방 장치를 새것으로 교체하는
데 기꺼이 많은 돈을 지불하는 사람이 많았다. 미국에서는 신규 CFCs에
높은 소비세를 붙여 기존 것을 재활용하도록 권장하거나 전보다 훨씬 더
높은 가격을 매겼다. 협정에 따라 2010년까지 CFCs를 생산할 수 있도록

유예된 나라들은 (주로 러시아, 중국, 인도) 그렇게 유리한 시장을 포기하기가 어려웠다. 밀수업자들은 신규 CFCs를 재활용 제품인 것처럼 꼬리표를 붙여 속임수를 썼다. 미국 법무부는 불법으로 수입된 CFCs로 거둔 수익이 코카인을 밀수한 것보다 훨씬 더 높다고 발표했다. 불법으로 수입되어 유통되는 CFCs의 규모를 정확하게 파악할 수는 없지만—대개 연간 2만 톤에서 3만 톤에 이르는 것으로 추산[24]—전체 CFC 생산의 감소 추세를 뒤집을 만큼 크지는 않았다.

이런저런 작은 문제들에도 불구하고 세계는 오존층 파괴 문제에 대해서 서로 크게 공감했고 문제를 해결해나가는 데도 큰 진전을 이루었다. 그러기까지 25년이 넘는 세월이 걸렸지만 한계 초과 문제를 성공적으로 극복할 수 있다는 사실 하나는 분명해졌다.

CFCs 없이 살아가기

한편에서 정치인들의 외교적 노력이 진행되는 동안 다른 한편에서는 기존의 CFCs 방출을 줄이고 대체재를 찾는 기업들의 창조적 노력이 병행되고 있었다. 대화를 통해 단순히 CFCs의 수요를 줄이는 것으로 문제의 3분의 1은 해결되었다. 예를 들면, 단열이 강화되면 냉각의 필요성도 줄어든다. 화학제품을 재활용하면 배기가스 방출도 줄일 수 있다. 또 다른 3분의 1의 해결책은 수소염화불화탄소라고 부르는 HCFCs를 한시적으로 CFCs의 대체재로 쓰는 것이다. 이것이 오존층을 파괴하는 비율은 2~10퍼센트에 불과하다. 이것도 2030년에 사용을 중지할 예정이다. 그 사이에 좀 더 영구적인 해결 방안을 찾아야 한다. 마지막 3분의 1의 해결책은 오존층을 전혀 파괴하지 않는 대안으로 이행하는 것이다.

미국에서는 1978년 CFCs 사용 금지 때문에 제조업자들이 이미 다른 종류의 분무기용 불활성 압축가스를 채택했는데 그 대부분은 CFCs보다 싼 것으로 드러났다. 대기 화학자 마리오 J. 몰리나가 말한 것처럼 "1978년, 미국이 분무기 가스 용기에 CFCs를 쓰는 것을 금지했을 때, 전문가들은 그 금지 때문에 많은 사람들이 일자리에서 쫓겨날 것이라고 했지만 실제로 그런 일은 일어나지 않았다."[25]

냉장고와 에어컨에 쓰이는 냉각제는 대개 그러한 장치가 작동되거나 버려질 때 공중으로 방출된다. 이제는 재활용하는 장치들을 이용해서 그러한 냉각제를 버리지 않고 정화해서 다시 사용한다. 미국에서는 세제 지원을 통해 CFC를 재활용하도록 권장한다. 현재 당면한 문제는 재활용 과정 속에서 과거에 오존을 파괴하던 물질과 안전한 대체 물질이 서로 섞이지 않도록 하는 일이다.

전자 회사와 항공기 제조 회사들은 물에 잘 녹는 회로판과 비행기 부품들을 세척할 대체 용해액을 개발해냈다. 그들은 또한 세척 단계를 완벽하게 없애는 제조 기술도 개발해서 엄청난 비용도 절감했다. 미국과 일본 기업들은 이러한 응용 기술에 대한 연구 결과를 무상으로 공유하기 위해 전 세계의 전자업체들과 제휴 관계를 맺었다.[26]

화학 회사들은 HCFCs를 비롯해서 CFCs의 특정한 사용을 대체하는 새로운 화합물들을 팔기 시작했다. 이제 자동차 에어컨은 HFC-134a라고 부르는 CFC 대체재를 쓴다. 이 새로운 냉각제를 구매하는 데 들어가는 추가 비용은 1,000달러에서 1,500달러로 예상됐지만 실제로는 50달러에서 150달러에 가깝다.

단열재로 쓰이는 발포성 플라스틱은 이제 CFC가 아닌 다른 기체를 주입한다. 햄버거 포장재나 마분지도 CFC가 함유되지 않은 플라스틱을 쓴다. 환경을 생각하는 소비자들은 한 번 쓰고 버리는 플라스틱 컵 대신에 닦아 쓸 수 있는 도자기 커피잔을 쓴다.

절화(cut flower. 꽃꽂이, 꽃다발, 꽃바구니, 화환에 사용하는 꽃—옮긴이)를 재배하는 사람들은 브롬화메틸 대신에 병충해 집중 관리 방식을 써서 토양을 소독할 수 있음을 알았다. 케냐의 농부들은 저장 곡식들을 훈증 소독하기 위해 브롬화메틸 대신 이산화탄소를 사용하기 시작했다. 짐바브웨의 담배 경작자들도 브롬화메틸을 쓰지 않고 돌려짓기 방식으로 전환했다. 유엔환경계획은 브롬화메틸 사용의 90퍼센트가 다른 해충 관리 방식으로 바뀔 수 있으며 비용도 절감할 수 있다고 결론지었다.

이 사례가 주는 교훈

1999년 세계기상기구에 참여했던 35개 나라의 과학자 350명은 오존층의 전망에 대해서 의견의 일치를 보았다.

인간이 생산한 염소와 브롬 화합물들이 초래한 오존층 파괴는 이런 화합물들이 자연 과정 속에서 서서히 제거되면서 21세기 중반쯤이면 점점 사라질 것으로 예상된다. 이렇게 환경이 복원되는 것은 오존을 파괴하는 물질들의 생산과 사용을 금지하기로 한 획기적인 국제 사회의 합의 덕분이다.[27]

우리는 자신의 세계관과 정치적 성향에 따라 오존 사례에서 다음과 같은 여러 가지 서로 다른 교훈들을 도출할 수 있다.

- 환경의 중요한 특성들을 언제나 주시하면서 신속하고 정확하게 그 결과를 발표해야 한다.
- 인간의 활동을 지구의 한계 내로 제한하기 위해서는 전 세계 차원에서 합의를 끌어낼 정치적 의지가 필요하다.
- 미래의 환경 파괴를 피하기 위해서는 전 세계가 장기적 전망 속에서 환경 파괴를 막을 수단을 개발할 뿐 아니라 그것을 끝까지 밀고 나갈 의지를 가져야 한다.
- 전 세계가 어려운 문제들을 효과적으로 신속하게 협력하기 위해서 반드시 완벽한 성인군자처럼 행동할 필요는 없다. 또한 필요한 조치를 취하기 위해 반드시 완벽한 지식이나 과학적 증거가 필요한 것도 아니다.
- 세계적인 문제들을 다루기 위해 반드시 단일한 세계 정부가 있어야 하는 것은 아니다. 그러나 특정한 합의들을 이끌어낼 수 있는 국제 사회의 과학적 협력과 정보 체계, 국제회의체를 갖추고 그런 합의들을 강제할 수 있는 국제 협력은 반드시 필요하다.
- 과학자, 기술자, 정치가, 기업, 소비자들은 모두 그렇게 해야 할 필요가 있을 때 즉시는 아니더라도 신속하게 반응할 수 있다.
- 환경 규제가 초래할 경제적 효과에 대한 산업계의 극단적 예견은 과장될 수 있다. 그들은 정치적 변화를 늦추기 위해 고의로 사실을 왜곡할 수 있다. 게다가 기술의 발전과 사회의 변화 능력을 철저하게 평가절하하기도 한다.
- 환경 문제에 대한 합의들은 그것에 대한 지식이 불확실할 경우, 협정 내용이 유연할 수 있으며 주기적으로 다시 검토되어야 한다. 문제의 진행 상황을 계속 기록하고 필요할 경우 조정하고 보완책들을 마련하기 위해서는 끊임없는 관찰이 필요하다.

- 오존층 파괴 문제에 대한 합의를 끌어낸 모든 주역들은 매우 중요한 일을 했으며 앞으로도 그 역할을 계속해야 한다. 유엔환경계획과 같은 국제 중재 기관, 정치적 선도자 역할을 자임한 몇몇 나라 정부들, 사회적으로 유연하고 책임질 줄 아는 기업들, 정책 결정자들과 소통할 줄 알고 협력하는 과학자들, 국제 사회에 압력을 가하는 환경 운동가들, 환경 정보를 기반으로 제품을 고르는 소비자들, 혁신을 통해 인간의 삶을 가능케 하고 편안하게 만들며 심지어 인간의 영향력을 제한해야 할 때도 사회에 이익을 주는 기술 전문가들이 바로 그들이다.

- 물론 오존 사례에서도 기하급수적 성장, 침식 가능한 환경의 한계, 물질적, 정치적 오랜 반응 지체와 같이 한계 초과와 붕괴 체계를 만드는 요소들을 모두 볼 수 있다. 1974년 오존층 파괴에 대한 과학적 경계 신호가 나오고 1987년 몬트리올 의정서가 채택되기까지 13년이 걸렸다. 그리고 그 이후 2000년에 협약 내용을 전면 이행하기로 한 더 강화된 협약이 체결되기까지 또다시 13년이 걸렸다. 아직도 남아 있는 비협력자와 사기꾼, 밀수범들이 모두 없어지려면 더 오랜 시간이 걸릴지도 모른다. 2050년 이후 성층권에서 염소를 완전히 제거하려면 100년도 더 걸릴 수 있다.

오존 사례는 한계 초과에 대한 이야기이다. 인류가 지속 가능한 행동 양식으로 얼마나 천천히 돌아오고 있는지에 관한 이야기이다. 사람들은 모두 그 이야기가 붕괴로 끝나지 않기를 바란다. 어쨌든 이 사례는 오존층 파괴를 얼마나 회복할 수 있을지, 그리고 앞으로 대기권에 어떤 놀라운 일이 일어날지에 따라 운명이 결정될 것이다. 또한 오존층 파괴 물질의 사용 금지를 막으려고 안간힘을 쓰는 특수 이해 집단과 그들을 비호하는 정치인들의 노력을 얼마나 잘 막아내느냐에 따라서 결과가 달라질 수 있다. 이런 조건들이 잘 맞아떨어진다면 성층권 오존층 구멍의 사례 결과는 앞으로 여러 가지 다른 지구의 한계들을 대처하려는 인류의 노력에 거대한 통찰력을 제공할 것이다.

6장
기술과 시장의 역할

우리가 지금까지 끊임없이 기술의 능력을 과신하고 천연자원의 역할을 과소평가했다는 것은 너무도 명명백백하다. (……) 우리가 세상을 새롭게 만드는 일에 주저하면서 잃어버린 중요한 것을 (……) 다시 찾아야 한다. 지구는 한계가 있으며 지구가 보유하고 있는 자원이 얼마나 중요한지 깨달아야 한다.

—스튜어트 유달, 1980년

호모 사피엔스는 10만 년 전부터 지금까지 지구에 살고 있다. 인간은 약 만 년 동안 땅을 일구고 도시를 만들어왔다. 약 300년 동안 인구와 자본은 기하급수적으로 증가했다. 불과 지난 몇 세기 동안 증기 기관, 컴퓨터, 자치 도시, 국제 무역 협정을 비롯, 수많은 변화와 함께 뛰어난 기술과 제도 혁신이 있었고, 이를 통해 물질과 관리의 한계를 뛰어넘는 경제 성장이 이뤄졌다. 특히 지난 수십 년 사이에 끊임없이 확장하는 산업 문화는 지구상의 거의 모든 공동체에 스며들어 사람들로 하여금 끊임없는 물질적 성장을 추구하고 기대하도록 만들었다.

많은 사람들은 그러한 성장에 한계가 있을 것이라고는 전혀 생각하지 않는다. 정치인들은 한계라는 말을 쓰지 않으며 기업인들은 그것을 생각조차 하지 않는다. 그 문화는 기술력과 자유 시장의 작동, 경제 성장을 모든 문제, 심지어 성장이 초래한 문제들까지도 풀 수 있는 해법으로 무한히 신뢰함으로써 한계의 가능성을 부인하려고 한다.

최초의 월드 3 모형에 대한 가장 많은 비난은 그것이 기술력을 과소평가하고 자유 시장의 탄력성을 적절하게 적용하지 못한다는 것이었다. 우리가 최초의 월드 3 모형에, 기하급수적으로 증가하는 생태발자국과 관련된 모든 문제들을 저절로 풀 수 있을 만큼 기술의 진보 효과를 반영하지 않은 것은 사실이다. 그것은 그 정도로 거대한 기술의 발전이 저절로 또는 '시장'의 독자적인 작동을 통해서 일어날 것이라고 믿지 않았기 때문이다. 매우 중요한, 그리고 심지어 만족할 만한 기술의 진보가 이루어질 것이라고 생각할 수는 있지만 그것은 오직 단호한 사회적 결단과 행동과 돈, 그리고 그러한 결단을 뒷받침할 의지가 있을 때 비로소 가능하다. 하지만 그모든 것이 가능하다고 하더라도 마침내 우리가 바라는 기술이 나타나기위해서는 매우 많은 시간이 흘러야 한다. 이것이 바로 오늘날 우리가 현실을 바라보는 모습이다. 30년 전에도 마찬가지로 그렇게 생각했다. 월드 3는 바로 이러한 우리의 생각을 반영해서 만든 것이다.[1]

기술의 진보와 시장은 여러 가지 방식으로 월드 3 모형에 반영되었다. 월드 3에서는 시장이 모자라는 한정된 자본을 필요로 하는 곳에 전혀 지체 없이 적절하게 분배하는 기능을 한다고 가정한다.[2] 산아 제한이나 자원 대체, 농업의 녹색혁명과 같은 일부 기술 발전은 모형에 반영된다. 우리는 여러 시나리오에서 이러한 '정상적인' 개선을 뛰어넘는 급격한 기술 진보와 앞으로 일어날 수 있는 기술의 도약을 검증한다. 거의 완벽하게 물질들을 재활용한다면 어떻게 될까? 토지 산출력이 두 배로 증가하기를 거듭한다면 어떻게 될까? 배기가스 방출이 다가올 세기에 해마다 4퍼센트씩 준다면 어떻게 될까?

하지만 그렇게 가정한다고 하더라도 모형 속의 세계는 한계를 초과하는 경향을 보인다. 심지어 우리가 생각할 수 있는 가장 뛰어난 기술력과 가장 커다란 경제적 탄력성이 있다고 하더라도 그것들이 유일한 변화의 결과라면 모형은 붕괴 시나리오를 내놓을 수밖에 없다.

이 장에서 우리는 그 이유를 설명할 것이다. 그러나 그 이전에 여기서

20년 전 일부 사람들은 성장의 한계를 주장했다. 그러나 오늘날 우리는 성장이 변화의 동력임을 안다. 성장은 환경과 친구 사이이다.

—조지 H. W. 부시 대통령, 1992년

이것은 요컨대 내가 생각하는 장기 전망이다. 물질적 생활 조건은 분명히 말하건대 대부분의 나라, 대다수 사람들에게 거의 언제나 점점 더 좋아질 것이다. 한두 세기 안에 모든 나라와 대다수 인류의 생활 수준이 오늘날 서구 수준과 동등하거나 그 이상이 될 것이다. 그러나 앞으로도 계속해서 생활 조건이 점점 더 나빠질 것이라고 하는 사람이 많이 있을 것이라고 추측된다.

—줄리언 사이먼, 1997년

1972년, 로마클럽은 경제와 인구 성장의 지속 가능성에 의문을 제기하는 『성장의 한계』를 발간했다. 이 책은 이제 우리가 식량 생산과 인구, 가용 에너지, 인간 수명의 감소를 겪기 시작할 것이라고 추정했다. 그러나 지금까지 이러한 일들 가운데 어느 것도 일어나기 시작한 것은 없으며 또 앞으로도 가까운 시일 안에 그런 일들이 일어날 가능성은 보이지 않는다. 따라서 로마클럽은 틀렸다.

—엑손모빌, 2002년

우리가 다루는 것은 과학적 연구 주제뿐 아니라 믿음에 대한 문제라는 점을 인정해야 한다. 우리가 기술이나 시장에 여러 가지 문제나 한계가 있다고 주장한다면 어떤 사람들은 우리를 혹시 이교도들이 아닌가 하고 의심하며 과학 기술에 반대하는 사람들이라고 단정할 것이다.

하지만 그것은 사실이 아니다. 도넬라는 하버드 대학에서 박사 학위를 받았다. 데니스와 요르겐은 둘 다 MIT에서 박사 학위를 받았다. 두 대학은 모두 신기술을 선도하는 기관이다. 우리는 모두 지금까지 인류의 문제를 풀기 위해 과학의 힘을 매우 깊이 신뢰하고 열심히 이용했다. 우리는 그동안 책을 내는 과정에서 기술이 주는 강력한 힘을 작게나마 직접 경험할 수 있었다.

1971년, 우리는 전동 타자기로 『성장의 한계』를 쓰고 손으로 도표를 그렸다. 그리고 월드 3 모형을 돌리기 위해 거대한 컴퓨터 본체가 필요했다. 한 개의 시나리오를 뽑아내는 데 10분에서 15분이 걸렸다. 하지만 1991년, 모형을 수정하면서는 데스크톱 컴퓨터를 이용해서 새 책을 쓰고 도표를 준비하고 그 내용을 출력했다. 월드 3에서 모의실험 대상 기간이 200년인 시나리오 하나를 돌리는 데 3분에서 5분이 걸렸다. 2002년, 우리는 월드 3 모형을 노트북 컴퓨터로 돌리고 인터넷을 통해서 책 개정을 협의하고 모든 결과물을 시디롬에 저장했다. 이제 월드 3를 돌리는 데 불과 4초밖에 걸리지 않는다. 우리는 인간의 생태발자국을 지구의 한계 아래로 정밀하게 그리고 최소의 희생으로 줄일 수 있는 기술의 효율성을 중요하게 생각한다.

우리는 또한 반시장주의자도 아니다. 우리는 시장의 능력을 이해하고 존중한다. 우리 셋 가운데 둘은 주요 경영대학원에서 박사 학위도 받았다. 요르겐은 노르웨이 경영대학원 대학원장을 8년 동안 역임했고 데니스는 다트머스틱 경영대학원에서 16년 동안 교수 생활을 했다. 또한 우리는 여러 최첨단 기술 회사들에서 이사로 활동하고 있다. 또한 우리는 모두 중앙 통제식 계획 경제의 문제와 모순을 직접 체험했다. 우리는 생산적이고 발전하는 지속 가능한 사회를 만드는 기술과 시장의 신호들을 중요하게 생각한다. 그러나 우리는 기술의 진보나 시장이 지속 가능한 사회를 창조할 수 있다고 믿지도 않으며 그럴 만한 객관적 증거도 가지고 있지 않다. 인류가 지속 가능성을 진정으로 이해하고 존중하며 그것에 대한 책임감을 갖지 않는 한, 기술 발전과 시장만으로 그런 사회는 만들어질 수 없다.

기술과 시장에 대한 이러한 제한된 신뢰는 우리의 시스템에 대한 이해에서 나온 것이다. 비선형적 피드백 모형들에 적용되는 기술은 무엇이고 시장은 어떤 기능을 수행하는지 정확하게 표현해야 하는 것이 시스템을 정의하는 원칙이다. 이러한 시스템들을 그냥 포괄적으로 설명하는 것이 아니라 구체적으로 모형화해야 한다면 그것들이 경제 체제에서 어떤 기능과 힘을 발휘하며 또 어떤 한계가 있는지 알아야 한다.

우리는 이 장에서 다음과 같은 작업을 할 것이다.

- 우리가 월드 3에서 이해하고 모형화한 기술과 시장의 피드백 과정을 설명한다.

- 우리가 한계를 극복하기 위해서 더욱 효과적인 기술이라고 생각하는 컴퓨터 모의실험 결과를 보여준다.

- 한계 초과와 붕괴가 여전히 이러한 모의실험 결과들의 지배적인 행동 양식인 까닭을 설명한다.

- 오늘날 세계의 기술과 시장이 지속 가능한 세상으로의 자연스러운 이행을 어째서 보장하지 못하는지, 석유와 수산업과 관련한 짧은 사례 하나씩을 들면서 마무리한다.

'현실 세계'에서의 기술과 시장

기술은 '진정' 무엇을 뜻하는가? 어떤 문제를 해결하는 능력, 즉 인간의 창조적 재능이 현실에서 물질적 형태로 드러난 것을 말하는가? 한 시간의 노동 또는 한 단위의 자본이 생산할 수 있는 양을 기하급수적으로 늘리는 것처럼 자연을 지배하는 것을 의미하는가? 자연을 도구로 이용해서 다른 사람들을 통제하는 것을 뜻하는가?[3] 인간의 심성 모형은 이러한 기술 개념을 모두, 아니 그 이상 담고 있다.

그러면 시장은 '진정' 무엇을 말하는가? 어떤 사람은 단순하게 구매자와 판매자가 함께 모여 상품의 상대적 가치를 나타내는 교환 가격을 형성하는 장소라고 말한다. 또 어떤 사람은 자유 시장을 경제학자들이 만들어 낸 허구라고 말한다. 관료주의적 통제 아래서 일찍이 자유 시장을 경험해 본 적이 없는 사람들 같은 경우는 그것을 어쨌든 소비재 상품을 풍족하게 공급하는 신비한 제도라고 생각했다. 시장은 과연 자본을 사적으로 소유하고 이윤을 보장하는 권리와 능력을 말하는가? 아니면 사회가 생산한 것들을 분배하는 가장 효율적인 수단인가? 아니면 돈을 도구로 이용해서 다른 사람들을 통제하기 위한 수단인가?

다음에 나오는 과정은 사람들이 모형 속에서 성장의 한계를 극복할 수 있는 것은 바로 기술과 시장이라고 주장할 때 가장 공통적으로 생각하는 것들이다.

- 한계와 관련된 문제가 나타난다. 자원이 부족해지거나 오염 물질이 쌓이기 시작한다.
- 시장에서는 부족한 자원의 가격이 다른 자원보다 더 많이 오른다. 오염 물질

을 처리하는 데 들어가는 비용은 그 오염 물질을 발생시키는 제품이나 서비스의 가격 상승에 반영되기 시작한다. (우리는 여기서 대개 오염과 같은 '외생적 영향'의 비용을 반영하기 위해서 시장을 큰 폭으로 조정할 필요가 있음을 인정한다.)

- 가격 상승에 따른 여러 가지 반응들이 일어난다. 지질학자들은 부족한 자원을 더 많이 찾아 나서고 생물학자들은 부족한 종자를 더 많이 배양하고 화학자들은 부족한 물질을 더 많이 합성한다. 제조업자들은 가격 상승 때문에 부족한 자원을 풍족한 자원으로 대체하거나 자원을 적극적으로 재활용하려고 한다. 소비자들은 부족한 자원이 포함된 제품의 사용을 줄이거나 그 자원을 좀 더 효율적으로 사용할 수밖에 없다. 또 기술자들은 오염 방지 장치들을 개발하거나 오염 물질을 격리할 수 있는 장소를 찾거나 최초로 오염 물질을 생산하지 않는 생산 공정을 개발하려고 애쓴다.

- 이러한 수요와 공급 양쪽의 반응들은 시장에서 서로 경쟁하며 거기서 구매자와 판매자는 상호 작용을 통해 어떤 기술과 소비 행태가 그 문제를 최소 비용으로 가장 빠르고 효율적으로 해결할 수 있는지 결정한다.

- 마침내 문제는 '해결'된다. 시스템은 그 특정한 희소성을 극복하고 오염 물질에 따른 피해를 줄인다.

- 이 모든 것은 사회가 기꺼이 지불할 의사가 있는 비용 안에서 처리되며 더 이상 회복할 수 없을 정도의 피해가 생기는 것은 막을 수 있을 만큼 신속하게 일어난다.

이 모형은 기술에만 기대지도 않고 시장에만 의존하지도 않는다. 기술과 시장 사이에 효율적이고 원활한 상호 작용이 있다고 가정한다. 시장은 문제를 알리고 문제 해결을 위해 자원을 배분하며 최선의 해법을 선택하

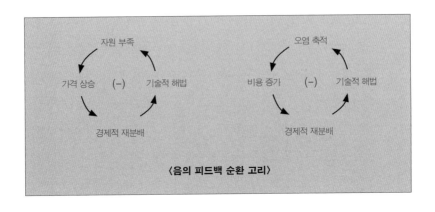

〈음의 피드백 순환 고리〉

고 보상할 수 있어야 한다. 기술은 그러한 문제를 풀기 위한 수단이다. 두 가지 모두 잘 맞아 돌아가야 한다. 시장에서 신호가 오지 않는다면 기술은 나타나지 않을 것이다. 기술적 재능이 없다면 시장이 아무리 신호를 보내도 성과는 전혀 없을 것이다.

이 모형은 음의 피드백 순환 고리 형태—변화의 방향을 반대로 바꾸어 문제를 교정하고 균형을 복원하는 인과 고리—를 띤다는 점을 주목하라. 자원 부족은 극복할 수 있다. 오염도 정화되거나 격리된다. 따라서 사회는 끊임없이 성장할 수 있다.

우리는 이런 조정 순환 고리들이 있다고 생각하며 그것들이 중요하다고 믿는다. 우리는 월드 3 모형의 여러 곳에 그것들을 반영했다. 그러나 '기술'은 하나로 통합된 경이로운 능력을 가진 단일 변수가 아니다. 기술은 이 모형의 여러 곳에서 생기며 많은 영향을 미친다. 예를 들면, 보건의료 기술의 개선은 월드 3에서 자동으로 일어난다. 사회적 부문이 지불 능력만 있다면 언제라도 보건의료 기술은 발전하며 따라서 인간 수명도 늘어난다. 산아 제한 기술은 보건의료 체계가 그 기술을 지원할 수 있고 가족 규모를 더 줄여야 할 까닭이 있을 때 나타난다. 토지 산출력의 증대도

식량 공급이 모자라고 가용 자본이 있는 한 월드 3 모형에서 자동으로 일어난다.

월드 3의 경제 체계는 재생 불가능한 자원이 부족해지면 그 자원을 찾고 발굴하는 데 더 많은 자본을 분배한다. 우리는 재생 불가능한 자원의 최초 기반이 완전히 고갈될 수 있다고 가정한다. 자원이 고갈되면서 남아 있는 자원을 찾아내고 발굴하는 데 점점 더 많은 자본이 들어가는 것은 당연하다. 우리는 또한 재생 불가능한 자원들이 추가 비용이나 지체 없이 서로 완벽하게 대체될 수도 있다고 가정한다. 따라서 재생 불가능한 자원들은 서로 구분하지 않고 하나의 단일 변수로 일괄해서 다룬다.

우리는 모형에서 숫자들을 바꿈으로써 여기서 가정한 시장-기술 조정 효과를 강화하거나 약화할 수 있다. 모형에서 숫자를 바꾸지 않고 그대로 둔다면 이런 기술들은 오늘날 선진국의 1인당 산업 산출량을 내는 것과 같은 수준으로 발전한다.

월드 3에서는 보건의료, 산아 제한, 농업 증진, 자원 개발과 대체 자원처럼 모형에 내장된 기술들에 대한 수요가 발생하면 자본 부문에 지체 없이 완벽하게 신호를 보낸다. 자본은 그러한 수요를 충족시킬 수 있는 산업 또는 서비스 산출물이 있는 한 곧바로 그 수요를 위해 할당된다. 우리는 가격을 명시해서 나타내지 않는다. 가격은 상황이 발생하면 즉시 완벽하게 작동하는 조정 구조에서 중개 신호 역할을 한다고 가정하기 때문이다. 우리는 가격의 중개 없이 그러한 구조('희소성이 기술을 요구한다')를 설명한다. 이 가정은 '실제' 시장 체계에서 일어나는 많은 지체 현상과 오류들을 생략한다.

월드 3에 있는 수많은 다른 기술들은 우리가 그것들을 모의 시나리오에 적용하지 않는다면 효력을 발휘하지 못한다. 자원 효율성, 재활용, 오염 방지, 비전통적 방식의 토지 산출력 증대, 토양 침식 방지와 같은 기술들이 그런 부류에 속한다. 우리가 처음에 모형을 만들 때는 그런 기술들이 개발될 것이라고 생각하지 못했다. 그런 기술들의 효과가 입증되고 세상에서 누군가가 기꺼이 돈을 지불하고 그 기술들을 살 것이라고 상상하지 못했던 것이다.[4] 따라서 우리는 그 기술들을 모형에 적용해서 불연속적이기는 하지만 사람들이 합리적이라고 생각하는 때면 언제나 그 기술들이 효과를 발휘하도록 했다. 예를 들면, 전 세계가 2005년에 재활용에 공을 들이고 2015년에 오염 방지를 위한 일치된 노력을 보일 것이라고 가정할 수 있다. 현재의 월드 3 모형에서는 이런 기술들을 '적응 기술'이라고 해서 더 많은 자원이 필요하거나 오염을 더 줄여야 하거나 식량이 더 많이 필요할 때 서서히 발전하는 기술로 반영해놓았다.[5] 그러나 이러한 기술들의 반응이 실제로 얼마만 한 힘을 발휘할지를 결정하는 것은 인간의 몫이다. 이러한 기술들을 '작동시키기' 위해서는 자본이 필요하다. 그리고 이 기술들은 대개 개발 지체와 이행 지체를 겪은 뒤에야 효력을 발휘하는데 정상인 경우 20년 정도 지체가 있는 것으로 모형화했다.

컴퓨터 모형을 이용하는 이유 가운데 하나는 서로 다른 가정들을 엄밀하게 시험해보고 각기 다른 미래들을 탐색하기 위한 것이다. 예를 들면, 앞서 4장의 맨 나중에 나온 시나리오 2를 살펴보자. 거기서 성장은 오염 위기 때문에 종말을 맞는다. 만일 그때 모형 속의 세계가 좀 더 일찍감치 오염 방지 기술에 단호한 투자 결정을 내렸다면 어떻게 되었을까? [그림 6-1]의 시나리오 3은 그럴 경우 어떤 일이 일어나는지를 보여준다.

월드 3에서 기술로 한계 늘리기

우리는 시나리오 3와 이후에 나올 컴퓨터 시나리오들에서도 시나리오 2에서 기반으로 삼았던 것처럼 더 많은 양의 재생 불가능한 자원이 남아 있으며 그러한 자원들을 발굴해내는 발전된 기술들이 존재한다는 가정을 계속해서 이어갈 것이다. 엄밀히 말하면 이것은 2000년을 기준으로 했을 때, 향후 150년 동안 2000년의 소비 수준과 동일한 수준으로 재생 불가능한 자원을 공급할 수 있다는 것을 의미한다. 사회는 해마다 연간 산업 산출물의 약 5퍼센트에 해당하는 비용으로 그 자원들을 확보할 수 있다. 따라서 앞으로 시나리오 2는 기술과 정책 변화를 수반하는 시나리오들을 비교하는 기준이 될 것이다.

우리는 한 번에 한 가지 변화만 적용한다. 먼저 오염 방지 기술을 적용하고 그다음에 토지 산출력을 높이는 기술을 적용하는 식으로 말이다. 세계가 실제로 한 번에 한 가지 기술만 도입하기 때문이 아니라 그렇게 하는 것이 모형의 대응 방식을 좀 더 잘 이해할 수 있을 것이라고 생각하기 때문이다. 월드 3에서 세 가지 변화를 동시에 적용하고 싶을 때도 그것을 한 번에 하나씩 차례로 적용한다. 각각의 변화가 모형에 미치는 영향을 먼저 파악한 다음에 그것들이 동시에 상호 작용을 일으키며 모형에 미치는 총체적인 영향을 이해하기 위해서이다.

많은 경제학자들은 기술을 변형된 코브-더글러스 생산 함수(단위 기간당 생산량은 생산에 투입되는 노동과 자본의 일정한 비율로 결정되며 거기에 기술의 진보도 영향을 끼친다. 따라서 자본 축적이 크고 노동력 공급이 증가하고 기술 진보가 빠를수록 생산량은 커진다—옮긴이)에 있는 하나의 지수로 생각한다. 이 함수는 어떤 지체 현상이나 비용도 없이 저절로 작동하면서 오직

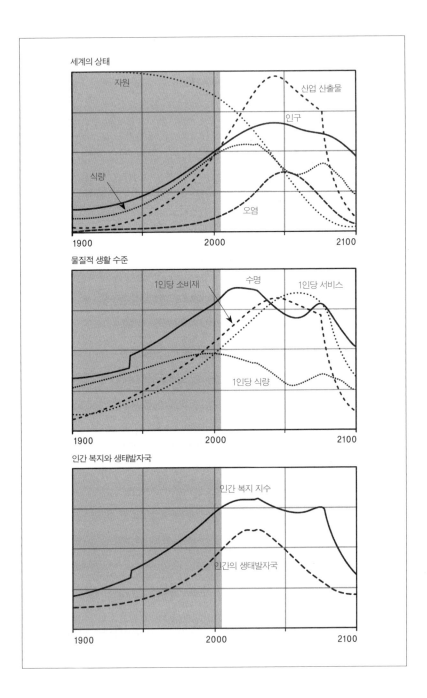

세계의 상태

자원

산업 산출물

인구

식량

오염

1900 2000 2100

물질적 생활 수준

1인당 소비재 수명 1인당 서비스

1인당 식량

1900 2000 2100

인간 복지와 생태발자국

인간 복지 지수

인간의 생태발자국

1900 2000 2100

원하는 결과물을 생산한다. 경제학자들이 이것을 보고 그렇게 열광하는 것은 당연하다. 인간의 문제들을 이다지도 쉽게 풀 수 있으니 말이다!

하지만 '현실 세계'에서는 그런 경이로운 능력을 지닌 기술을 찾을 수 없다. 우리가 아는 기술들은 특정한 문제 해결을 목적으로 개발된 것이 대부분이다. 그것들은 개발하는 데 비용도 만만치 않고 기간도 길다. 실험실에서 기술의 효과가 입증되더라도 그것을 상용화하는 데 필요한 자본과 노동을 유치하고 판매와 서비스, 마케팅과 재무 체계를 구성하기까지 많은 시간이 걸린다. 대개 그 기술들은 쓸모없거나 뒤떨어진 기능을 가질 수도 있고 예상치 못한 부작용을 일으킬 수도 있다. 또 최고 기술들은 그 기술에 대한 특허권을 가진 사람들이 지나치게 기술 유출을 경계함으로써 대개 제한된 사용 계약을 통해 고가로 배포되는 경우가 비일비재하다.

월드 3에서는 이 모든 다양성 속에서 기술을 설명하는 것이 가능하지도 않고 유용하지도 않다. 우리는 대신에 오염 방지, 자원 사용, 토지 산출력을 위한 기술의 발전 과정을 설명했다. 이 각각의 기술들은 3가지 간단한 매개변수들이 있는데 해당 기술이 추구하는 최종 목표, 연구실에서 완성된 기술의 연간 발전 속도, 그 기술이 상용화될 때까지 걸리는 평균 지체 시간이 그것이다. 우리는 각 시나리오를 설명할 때마다 어떤 기술이 주로 영향을 미쳤는지 밝힐 것이다. 나중에 나올 모의실험에서도 실험실에서 완성된 기술은 필요하면 연간 4퍼센트까지 기능이 향상되는 것으로 가

[그림 6-1] 시나리오 3: 재생 불가능한 자원의 접근성 향상과 오염 방지 기술

우리는 이 시나리오에서 시나리오 2와 동일하게 풍부한 자원이 있고 오염 방지 기술도 점점 더 발전하고 있다고 가정한다. 그러한 오염 방지 기술의 발전 덕분에 2002년부터 산출물 1단위당 오염 배출량을 해마다 4퍼센트까지 줄일 수 있다. 따라서 오염에 따른 악영향이 줄어들고 2040년 이후부터 더 많은 사람들이 전보다 훨씬 더 높은 복지 혜택을 받는다. 하지만 식량 생산은 줄면서 산업 부문에서 자본을 빼내고 붕괴가 시작된다.

년	오염 물질 방출 감소 비율(%)
2000	0
2020	10
2040	48
2060	75
2080	89
2100	95

〔표 6-1〕 월드 3에서 기술이 지속성 오염 물질 방출에 미치는 영향

실험실에서 기술이 연간 4퍼센트씩 개선될 수 있고 그것이 전 세계 자본 설비로 상용화되기까지 평균 20년이 걸린다고 하면 보통 때보다 매우 빠르게 오염 물질 방출을 줄일 수 있다. 이 표는 2002년 인구 수준에서 기술의 진보가 허용하는 최대 속도로 오염 물질이 줄어들기 시작한 뒤, 월드 3의 시나리오 3에서 예측하는 오염 물질의 방출 감소 비율을 보여준다.

정할 것이다. 또 그 기술의 새로운 기능이 실험실에서 나와 상용화되어 전 세계 생산 자본 설비로 확산되는 데 평균 20년이 걸린다고 가정한다. 〔표 6-1〕은 시나리오 3에서 지속성 오염 물질의 방출과 관련해서 기술이 끼칠 영향에 대한 가정들을 보여준다.

2000년을 기준으로 주어진 농업과 산업 자본의 비축량이 지속성 오염 물질 1000단위를 방출한다고 가정한다. 만일 기술이 연간 4퍼센트씩 발전하고 상용화하는 데 평균 20년의 지체 기간이 걸린다면 2020년에 동일한 자본 비축량으로 방출하는 지속성 오염 물질은 900단위밖에 안 될 것이다. 오염 물질의 방출은 2040년에 거의 절반으로 떨어지고 2100년이 되면 최초 방출량의 5퍼센트밖에 안 될 것이다. 월드 3에서 토지 산출력 증진을 위한 기술과 자원 사용의 효율성을 높이는 기술을 각각 적용했을 때도 결과는 동일하다.

시나리오 3에서는 전 세계의 오염 수준이 인간의 건강이나 농작물에

큰 피해를 일으킬 정도로 높기 전인 2002년에 세계가 1970년대 중반 수준으로 오염 수준을 낮추기로 결정하고 그 목표를 달성하기 위해 체계적으로 자본을 분배한다. 여기서는 사전에 오염의 근원을 차단하기보다는 사후에 오염 물질이 배출되는 지점에서 오염 수준을 완화시키는 '배출 규제' 방식을 쓴다. [그림 6-1]에서 보는 것처럼 오염 물질의 배출을 줄이기 위해서는 관련 자본 투자 비용이 20퍼센트까지 늘어난다. 2100년 오염 수준은 21세기가 시작되던 시점 수준으로 낮아진다.

이 시나리오에서는 배출 규제 프로그램에도 불구하고 거의 50년 동안 오염 수준이 계속 높아진다. 규제 프로그램을 본격적으로 시행하기까지 시간이 걸리고 기본적으로 산업 생산은 꾸준히 성장하기 때문이다. 그러나 오염 수준은 시나리오 2보다 훨씬 더 낮은 상태를 유지한다. 오염 수준은 인간의 건강에 영향을 미칠 정도로 그렇게 높지 않으며 따라서 이러한 '전 세계 차원의 오염 방지 노력'으로 높은 생산과 복지의 시대를 한 세대 더 구가할 수 있게 된다. 인간 복지 지수를 측정했을 때 호황기는 시나리오 2일 때보다 40년 뒤인 2080년에 끝나는데 그때 지수가 순식간에 급락한다. 하지만 세기 초에 토지는 오염 때문에 악영향을 받는다. 지력 감소를 각종 농업 투입물로 일부 상쇄하면서 당장 토지 생산력이 급락하지는 않는다. 산성비의 피해를 줄이기 위해 석회를 뿌리고 살충제 때문에 토양을 기름지게 만드는 미생물이 사라지는 것을 보완하기 위해 화학 비료를 쓰고 기후 변화 때문에 발생하는 변덕스러운 강우에 대비하기 위해 관개 시설을 구축하는 것이 바로 '현실 세계'에서 일어나는 이러한 현상의 사례들이다.

시나리오 3에서 지력이 감소하고 농업 투입물의 사용이 증가하는 현상을 극복하려는 노력 덕분에 2010년부터 2030년까지 식량 생산은 안정

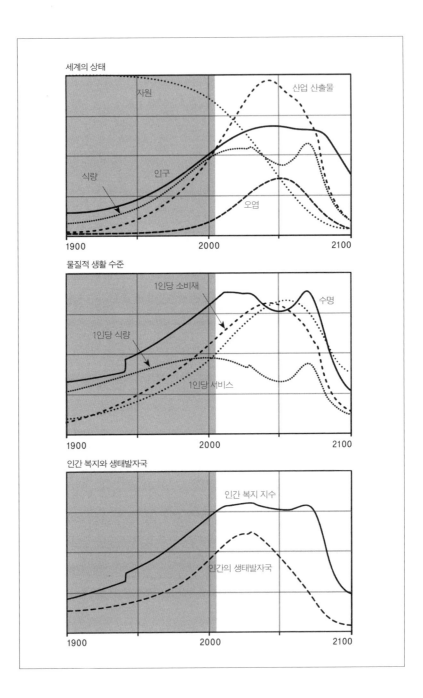

세계의 상태

자원

산업 산출물

식량   인구

오염

1900   2000   2100

물질적 생활 수준

1인당 소비재

1인당 식량

수명

1인당 서비스

1900   2000   2100

인간 복지와 생태발자국

인간 복지 지수

인간의 생태발자국

1900   2000   2100

된 상태를 유지한다. 하지만 인구가 계속 늘어나면서 1인당 식량 생산량은 하락하기 시작한다. 그러나 그 뒤로도 수십 년 동안 산업과 서비스 부문의 산출력은 비록 농업과 오염 방지 분야에 자본을 투자해야 함에도 불구하고 만족스러운 생활 수준을 유지할 정도로 높은 수준을 유지한다. 21세기의 마지막 3분의 1 기간 동안 오염 수준은 지력이 회복될 때까지 많이 하락한다. 그러나 인구 증가의 압력은 점점 더 커지고 경작할 수 있는 토지 면적은 도시 확장과 토양 침식으로 점점 줄어든다. 게다가 21세기 중반에 접어들면 산업 산출력도 급격하게 떨어진다. 농업과 오염 부문에 너무 많은 자본이 투입되면서 더 이상 기존에 투자된 자본의 상각 속도를 상쇄할 정도로 많은 투자를 할 수 없기 때문이다. 경제는 하락하고 붕괴가 시작된다. 21세기 말에는 재생 불가능한 자원이 점점 더 부족해지면서 상황이 더욱 악화된다.

시나리오 3에서 국제 사회는 오랫동안 오염 수준을 줄이고 높은 복지 수준을 유지한다. 하지만 결국에는 식량 문제가 발목을 잡는다. 시나리오 3은 '식량 위기'라고 부를 수 있다. 물론 '현실 생활'에서는 만족할 만한 수준에서 식량의 가용성을 유지하기 위한 조치들이 취해질 것이다. 식량 생산을 더 늘릴 수 있는 기술력이 확보된다면 무슨 일이 일어날까? 〔그림 6-2〕의 시나리오 4가 그런 상황 가운데 하나를 보여준다.

이 시나리오에서도 시나리오 3의 오염 방지 프로그램이 다시 작동된다. 동시에 모형 속의 사회는 2002년에 1990년대 전반에 걸쳐 부상한 1인당

〔그림 6-2〕 시나리오 4: 재생 불가능한 자원의 접근성 향상과 오염 방지 기술, 토지 산출력 증진

오염 방지 기술과 함께 단위 면적당 식량 생산량을 크게 늘리는 기술을 모형에 적용하면 높은 농업 집약도 때문에 토지 손실이 빠르게 늘어난다. 전 세계 농부들은 점점 더 적어지는 토지에서 점점 더 많은 식량을 생산하려고 애쓴다. 결국 더 이상은 지속이 불가능한 한계에 도달한다.

식량 생산량의 감소 현상에 맞서 적극적으로 대응하기 시작한다. 농업 산출력을 높이기 위한 기술을 개발하는 쪽으로 투자가 이루어진다. 새로운 농업 기술이 전 세계 농부들 사이에 널리 퍼지려면 평균 20년이 걸린다고 가정한다. 기술 투자를 위한 자본 비용은 2040년에 6퍼센트로 늘어나고 2100년이면 최대 8퍼센트까지 늘어난다. 2050년까지 식량 생산량은 그다지 많이 늘어나지 않는다. 아직 식량이 많이 남아 있기 때문이다. 그러나 21세기 후반기에는 예상되는 기술의 진보가 초래할 기하급수적 성장 때문에 평균 식량 생산량이 급격하게 증가한다.

따라서 21세기 중반에는 인구와 복지도 오랫동안 높은 수준을 유지한다. 새로운 농업 기술은 2050년부터 (시나리오 3와 비교했을 때) 식량 산출량을 높이는 데 기여한다. 하지만 그렇다고 식량 문제가 완전히 풀리는 것은 아니다. 토양 침식과 도시-산업 확장에 따른 경작할 수 있는 토지 면적의 축소와 지력 저하 문제는 결국 식량 생산량을 늘리는 기술의 영향력을 압도하게 되고 2070년부터는 전체 식량 생산량이 감소하기 시작한다. 농업 집약도의 상승은 토양 침식 현상을 가속화한다. 단순히 흙이 유실되는 것뿐 아니라 토양의 비옥도도 떨어지고 흙다짐 현상도 늘어나며 토양 속에 염분이 증가하면서 토지 생산성이 떨어진다.

경작할 수 있는 토지는 점점 줄어들고 농부들은 남은 땅에서 전보다 훨씬 더 높은 수확을 올리려고 애쓴다. 토지 이용의 집약도가 증가하면서 토양 침식은 더욱 심각해지고 양의 순환 고리를 통해 토지 체계는 급강하한다. 시나리오 4는 '토양 침식 위기'라고 명명할 수 있는데 2070년 이후로 경작 면적이 급격히 줄어들면서 정점에 이른다. 한편 생산력을 높이는 농업 기술은 이러한 상황에 제때 대응하지 못한다. 따라서 식량 부족 현상이 발생하고 그것은 인구 감소를 초래한다. 이러한 압박은 농업 부문에 점점 더 많은 자본과 인적 자원을 투입하게 만드는데 다른 한편으로 재생 불가능한 자원 기반도 감소하면서 거기에도 마찬가지로 자본 투자 요구가 늘어난다. 총체적인 사회의 붕괴는 2100년 이전에 일어난다.

분명히 정상적인 사회라면 식량 생산을 늘리기 위해 토지를 파괴하는 그런 농업 기술을 적용하려고 하지는 않을 것이다. 하지만 불행히도 오늘날 현실 세계에서는 그러한 행태를 보이는 사례들이 많다(예를 들면, 캘리포니아 센트럴 계곡은 염분 축적으로 땅을 못 쓰게 되었지만 그 근처의 땅은 전보다 훨씬 더 높은 생산성을 보이고 있다). 그러나 다가올 세대들의 처지에서 좀 더 합리적으로 가정해보자. 오염 방지 기술과 생산력 증진 기술에다 토지를 보호하는 기술을 추가해보자. 〔그림 6-3〕의 시나리오 5는 이런 변화들이 동시에 일어날 때 어떤 결과를 초래하는지 보여준다.

우리는 여기서 이미 앞서 설명한 오염 방지와 생산력 증진 기술 말고도 전 세계의 토양 침식을 막는 계획이 2002년부터 시작된다고 가정한다. 또 기억하다시피 앞의 두 가지 기술 개발을 위해 추가로 자본 투자가 필요하다고 가정한다. 하지만 나중의 세 번째 기술은 추가로 투자가 필요하지 않다고 가정한다. 토양의 비옥도를 높이기 위해서는 좀 더 세심한 농사 기법이 필요하기 때문이다.

이 계획은 2050년 이후 더 나은 농사 기법의 도입으로 토지 침식 속도가 급격하게 감소할 때까지는 그다지 큰 영향력을 미치지 못한다. 그 결과, 높은 복지 수준을 유지하는 기간을 2070년 이후로 잠시 연장시킨다. 하지만 이것도 지속 가능하지 않기는 마찬가지이다. 시나리오 5는 자원과 식량 위기와 함께 사회적 비용의 증가가 어느 정도 동시에 진행되면서 붕괴 국면에 다다른다. 약 2070년까지 다양한 사회 구성 요소들이 변덕스럽게 등락을 거듭하지만 인간의 평균 복지 수준은 비교적 높은 상태를 유

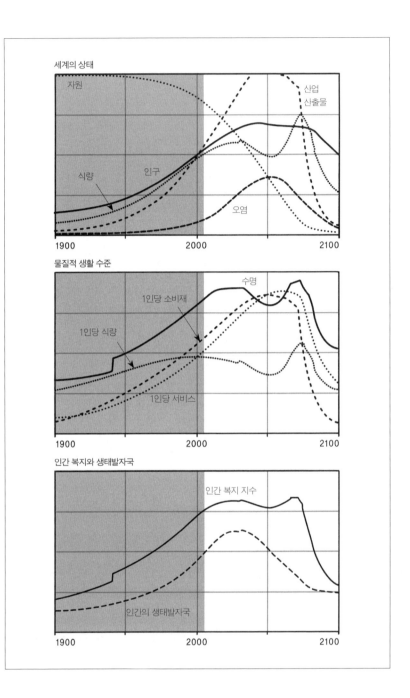

세계의 상태

자원

산업
산출물

식량   인구

오염

물질적 생활 수준

수명

1인당 소비재

1인당 식량

1인당 서비스

인간 복지와 생태발자국

인간 복지 지수

인간의 생태발자국

지한다. 식량은 어느 정도 충분하고(21세기 중반 동안은 낮지만) 오염 수준도 견딜 만하며(21세기의 중반 동안은 오히려 높지만) 경제는 성장하고(적어도 2050년까지) 사회 서비스도 더 좋아지고, 인간의 수명은 70살을 상회한다. 그러나 2070년 이후로는 다양한 기술 개발에 들어가는 비용과 점점 고갈되는 광산에서 재생 불가능한 자원을 발굴하는 비용이 급증하면서 가용 자본보다 더 많은 투자가 요구된다. 그 결과, 갑자기 쇠퇴의 길로 접어든다. 시나리오 5는 여러 가지 위기들이 합쳐져서 만들어졌다고 볼 수 있다.

사회가 여러 방면에서 압박을 받으면 과연 무엇이 가장 먼저 감소할지 여러 가지 의견들이 있을 수 있다. 토지 침식이 먼저일까, 오염 증가가 먼저일까, 아니면 천연자원이 더 줄어들까? 월드 3는 다른 경제 부문에서 투자를 유지하려면 필요한 산업 산출물을 생산하기 위해서 원자재와 연료에 가장 우선순위를 둘 것이라고 가정한다. 그러한 특별한 선택, 즉 투자 자본이 모자랐을 때 모형이 정확하게 어떤 행태를 보일지는 그다지 중요하지 않다. 우리는 그런 일이 실제로 일어났을 때 감히 세계가 어떤 반응을 보일지 예견할 수 있다고 주장하지 않는다. 중요한 변수가 급격히 감소하기 시작한 이후로 모형이 어떻게 돌아가는지에 대해서는 전혀 주목하지 않는다. 여기서 중요한 것은 앞으로 그런 일이 일어날 수 있으며 어쩌면 우리 사회가 그런 상황에 직면할 수 있을지도 모른다는 사실이다.

시나리오 5에서 붕괴를 유발하는 마지막 결정타가 재생 불가능한 자원의 고갈이라면 자원을 절약하는 기술은 무엇보다도 가장 중요한 기술임에

[그림 6-3] 시나리오 5: 재생 불가능한 자원의 접근성 향상과 오염 방지 기술, 토지 산출력 증진, 토양 침식 보호

농업 생산력을 증진하고 오염을 방지하는 조치가 이미 적절히 취해진 상태에서 이제는 토지를 보존하는 기술을 추가로 적용한다. 그 결과는 21세기 말의 붕괴 시점을 약간 뒤로 미룰 뿐이다.

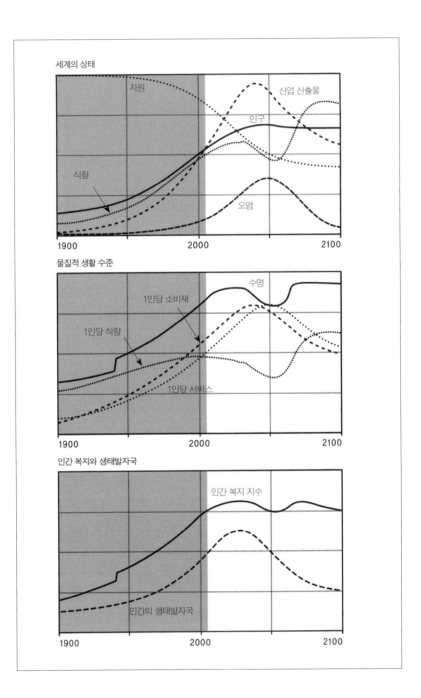

세계의 상태

자원

산업 산출물

인구

식량

오염

1900   2000   2100

물질적 생활 수준

수명

1인당 소비재

1인당 식량

1인당 서비스

1900   2000   2100

인간 복지와 생태발자국

인간 복지 지수

인간의 생태발자국

1900   2000   2100

틀림없다. 〔그림 6-4〕의 시나리오 6가 그 결과를 보여준다.

시나리오 6은 2002년부터 산업 산출물 1단위를 생산하는 데 필요한 재생 불가능한 자원의 양을 연간 4퍼센트까지 줄이는 프로그램을 시작한다. 오염을 방지하고 토지 산출력을 높이며 토지 침식을 줄이는 기술도 똑같이 적용된다고 가정한다. 이것은 간단히 말하면 환경 효율성을 높이는 21세기의 방대한 계획 가운데 하나로서 막대한 비용이 들어가지만(자본 비용은 2050년에 20퍼센트 증가하고 2090년쯤에는 100퍼센트 증가한다) 무엇보다도 인간의 생태발자국을 크게 줄이는 것을 목표로 한다.

이러한 강력한 기술의 결합은 21세기의 마지막 3분의 1 기간 동안 시나리오 5와 달리 붕괴를 피할 수 있게 도와준다. 그러나 그 기술 계획이 본격적으로 작동하기까지는 시간이 너무 많이 걸리기 때문에 21세기 마지막 3분의 1 기간 동안 인간의 복지 수준은 점점 낮아질 수밖에 없다. 인구는 크게 줄지 않지만 수명은 2050년쯤 잠시 줄어들었다 다시 늘어난다. 동시에 인구 증가가 토지 산출력을 압박하면서 식량 생산이 감소한다. 하지만 결국에는 농업 생산량을 늘리고 오염을 방지하는 기술 덕분에 그 상황을 극복한다. 한편 재생 불가능한 자원이 고갈되는 속도는 점점 느려지고 발굴 비용도 낮은 상태를 유지한다. 어려움이 많은 21세기 말에 이르면 80억 명 미만의 다소 안정된 전 세계 인구는 2000년 수준과 거의 비슷한 인간 복지 지수를 가진 고기술 저오염의 세상을 살고 있을 것이다. 평균 수명과

〔그림 6-4〕 시나리오 6: 재생 불가능한 자원의 접근성 향상과 오염 방지 기술, 토지 산출력 증진, 토양 침식 보호, 자원 효율성 증강 기술

이제 월드 3는 오염을 방지하고 토지 산출력을 높이고 토지를 보호하고 재생 불가능한 자원을 절약하는 강력한 기술들을 동시에 개발하고 있다. 이 모든 기술들을 개발하는 데는 비용이 발생하며 상용화하기까지 각각 20년이 걸린다. 요약하면, 세계는 적어도 그러한 기술들에 들어가는 누적 비용이 가용 한계를 넘어설 때까지는 계속해서 꽤 커지고 번창한다.

1인당 식량 생산량은 전보다 더 늘고 사회 서비스 수준은 전과 비슷하지만 1인당 소비재 사용은 21세기 초보다 더 감소한다. 산업 산출량은 2040년쯤 감소하기 시작한다. 기아와 오염, 토양 침식, 자원 부족 때문에 발생하는 비용의 증가는 경제 성장을 위해 써야 할 자본을 갉아먹는다. 1인당 사회 서비스 산출량과 원자재 소비 수준은 그 이후부터 곧바로 떨어지기 시작한다. 마침내 시나리오 6의 세계는 기술과 사회 서비스, 새로운 투자에 들어가는 비용이 동시에 상승하면서—비용의 위기—안정된 생활 수준을 더 이상 유지하지 못한다.

미리 유의해야 할 몇 가지 전제

컴퓨터 모형화 작업이든 추상적인 심성 모형을 만드는 작업이든 잠시 뒤로 물러나 이 모형이 우리가 현실에서 경험하는 '현실 세계'가 아니라는 사실을 되새겨보는 것이 필요하다. 그러나 어떤 측면에서 '현실적'인 것이 또 다른 측면에서는 '비현실적'이라는 것도 기억해야 한다. 이것은 '현실적'으로 보이는 시나리오의 특징들을 보고 그것들이 의미하는 것이 무엇인지 정확하게 꿰뚫어 보는 일이다. 또 모형의 불확실성과 의도적인 단순화가 거기서 나오는 결과를 어떻게 제한하는지 판단할 줄 아는 것도 중요하다. 우리는 앞서 나온 일련의 컴퓨터 시나리오 분석을 잠시 멈추고 모형 분석의 관점에 대해서 다시 한 번 정리할 필요가 있다.

월드 3는 세계를 부유한 곳과 가난한 곳으로 구분하지 않는다. 기아, 자원 부족, 오염을 알리는 신호는 모두 세계 전체를 하나의 대상으로 보고 전달되며 그러한 신호에 대응하는 능력을 이끌어내는 반응도 세계 전체라는 단일 대상에서 나온다고 가정한다. 이러한 단순화는 모형을 매우 낙관적으로 만든다. 그러나 '현실 세계'에서 기아가 주로 아프리카에 만연하고 오염 위기는 유럽 중부가 심하며 토지 침식이 주로 열대 지방에서 일어난다면 이 문제들을 해결하기까지는 매우 오랜 시간이 걸릴 것이다. 따라서 '실제' 시스템은 월드 3가 하는 것처럼 강제로 또는 성공적으로 대응하지 못 할 수도 있다.

또한 모형에서 작동하는 완벽한 시장의 모습이나 (예기치 못한 부작용이 없는) 순조롭고 성공적인 기술들도 매우 낙관적인 가정 아래 있다. 추가적인 비용 부담이나 시간 지체도 없이 정치적 결정이 내려진다는 가정도 낙관적이기는 마찬가지이다. 월드 3 모형은 생산 경제에서 자본과 자원을 유출시키는 군사적 부문을 아예 상정하지 않는다. 사람들을 죽이고 자본을 파괴하며 땅을 황폐화하고 오염을 발생시키는 전쟁 따위도 없다. 거기에는 인종 분쟁, 파업, 부패, 홍수, 지진, 화산 폭발, 핵 관련 사건, 에이즈, 뜻밖의 환경 재난 같은 것도 없다. 월드 3 모형은 '현실 세계'에서 일어날 수 있는 가장 낙관적인 상황만을 전제한다.

한편, 어떤 사람들은 월드 3가 기술의 발전을 너무 제한적으로 보고 있다고 비판한다. 따라서 그들은 모형 속에서 기술의 발전 속도를 훨씬 더 빨리 높이거나 심지어 아무런 제한도 두지 않고 (시나리오 0에서처럼) 무한대로 높여야 한다고 생각한다. 아직 발견하지 못한 자원, 개발 가능한 토지, 자연의 오염 흡수 능력에 대한 가정들도 너무 낮거나 높다고 볼 수도 있다. 하지만 우리는 가능한 한 우리가 사용할 수 있는 모든 데이터와 기술의 발전 가능성에 대한 평가를 통해 그러한 가정들을 '현실적'으로 만들려고 최선을 다했다.

이러한 모든 불확실성을 인정한다면 우리는 다양한 시나리오들이 생성해낸 도표의 곡선들을 정확한 수치로 구성된 것이라고 생각하지 말아야 한다. 우리는 그 숫자에 큰 의미를 두지 않는다. 예를 들면, 식량 위기는 자원 위기가 나타나기 전인 시나리오 3에서 나타난다. 하지만 그 두 가지 위기는 서로 순서를 바꿔서 일어날 수도 있다. 또 우리는 산업 침체가 시나리오 6에서 말한 것처럼 2004년부터 시작될 것이라고 예견하고 있는 것이 아니다. 거기서 사용하는 숫자들은 월드 3나 그 밖의 다른 모형에서 그런 식으로 해석할 수 있을 정도로 정확한 것이 아니다.

그렇다면 우리는 이 모형화 작업을 통해 과연 무엇을 배울 수 있을까?

기술과 시장만으로 한계 초과를 피할 수 없는 이유

앞에 나온 실험들을 한마디로 요약하면 인간의 생태발자국은 지속 가능한 수준을 넘어서려는 경향이 있으며 이것은 반대로 생태발자국을 줄이려는 인간의 의도적 노력을 자극한다고 말할 수 있다. 생태발자국의 감소는 대개 식량 가용성의 감소, 1인당 상품 또는 서비스 제품의 사용 감소, 환경 오염의 증가에 따른 인간의 평균 생활 수준의 하락과 관련이 있다. 보통 인간은 이러한 상황이 닥치면 인구 증가와 경제 성장이 끊임없이 이어지기를 바라면서 이를 제약하는 요소들을 제거하는 것으로 대응한다.

앞에 나온 6개의 시나리오에서 배울 수 있는 한 가지 교훈은 복잡하고 한정된 이 세계에서 어느 하나의 한계를 초과하거나 그 한계점을 늘려서 성장을 계속한다면 조만간 또 다른 한계를 만난다는 사실이다. 특히 기하급수적 성장을 하고 있다면 다음에 나타나는 한계는 정말로 순식간에 눈앞에 등장할 것이다. 한계들은 겹겹이 쌓여 있다. 월드 3에는 한계가 몇 개 없다. 하지만 '현실 세계'에는 훨씬 많은 한계들이 도처에 널려 있다. 그 한계들은 대부분 서로 다르고 특별하며 지역성을 띤다. 오존층이나 지구의 기후와 관련된 몇몇 한계들을 빼고는 전 지구적 차원의 한계는 그다지 많지 않다.

'현실 세계'에서 성장을 계속하는 서로 다른 부분들이 있다면 그것들은 서로 다른 시점에 서로 다른 순서로 서로 다른 한계를 가지고 돌아갈 것이다. 하지만 연속적이고 복합적인 한계들에 대한 경험은 월드 3에서처럼 지역을 불문하고 공통적이다. 인간 사회는 점점 세계 경제와 밀접하게 연결되면서 어느 한 곳에서 압력을 받으면 모든 곳에서 그 파장을 감지할 수 있다. 게다가 세계화 덕분에 세계 각 지역들은 서로 활발하게 무역 관계를 맺으면서 각자의 한계들을 거의 동시에 함께 경험한다.

앞에 나온 모의실험들은 산업과 농업이 요구하는 물질과 에너지 규모를 줄이는 기술들을 개발하고 사용함으로써 인간의 생태발자국을 줄일 수 있음을 보여준다. 이러한 기술들이 전 세계에 광범위하게 전파될 수 있다면 인간은 똑같은 수준의 생태발자국 안에서 더 높은 평균 생활 수준을 누릴 수 있다. 이것이 바로 오늘날 세계 경제가 주시하는 비물질화이다.

두 번째 교훈은 사회가 경제적, 기술적 적응을 통해 여러 가지 한계들을 피하려고 하면 할수록 동시에 그 한계들과 충돌할 가능성이 점점 더 커진다는 사실이다. 여기에 소개되지 않은 여러 시나리오들을 포함해서 월드 3가 생성해낸 시나리오 대부분에서 세계 시스템은 토지나 식량, 자원, 또는 오염 흡수 능력을 완전히 소진하지 않는다. 월드 3에서 실제로 바닥나는 것은 그런 문제들에 대처하는 능력이다.

월드 3에서 '대처 능력'은 당면 문제들을 해결하기 위해 연간 투자 가능한 산업 산출물의 양으로 단순화되어 나타난다. 하지만 '현실 세계'에서는 대처 능력을 결정하는 여러 가지 요소들이 많이 있다. 숙련된 사람 수, 그들의 의욕, 정치적 관심과 의도, 통제 가능한 재무적 위기 수준, 신기술을 개발하고 확산하고 시행할 수 있는 제도적 능력, 관리 능력, 중요한 문제로 주목받게 만들 수 있는 언론과 정치 지도자의 능력, 중요한 정책의 우선순위를 정하는 유권자들 사이의 합의, 문제들을 미리 내다볼 수 있는 능력 수준들이 바로 그런 요소들이다. 이 모든 능력들은 사회가 그것들을 개발하는 데 투자한다면 시간이 흐를수록 점점 커질 수 있다. 그러나 그것들은 어느 한 시점에서 한계에 도달한다. 그것들은 딱 그만큼만 처리하고 통제할 수 있다. 문제들이 급격히 커지고 복잡해지면 이론적으로는 차례로 하나씩 처리하면 될 문제들이지만 시스템은 그만 대처 능력을 잃고 만다.

월드 3 모형에서, 아니 '현실 세계'에서도 시간은 가장 중요한 한계이다. 시간이 충분하다면 인간은 거의 무한한 문제 해결 능력을 가지고 있다. 성장, 특히 기하급수적인 성장은 순식간에 진행되기 때문에 효과적인 대처를 취하기에는 너무 시간이 모자란다. 그것은 점점 더 빠른 속도로 시스템에 과중한 압력을 가한다. 결국 이러한 압력에 맞서서 변화 속도를 서서히 늦춰왔던 기존의 대응 체계는 마침내 무너지기 시작한다.

사회가 서로 연관된 한계들을 향해 급속도로 나아가면서 발생하는 문제들을 기술과 시장으로 풀 수 없는 이유가 세 가지 있다. 목표, 비용, 지체와 관련된 이유이다. 시장과 기술은 사회의 목표와 윤리, 시간 범위를 하나의 전체로 묶는 단순한 수단일 뿐이라는 것이 첫 번째 이유이다. 사회 내부의 목표가 자연을 개발하고 엘리트들을 부자로 만들고 장기적 관점을 무시하는 것이라면 그 사회는 환경을 파괴하고 빈부 격차를 늘리고 단기 이익에 적합한 기술과 시장을 개발할 것이다. 요약하면, 그 사회는 붕괴를 막는 것이 아니라 붕괴를 재촉하는 기술과 시장을 발전시킨다.

두 번째 이유는 기술의 취약성을 조정하는 과정에서 비용이 발생한다는 것이다. 자원과 에너지, 돈, 노동, 자본을 고려할 때 기술 비용과 시장이 계산에 포함된다. 이러한 비용은 한계점에 다가갈수록 비선형적으로 상승하는 경향이 있다. 이것은 시스템이 예기치 않은 방향으로 나아가는 또 다른 원인이다.

우리는 이미 〔그림 3-19〕와 〔그림 4-7〕에서 폐기물이 어떻게 생산되고 자원 등급이 낮아지면서 재생 불가능한 자원을 발굴하기 위해 필요한 에너지가 얼마나 급격하게 늘어나는지 보았다. 〔그림 6-5〕는 또 다른 비용 상승 곡선을 보여준다. 산화질소 배출량이 1톤 줄 때마다 발생하는 한계 비용 곡선이다. 산화질소의 배출을 거의 절반으로 줄일 때까지는 비용이 별로 들지 않는다. 80퍼센트 가까이 줄일 때까지도 여전히 비용 상승은 견딜 만하다. 하지만 거기가 한계치이고 임계점이다. 그 이상을 넘어가면 비용은 엄청난 속도로 폭등한다.

더 발전된 기술이 나오면 도표에 그려진 두 개의 곡선이 오른쪽으로 좀 더 이동하면서 배기가스 배출을 더 완벽하게 줄일 수 있을 것이다. 어쩌면 매연을 완전히 제거할 수 있는 다른 기술이 나올 수도 있지만 그 기술이 또 다른 배기가스를 배출시켜 그 배기가스를 제거하기 위한 또 다른 비용 곡선을 만들어낼지도 모른다. 오염 방지를 위한 비용 곡선은 언제나 기본 모양이 같다. 배기가스 배출을 100퍼센트 막으려면 그 비용이 급상승할 수밖에 없는 근본적인 이유가 있다. 무수히 늘어나는 굴뚝이나 배기관들이 바로 그 이유를 잘 보여준다. 배기가스 배출을 막는 기술이 자동차 한 대에서 나오는 오염 물질을 절반으로 줄일 수 있을지도 모른다. 하지만 자동차 수가 두 배로 늘어났을 때도 전과 똑같은 대기 수준을 유지하려면

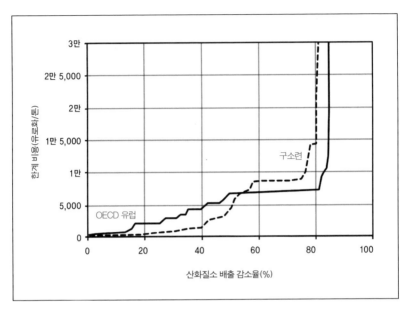

〔그림 6-5〕 비선형적 오염 방지 비용 곡선

대기 오염 물질인 질소산화물 배출은 어느 정도까지는 낮은 비용으로 막을 수 있다. 하지만 일정 수준을 넘으면 제거 비용이 가파르게 상승한다. 질소산화물 제거를 위한 한계 비용 곡선은 2010년에 OECD 유럽과 구소련이 질소산화물 1톤을 제거하기 위해 지불할 것으로 예상되는 비용을 유로화로 계산한 것이다.

자동차 한 대에서 배출되는 오염 물질의 절반을 또 절반으로 줄여야 한다. 결국 전과 같은 수준으로 오염을 방지하기 위해서는 75퍼센트의 배기가스를 줄여야 한다. 다시 한 번 자동차 수가 배로 늘어나면 그때는 87.5퍼센트의 배기가스를 줄여야 한다.

따라서 경제가 그러한 오염 방지에 들어가는 비용을 감당할 수 없는 한계에 이르면 그때 가서 성장은 멈춘다. 실제로 성장은 오염 방지 비용을 더 이상 지불할 수 없는 지점까지 비용 곡선을 끌어올린다. 정상적인 사회라면 그런 상황이 되었을 때 계속해서 활동 수준을 확대해나가지 못한다.

성장을 계속할 경우 국민들의 복지를 더 이상 증진시킬 수 없기 때문이다.

기술과 시장이 이런 문제들을 해결할 수 없는 세 번째 이유는 피드백 순환 과정에서 정보 왜곡과 지체 현상이 일어나기 때문이다. 시장과 기술의 지체는 경제 이론이나 심성 모형이 예상하는 것보다 훨씬 더 오래 걸릴 수 있다. 기술-시장 피드백 순환 고리들은 그 자체가 한계 초과, 감쇄 진동, 불안정성의 근원이다. 이러한 불안정성의 한 사례가 1973년부터 몇십 년 동안 지속된 세계 유가 파동이었다.

불완전한 시장의 사례: 요동치는 석유 시장

1973년에 일어난 '오일 쇼크'의 원인은 한두 가지가 아니지만 그 가운데 가장 근본적인 원인은 전 세계의 석유 소비 자본(자동차, 용광로, 기타 석유를 쓰는 기계)에 비해서 석유 생산 자본(유정)이 부족했기 때문이다. 1970년대 초, 전 세계의 유정은 전체 생산 능력의 90퍼센트 이상을 가동하고 있었다. 따라서 중동 지역의 정치적 격변은 전 세계 석유 생산을 전면 중단시키는 결과를 초래했다. 중동 이외의 지역에서 채굴되는 석유의 공급을 늘려도 부족한 부분은 채울 수 없었다. 결국 중동의 석유수출국기구 OPEC은 석유 가격을 올릴 수 있는 기회를 놓치지 않았다.

이러한 1차 유가상승과 함께 1979년 똑같은 이유로 발생한 2차 유가상승은 경제와 기술 영역에서 격렬한 반응을 촉발했다([그림 6-6]). 공급 측면에서는 OPEC 지역 밖에서 더 많은 유정들이 개발되고 원유를 채굴하는 장비들이 곳곳에 더 많이 설치되기 시작했다. 생산 가치가 떨어지는 유전으로 분류되던 곳들이 이제는 경제적 타산이 맞아떨어지면서 원유를 생

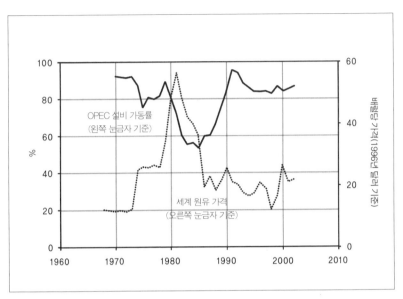

〔그림 6-6〕 OPEC 원유 생산 설비 가동률과 세계 원유 가격

1970년대 OPEC의 생산설비 수준으로는 조금만 원유 공급에 이상이 생기면 원유 가격이 순식간에 급격하게 변동했다. 원유 가격이 등락을 거듭하다 안정된 상태로 오기까지 10년 이상이 걸렸다. 따라서 세계 경제는 원유 가격이 오르든 내리든 큰 폭으로 요동쳤다(출처: 미국 에너지정보관리국, 미국 에너지부).

산하기 시작했다. 하지만 유정을 찾고 생산 시설을 구축하고 생산을 하기까지, 원유가 정유 과정을 거쳐 석유 탱크에 실릴 때까지 많은 시간이 걸렸다. 그 사이에 소비자들은 석유와 에너지 사용을 줄이면서 높은 유가에 대응해야 했다. 자동차 회사들은 에너지 효율을 높인 모델의 차를 내놓기 시작했다. 사람들은 주택 단열에 신경 쓰기 시작했다. 전기 회사들은 석유를 쓰는 발전기 작동을 중지하고 석탄이나 핵연료를 쓰는 시설에 투자했다. 각국 정부는 다양한 형태의 에너지 절약 정책을 시행하고 대체 에너지원 개발을 장려했다. 하지만 이러한 노력들도 만족할 만한 효과를 발휘하려면 시간이 걸렸다. 이러한 반응들은 결국 오랫동안 지속될 세계 자본의 변화를 초래했다.

시장 옹호론자들은 시장이 언제나 신속하게 반응한다고 믿는 것처럼 보인다. 그러나 세계 원유 시장이 오일 쇼크를 극복하고 공급과 수요의 균형을 맞추기까지—높아진 유가에 대응해서 소비를 낮추기까지—거의 10년이 걸렸다. 1983년 세계 석유 소비는 1979년 정점에 이르렀을 때와 비교해서 12퍼센트 정도 감소했다.[6] 하지만 이번에는 거꾸로 석유 생산 자본이 너무 많아졌고 OPEC은 원유 채굴을 거의 50퍼센트로 더 줄여야 했다. 전세계 유가는 하향 곡선을 그리기 시작하더니 1985년 마침내 급락했다. 유가 하락은(달러 가격을 기준으로) 1990년대 말까지 이어졌다.

원유 가격은 앞서 너무 급등했던 것처럼 그 뒤 너무 급락했다. 원유 생산 설비들이 폐쇄되고 유전 지대가 침체에 빠지면서 에너지 절약 노력도 사라졌다. 에너지 효율성이 높은 자동차 설계는 벽장 속에 처박혔다. 대체 에너지원 개발에 대한 투자는 바닥을 드러냈다. 결국 이런 상황들이 쌓이면서 21세기로 전환하는 시점에 나타나는 상대적으로 높은 원유 가격과 같은 또 한 차례의 원유 수급 불균형과 유가 상승이 발생하는 여건들이 만들어졌다.

이러한 한계 초과와 목표 미달은 결국 석유 시장에서 여러 가지 지체를 초래할 수밖에 없었다. 그동안 석유 생산 자본과 소비 자본의 상대적 불균형을 조정하려고 애썼지만 이런 지체들은 국제적으로 거대한 부의 이동, 엄청난 부채와 잉여, 일시적 벼락 경기와 금융 파산을 초래했다. 이렇게 원유 가격이 등락을 계속한 원인 가운데 실제로 (계속해서 줄어들고 있던) 지하에 매장된 원유의 양이나 원유 채굴, 수송, 정제, 원유 사용으로 발생한 환경 파괴와 관련된 것들은 하나도 없었다. 시장에서 소비자에게 보내는 가격 신호는 주로 현재 수준에서 앞으로 사용할 수 있는 원유가 상대적으로 얼마나 모자라거나 남는지에 대한 정보뿐이었다.

석유 시장은 여러 가지 이유 때문에 임박한 석유의 물질적 한계에 대해서 세계에 유용한 정보를 제공하지 않았다. 산유국 정부들은 원유 가격 인상에 적극 개입한다. 그들은 각자 더 높은 생산량을 할당받기 위해 자신들의 원유 비축량을 과대 포장하며 거짓을 일삼는다. 석유 소비국 정부들은 유가를 낮게 유지하려고 애쓴다. 그들은 개별 산유국들의 정치적 영향력을 줄이기 위해 자국의 석유 비축량을 거짓으로 과장할 수도 있다. 투기꾼들은 가격 변동을 큰 폭으로 늘릴 수 있다. 이미 채굴되어 언제라도 사용 가능한 석유의 양은 미래에 채굴될 지하에 매장된 원유의 양보다 가격 변동에 훨씬 더 큰 영향을 끼친다. 시장은 먼 미래에 대해 주목하지 않으며 자원의 생산 기반과 폐기물 처리 능력에 대해서 별 관심을 두지 않는다. 마침내 자원이 바닥나면 그때는 아무리 훌륭한 해결책이 있다고 하더라도 아무 소용이 없을 것이다.

석유 가격의 사례가 보여주는 것처럼 경제적 신호와 기술적 대응은 강력한 반응을 불러일으킬 수 있다. 하지만 그러한 신호와 대응은 인간 사회에 물질적 한계에 대해 유용한 정보를 제공하는 지구 체계와 절대로 적절한 지점에서 만나지 못한다.

따라서 우리는 결국 기술과 시장의 목적이 무엇인지 다시 생각해야 한다. 그것들은 단순히 도구일 뿐이다. 기술과 시장은 기껏해야 그것들을 창조한 인간의 관료 체계가 지닌 지혜나 안목, 절제, 동정의 한계를 벗어나지 못한다. 그것들이 세상에 내놓는 결과들은 누가 무슨 목적으로 그것들을 사용하느냐에 따라 달라진다. 기술과 시장을 하찮은 일, 불평등, 폭력을 위해 사용한다면 그런 결과가 나올 것이다. 한정된 지구에서 끊임없이 물질적 확장을 추구하는 것처럼 불가능한 목적을 위해 사용한다면 그 목적은 결국 실패하고 말 것이다. 하지만 현실에 알맞고 지속 가능한 목적을 위해 기술과 시장을 사용한다면 마침내 지속 가능한 사회를 실현하는 데 큰 힘이 될 것이다. 다음 장에서 우리는 이것에 대해 살펴볼 것이다.

기술과 시장은 장기적으로 공동선을 위해 적절하게 규제되고 활용된다면 지속 가능한 사회를 만드는 데 엄청나게 큰 기여를 할 것이다. 세계가 CFCs 없이 살기로 결정하자 기술은 수십 년에 걸쳐 그 변화를 가능하게 만들었다. 우리는 기술의 창조력과 기업가 정신, 상대적으로 자유로운 시장 없이 만족스럽고 공평하고 지속 가능한 세계가 올 수 있다고 생각하지 않는다. 하지만 또 반대로 그것만으로 충분하지 않은 것도 사실이다. 인간 세계를 지속 가능하게 만들기 위해서는 또 다른 인간의 능력이 필요하다. 그러한 인간 능력이 발휘되지 않는다면 기술의 진보와 시장은 지속 가능성을 왜곡하고 동시에 주요 자원들의 붕괴를 재촉하는 구실을 할 것이다. 공해(公海) 어업에서 일어난 일들이 바로 그런 모습의 결정판이다.

기술, 시장과 어업의 파괴

옛날에는 어망 8개로 물고기 5,000파운드를 잡았어요. 하지만 오늘날 그만큼 잡으려면 어망 80개가 필요해요. 당시에는 봄철에 대구를 보통 25파운드에서 40파운드가량 잡았지만 지금은 5파운드에서 8파운드에 불과하죠.

—조지스 뱅크 어장의 한 어부, 1988년

대구에 대해서 알고 싶다면 내가 말해주리다. 지금은 더 이상 잡히지 않아요.

—캐나다 어부 데이브 몰리, 1997년

세계 어업의 최근 역사는 기술과 시장이 다가오는 한계에 대해서 얼마나 부적절하게 대응했는지를 잘 보여준다. 전 세계 어업은 과거 어획량을 유지하기 위해 점점 더 많은 수고가 들고, 다른 나라 어민들의 국내 수역 접근을 막고, 국내 어업에 보조금을 지급하는 상황이 늘어나고, 마침내 어획량 규제를 위한 국제 사회의 합의가 늦어지면서 '자연스럽게' 해양 자원의 한계를 부인하는 방향으로 움직이기 시작했다. 어떤 때에는—위에 인용한 캐나다 동해 연안의 대구 어장에서처럼—인간 사회의 개입이 너무 늦어져 자원을 보호하지 못하는 경우도 발생한다.

수자원 규제 움직임은 대다수 거대 어장으로 점점 확대되었다. '공해 (公海)'의 시대는 이제 확실히 종말을 고하고 있다. 한계는 마침내 명백해졌고 전 세계 어업이 가장 중요하게 생각하는 주제가 되었다. 수자원 부족과 어획 규제가 강화되면서 전 세계 자연산 물고기의 어획량은 증가세를 멈추었다. 1990년대에는 전 세계 상업용 바닷물고기 어획량이 연간 8,000만 톤 아래를 왔다 갔다 했다[7]([그림 6-7]). 이렇게 많은 어획량이 그 뒤로도 계속 지속될는지 아니면 그것이 붕괴의 시작일지 알게 된 것은 그로부터 더 많은 세월이 지난 뒤였다. 1990년경, 유엔식량농업기구는 전 세계 바다를 통틀어 전통적인 어획 방식으로 해마다 1억 톤 이상의 물고기를 잡는 것은 더 이상 지속될 수 없다고 생각했다(그것은 우리가 1990년대 내내 보았던 수준보다 높았다).

물고기 양식업은 같은 기간 동안 급속도로 성장했다. 1990년에 연간 1,300만 톤에서 현재는 거의 4,000만 톤의 물고기가 생산되고 있다. 전 세계에서 소비되는 물고기의 3분의 1이 양식 물고기이다. 그럼 우리는 이러한 시장과 기술의 반응에 만족하지 못한단 말인가? 물고기 양식업의 성장은 시장과 기술이 현재 어업의 문제를 해결할 수 있음을 보여주는 단적

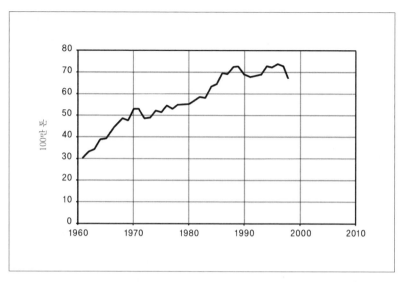

〔그림 6-7〕 전 세계 자연산 물고기 어획량

전 세계 자연산 물고기의 총 어획량은 1960년부터 1990년까지 급격하게 상승했다. 그러나 20세기 마지막 10년 동안 더 이상 늘어나지 않았다(출처: 유엔식량농업기구).

인 사례가 아니고 무엇인가? 하지만 정말 그렇지 않다. 세 가지 이유가 있다. 바다는 과거 인간의 식량원이었다. 하지만 이제는 음식물 쓰레기를 버리는 장소가 되어가고 있다. 물고기를 비롯한 해양 생물종은 과거에 가난한 사람들을 먹여 살리는 자원이었다. 하지만 지금은 점점 부자들에게 그 몫이 돌아가고 있다. 물고기 떼는 환경의 중립 지대였다. 하지만 양어장은 오늘날 환경을 망가뜨리고 있다.

첫째, 공해 어업은 인간을 위한 진정한 식량원이다. 그냥 가만히 있어도 맛있는 육식을 제공한다. 하지만 물고기 양식은 그렇게 공짜로 제공되는 식량원이 아니다. 그것은 한 형태의 식량을 다른 형태의 식량으로 바꾸는 것이다. 따라서 각 단계마다 손실이 발생할 수밖에 없다. 양어장의 물고기는 대개 곡식이나 물고기용 사료들을 먹고 자란다. 둘째, 물고기는 과거에 지역에서 큰 돈을 들이지 않고 가난한 사람들에게 중요한 영양소를 제공하는 원천이었다. 지역 사람들끼리 간단한 도구를 이용해서 서로 시간을 쪼개서 함께 자급자족을 위한 식량으로 물고기를 수확할 수 있었다. 반면에 물고기 양식은 높은 수익을 올리는 시장에 내다 팔기 위해 물고기를 인공으로 기르는 사업이다. 양식 연어와 새우는 가난한 사람들이 먹을 음식이 아니라 부자들의 밥상에 올라갈 상품이다. 그리고 양어장 때문에 연안 어업이 파괴되면서 문제가 복잡해진다. 연안에 서식하는 많은 어류들이 사라지면서 원거리 시장에 있는 소비자들이 나머지 어류의 가격을 올린다. 따라서 가난한 사람들은 점점 더 물고기를 맛볼 수 없게 되고 있다.

셋째, 물고기, 새우를 비롯해서 여러 해양 생물종의 양식은 커다란 환경 파괴를 유발한다. 양식 어종이 야생의 바다로 빠져나가고, 음식물 쓰레기와 항생 물질들이 바닷물에 퍼지고, 바이러스가 수중으로 확산되고, 연안 습지가 파괴되는 것은 모두 이러한 신기술과 상호 연관되어 있다. 이러한 악영향은 그냥 저절로 일어나는 사건이 아니다. 이러한 현상들은 따지고 보면 결국 시장의 작동 때문에 일어난다. 그것들은 물고기를 사고 파는 어떤 중요한 시장에서 가격이나 이익에 전혀 영향을 끼치지 못하는 '외생적 요소'일 뿐이다.

2002년 유엔식량농업기구는 세계 공해 어업의 약 75퍼센트가 적정 어획량의 한계 수준에 이르렀거나 초과했다고 추정했다.[8] 전 세계 19개 어업 구역 가운데 9군데가 지속 가능한 어획량이라고 추정되는 최저 한계를 넘어섰다.

몇몇 나라의 엄격한 수산업 정책들이 세계 어업을 크게 압박했다. 앞서 말한 것처럼 1992년, 캐나다 정부는 동해 연안의 대구 어장을 포함해서 모든 어장을 폐쇄했다. 폐쇄 조치는 모자란 어종을 복원시키기 위해 2003년까지 지속되었다. 미국 서부 연안의 연어 어획량은 1994년 매우 심각하게 줄었다.[9]

2000년 카스피 해 인근의 네 나라는 마침내 유명한 캐비아의 원천인 철갑상어를 보호하기 위한 계획에 합의했다. 1970년대에 연간 어획량이 2만 2,000톤이던 것에서 1990년대 말 1,000톤으로 떨어졌다.[10] 대개 수명이 30년이고 700킬로그램(1,500파운드)까지 자라는 참다랑어 어종은 1970년에서 1990년까지 20년 동안 94퍼센트가 감소했다. 노르웨이 해안에서의 모든 물고기 어획은 자신들이 가장 좋아하는 물고기 종자들이 사라지면서 그동안 별로 즐기지 않았던 물고기들로나마 명맥을 유지하고 있는 실정이다.

한편, 노르웨이 해안에서는 10년이라는 긴 세월 동안 어장을 폐쇄한 덕분에 청어와 대구를 다시 잡기 시작했다. 이것은 공공 정책의 개입을 통해서 자원의 부정적인 흐름을 역전시킬 수 있다는 것을 보여주었다. 하지만 유럽연합으로 차원을 넓히면 이러한 개입은 개별 국가보다 더 힘들다. 유럽연합은 그들 어선 선단의 어획량을 줄이려고 애쓰고 있다. 유럽연합의 선단은 점점 유럽 해역에서 벗어나 자기들보다 가난한 개발도상국 해역으로 이동하면서 그 지역 사람들의 귀중한 일거리와 단백질을 빼앗았다. 요약하면, 전 세계 어업이 지구의 한계에 맞서 매우 어렵게 나아가고 있는 것은 틀림없는 사실이다.

전 세계 어업은 1990년까지 매우 자유롭고 왕성한 시장 활동을 누리는 동안 아주 특별한 기술 발전을 경험했다. 냉동 가공 선박의 등장으로 어선들은 당일로 물고기를 잡아 집으로 돌아가는 대신에 원양 어장에서 오랫

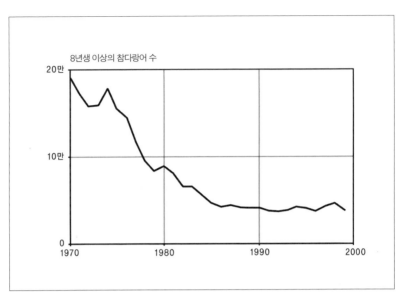

〔그림 6-8〕 참다랑어 어종의 감소

대서양 서부 해안에서 산란하는 (8년생 이상의) 참다랑어 어종은 지난 30년 동안 80퍼센트가 감소
했다. 이 물고기의 값이 매우 비싸기 때문에 어획 노력은 아직도 계속되고 있다(출처: 대서양참치
보존위원회).

동안 머물 수 있게 되었다. 레이더와 소나(sonar. 바닷속 물체를 찾거나 위
치를 정하는 데 사용하는 장치―옮긴이), 인공위성 관측 기술 덕분에 어선들
은 매우 효과적으로 물고기들이 있는 장소를 찾아낼 수 있게 되었다. 길이
가 30마일에 이르는 유망(流網. 물고기의 통로를 가로질러 그물을 쳐서 물고
기를 잡는 방식―옮긴이)은 심해에서도 경제적으로 매우 큰 규모의 어획을
가능하게 한다. 그 결과, 점점 더 많은 어장에서 지속 가능한 한계를 초과
해서 물고기를 남획하는 경우가 늘어나고 있다. 현재 사용되고 있는 기술
들은 어종을 보호하거나 늘리기보다는 남은 한 마리 물고기라도 마저 잡
는 데 혈안이 되고 있다(〔그림 6-8〕).

대다수 사람들은 직관적으로 이것이 물고기의 과도한 남획을 초래할 것이라고 이해하지만 시장은 경쟁자들이 바닷물고기 같은 공동의 자원을 남획하지 못하도록 막기 위한 어떠한 피드백 조치도 취하지 않는다. 시장은 그것과 정반대로 먼저 거기에 가서 가장 많은 물고기를 잡는 자에게 적극 보상한다.[11] 시장이 물고기 가격을 올려서 물고기가 부족하다는 신호를 소비자들에게 보낸다면 가장 돈 많은 사람들이 그 값을 기꺼이 치르고 물고기를 살 것이다. 1990년대 초, 도쿄에서는 참다랑어가 초밥 시장에서 1파운드에 100달러가 나갔다.[12]

2002년, 스톡홀름에서는 한때 가난한 사람들이 가장 즐겨 먹던 대구의 값이 놀랍게도 1파운드에 80달러까지 나갔다.[13] 이러한 높은 가격은 점점 더 많은 어획을 부추기고, 따라서 해당 어종은 계속해서 남획된다. 하지만 수요 증가는 점점 느려지면서 그 값을 지불할 수 있는 사람만 해당 물고기를 먹을 수 있는 상황으로 전개된다(안타깝게도 그 물고기를 식량으로 먹었던 사람들은 이제 더 이상 그것을 먹을 수 없다).

자원을 서둘러 고갈시키는 시장 참여자들은 매우 합리적이다. 그들이 시장이라는 시스템에서 차지하고 있는 자리에서 받는 보상과 제약 요소들을 생각할 때 그들이 현재 하고 있는 일은 완벽하게 이치에 맞다. 문제는 사람에게 있는 것이 아니라 시스템에 있다. 재생 속도가 느린 공동의 자원을 전혀 규제하지 않고 다스리는 시장 시스템은 한계 초과와 공유지의 파괴로 갈 수밖에 없다.

여러분은 포경 산업이 고래 수를 유지하는 데 관심이 있는 조직이라고 생각할 것입니다. 하지만 실제로 그것은 엄청나게 많은 [화폐] 자본으로 최고의 투자 수익을 올릴 수 있는 사업으로 보는 것이 더 적절합니다. 10년 안에 고래가 멸종

하더라도 15퍼센트의 수익을 올릴 수 있는 반면에 지속 가능한 정도로 고래 어획량을 유지할 때 10퍼센트밖에 수익을 올릴 수 없다면 그들은 10년 안에 고래를 멸종시킬 것입니다. 그런 다음 그 돈은 또 다른 자원을 없애는 데로 이동할 것입니다.[14]

오직 정치적으로 어떤 강제를 가할 때만 자원을 보호할 수 있다. 하지만 그러한 정치적 강제를 취하는 일은 쉽지 않다. 또한 규제를 한다고 하더라도 그것이 반드시 잘 돌아가는 것도 아니다. 최근 연구에 따르면 남획은 재생 가능한 자원을 사적으로 소유했을 때, 그래서 '공유지의 비극(미국 생물학자 가렛 하딘이 《사이언스》에 게재한 논문에 나온 개념으로 공유 자원을 서로 자기 이익만을 위해 쓰려고 할 경우 결국에는 공동체 전체가 피해를 입게 된다는 것을 말함—옮긴이)'이라는 행동 양식을 경험할 기회가 전혀 없을 때 발생하는 경우가 많다.[15] 한계 초과는 자원 비축량이나 어획량 규모, 증가율과 같은 자원 기반에 대한 정보가 불확실하고 왜곡되기 때문에, 그리고 전통적인 관리 결정 규칙과 맞지 않기 때문에 일어난다. 그 결과, 자원을 수확하는 자본에 과도한 투자를 하게 되고 따라서 자원을 과도하게 수확하게 된다.

전통적인 시장과 기술은 전 세계 해양 어업을 붕괴 직전까지 몰고 갔다. 더 이상 어떤 것도 그것을 전과 같이 복원할 수 없을 것이다. 한계를 생각하지 않고 마구 사용되는 시장과 기술은 인간 사회를 한계 초과로 이끄는 도구일 뿐이다. 그러나 시장과 기술 발전의 힘이 적절한 규제와 함께 한계 안에서 쓰인다면 여러 세대에 걸쳐 전 세계 어업에 풍성한 수확을 가져다줄 것이다.

요약

인구, 자본, 자원 사용, 그리고 오염의 기하급수적 증가는 현재 지구상에서 진행 중이다. 그것은 실업과 가난에서 신분과 권력, 자아 상승 욕구에 이르기까지 예민하게 생각되는 인간의 문제들을 해결하기 위한 여러 가지 시도들 때문에 발생한다. 기하급수적 증가는 일정하게 고정된 한계를 금방 넘어설 수 있다. 기하급수적 증가는 하나의 한계를 넘어서면 곧바로 또 다른 한계를 향해 돌진한다.

세계 경제 체제는 한계에 도달했을 때 그 영향을 피드백받기까지 시간 지체가 있기 때문에 스스로 지속 가능한 수준을 초과할 가능성이 크다. 실제로 세계 경제에 중요한 영향을 끼치는 많은 지구의 자원 기반과 폐기물 처리 능력은 이미 한계를 초과한 상태이다.

기술과 시장은 불완전한 정보를 기반으로 작동하며 늘 지체 현상이 일어난다. 따라서 경제의 한계 초과를 부추기는 구실을 할 수 있다.

기술과 시장은 대개 인간 사회가 가장 간절하게 바라는 것을 얻을 수 있도록 도와준다. 기술과 시장의 주 목표가 성장이라면 할 수 있는 한 오랫동안 성장을 구가할 수 있게 돕는다. 하지만 주 목표가 공평과 지속 가능성이라면 또한 그 목표를 달성할 수 있도록 기여한다.

인구와 경제가 지구의 물질적 한계를 초과하고 나면 남는 것은 두 가지 길밖에 없다. 자원 부족과 위기가 증폭되면서 어쩔 수 없이 붕괴의 길로 갈 것이냐, 아니면 인간 사회의 신중한 선택에 따라 생태발자국을 강제로 축소하는 방향으로 갈 것이냐의 갈림길이다. 다음 장에서 우리는 기술의 발전이 성장을 제한하려는 인간 사회의 신중한 선택과 결합할 때 어떤 일이 일어나는지 살펴볼 것이다.

7장
지속 가능한
세계에 희망이 있다

정상 상태에서는 환경 자원이 할 일은 별로 없지만 인간의 도덕 자원이 할 일은
매우 많다.

—허먼 댈리, 1971년

인간 세계는 자원 사용과 오염 방출이 지구의 지속 가능한 한계를 넘어 늘어났음을 알리는 신호에 세 가지 방식으로 반응할 수 있다. 첫 번째 방식은 그 신호들을 부인하고 무시하거나 제대로 인식하지 못하는 것이다. 이 방식은 여러 가지 형태를 띤다. 어떤 사람들은 한계에 대해서 걱정할 필요가 없다고 주장한다. 시장과 기술이 저절로 그 문제를 해결할 것이라고 한다. 또 어떤 사람들은 충분한 연구가 이루어지기 전까지는 한계 초과를 줄이려고 애쓸 필요가 없다고 주장한다. 그리고 또 다른 사람들은 자신들의 한계 초과 비용을 공간이나 시간적으로 멀리 떨어져 있는 다른 사람들에게 전가할 방법을 찾는다. 예를 들면 다음과 같은 방법들이다.

- 대기 오염 물질이 더 먼 곳으로 날아갈 수 있도록 굴뚝을 더 높인다. 이렇게 하면 오염 물질 생산과 전혀 관계없는 사람들이 그 오염된 공기를 마실 수밖에 없다.
- 유독성 화학 물질이나 핵폐기물을 먼 바다로 싣고 나가서 버린다.
- 일자리를 마련하거나 국가 부채를 갚아야 한다는 명목으로 물고기나 삼림 자

원을 남획한다. 그런데 정작 일자리와 부채 지불을 위해 필요한 천연자원을 고 갈시키고 있다.

- 자원 부족 때문에 망해가는 채취 산업에 국가 보조금을 지급한다.
- 이미 발견된 자원은 비효율적으로 쓰면서 새로운 자원을 더 많이 찾으려고 애쓴다.
- 화학 비료를 너무 많이 써서 토지 산출력이 감소한 것을 정부가 보상해준다.
- 자원 부족 때문에 가격이 상승하는 것을 정부 명령이나 보조금으로 막는다.
- 너무 가격이 올라 구매하기 힘든 자원을 안전하게 확보하기 위해 무력을 쓰 거나 위협한다.

이러한 반응들은 과도한 생태발자국 때문에 발생하는 문제들을 해결 하기는커녕 오히려 상황을 더욱 악화시킬 뿐이다.

두 번째 반응 방식은 한계 초과에 따른 압박을 기술과 경제적 처방으로 다소 완화하는 것이다. 예를 들면 다음과 같다.

- 자동차가 1마일 달리는 동안, 또는 전기를 1킬로와트 쓰는 동안 발생하는 오 염 물질의 양을 줄인다.
- 자원을 좀 더 효율적으로 쓰고 재활용하거나 재생 불가능한 자원을 재생 가 능한 자원으로 대체한다.
- 하수 처리나 홍수 조절, 토양을 기름지게 하는 것 등 과거에 자연이 수행했던 기능들을 에너지, 인간의 자본과 노동으로 대체한다.

이러한 조치들은 오늘날 우리에게 매우 절박하게 필요한 것들이다. 그 중에는 환경 효율성을 높이는 조치들이 많다. 이 조치들은 당분간 필요한 시간을 벌어 압박을 완화할 수 있다. 하지만 이런 조치만으로 압박을 초래한 근본 원인을 제거하지는 못한다. 자동차가 1마일 달리는 데 나오는 배기가스량은 줄었지만 운전 거리가 더 늘어나거나, 하수 처리 시설은 증설되었지만 하수량이 더 늘어난다면 문제는 잠시 뒤로 미루어진 것일 뿐 완전히 해결된 것은 아니다.

세 번째 반응 방식은 근본 원인을 찾아낸 뒤 잠시 뒤로 물러나서 오늘날 인간의 사회경제 체계가 관리 부재 상태이며 자체의 한계를 초과해 붕괴로 향하고 있음을 인정하고 궁극적으로 시스템의 구조 자체를 바꾸려고 노력하는 것이다.

사람들은 구조를 바꾼다는 말을 들으면 대개 험악한 상황을 연상한다. 혁명가들은 사회를 변혁한다는 의미로 그 말을 쓰고 때로는 그 과정에서 폭탄이 터지는 상황을 연상하기도 한다. 사람들은 구조를 바꾼다는 말을 옛 건물을 해체하고 새 건물을 짓는 것처럼 물질적 구조를 바꾸는 것이라고 이해할 수도 있다. 또 그것은 권력 구조나 계급 제도, 지휘 계통을 바꾼다는 말로 해석될 수도 있다. 만일 그렇다면 구조를 바꾸는 일은 어렵고 위험하며 기존의 경제나 정치권력을 가진 사람들을 위협하는 것처럼 보인다.

그러나 시스템 공학 용어로 구조를 바꾼다는 것은 사람들을 내쫓거나 사물을 해체하거나 관료 체계를 파괴하는 일과 거리가 멀다. 만약 실제 구조의 변화 없이 사람을 내쫓거나 사물을 해체하거나 체계를 파괴한다면 그것은 새로운 사람이 새로운 조직에서 전과 똑같은 목표를 추구하며 전과 같거나 전보다 더 많은 시간과 돈을 쓰면서 전과 똑같은 결과만을 낳는 꼴이 될 것이다.

시스템 공학 용어로 '구조를 바꾼다'는 것은 시스템 안에서 정보들을 연결하는 고리인 피드백 구조를 바꾸는 것을 의미한다. 즉 시스템 안에 함께 참여하는 각종 행위 요소들에 관한 데이터의 내용과 적시성, 그리고 그것들의 행동을 자극하거나 제한하는 생각, 목표, 동기, 비용, 피드백들의 구조를 바꾸는 것을 말한다. 사람과 조직, 물질적 구조들로 구성된 시스템은 만일 시스템 안의 행위 요소들이 시스템의 구조를 바꿀 만한 충분한 이유를 알고 있고 또 그렇게 할 자유가 있거나, 그렇게 하도록 자극하는 동기까지 있다면 지금까지와는 완전히 다르게 행동할 수 있다. 시스템이 제때 새로운 정보 구조로 바뀌면 시스템의 사회적, 물질적 구조도 바뀔 가능성이 많다. 그 시스템은 새로운 법, 새로운 조직, 신기술, 새로운 기술력을 가진 사람, 새로운 종류의 기계나 건물들을 개발할 수 있다. 그러한 변환을 위해 반드시 중앙의 통제를 받아야 할 필요는 없다. 계획 없이 자연스럽게 진화하듯이 흥미진진하고 즐겁게 시스템을 바꿀 수 있다.

그러한 변화는 새로운 시스템 구조들로부터 자연스럽게 퍼져 나간다. 아마도 기득권층이 관련된 정보를 강제로 무시하고 왜곡하거나 제한하려는 것을 막아내는 경우를 빼고는 어느 누구도 희생되거나 탄압받을 필요가 없다. 인류 역사에서 시스템의 구조가 바뀐 경우는 여러 차례 있었다. 농업혁명과 산업혁명은 그 가운데 가장 큰 구조의 변화였다. 두 혁명 모두 식량을 재배하고 에너지를 이용하고 일을 체계화한다는 새로운 생각에서 출발했다. 그리고 이 거대한 구조 변화의 결과로 세계에는 새로운 혁명이 불가피해졌다. 그것을 우리는 지속 가능성 혁명이라 부른다.

월드 3에서는 시스템이 새로운 방식으로 스스로를 재구성하고 역동적으로 진화해가는 모습을 결코 나타낼 수 없다. 그러나 지구의 한계 안으로 되돌아와 끊임없이 물질적 성장을 추구하기보다는 좀 더 만족스럽고 지속 가능한 목표를 따르기로 결정한 사회가 과연 어떤 변화된 모습을 보여줄지 간단하게 실험하는 데는 전혀 문제가 없다.

6장에서 우리는 지구 시스템의 질적 구조가 아니라 양적 규모가 바뀌면 세계가 어떻게 변화하는지 알아보기 위해 월드 3 모형을 썼다. 우리는 모형에서 한계를 더 높게 잡고 지체 기간을 더 줄이고 기술의 반응을 더 빠르고 강력하게 만들고 침식의 순환 고리를 더 약하게 적용했다. 만일 우리가 그러한 구조적 특징을 완전히 무시했다면—즉, 한계, 지체, 침식의 순환 고리가 전혀 없다면—한계 초과와 붕괴라는 행동 양식은 전혀 고려하지 않았을 것이다(시나리오 0, '무한대 투입, 무한대 산출' 모형을 돌렸을 때 나온 결과처럼). 그러나 한계, 지체, 침식은 지구가 보유한 물질적 특성이다. 인간은 그러한 특성들을 완화하거나 증진시킬 수도 있고 기술을 이용해서 조작할 수도 있고 다양한 생활 양식으로 수용할 수도 있다. 하지만 그러한 특성들이 미치는 영향에서 완전히 벗어날 수는 없다.

사람들이 가장 큰 영향력을 미치는 한계 초과의 구조적 원인들은 우리가 6장에서 바꾸지 못했던 것들 즉, 인구 집단과 물질 자본의 기하급수적 성장을 유발하는 양의 피드백 순환 고리들이 작동하도록 만든 원인들이다. 그것들은 사람들이 아이를 더 많이 낳게 만드는 각종 규범, 목표, 기대, 압력, 동기, 비용 들이다. 그러한 구조적 원인들 때문에 돈보다 천연자원을 더 허투루 쓰게 되고 소득과 부가 불평등하게 분배되며 사람들은 스스로를 다른 무엇보다도 먼저 소비자와 생산자로 구분해서 생각하게 된다. 또한 사람들은 물질이나 금전의 많고 적음으로 서로의 신분을 나누고, 남에게 더 많이 주거나 자기가 만족할 만큼만 소유하기보다는 남보다 더 많이 소유하려고 하게 된다.

우리는 이 장에서 세계라는 시스템을 기하급수적으로 성장하게 만드는 양의 순환 고리들을 바꿀 것이다. 한계 초과 상태에서 어떻게 다시 정상으로 되돌아갈 수 있는지 탐색할 것이다. 그렇게 하기 위해 한계를 늘리기 위한 기술이 아니라 시스템이 성장을 추구하도록 만드는 목표와 열망에 초점을 맞춰 생각할 것이다. 그리고 이제 우리는 이러한 양의 피드백 순환 고리들을 바꿀 때 무슨 일이 일어나는지 살펴볼 것이다. 6장에서 시험한 기술의 변화는 잠시 잊도록 하자. 나중에 이 두 가지 변화를 동시에 모형에 적용할 것이다.

의도적인 성장의 억제

2002년부터 전 세계 부부가 세상의 모든 아이들이 행복을 누리기 위해서는 더 이상 인구가 늘어나서는 안 된다는 사실을 깨달았다고 가정하자. 그리고 자식이 없는 사람들이라고 하더라도 사회가 그들을 받아주고, 존중하고, 물질적 안정과 노후를 보장해준다고 가정하자. 더 나아가 사회가 세상 모든 아이들에게 적절한 영양과 보금자리, 보건의료, 교육을 제공하기로 목표를 정했다고 가정하자. 그래서 모든 가정이 아이를 (평균) 둘만 낳기로 하고 그 목표를 달성하기 위해서 선뜻 현재 쓸 수 있는 산아 제한 기술들을 받아들였다고 가정하자.

이러한 변화는 출산의 손익에 대한 생각, 늘어난 인간 수명, 타인의 행복에 대한 관심에서도 변화를 수반한다. 그것은 새로운 능력과 선택, 책임을 부여한다. 그것은 선진국들에서 이미 출생률을 낮추게 한 것과 똑같지는 않겠지만 그것에 상응하는 시스템의 재구성이 될 것이다. 그것은 우리가 전혀 상상할 수 없는 그런 종류의 변화가 아니다. 그것은 모든 사람이 이미 오래전에 가장 산업화된 사회들에서 약 10억 명이 선택한 출산 방식을 택한다고 가정하는 것이다.

월드 3에서 바로 그러한 변화가 일어난다면 결과는 〔그림 7-1〕의 시나리오 7과 같을 것이다.

이 시나리오에서는 한 가정에 자녀가 평균 두 명 있으며 2002년부터 산아 제한을 완벽하게 실시하고 있다고 가정했다. 그 결과 모형 속의 세계 인구는 천천히 늘어나지만 연령 구조에 따른 증가 여세로 2040년이 되면 세계 인구가 75억 명으로 정점에 이른다. 이것은 시나리오 2에서 세계 인구가 정점에 이르렀을 때보다 5억 명 정도 적은 수치이다. 따라서 2002년에 도입되어 전 세계에 효력을 끼친 두 자녀 키우기 정책은 인구 증가가 정점에 이르렀을 때의 인구수를 10퍼센트도 못 줄인다. 결국 이런 정책을 굳이 실시하지 않더라도 21세기부터는 모형 속의 세계 인구가 어쨌든 소규모 가정을 꾸리고 산아 제한을 철저하게 지키는 생활 수준으로 신속하게 접근해갈 것이라는 설명이 가능하다.

그러나 인구 증가가 정점일 때 인구수를 줄이는 것은 긍정적인 효과가 있다. 인구 증가 속도가 늦어지므로 1인당 소비재 산출량과 식량, 수명이 시나리오 2보다 더 높아진다. 인구 증가가 정점에 이르는 2040년에는 1인당 소비재 산출량은 시나리오 2보다 10퍼센트 더 증가하고, 1인당 식량 생산량은 20퍼센트 더 높아지며, 수명은 거의 10퍼센트 더 늘어난다. 인구가 줄어드는 만큼 그들에게 공급되는 소비나 서비스에 필요한 투자가 줄고 대신에 산업 자본 성장에 그만큼 투자를 늘릴 수 있기 때문이다. 따라서 산업 산출량은 시나리오 2보다 더 빨리 더 크게 증가한다. 2040년 1인당 산업 산출량은 2000년 수준보다 2배 늘어났다. 모형의 인구는 21세기를 시작하는 해보다 훨씬 더 많아졌는데 2010년에서 2030년까지는 다른 시기에 비해서 많은 인구에도 불구하고 복지 수준이 상대적으로 높은 '황

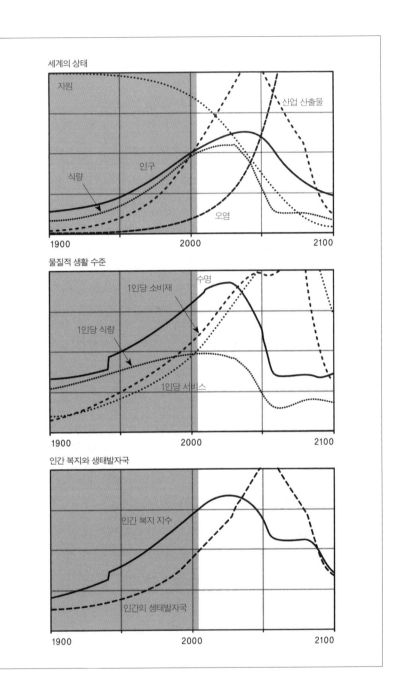

세계의 상태

자원

산업 산출물

식량

인구

오염

1900   2000   2100

물질적 생활 수준

1인당 소비재   수명

1인당 식량

1인당 서비스

1900   2000   2100

인간 복지와 생태발자국

인간 복지 지수

인간의 생태발자국

1900   2000   2100

금시대'라고 부를 수 있겠다.

그러나 산업 산출량은 2040년에 정점을 찍고 그 뒤로는 시나리오 2와 똑같은 이유로 똑같은 비율로 감소한다. 자본 설비가 늘어나면서 오염 물질의 방출도 더 늘어나고 그것은 결국 농업 생산에 부정적인 영향을 끼친다. 식량 생산을 유지하기 위해서는 자본을 농업 부문으로 전환해야 한다. 그리고 나중에 2050년 이후로 오염 수준은 매우 높아져 인간 수명에 나쁜 영향을 준다. 말하자면 모형 속의 세계는 '오염 위기'를 맞아 토지가 황폐화되고 식량 부족 현상을 겪는다.

시나리오 7에서 가정한 한계와 기술 수준 안에서 아무런 제약도 없이 끊임없는 물질적 목표를 추구한다고 할 때, 세계는 75억 명의 인구를 지탱할 수 없다. 비록 세계가 인구 증가를 안정된 상태로 유지할 수 있다고 하더라도 그것만으로는 다가올 붕괴를 피할 수 없다. 끊임없는 자본의 성장도 인구 증가만큼이나 지속 불가능하기 때문이다. 인구 증가와 자본의 성장은 어떤 통제도 받지 않은 채 방치된다면 지구의 수용력을 초과하는 생태발자국을 생산해낼 것이다.

하지만 세계가 아이의 출산뿐 아니라 물질적 생활 양식도 절제하기로 결정한다면 어떻게 될까? 사람들이 지나치지 않은 적당한 생활 수준을 목표로 정하고 산다면 세상은 어떻게 바뀔까? 이러한 구조적 변화는 오늘날 세계에서 산아 제한을 하는 것보다는 실현 가능성이 적다. 하지만 그렇다

[그림 7-1] 시나리오 7: 2002년부터 세계는 인구 증가를 안정화하려고 노력한다

이 시나리오는 모든 부부들이 자녀를 둘로 제한하고 효과적인 산아 제한 기법을 사용한다고 가정한다. 기존의 연령 구성 때문에 다음 세대 동안 인구 증가는 계속된다. 그러나 인구 증가 속도가 늦어지면서 산업 산출량은 빠르게 증가한다. 따라서 시나리오 2처럼 오염 수준도 증가하면서 그것을 처리하기 위한 비용이 늘어나고 마침내 산업 산출량의 증가도 멈춘다.

고 전혀 금시초문의 일은 아니다.[1] 이러한 변화는 거의 모든 종교 경전에서 주장하는 내용이다. 물질이나 정치의 영역이 아니라 인간의 이성과 감정에 호소하는, 즉 그들의 인생 목표를 깨닫게 하는 변화인 것이다. 이런 변화를 이룬다는 것은 전 세계 사람들이 더 이상 기를 쓰고 끊임없이 생산을 늘리고 물질적 부를 축적하려고 하지 않고 그것과는 전혀 다른 목표를 위해 자기 자리를 찾고 만족하며 스스로 도전한다는 것을 의미한다.

[그림 7-2]의 시나리오 8은 한 가정의 자녀 수가 둘이고 완벽한 산아 제한이 시행된다고 또 한 번 가정한다. 이제 여기에 산업 산출물이 충분하다고 가정한다. 이 모형 세계는 모든 사람의 1인당 산업 산출물을 2000년 세계 평균보다 약 10퍼센트 높이기로 목표를 정했다. 이것은 실제로 가난한 나라 사람들에게는 엄청난 발전을 의미하고 부자 나라 사람들에게는 소비 형태의 큰 변화를 의미한다. 이 모형 세계는 더 나아가 전보다 적은 투자로 그러한 산출량을 얻는다고 가정한다. 자본 설비를 전보다 25퍼센트 더 오랫동안 쓸 수 있도록 설계하기로 했기 때문이다. 따라서 산업 자본의 평균 수명은 14년에서 18년으로 늘고 서비스 자본은 20년에서 25년으로, 농업 투입물은 2년에서 2.5년으로 증가한다고 가정한다.

컴퓨터 모형을 실행한 결과에서 볼 수 있는 것처럼 이러한 변화는 2002년부터 이후 10년 동안 1인당 소비재와 서비스의 급격한 증가를 초래한다. 실제로 앞에 나온 시나리오 7에서처럼 산업 성장의 속도를 늦추지 않았는

[그림 7-2] 시나리오 8: 2002년부터 세계는 인구 증가와 산업 생산량 증가를 동시에 안정화시키려고 노력한다

한 가정에서 두 자녀만 키우고 1인당 산업 산출량 목표를 일정 수준으로 제한한다면 시나리오 7에서 2020년과 2040년 사이에 상대적으로 높은 복지 수준을 유지했던 '황금시대'를 다소나마 연장할 수 있다. 하지만 그동안 축적되어온 오염은 농업 자원을 점점 더 압박한다. 1인당 식량 생산량은 감소하기 시작하고 마침내 인간 수명이 줄어들면서 인구도 감소한다.

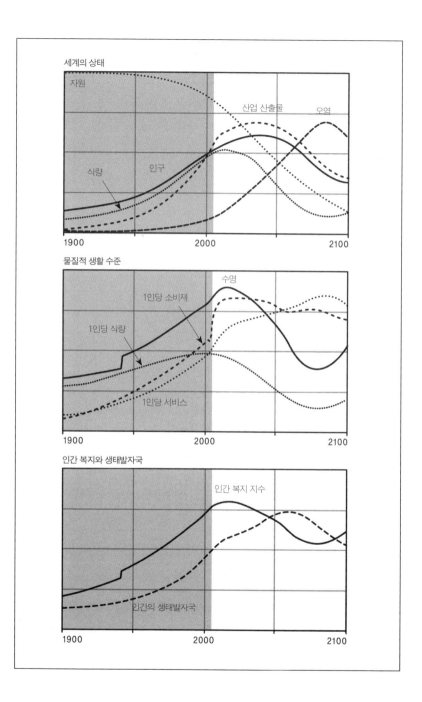

세계의 상태

자원

식량   인구

산업 산출물   오염

1900   2000   2100

물질적 생활 수준

수명

1인당 소비재

1인당 식량

1인당 서비스

1900   2000   2100

인간 복지와 생태발자국

인간 복지 지수

인간의 생태발자국

1900   2000   2100

데도 시나리오 8의 1인당 소비재와 서비스는 시나리오 7보다 더 큰 폭으로 빠르게 증가한다. 그것은 자본 설비의 수명이 길어진 까닭에 신규 자본의 증가와 기존의 노후 자본 교체에 투자될 산업 산출물의 규모가 전보다 줄어들었기 때문이다. 따라서 더 많은 산업 산출물이 곧바로 소비 부문으로 전용될 수 있는 것이다. 그 결과 2010년부터 2040년까지 이 모형 사회는 아주 풍족하지는 않지만 모든 사람에게 고루 충분히 만족스러울 만한 물질적 안락을 제공한다.

하지만 이 경제 체제도 아주 안정된 구조는 아니다. 이 시스템의 생태 발자국도 여전히 지속 가능한 수준을 초과한다. 따라서 2040년 이후부터는 오랫동안 침체의 늪에 빠질 수밖에 없다. 시나리오 8의 세계는 2010년부터 2040년까지 거의 30년 동안은 70억 명이 넘는 인구가 어느 정도 풍족한 생활 수준으로 살 수 있다. 1인당 소비재와 서비스는 2000년보다 약 50퍼센트가량 늘어난다. 하지만 전체 식량 생산량은 2010년 초에 정점을 찍고는 그 이후부터 수십 년 동안 꾸준히 축적된 오염의 영향으로 감소하기 시작한다. 식량 생산이 감소하는 것을 늦추기 위해 점점 더 많은 자본이 농업 부문에 투입된다. 한동안 오염 문제 때문에 산업 부문에 자본을 더 많이 투자할 수 없으므로 농업 부문에 쓸 가용 자본은 충분히 조달할 수 있다. 그러나 점점 시간이 흐르면서 산업 부문도 한계를 초과해 자본의 압박을 받기 시작하고 침체기로 들어간다.

이 모형에서 국제 사회는 가까스로 거의 30년 동안 만족할 만한 생활 수준을 성취하고 유지한다. 하지만 그동안 환경과 토양은 끊임없이 황폐화한다. 소비 절약과 산아 제한, 사회적 규제만으로는 지속 가능성을 보장할 수 없다. 그러한 조치가 너무 늦게 취해진다면 시스템은 이미 한계를 초과해버리기 때문이다. 시나리오 8의 세계가 지속 가능성을 유지하기 위해서는 단순히 성장을 통제하는 것만으로는 안 된다. 그 이상의 무엇인가가 필요하다. 인간의 생태발자국을 지구 환경의 수용 능력 아래로 더 낮추어야 한다. 사회를 재구성하는 노력이 국제 사회가 합의한 적절한 기술의 발전과 함께 진행되어야 하는 까닭이 바로 여기에 있다.

성장의 억제와 기술의 발전

〔그림 7-3〕의 시나리오 9에서 세계는 시나리오 8에서처럼 또다시 2002년부터 한 가정이 평균 두 자녀를 둔다고 가정하고 산아 제한도 철저하게 시행되며 물질 생산의 한계도 적당한 수준에 맞춰진다. 더 나아가 세계는 2002년부터 우리가 6장에서 시나리오 6으로 시험한 것과 동일한 기술들을 개발하고 투자하고 사용하기 시작한다. 이 기술들은 자원 사용의 효율성을 높이면서 산업 산출물 한 단위당 오염 물질 배출량을 줄이고 토지 침식을 막고 1인당 식량 생산량이 만족할 만한 수준에 이를 때까지 토지 산출력을 늘린다.

우리는 시나리오 9에서도 시나리오 6에서처럼 이런 기술들이 실제로 효력을 발휘하려면 개발하는 데 20년이라는 지체 기간이 걸리고 그에 따른 자본 비용도 발생한다고 가정한다. 시나리오 6에서는 사회가 급속도로 성장하면서 부딪치는 다양한 위기들을 동시에 처리해야 하기 때문에 그러한 기술들을 개발하고 설치하는 데 지불할 수 있는 충분한 자본이 없었다. 하지만 시나리오 9의 세계는 인구 증가 속도도 느리고, 계속되는 성장을 지원하거나 점점 더 악화되는 여러 문제들을 대처하기 위해 더 많은 자본을 투입할 필요도 없는 좀 더 안정화된 사회라서 여러 가지 신기술 개발을

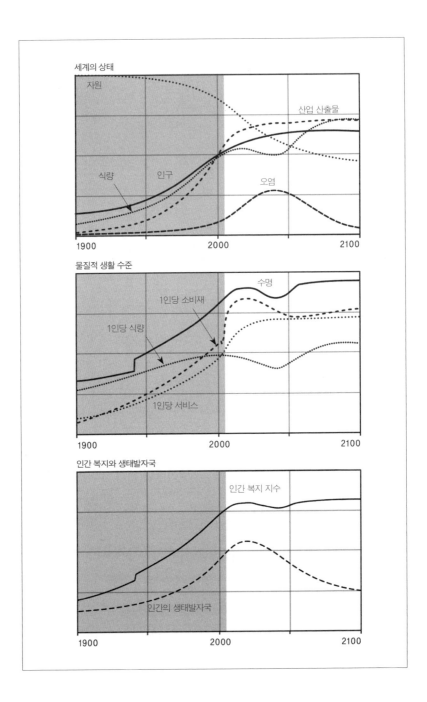

세계의 상태

자원

산업 산출물

식량 인구 오염

물질적 생활 수준

수명

1인당 소비재

1인당 식량

1인당 서비스

인간 복지와 생태발자국

인간 복지 지수

인간의 생태발자국

위해 충분히 지원할 여력이 있다. 그러한 신기술들을 한 세기 동안 꾸준히 적용한다면 산업 산출량 한 단위당 재생 불가능한 자원의 80퍼센트와 오염 생산의 90퍼센트가 줄어든다. 산업 산출량의 증가는 억제되고 신기술 적용에 따른 이러한 이익은 더 높은 성장보다는 실제로 생태발자국을 줄이는 효과로 이어진다.

끊임없이 증대되던 토지 산출력은 (아마도 20세기 말에 방출된 배기가스가 '현실 세계'에 영향을 미치기 시작하면서 지구 온난화의 징후가 나타나던 무렵) 오염 수준이 높아지면서 21세기 상반기 동안 약간 주춤한다. 하지만 2040년에 이르면 신기술의 발전으로 축적된 오염 수준이 다시 낮아진다. 토지 산출력도 회복되고 21세기 나머지 기간 동안 증대된다.

시나리오 9에서 인구는 80억 명 아래에서 안정 상태를 유지한다. 그들은 21세기 동안 만족할 만한 물질적 생활 수준을 누리며 산다. 인간 수명도 식량 생산이 약간 멈칫하는 동안만 잠시 떨어지고 높은 수준을 유지한다. 1인당 사회 서비스의 수혜 수준은 2000년보다 50퍼센트 정도 상승한다. 21세기 말에 이르면 모든 사람에게 충분한 식량이 공급된다. 오염 수준은 정점에 이르렀다가 회복할 수 없을 정도의 피해를 주기 전에 다시 하락한다. 재생 불가능한 자원의 고갈 속도는 매우 느려서 매장량의 50퍼센트 정도가 2100년에도 여전히 남아 있다.

시나리오 9의 인간 사회는 2020년 이전에 환경 전반에 가중되는 부담

[그림 7-3] 시나리오 9: 2002년부터 세계는 인구 증가와 산업 생산량 증가를 동시에 안정화시키려고 노력하면서 추가로 오염 방지, 자원 효율성, 농업 산출력과 관련된 기술들을 투입한다

이 시나리오에서도 인구와 산업 산출량은 시나리오 8과 같이 제한되어 있다. 하지만 여기에 추가로 오염 방지, 자원 보존, 토지 산출력 증진, 농지 보호와 관련된 기술들을 투입한다. 그 결과, 사회는 지속 가능한 시스템이 된다. 거의 80억 명의 세계 인구가 높은 수준의 복지를 누리고 살며 생태발자국은 지속적으로 감소한다.

을 가까스로 줄여나가기 시작한다. 그때부터 인간의 생태발자국이 실제로 감소하기 시작한다. 재생 불가능한 자원의 채취 속도도 2010년부터 떨어진다. 토지 침식도 2002년부터 곧바로 감소한다. 지속성 오염 물질의 생성은 10년 뒤에 정점에 이른다. 한계 초과 상태에 있던 시스템은 다시 한계 아래로 떨어져서 통제 불가능한 붕괴 상황을 피하고 안정된 생활 수준을 유지하면서 평형상태에 매우 근접한다. 시나리오 9는 지속 가능성을 보여준다. 지구 체계는 마침내 평형 상태로 진입했다.

시스템 공학에서 평형 상태는 양의 순환 고리와 음의 순환 고리가 균형을 이루고 시스템을 구성하는 주요 요소들—여기서는 인구, 자본, 토지, 토지 산출력, 재생 불가능한 자원, 오염—이 안정된 상태를 유지함을 의미한다. 그렇다고 인구와 경제가 반드시 정적이거나 정체된 상태라는 것을 뜻하는 것은 아니다. 강물이 언제나 끊임없이 흘러가지만 전체 수량은 거의 변함이 없는 것처럼 인구와 경제의 전체 크기는 거의 일정한 수준을 유지한다. 시나리오 9에 등장하는 것과 같은 '평형 상태의 사회'에서는 한편에서 새로 태어나는 사람들이 있는가 하면 반면에 다른 한편에서 죽어가는 사람도 있다. 새로운 공장과 도로, 건물, 기계가 생기는 반면에 옛것들은 해체되거나 재생된다. 많은 기술들이 발전하면서 1인당 물질 산출량의 흐름은 형태를 바꾸고 내용을 다양화하고 질적 향상을 이룬다.

강물의 수량이 오르락내리락하면서 균등하게 흐름을 유지하듯이 평형 상태의 사회도 어떤 때는 의도적인 선택으로, 또 어떤 때는 예상치 못했던 사건이나 재난으로 들쑥날쑥할 수 있다. 강은 계속해서 오염되지 않는다면 그때까지의 오염 상태를 자체 정화하고 수중 생태계를 더 풍요롭고 다양하게 만들 수 있는 능력이 있다. 그처럼 인간 사회도 오염을 스스로 정화하고 새로운 지식을 얻고 생산 공정을 더욱 효율적으로 만들고 기술들을 전파하고 관리 능력을 개선하고 분배를 더욱 공평하게 하며 배우고 발전할 수 있다. 우리는 인간 사회가 성장을 점점 더 부담스럽게 느낄 때, 그리고 사회가 스스로 어떤 결정을 내릴지 충분히 이해하고 생각하고 선택할 여유가 있을 만큼 천천히 변화하고 있을 때, 이 모든 것들을 더 잘할 수 있을 것이라고 생각한다.

시나리오 9이 보여주는 지속 가능한 사회는 우리가 지구 체계에 대한 지식을 적절하게 이용할 수 있다면 실제로 이룩할 수 있는 세상이다. 그 사회에는 약 80억 명의 인구 모두에게 안정되게 공급할 수 있을 정도로 충분한 식량과 소비재, 사회 서비스 들이 있다. 또 토지와 토양을 보호하고 오염을 줄이고 재생 불가능한 자원을 좀 더 효율적으로 쓰기 위해 계속해서 많은 노력을 기울이고 관련 기술 개발에 박차를 가한다. 시나리오 9의 사회는 물질적 성장 속도는 점점 느려지다 마침내 멈추는 반면에 기술의 발전 속도는 생태발자국을 지속 가능한 수준으로 끌어내릴 수 있을 만큼 충분히 빠르기 때문에 사회의 다른 문제들도 풀 수 있을 만큼 시간과 자본, 역량이 있다.

이것은 사람들이 충분히 이룩할 수 있는 세계이며 또한 간절히 바라는 세상이기도 하다. 이 세상은 앞 장에서 모형화한 세상처럼 끝없이 성장하다 마침내 여러 가지 위기에 직면해서 마침내 어쩔 수 없이 성장을 멈추는 것보다 훨씬 더 우리의 마음을 사로잡는다. 그러나 시나리오 9은 월드 3가 만들어낼 수 있는 유일한 지속 가능한 사회가 아니다. 시스템의 여러 가지 한계들 안에서 다양한 변수들을 조정하고 선택할 수 있다. 식량을 더 많이 생산하고 산업 산출량을 더 줄일 수도 있고 그 반대일 수도 있다. 또 1인당 생태발자국을 더 줄이고 인구수를 늘릴 수도 있고 1인당 생태발자국을 더 늘리고 인구수를 줄일 수도 있다. 하지만 한 가지 사실은 분명하다. 지속 가능한 평형 상태로 이전하는 기간 동안 발생하는 지체 현상 때문에 그다음에 실현될 세상에 대한 매력이 줄어든다는 사실이다. 이제 시나리오 9의 세계를 만들어낸 정책들이 실제로 20년 전에 시작되었다고 가정하면 어떻게 될지를 살펴보자.

20년이라는 시간이 만들어낼 수 있는 변화

시나리오 9에 등장하는 모형 세계가 거기에 나오는 지속 가능한 정책들(두 명의 자녀를 둔 바람직한 가정 규모, 보통의 물질적 생활 수준, 자원 효율성과 오염 방지 기술의 발달)을 2002년이 아니라 1982년에 실시했다면 어떻게 될까?

〔그림 7-4〕가 보여주는 시나리오 10은 여러 가지 변화가 2002년이 아니라 1982년에 일어난다는 것을 빼고는 시나리오 9과 다를 바 없다. 20년 더 일찍 지속 가능한 사회로 이동했다면 농업 부문에서 발생하는 문제들을 줄이면서 동시에 더 안전하고 풍요로운 세계로 더 빨리 진입할 수 있었을 것이다. 이 시나리오에서 인구는 80억 명이 아니라 60억 명이 약간 넘는 수준에서 안정화된다. 인구수는 시나리오 9보다 20년 빨리 훨씬 더 낮

〔그림 7-4〕 시나리오 10: 시나리오 9의 지속 가능한 정책들이 20년 일찍, 즉 1982년에 일어났다고 가정했을 때

이 시나리오에 포함된 모든 변화는 시나리오 9과 같지만 그 정책들이 시행되는 시점은 2002년이 아니라 1982년이다. 20년 일찍 지속 가능한 사회로 간다는 것은 최대 인구수가 더 줄어들고 오염 수준도 더 낮아지면서 재생 불가능한 자원은 더 많이 남고 평균 복지 수준도 약간 더 올라감을 의미한다.

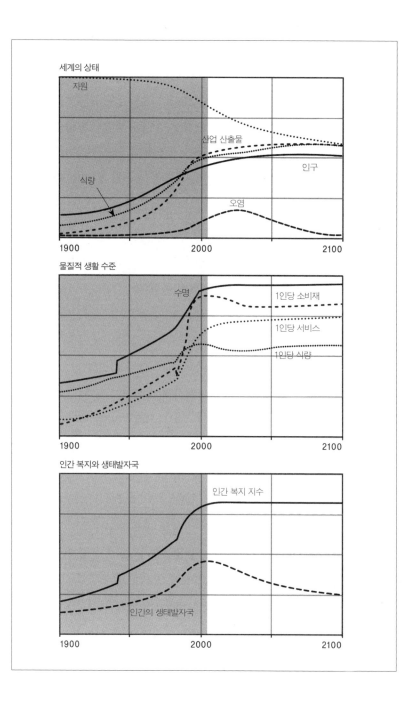

세계의 상태

자원

산업 산출물

인구

식량

오염

1900   2000   2100

물질적 생활 수준

수명

1인당 소비재

1인당 서비스

1인당 식량

1900   2000   2100

인간 복지와 생태발자국

인간 복지 지수

인간의 생태발자국

1900   2000   2100

은 수준에서 정점에 이르며 농업에 미치는 영향도 훨씬 더 미미하다. 평균 수명은 80살이 넘으며 높은 수준을 유지한다. 21세기 말에 남아 있는 재생 불가능한 자원의 양은 시나리오 9보다 많아서 자원을 새로 탐사하거나 채굴하는 노력도 훨씬 덜 들어간다. 평균 수명, 1인당 식량 생산량, 1인당 사회 서비스, 1인당 소비재도 모두 시나리오 9보다 더 높은 수준이다.

시나리오 10의 인구는 안정된 생활 수준을 유지하고 기술 발전을 지원하는 데 아무 문제가 없다. 이 사회는 더욱 쾌적한 환경과 더 많은 자원, 더 높은 수준의 자유를 누린다. 시나리오 9의 사회보다 한계에서 멀리 떨어져 있고 덜 위태롭다. 그러한 미래는 한때 실제로 현실에서 일어날 뻔했다. 하지만 1982년, 세계는 그 기회를 잡지 못했다.

우리는 월드 3를 이용해서 여기서 소개한 11개 시나리오 말고도 다른 시나리오들을 많이 개발했다. 전 세계 인구와 물질 경제를 지속 가능한 수준으로 안정화시키는 데 도움을 줄 여러 가지 정책적 변화들을 제안하고 그것들이 미칠 수 있는 영향들을 탐색하기 위해서였다. 물론 모형을 만드는 데는 단순화와 생략이 많이 들어가기 마련이다. 따라서 이들 모형에서 나오는 자세한 숫자들은 큰 의미가 없다. 하지만 우리가 이러한 노력을 통해서 얻은 타당하고 적절하다고 믿는 두 가지 일반적인 통찰이 있다. 이러한 실험들에서 얻은 첫 번째 통찰은 사회가 근본적으로 변화하는 데 시간이 오래 걸릴수록 장기적으로 인류의 미래를 위해 열린 여러 가능성들이 줄어든다는 사실을 깨달은 것이다. 인구 증가를 줄이고 안정적인 생산 자본을 비축하기 위한 시간이 오래 걸리면 걸릴수록 인구는 더 많아지고 토지는 더욱 황폐화되며 자원 낭비는 더 심해지고 늘어난 인구를 지탱하기 위해 필요한 식량과 서비스, 상품의 절대 공급량은 더 커진다. 욕구는 더 커지는데 문제는 더 많아지고 지구의 수용 능력은 더 떨어진다.

이러한 모습은 시나리오 9의 정책들을 2002년이 아니라 그보다 20년 뒤에 시행할 경우 아주 잘 볼 수 있다. 그때쯤이면 너무 늦어서 붕괴를 피할 수 없다. 20년 동안 정책 시행이 지체되면서 세계 인구는 시나리오 9보다 훨씬 더 빨리 80억 명에 도달한다. 산업 생산량도 변화에 적응하는 데 20년이 걸리기 때문에 시나리오 9보다 훨씬 더 크게 늘어난다. 여러 가지 산업 활동이 추가로 더 늘어나고 오염 방지 기술이 20년 늦게 적용되면서 오염 위기가 도래한다. 오염 증가는 토지 산출력을 떨어뜨리고 1인당 식량 생산량과 인간 수명, 인구수도 마찬가지로 감소한다. 지속 가능한 사회로 이동하는 것이 20년 지체되면 월드 3의 모형 세계는 많은 가능성들을 잃고 표류하기 십상이며 결국에는 실패의 길로 들어설 것이다. 한때 적절했던 정책들이 이제는 더 이상 영향력을 발휘하지 못한다는 말이다.

얼마나 높아야 너무 높은 것인가?

이러한 실험들에서 얻은 두 번째 통찰은 지구 시스템을 너무 많이 소비하는 것도 실패를 낳을 수 있다는 깨달음이다. 우리는 한 가지 변화만 빼고 시나리오 9을 산출해낸 것과 똑같은 가정들을 이용해서 월드 3의 모형화 작업을 수행했다. 그 한 가지는 1인당 산업 산출량을 두 배로 한 것이다. 여기서 월드 3가 보여준 세계도 인구 증가와 경제 성장이 2002년부터 안정화되고 자원을 보존하고 오염을 방지하는 기술들을 도입하기 시작한다. 하지만 이번에는 아무리 발전된 기술이 있다고 하더라도 모형 속의 세계가 목표로 하는 1인당 산업재 생산량만으로 70억 명이 넘는 인구를 지탱하지 못한다.

1인당 산업 산출량은 2020년이 지나고 얼마 안 있어서 그 목표에 도달하는데, 2030년쯤에 정점에 이르렀다가 그 이후에 조금씩 감소한다. 1인당 식량 생산량도 같은 해에 정점에 이르렀다가 빠르게 감소한다. 더 많은 물질적 목표를 이루고 그에 따른 환경 피해를 상쇄하려면 너무 많은 자본이 투입되어야 하기 때문이다. 2050년에 이르면 이렇게 목표치를 높게 잡은 세계의 1인당 가용 식량과 산업재 생산량은 좀 더 온건한 목표치에 만족했던 시나리오 9의 세계보다 훨씬 밑돈다.

그렇다면 이 시나리오는 과연 '현실 세계'에서 지구가 적절하게 지탱할 수 있는 생활 수준의 인구 규모가 75억 명이라는 사실을 입증하는 것이란 말인가? 절대 아니다! 이 모형에 나오는 숫자와 가정들은 그렇게 신뢰할 만하지 않다. 어떤 모형도 지구의 미래에 대해서 30년이고 50년이고 자세하고 정확하게 예측할 수 없다. 실제로 시나리오 9보다 더 많은 사람들이 더 높은 생활 수준을 누릴 수도 있을 것이다. 또한 월드 3 모형이 어떠한 전쟁이나 분쟁, 부패, 과오가 없다고 낙관적으로 가정한 것을 감안할 때 시나리오 9에서 보여준 소비 수준도 실제로는 결코 지속 가능하지 않을 수 있을 것이다.

어떤 면에서 보면 월드 3는 건축가가 그리는 밑그림 같은 구실을 한다. 그것은 중요한 변수들이 서로 어떻게 연관되어 있는지 보여준다. 다시 말하면, 그것은 우리가 살고 싶은 미래에 대해서 생각할 수 있게 한다. 하지만 그런 사회로 옮겨 가는 데 수반되기 마련인 복잡한 정치, 심리, 개인적 문제들에 대해서는 그 어떤 자세한 내용도 제공하지 않는다. 그런 문제들을 설계하는 일은 우리의 역량을 뛰어넘는 전문성이 필요하다. 결국 월드 3에는 실험 정신과 겸손함, 과오에 대한 정보 공개, 중간에 언제라도 진로를 수정하려는 자세들이 필요하다.

월드 3의 실험 결과는 반드시 지속 가능한 정책들을 당장 시행해야 우리가 바라는 미래가 오고, 그렇지 않고 10년이나 20년 뒤로 미루면 실패할 수밖에 없다고 말하는 것이 아니다. 하지만 우리는 그러한 지체들이 결국 우리가 지속적으로 누릴 수 있는 풍요로움의 수준을 떨어뜨릴 것이라고 생각한다. 또 우리는 여기 나온 시나리오들을 보고 소비 목표를 현재 수준과 동일하게 또는 그것보다 10퍼센트나 20퍼센트 높게 잡으면 지속 가능한 수준이지만 그 목표를 두 배로 높이면 재난으로 가는 지름길이라고 추론하지 않는다. 그러나 지속 가능한 체계가 오늘날 세계의 많은 나라에 매력적인 소비 기준을 제공할 수 있다는 것은 사실이다. 하지만 또 한편으로 아무리 지속 가능한 체계라고 하더라도 60억 명에서 80억 명에 이르는 인구에게 무제한으로 또는 심지어 매우 높은 수준의 물질적 소비 수준을 지속적으로 제공할 수 없다는 것도 분명한 사실이다.

월드 3는 상호 연결되어 있고 비선형적이며 지체 반응을 보이는 제한된 시스템이 어떤 행동 양식을 나타내는지 탐색하기 위해 설계된 모형이다. 미래를 정확하게 예측하거나 정교한 실행 계획을 자세히 나타내려는 것이 목적이 아니다. 그러나 이 장에 나온 시나리오들은 우리가 타당하다고 믿지만 공개 담론으로는 전혀 인정받지 못한 일반적인 결론들을 보여준다. 많은 사람들이 이전에 이미 다음과 같은 사실들을 잘 알고 이해했다면 지금까지 이루어진 수많은 의사 결정과 투자 배분, 매체 보도, 법률 검토 들이 얼마나 다르게 진행되었을지 상상해보라.

- 세계가 지속 가능한 사회로 옮겨 가는 것은 어쩌면 인구나 산업 산출량을 줄이지 않고도 가능할지 모른다.
- 하지만 지속 가능한 사회로의 이전은 인간의 생태발자국을 줄이려는 단호한

의지가 필요하다. 달리 말하면 모든 사람이 자기 가족의 규모를 줄이고 산업 성장 목표를 낮추고 지구 자원의 사용 효율성을 높이려고 노력해야 한다는 뜻이다.

- 여러 가지 많은 방법으로 지속 가능한 사회를 만들 수 있다. 즉, 인구수, 생활 수준, 기술 투자, 그리고 산업재나 사회 서비스, 식량과 같은 물질적 욕구의 배분을 어떻게 할지 그 방법은 다양하다. 전 세계 모든 부분이 반드시 똑같은 방식을 고를 까닭은 없다. 하지만 어떤 방식이든 즉각 선택해야 한다.

- 지구가 지탱할 수 있는 인구수와 그 모든 개인을 먹여 살릴 수 있는 물질 수준 사이에는 서로 주고받는 긴밀한 관계가 있다. 그 관계를 정확하게 수치로 표현할 수는 없다. 기술과 지식, 인간의 대응력, 지구의 유지 체계가 바뀜에 따라 그 관계도 시간이 흐르면서 바뀐다. 그렇다 하더라도 그것이 일반적으로 시사하는 것은 그대로 남는다. 즉, 인구가 많을수록 지속 가능한 물질의 양은 줄어들기 마련이고 한 사람이 만들어낼 수 있는 생태발자국의 한계는 더 작아진다.

- 세계 경제가 생태발자국을 줄이고 지속 가능한 사회로 이동하는 데 걸리는 시간이 길어질수록 최종적으로 지탱할 수 있을 인구와 물질 기준은 더 낮아진다. 어느 시점에 가면 지체는 붕괴를 의미한다.

- 사회가 인구와 물질적 생활 수준에 대한 목표를 높이 정하면 정할수록 한계를 초과해서 무너질 위험은 더욱더 커진다.

우리가 실험한 컴퓨터 모형과 심성 모형, 데이터에서 얻은 지식, '현실 세계'에서의 경험을 모두 종합한 바에 따르면, 세계는 지구의 한계 초과를 다시 정상으로 되돌리고 지속 가능한 목표를 세우는 데 조금도 머뭇거릴 시간이 없다. 물질 처리량을 줄이고 지속 가능한 사회로의 이전을 뒤로 미루는 것은 좋게 말하면 미래 세대들의 가능성을 줄이는 행위이고 나쁘게 말하면 붕괴를 재촉하는 망동과 다름없다.

또한 특별히 시간을 허비할 까닭도 없다. 지속 가능성은 많은 사람들에게 생소한 개념이다. 많은 사람이 그것이 무엇을 뜻하는지 정확하게 이해하지 못한다. 하지만 지구상에는 지속 가능한 세계를 마음속에 그리며 그것을 실현하기 위해 애쓰는 사람들이 있다. 그들은 주저하지 않고 즐겁게, 자기 희생이 아니라 도전 정신으로 그 일을 한다. 지속 가능한 세계는 오늘날 우리가 사는 세계보다 훨씬 더 나은 세계일 수 있다.

지속 가능한 사회

지속 가능성을 정의하는 방법은 여러 가지가 있다. 그 가운데 가장 간단한 것은 지속 가능한 사회란 여러 세대에 걸쳐 살아남을 수 있는 사회라고 정의한 것이다. 사회 시스템을 지탱하고 있는 물질적, 사회적 기반을 무너뜨리지 않을 만큼 충분히 멀리 내다볼 줄 알고 유연하게 대처하는 슬기로운 사회를 말한다.

1987년 세계환경개발위원회는 지속 가능성이라는 개념을 기억에 남을 만한 명문장으로 설명했다.

지속 가능한 사회는 '오늘날 살아가는 사람들의 욕구를 만족시키기 위해 미래 세대의 역량을 훼손하지 않고 현재의 욕구에 잘 대응하는' 사회이다.[2]

시스템 공학의 견지에서 보면 지속 가능한 사회는 인구와 자본의 기하급수적 증가를 유발하는 양의 피드백 순환 고리들을 끊임없이 점검하기 위해 각종 정보 체계와 사회적, 제도적 기제들을 적절하게 배치한 사회를 말한다. 이것을 다른 말로 하면, 기술의 변화와 사회의 불요불급한 결정에 따라 인구나 자본이 일정한 수준에서 변화하는 경우를 제외하고는 출생률이 사망률과 거의 일치하고 자본의 투자율이 자본의 상각률과 거의 같은 사회를 뜻한다. 지속 가능한 사회가 되기 위해서는 물질적 생활 수준이 사회 구성원 모두에게 적절하고 안전하고 공평하게 분배될 수 있도록 인구와 자본, 기술이 조화를 이루며 어우러져야 한다. 지속 가능한 물질과 에너지 사용을 위해서는 경제의 물질 처리량이 허먼 댈리가 제시한 세 가지 조건들과 일치해야 한다.[3]

- 재생 가능한 자원을 사용하는 속도는 그것을 재생산하는 속도보다 빠르면 안 된다.
- 재생 불가능한 자원을 사용하는 속도는 지속적으로 재생 가능한 대체 자원이 개발되는 속도보다 빠르면 안 된다.
- 오염 물질 방출 속도는 환경의 동화(자정) 능력을 초과하면 안 된다.

지속 가능한 생태발자국을 유지하는 그런 사회는 오늘날 대다수 사람들이 살고 있는 사회와는 상상할 수 없을 정도로 다른 세상일 것이다. 21세기를 시작하면서 사람들 마음속에 남아 있는 세계에 대한 심성 모형들은 끊임없는 가난이나 급격한 물질적 성장, 그리고 어떤 대가를 치르더라도 그 성장을 유지하려는 강력한 의지들과 같은 이미지들로 강하게 각인되어 있다. 많은 사람들이 무조건 성장하지 않으면 침체의 나락으로 떨어질 수밖에 없다고 생각하면 목적의식을 갖고 풍요롭고 정의로운 지속 가능한 사회를 꿈꾸는 일은 어려울 수밖에 없다. 우리는 여기서 지속 가능성이 보여줄 수 있는 것이 무엇인지 상세하게 말하기 전에 지속 가능성에 대해서 잘못 알고 있는 것이 무엇인지부터 얘기해야 한다.

지속 가능성은 반드시 '제로 성장'을 의미하지는 않는다. 성장만을 고집하는 사회는 그 목표에 제기되는 어떠한 의문도 거부하려고 한다. 하지만 성장에 대해서 의문을 제기한다고 해서 그것이 곧바로 성장을 부인하는 것이라고 단언할 수는 없다. 로마클럽을 창립한 아우렐리오 페체이가 1977년에 명쾌하게 지적한 것처럼 그것은 하나의 지나친 단순화를 또 다른 지나친 단순화로 대체하는 것과 다름없다.

성장의 신화를 파괴하는 데 일익을 담당했던 사람들은 모두 (……) 성장이라는 신성불가침한 우상을 섬기는 충직한 신봉자들에게 조롱당하고 상징적으로 십자가에 매달려 피를 흘리고 사지가 찢기는 형벌을 받았다. 그들 가운데 일부는 (……) 그[성장의 한계] 보고서를 (……) 제로 성장을 옹호하는 것이라고 비난했다. 분명히 말하지만, 그런 사람들은 로마클럽에 대해서든, 성장에 대해서든 아무것도 알지 못하는 사람들이다. 제로 성장이라는 개념은 너무 유치하고―실제로는 무한 성장이라는 것과 똑같은―부정확해서 이처럼 살아 움직이는 역동적인 사회에서 그런 말을 하는 것은 아무 의미도 없는 말을 주절대는 것과 마찬가지이다.[4]

지속 가능한 사회는 양적 확대가 아니라 질적 발전에 관심이 있다. 지속 가능한 사회는 물질적 성장을 반드시 이루어야 할 지상 명령이 아니라 신중하게 고려해야 할 하나의 수단이라고 생각한다. 따라서 무조건 성장을 찬성하지도 반대하지도 않지만 성장의 종류와 목적에 따라 찬반이 달라질 수 있다. 지속 가능한 사회는, 자연과 사회가 부담해야 할 비용을 모두 따져보았을 때, 거기서 얻을 가치보다도 대가가 클 경우, 그 일이 무엇이든 간에 한계를 초과하지 못하게 하거나 당장 멈추게 하기 위해서 마이너스 성장까지도 합리적이라고 생각할 수 있는 사회를 말한다.

지속 가능한 사회는 어떤 특정한 성장 계획을 결정하기 전에 그 성장이 무엇을 위한 것이고 누구에게 혜택이 돌아가며 그 대가는 얼마이고 얼마나 오랫동안 지속되는지, 또 현재 지구의 자원 기반과 폐기물 처리 능력으로 그 성장을 수용할 수 있는지를 따져볼 것이다. 그 사회는 중요한 사회적 목표들에 기여하면서 다른 한편으로 지속 가능성을 향상시키는 그런 종류의 성장만을 취하기 위해서 지구의 한계를 중요하게 생각하고 연구한다. 지속 가능한 사회는 어떤 물질적 성장이든 목적을 달성하고 나면 더 이상은 그 목적을 위한 성장을 추구하지 않는다.

지속 가능한 사회는 현재의 불공평한 분배 형태가 영원히 지속되도록 놔두지 않을 것이다. 가난한 사람들이 영원히 가난 속에 갇혀 지내지 않게 할 것이다. 가난이 지속될 수 없는 까닭은 두 가지 이유 때문이다. 첫째, 가난한 사람들이 그대로 있지 않을 것이고 그런 상황을 참고 견디지도 않는다. 둘째, 세계 인구의 일부를 지속적으로 가난한 상태에 두는 것은 강제로 극단적인 인구 억제 조치를 취하거나 사망률이 증가하지 않고는 인구 증가를 안정화시키지 못한다. 이러한 두 가지 현실적이고 윤리적인 이유 때문에 어떠한 지속 가능한 사회라도 모든 사람들에게 풍족하고 안전한 생활환경을 제공해야 한다. 이제부터 지속 가능한 사회를 이루기 위해 노력한다면 남아 있는 성장 여력은—자원을 더 많이 사용하고 오염 물질을 더 많이 방출할 수 있는 공간이 얼마나 남아 있든, 또는 부자 나라의 더 높은 효율성과 절제된 생활 덕분에 얼마만큼 여력이 생기든—결국 모두

가 바라는 것처럼 그것을 가장 필요로 하는 사람들에게 즐겁게 배분될 것이다.

지속 가능한 상태란 경제 성장이 멈추면 낙담과 침체에 빠지고 실업, 파산의 나락으로 떨어지는 현재와 같은 사회의 모습은 아닐 것이다. 지속 가능한 사회와 오늘날 경제 침체에 빠진 사회의 차이를 비교한다면 일부러 브레이크를 밟아서 자동차를 멈추는 것과 자동차가 사고로 벽에 부딪쳐서 멈추는 것으로 비유할 수 있다. 현재의 경제 상황이 어느 순간 갑자기 한계를 초과한다면 모든 사람과 기업들은 곧바로 예상치 않은 상태에서 재교육을 받고 재배치되거나 재조정되어야 한다. 지속 가능한 사회로의 신중한 이전은 모든 사람과 기업들이 새로운 경제 체계 속에서 제자리를 찾을 수 있도록 충분히 천천히, 그리고 충분한 사전 조정을 거쳐 진행될 것이다.

지속 가능한 사회가 기술이나 문화 측면에서 현재보다 뒤떨어질 이유는 전혀 없다. 오히려 지속 가능한 사회는 인류가 근심과 탐욕에서 벗어나 타고난 창의성을 충분히 발휘할 수 있는 기회를 줄 것이다. 사회와 환경이 성장을 위해 비싼 대가를 치르지 않고도 기술과 문화가 꽃을 피울 수 있다. 경제가 지구의 한계를 넘지 말아야 한다고 진지하게 생각한 최초의 (그리고 마지막) 경제학자인 존 스튜어트 밀은 자신이 "정상 상태"라고 부른 것이 사회의 발전과 향상을 지탱할 수 있다는 사실을 알았다. 150년도 더 전에 그는 이렇게 썼다.

나는 (……) 보수적인 정치경제학자들이 자본과 부의 정상 상태에 대해서 너무도 적나라하게 드러내놓고 혐오하는 것을 인정할 수 없다. 나는 그것이 전반적으로 우리의 현재 상황을 매우 크게 개선할 것이라고 믿고 싶다. 고백컨대 인간은 언제나 투쟁 속에 사는 것이 정상이라고, 즉 서로 짓밟고 뭉개고 밀어제치고 뒤쫓는 것이 인류에게 주어진 운명이라고 (……) 생각하는 사람들의 인생관에 솔직히 동의하지 않는다. (……) 자본과 인구의 정상 상태가 반드시 인류 발전의 정상 상태를 의미하는 것은 아니라는 말을 굳이 할 필요도 없다. 하지만 거기에는 모든 인간의 정신문화와 윤리, 사회가 발전할 수 있는 기회들이 무수히 많이 있다. 즉, 그러한 정상 상태는 삶의 방식을 개선할 여지가 많으며 그것을 발전시킬 가능성이 다른 어떤 상태보다 훨씬 더 높다.[5]

지속 가능한 세계는 인구나 생산량 같은 것들이 지나치게 일정한 수준을 유지하는 융통성 없는 세계가 아니며 또 그렇게 될 수도 없다. 오늘날 우리가 마음속에 품고 있는 가장 이해하기 어려운 편견들 가운데 하나는 세계가 안정된 상태를 유지하려면 중앙 정부의 엄격한 통제를 받아야 한다는 것이다. 하지만 지속 가능한 경제에서는 그렇게 할 수도 없으며 그런 통제가 바람직하거나 필요하지도 않다(시스템 공학의 견지에서 보면, 과거 소련이 충분히 보여준 것처럼 그러한 통제는 오히려 치명적인 약점을 가지고 있다).

물론 지속 가능한 세계도 모든 인간 문화가 그런 것처럼 규칙과 법, 표준, 경계, 사회적 합의, 사회적 제약 같은 것들이 필요하다. 하지만 지속 가능성을 위한 규칙 가운데 일부는 오늘날 사람들이 잘 알고 있는 그런 규칙들과는 다를 것이다. 이미 알고 있는 것처럼 오존층 보호를 위한 국제 협약이나 온실가스 협상에서와 같이 불가피하게 통제를 해야 하는 규칙들도 일부 있다. 그러나 지속 가능성을 위한 규칙들은 현재 작동 가능한 모든 사회 규칙이 그런 것처럼 자유를 구속하려는 것이 아니라 그것을 창조하거나 보호하려는 것이다. 강도가 은행을 터는 행위를 금지하는 것은 그 밖의 모든 사람들이 은행에 안전하게 돈을 맡기고 인출할 수 있는 자유를 갖게 하기 위해 강도의 자유를 박탈하는 것이다. 그와 마찬가지로 재생 가능한 자원의 남용을 막고 위험한 오염 물질의 생성을 금지하는 것도 인간의 생명 유지를 위해 필요한 자유를 지키기 위한 것이다.

발전과 창조, 변화를 허용하고, 끊임없이 한계에 도달하거나 한계를 초과하는 세계에서 지금까지 누릴 수 있었던 것보다 훨씬 더 큰 자유를 누릴 수 있게 하는 최소한의 사회 구조들을 떠올리는 데는 그다지 많은 상상력이 필요하지 않다. 이러한 새로운 규칙들 가운데 가장 중요한 하나는 경제 이론과 정확하게 부합한다. 그것은 시장 체계 밖에 있는 '외부 요소들을 시장 내부로 흡수하기' 위해 정보와 규제를 결합시켜서 상품의 가격에 그것을 만드는 데 들어간 (환경과 사회에 끼친 부작용까지 모두 포함해서) 모든 비용들을 반영한다. 이것은 지난 수십 년 동안 모든 경제학 교과서들이 (헛되이) 주장했던 내용이었다. 그렇게 되면 자연스럽게 투자와 구매의 방향이 결정되므로 행여나 자본을 잘못 배분하여 실제로 얻은 물질적, 사회적 가치를 두고 후회하는 일은 없을 것이다.

어떤 사람들은 지속 가능한 사회가 재생 불가능한 자원의 사용을 중지시켜야 할 것이라고 생각한다. 재생 불가능한 자원을 사용하는 것은 당연히 지속 불가능하기 때문이다. 그 생각은 지속 가능하다는 것이 의미하는 것을 너무 경직되게 해석한 것이다. 지속 가능한 사회가 현재보다는 더욱 신중하고 효율적으로 지각에 매장된 재생 불가능한 자원들을 사용할 것이라는 사실은 분명하다. 그 사회는 그 자원들이 마땅히 받아야 할 가치에 합당한 가격을 매기고 그럼으로써 후세의 세대들이 계속해서 그 자원들을 더 많이 이용할 수 있게 할 것이다. 따라서 재생 불가능한 자원들을 우리가 앞서 정의한 지속 가능성의 기준에 맞게 사용한다면, 즉 자연이 자체

정화할 수 있는 범위 안에서 자원을 사용하고 재생 가능한 대체 자원을 지속적으로 개발하는 한, 그것들을 사용하지 못하게 할 까닭이 없다.

또 지속 가능한 사회가 획일적이어야 하는 까닭도 없다. 자연과 마찬가지로 인간 사회의 다양성은 지속 가능성의 원인이면서 결과이기도 하다. 지속 가능성에 대해서 생각하는 사람들 가운데 일부는 국제 교역보다는 역내(域內) 자원을 더 중요시하는 지역 중심의 분산화를 염두에 둔다. 그들은 각 지역 사회가 그 밖의 다른 지역 사회나 지구 전체의 생존 능력을 위협하지 못하게 막는 경계 조건들을 설정한다. 문화적 다양성, 자율성, 자유, 자결권은 그런 세계에서 더 커질 것이다.

지속 가능한 사회가 비민주적이거나 따분하거나 활력이 없어야 할 까닭도 없다. 오늘날 사람들이 즐기고 소비하는 군비 확장이나 끝없는 부의 축적과 같은 일부 경쟁 놀이들은 이제 어쩌면 그런 사회에서 더 이상 적합하지도 않고 존중받지도 못하며 사람들의 관심을 받지 못할지도 모른다. 그러나 거기에도 여전히 경쟁과 도전, 풀어야 할 문제들이 있을 것이고, 또한 사람들이 자신의 존재를 입증하고, 서로를 섬기고, 자신들의 능력을 시험하고, 좋은 삶을 사는, 아마도 현재의 어느 것보다 더 만족스러운 삶을 사는 여러 가지 방식들이 있을 것이다.

사람들이 지속 가능한 사회에 대해서 잘못 이해하고 있을지도 모를 내용들이란 바로 이런 것들이다. 우리는 이것들을 상세히 설명하는 과정에서 거꾸로 지속 가능한 사회가 어떠한 모습일지를 넌지시 내비쳤다. 그러나 지속 가능한 사회의 자세한 모습은 단지 컴퓨터 모형 몇 개를 돌려서 설명될 수 없는 것이다. 그것을 위해서는 수십 억 명의 생각과 전망과 재능이 함께 모아져야 한다.

우리는 지금까지 이 책에서 설명한 세계 시스템에 대한 구조적 분석을 통해서 어떤 시스템을 지속 가능한 시스템으로 재구성하려면 어떻게 해야 하는지 아주 간단하게나마 일반 지침들을 도출할 수 있다. 아래에 그 지침들을 소개한다. 각각의 지침들은 가정, 지역 사회, 기업, 국가, 세계 전체를 막론하고 모든 차원에서 수백 가지 방식으로 수행될 수 있다. 어떤 사람들은 자신들의 생활과 문화, 정치, 경제 체계 속에서 이러한 지침들이 어떻게 실행되는지 살펴볼 것이다. 결국에는 분명히 모든 방도가 다 강구되겠지만 이러한 지침들 하나하나를 따르는 조치는 모두 지속 가능성을 향해 가는 방법들 가운데 하나이다.

- 계획 대상 기간을 늘린다. 현재 무엇인가 선택해야 한다면 그것들이 단기적으로 현재의 시장과 정치 상황에서 만들어 낼 결과들보다는 훨씬 더 장기적인 손익을 따진 뒤 최종 결정을 한다. 지난 수십 년 동안 해결하지 못한 문제들을 언론매체와 시장, 정치인들로 하여금 세상에 알리고 중요하게 생각하며 책임지게 만들 동기와 수단, 절차 들을 개발한다.

- 신호 체계를 개선한다. 인류의 진정한 행복과 인간의 행위가 실제로 전 세계 생태계에 미치는 영향에 대해서 더 많이 연구하고 감시한다.[6] 각국 정부와 일반인들에게 경제 변화만큼이나 환경과 사회의 변화에 대해서 끊임없이 바로바로 알린다. 경제적 비용에 환경과 사회적 비용을 포함시킨다. 국내총생산과 같은 경제 지표들을 재조정해서 이익 대비 비용, 또는 복지 대비 물질 처리량, 소득 대비 자연 자본의 하락 관계를 정확하게 파악한다.

- 반응 속도를 높인다. 환경이나 사회가 곤경에 처했음을 알리는 신호들을 주시한다. 문제가 발생하면 어떻게 할지 미리 정하고 (할 수 있다면 문제가 발생하기 전에 예보할 수 있는 체제를 갖춘다) 그것에 적극적으로 대처할 수 있는 제도와 기술을 정비한다. 물질적 시스템과 사회적 시스템 모두 비판적으

로 생각하고 재설계할 수 있는 능력을 키우기 위해 유연성과 창조성을 기르는 교육을 실시한다. 컴퓨터 모형 작업은 이런 조치들을 취하는 데 도움을 주지만 근본적으로 사람들이 시스템적 사고를 할 수 있도록 가르치는 것도 마찬가지로 중요하다.

- 재생 불가능한 자원의 사용을 최소로 줄인다. 화석 연료, 화석 지하수, 광물들은 효용성이 최대로 높을 때만 사용하며 가능한 한 재활용한다(연료는 재활용할 수 없지만 지하수와 광물은 재활용할 수 있다). 그리고 그것들을 대체할 수 있는 재생 가능한 자원들을 개발하기 위해 의식적으로 노력해야 한다.

- 재생 가능한 자원의 침식을 막는다. 토양과 지표수, 다시 채워질 수 있는 지하수, 그리고 삼림, 물고기, 야생 동물들을 포함하는 모든 생명체들의 생산성은 보호되어야 하며 가능한 한 축적되고 개선되어야 한다. 이러한 자원들은 오직 스스로 재생할 수 있는 범위 안에서만 수확되어야 한다. 그러기 위해서는 자원의 재생 속도에 대한 정확한 정보가 필요하며 아울러 자원 남용을 막을 강력한 사회적 제재나 경제적 유인책을 마련해야 한다.

- 모든 자원은 효율성을 최대로 높여 사용한다. 기존의 생태발자국 범위 안에서 얻을 수 있는 인간의 복지 수준이 높으면 높을수록 지구의 한계를 넘지 않는 한에서 삶의 질은 더욱더 좋아진다. 현재의 기술 수준이나 경제적 조건으로 볼 때 자원의 사용 효율성을 크게 높이는 일은 어렵지 않다.[7] 현재의 세계 인구와 경제가 붕괴를 맞이하지 않고 지구의 한계 아래로 되돌아가려면 반드시 지금보다 자원의 효율성을 더 높여야 한다.

- 인구와 물질 자본의 기하급수적 증가를 서서히 낮추다가 결국에는 멈추게 해야 한다. 앞에 열거한 여섯 가지 지침은 실제로 실행하는 데 다 한계들이 있다. 따라서 이 마지막 지침은 가장 중요하다. 이것은 제도와 철학적 인식의 변화, 사회 혁신을 수반한다. 이를 위해서는 인간 사회의 바람직하고 지속 가능한

인구 수준과 산업 산출량의 크기를 정할 필요가 있다. 성장이 아니라 개발 계획에 대한 목표를 정해야 한다. 단순한 물질적 확장과 축적보다는 인간 존재의 목적에 대해서 단순하지만 진지하게 더 크고 확고한 통찰력을 가져야 한다.

우리는 성장을 지상 과제로 생각하는 많은 문화들 아래 잠재해 있는 가난과 실업 그리고 영원히 채울 수 없는 인간의 욕구 같은 현재의 문제들을 올바로 인식해야 한다. 그래야 비로소 지속 가능한 사회를 향해서 중요한 한 걸음을 내딛을 수 있다. 현재와 같이 구조화된 성장은 이러한 문제들을 다만 서서히 그리고 비효율적으로 풀어갈 뿐 완벽하게 해결하지는 못한다. 그러나 현재 사회의 구성원들은 성장을 너무도 간절히 바란다. 따라서 더욱 효과적인 해법이 시야에 잡히지 않는다면, 그들은 성장 중독증에서 절대로 벗어나지 못할 것이다. 성장이 비록 거짓 희망일 수도 있지만 희망이 전혀 없는 것보다는 낫기 때문이다.

진정한 희망을 복원하고 당면한 문제들을 해결하기 위해서는 완전히 새롭게 생각을 뜯어고쳐야 할 부분이 세 가지 있다.

- 가난. 함께 나누는 것은 정치 담론에서 금기어이다. 그것은 어쩌면 인간이 내면의 깊은 곳에, 실제로 무엇을 남과 함께 나누는 일이 어느 누구도 충족시키지 못할 것이라는 두려움을 가지고 있기 때문인지도 모른다. '충족'과 '연대'는 가난을 끝장내기 위한 새로운 해법을 만드는 데 도움을 줄 수 있는 개념들이다. 우리는 현재 모두가 한계 초과 상태에 있다. 따라서 잘 관리만 한다면 모두에게 고루 돌아가기에 충분한 자원을 가지고 있다. 그러나 잘 관리하지 못한다면 아무리 부유하다고 해도 그 결과를 피할 수 있는 사람은

아무도 없다.

- 실업. 인간은 스스로 노력하고 점검하고 자제할 필요가 있으며 자신의 기본 욕구들을 만족시키는 데에 따른 책임도 져야 한다. 또한 사회에 참여함으로 써 만족감을 느끼고 한 사람의 성인으로서, 사회의 책임 있는 구성원으로서 인정받아야 한다. 이러한 것들은 반드시 이행되어야 하지만 품위를 떨어뜨리 거나 남에게 해를 끼치면서 해서는 안 된다. 동시에 고용이 반드시 먹고살기 위한 요건이 되어서도 안 된다. 이제부터는 일부 소수 사람들이 나머지 다른 사람들의 일자리를 '창조'한다는 좁은 생각, 더 나아가 노동자는 비용 절감을 위한 대상일 뿐이라는 아주 편협한 시각에서 벗어나는 창조적인 사고의 전환 이 필요하다. 이 시점에서 우리에게 진정으로 필요한 것은 모든 사람들이 사 회에 기여할 수 있도록 필요한 것들을 제공하고 지원하며, 노동과 여가, 경제 산출물들을 공평하게 나누고, 또 여러 가지 이유 때문에 일시적으로든 영구적 으로든 일을 할 수 없는 사람들도 그냥 포기하지 않는 그런 경제 시스템이다.

- 영원히 채울 수 없는 인간의 비물질적 욕구. 사람들에게 반드시 엄청나게 많은 자동차가 있어야 하는 것은 아니다. 사람들이 끊임없이 새 옷으로 갈아입을 까닭도 없다. 다만 그것들을 통해 다른 사람들의 마음을 사로잡고 싶을 뿐이 다. 짜릿한 기쁨과 다양성, 아름다움을 느끼고 싶은 것이다. 전자오락이 사람 들에게 반드시 필요한 것은 아니다. 하지만 사람들은 그들의 마음과 감정을 사로잡을 흥미로운 것들이 필요하다. 그 밖에도 여러 가지 욕구들이 있다. 물 질적인 것을 가지고 비물질적인 진정한 욕구—자기 정체성, 공동체 의식, 자 존심, 도전 정신, 사랑, 기쁨—를 채우려고 애쓰는 것은 결코 만족할 수 없는 갈망을 그릇된 해법으로 해결하려는 걷잡을 수 없는 욕망으로 장식하는 것이 다. 비물질적인 인간의 욕구들을 인정하고 서로 유기적으로 연관지으며 그것 들을 충족시키기 위해 비물질적인 방법을 찾는 사회가 되려면 물질과 에너지

사용을 지금보다 훨씬 더 줄이는 반면에 인간이 실천해야 할 일의 수준을 훨씬 더 높여야 한다.

실제로 사람들은 이러한 문제들을 어떻게 해결할 수 있을까? 세계는 이러한 문제들을 풀기 위해 시스템을 어떻게 발전시킬 수 있을까? 이제 우리에게 남은 것은 창조성과 선택을 위한 기회이다. 21세기로 전환되는 시점을 사는 세대들은 그들의 생태발자국을 지구의 한계 아래로 가져와야 할 뿐 아니라 자신들의 내면 세계와 외부 세계를 동시에 재구성해야 한다. 그 과정은 인간의 삶 전반에 걸쳐 일어나며 인간이 지닌 모든 재능이 그 속에 녹아들어야 한다. 기술과 기업의 혁신과 더불어 공동체와 사회, 정치, 예술, 영적인 창조성이 필요하다. 50년 전, 유명한 철학자이자 문명 비평가인 루이스 멈퍼드는 그 일의 위대함과 거기에 담긴 인간 고유의 특성을 이야기했다. 그것은 바로 모든 사람의 인류애를 자극하고 개발하는 것이다.

확장의 시대는 이제 균형의 시대에 자리를 내주고 있다. 이러한 균형 상태를 이루는 것은 다음 몇 세기에 걸쳐 일어날 일이다. (……) 새로운 시대의 주제는 무기를 든 인간도 아니고 기계화된 인간도 아니다. 새 시대의 중심 주제는 삶의 부활이다. 기계적인 것이 유기적인 것으로 바뀌는 것, '사람'을 경작, 인간화, 협동, 공생과 같이 인간이 온 힘을 다해 지켜야 할 궁극적인 용어로 재정립하는 것이 중심 주제다. 이러한 말들이 새 세계를 감싸 안을 문화를 대변하는 표어들이다. 삶의 모든 분야는 이러한 변화를 기록할 것이다. 그것은 기업 조직이나 도시 계획, 지역 개발, 세계의 자원 교환은 물론 교육과 학문 과정에도 많은 영향을 끼칠 것이다.[8]

산업 세계가 다음 단계에서 반드시 재앙을 맞이하는 것은 아니다. 이는 오히려 정말 굉장히 소중한 기회이다. 그 기회를 어떻게 잡을지, 또 세계를 지속 가능하고 실용적이며 공평할 뿐 아니라 매우 바람직한 세상으로 어떻게 이끌지는 리더십과 윤리, 통찰력과 용기의 문제이다. 컴퓨터 모형들이 중요한 것이 아니라 인간의 마음과 영혼과 관계된 문제인 것이다. 우리는 다음 장에서 그것들에 대해서 얘기할 것이다. 우리는 이제 컴퓨터를 끄고 지금까지 생성한 데이터와 시나리오들을 다 잊고 8장에서 다시 그것들을 재현해야 한다. 우리는 거기서 과학적 분석을 이용해 얻은 것 못지않게 우리의 마음과 직관에서 오는 통찰력을 이용해 결론을 낼 것이다.

8장
무엇을 할 것인가

우리는 절망에 쓰러지지 않도록 주의해야 한다. 아직도 이따금씩 희망의 빛이 깜박이고 있기 때문이다.

—에두아르 사우마, 1993년

우리는 모든 나라와 국민들을 지속 가능한 세계로 옮길 수 있을까? 그러한 전환은 지난날 일어났던 두 번의 거대한 변화, 즉 신석기 시대 후반에 일어난 농업혁명과 2세기 전에 일어난 산업혁명에 비견할 만한 인간 사회의 개조가 될 것이다. 그 혁명들은 서서히 자연스럽게 거의 의식하지 못하는 사이에 진행되었다. 그러나 이번 것은 과학이 제공할 수 있는 최상의 통찰력을 바탕으로 완벽하게 의도적으로 진행되어야 한다. (……) 우리가 실제로 그렇게 한다면 그것은 인류가 지구상에 존재한 이래로 단 한 차례도 없었던 유일무이한 시도가 될 것이다.

—윌리엄 D. 러켈스하우스, 1989년

우리는 지금까지 30년 넘도록 어떻게 하면 지속 가능한 세계로 갈 수 있을지에 대해 쓰고 말하고 연구했다. 우리는 자랑스럽게도 세계 각 지역에서 자신들이 속한 사회를 지속 가능한 사회로 이끌기 위해 각자의 재능을 이용하고 각자의 방식으로 애쓰는 수많은 동료들을 알고 있다. 공식적이고 제도적인 차원에서 일을 하거나 각국의 정치 지도자들이 하는 말에 귀를 기울일 때면 우리 모두는 대개 좌절에 빠지곤 한다. 하지만 지속 가능한 사회를 만들기 위해 애쓰는 개인들과 함께 일을 하면 대개는 거꾸로 힘을 얻는다.

어디를 가든 지구를 보살피고, 남을 생각하며 자신들의 자식과 손자 세대의 행복에 마음을 쓰는 사람들을 만날 수 있다. 그들은 주위에서 일어나는 수많은 인간의 비참한 상황과 환경 파괴를 보고 옛날처럼 마냥 더 높은 성장을 추구하는 정책들이 과연 세상을 더 좋게 만들 수 있는지 의문을 제기한다. 그들 가운데 많은 사람은 세계가 뭔가 잘못된 방향으로 가고 있으며, 자세히 설명하긴 어렵지만 앞으로 일어날지도 모를 인간 사회의 재난을 막기 위해서는 어떤 큰 변화들이 일어나야 한다는 생각을 한다. 그들은 자신들이 노력해서 사회가 바뀔 수 있다고 확신만 선다면 그러한 변화를 이끌어내는 일에 기꺼이 동참할 것이다. 그들은 이렇게 묻는다. 내가 무얼 할 수 있나요? 각국의 정부는 무엇을 할 수 있나요? 기업들은 무엇을 할 수 있죠? 학교와 종교, 언론매체는 무엇을 할 수 있나요? 시민과 생산자, 소비자, 부모 들은 무엇을 할 수 있을까요?

이 질문들과 관련해서 본인이 직접 무언가를 해보는 것만큼 중요한 것은 없다. '당신이 지구를 살리기 위해 할 수 있는 아주 단순한 일 50가지'가 있다. 한 예로 에너지 효율이 높은 자동차를 사라. 빈 병과 깡통을 재활용하고 선거 때는 현명하게 투표하라. 당신이 자동차를 소유하고 병과 깡통을 소비하며 선거를 자유롭게 할 수 있는 축복받은 세상에 살고 있는 사람이라면 말이다. 하지만 그다지 단순하게 할 수 없는 것들도 있다. 소박하고 우아하게 생활하라. 아이는 최대한 둘만 키워라. (에너지 효율을 높이고 재생 가능한 에너지 개발을 촉진하기 위해서) 화석 에너지의 가격 인상에 찬성하라. 한 가족이 가난에서 벗어날 수 있도록 돕기 위해 사랑하는 마음으로 협력하라. 자신에게 '알맞은 살림살이'를 찾아라. 한 뙈기 땅이라도 잘 돌보아라. 사람들을 억압하거나 지구를 남용하는 시스템에 맞서기 위해 할 수 있는 것은 무엇이든 하라. 스스로 정치 일선에 나서라.

이 모든 행동은 힘이 될 것이다. 하지만 물론 그것만으로 충분한 것은 아니다. 지속 가능하면서 욕구를 충족시킬 수 있고 공평한 사회를 만들기 위해서는 구조적 변화가 필요하다. 그것은 프랑스혁명처럼 정치적 의미의 혁명이 아니라 농업혁명과 산업혁명과 같이 더 근본적인 의미의 사회적 혁명을 요구한다. 재활용은 중요하다. 하지만 그것만으로 혁명을 일으킬 수는 없다.

그렇다면 무엇을 할 것인가? 우리는 역사가들이 복원한, 최초로 인류 문화를 크게 바꾸어놓은 위대한 두 번의 혁명을 이해하는 과정에서 그 답을 찾는 데 큰 도움을 얻었다.

인류 최초의 두 차례 혁명: 농업혁명과 산업혁명

약 1만 년 전, 수천 년에 걸친 진화 과정을 거친 뒤, 세계 인구는 약 1,000만 명에 이르는 (당시로서는) 엄청나게 큰 규모에 도달하게 되었다. 그들은 유목 생활을 하며 사냥과 채집 생활로 생계를 꾸려갔다. 하지만 일부 지역에서는 한때 매우 풍족했던 식물과 사냥감 덕분에 인구가 엄청나게 불어나는 바람에 거꾸로 식량이 모자라는 상황에 직면했다. 그들은 야생 자원이 줄어드는 문제를 해결하기 위해 두 가지 조치를 취했다. 일부 사람들은 이동하는 생활 양식을 더 적극적으로 확장했다. 그들은 조상 대대로 살아온 고향인 아프리카와 중동 지역을 떠나 사냥감이 풍부한 다른 세계로 이주하기 시작했다.

또 어떤 사람들은 야생 동물들을 길들이고 식물을 재배하고 한곳에 정착하기 시작했다. 이러한 행동은 완전히 새로운 생각이었다. 단순히 정착하는 것만으로도 인류 최초의 농부들은 그때까지 전혀 예측할 수 없었던 방식으로 지표면과 인류의 생각, 그리고 사회 형태를 바꾸었다.

그들은 처음으로 땅을 소유한다는 것이 무엇을 뜻하는지 이해했다. 자신의 소유물을 등에 걸머지고 나를 필요가 없었던 사람들이 이제 물건들을 모으기 시작했고 어떤 사람들은 다른 사람들보다 더 많은 것을 소유하기 시작했다. 부와 지위, 유산, 교역, 돈, 권력 같은 개념들이 탄생했다. 어떤 사람들은 다른 사람들이 생산하고 남은 식량을 먹고 살 수 있었다. 그들은 온종일 도구를 만들거나 음악을 연주하거나 조각하는 사람, 또는 성직자, 군인, 운동선수, 왕이 될 수 있었다. 따라서 이제 세상에는 좋든 나쁘든 간에 동업 조합, 교향악단, 도서관, 군대, 경기 종목, 왕조, 도시 같은 것들이 생겨나기 시작했다.

우리는 그들의 후손으로서 농업혁명을 인류의 위대한 진보라고 생각한다. 어쩌면 당시에 그것은 이해가 서로 엇갈리는 사건이었는지도 모른다. 많은 인류학자들은 농업은 삶을 더 풍요롭게 만들기 위해 선택한 것이 아니라 늘어나는 인구를 수용하기 위해 어쩔 수 없이 선택한 것이었다고 생각한다. 정착 농민들은 수렵, 채취하는 사람들보다 같은 크기의 땅에서 더 많은 식량을 얻었다. 그러나 그 식량은 영양분의 질도 낮고 다양성이 떨어졌다. 그리고 식량을 생산하기 위해 더 많이 일을 해야 했다. 농부들은 유목 생활 때는 겪어보지 못한 기후와 질병, 해충, 외부인의 침공 때문에 위협을 느끼고 점점 새롭게 부상하는 지배 계급의 압박을 받아야 했다. 자신들이 쓰다 버린 폐기물들을 제거하지 못한 사람들은 인류 최초로 만성적인 오염에 시달려야 했다.

하지만 그럼에도 불구하고 농업은 인류가 야생 생물의 부족을 극복한 성공적 대응 방식이었다. 그러나 농업 덕분에 인구는 더 늘어났다. 1,000만 명에 불과했던 세계 인구는 여러 세기를 거치면서 더 폭발적으로 늘어나 1750년에는 8억 명으로 불었다. 인구가 더 늘어나면서 부족한 것들도 새로 생겨나기 시작했다. 그 가운데 토지와 에너지가 가장 대표적인 것들이었다. 이제 또 다른 혁명이 필요했다.

산업혁명은 숲이 사라지면서 연료로 쓰던 목재를 당시에 풍부하던 석탄으로 대체한 영국에서 처음 시작되었다. 석탄 사용에는 땅을 파내고 광산을 건설하고 지하수를 뽑아내고 석탄을 수송하고 연소 조절 장치를 만드는 것과 같은 현실적인 문제들이 발생했다. 이런 문제들은 광산과 공장에 노동력을 집중함으로써 비교적 쉽게 해결할 수 있었다. 그 과정에서 기술과 상거래는 인간 사회에서 종교와 윤리를 뛰어넘는 매우 중요한 위치로 올라섰다.

여태껏 아무도 상상할 수 없었던 방식으로 세상 모든 것이 다시 바뀌었다. 이제 토지가 아니라 기계들이 생산의 중심 도구가 되었다. 봉건주의는 자본주의와 자본주의를 반대하는 분파인 공산주의에게 길을 내주었다. 도로와 철도, 공장, 굴뚝이 세상의 풍경 속에 등장했다. 도시들이 여기저기 생겨났다. 그 변화로 다시 인간 사회의 이해가 엇갈리게 되었다. 공장 노동은 농사보다 훨씬 더 힘들고 품위가 떨어지는 일이었다. 새로운 공장 근처의 대기와 하천은 말할 수 없을 정도로 더러워졌다. 공장에서 일하는 대다수 사람들의 생활 수준은 농부들보다 훨씬 더 낮았다. 그러나 경작할 농토는 없고 공장의 일자리는 많았다.

오늘날 살고 있는 사람들이 산업혁명을 통해서 인간의 생각이 얼마나 크게 바뀌었는지 정확하게 평가하기란 그리 쉽지 않다. 그때 바뀐 생각이 아직도 우리의 인식을 형성하고 있기 때문이다. 1988년, 역사학자 도널드 워스터는 산업화가 인간의 생각에 미친 영향력을 아마도 산업화의 후손들과 추종자들이 이해할 수 있을 만큼의 수준에서 잘 설명했다.

> 자본가들은 (……) 기술을 가지고 지구를 지배하면서 모든 사람들에게 더 공평하고 효율적이며 생산적인 삶을 제공할 수 있다고 약속했다. (……) 그들이 쓴 방법은 단순히 개별 기업을 전통적인 위계 질서나 지역 사회와의 유대에서 해방시키는 것이었다. 그 유대가 다른 사람들에게서 나온 것이든 지구로부터 비롯된 것이든 상관없었다. (……) 그 때문에 사람들은 모두 지구가 인간들과 마찬가지로 솔직하고 활기차며 자기 주장이 분명한 존재라고 여기게 되었다.

(……) 사람들은 (……) 끊임없이 돈을 버는 것에 대해서 생각해야 했다. 그들은 자기 주변에 있는 모든 것—토지, 천연자원, 자기 자신의 노동력—을 잠재적으로 시장에서 이익을 올릴 수 있는 상품으로 여겨야 했다. 그들은 외부의 규제나 간섭 없이 그 상품들을 생산하고 사고팔 권리를 요구해야 했다. (……) 부족한 것들이 많아지고 시장이 점점 더 광범위하게 커지면서 인간과 자연의 나머지 부분들과의 유대는 그야말로 가장 저열한 도구주의로 축소되었다.[1]

말 그대로의 그 도구주의는 오늘날 농업혁명 이전에 살았던 인구의 600배가 넘는 60억 명에게 다양한 차원에서 물질적 욕구를 충족시키는 믿기 어려울 정도로 높은 생산력의 세계를 창조했다. 훌쩍 커버린 시장과 크게 부풀어오른 수요는 극지방에서 열대 지방까지, 산꼭대기에서 바다 속 깊은 곳까지 환경을 약탈하면서 생성된 것이다. 산업혁명의 성공은 앞서 수렵-채취의 성공과 농업혁명의 성공처럼 사냥감이나 토지, 연료와 금속의 부족뿐 아니라 지구 환경 자체의 전체 수용력 부족을 초래했다. 인류의 생태발자국은 또다시 지구의 지속 가능한 수준을 뛰어넘었다. 성공은 또 다른 혁명의 필요성을 창조했다.

다음에 올 혁명: 지속 가능성 혁명

기원전 6000년에 살았던 인류 최초의 농부들이 지금의 아이오와 주에 펼쳐진 옥수수와 콩밭을 예견하거나, 서기 1800년의 영국 광부가 자동화된 도요타 조립 공장을 상상할 수 없는 것처럼 오늘날 누군가가 지속 가능성 혁명으로 발전된 세계를 묘사하는 것은 불가능하다. 다가올 지속 가능성 혁명도 앞서 일어난 위대한 다른 혁명들이 그랬던 것처럼 지표면과 인간 정체성의 기반과 제도, 문화를 바꿀 것이다. 그것도 앞선 혁명들처럼 그 위업을 완성하려면 여러 세기가 걸릴 것이다. 혁명은 이미 진행 중에 있다.

물론 그 혁명이 어떤 결과를 가져올지는 아무도 모른다. '세계의 패러다임을 바꾸기 위해서는 이 같은 20가지 단계를 따르라'고 하는 것과 같은 점검표도 하나 없다. 과거에 일어났던 위대한 혁명들과 마찬가지로 사전에 계획되거나 누구의 지시를 받을 수도 없다. 정부의 허가나 컴퓨터 모형을 만드는 사람이 지정한 목록도 따르지 않을 것이다. 지속 가능성 혁명은 유기적이다. 그것은 수십 억 명의 미래에 대한 상상력과 통찰력, 실험과 행동들에서 나온다. 그러한 혁명을 일으켜야 하는 부담은 어느 누구 한 사람이나 집단의 어깨에 걸려 있는 것이 아니다. 아무도 혁명의 공로를 인정받지 못한다고 하더라도 모든 사람이 혁명에 기여할 수 있다.

우리는 세상에 있는 많은 시스템들을 손질하고 연구하면서 여기서 논의하는 그런 종류의 중요한 혁명과 관계가 있는 복잡한 시스템들이 공통적으로 두 가지 특성을 가지고 있음을 확인했다.

첫째, 정보는 변화를 위한 열쇠이다. 하지만 그것이 반드시 더 많은 정보, 더 좋은 통계, 더 큰 데이터베이스나 인터넷 자료를 의미하는 것은 아니다. 물론 이 모든 것은 각자 자기 역할을 할 수 있다. 여기서 정보는 새로운 규칙과 목표들을 제시하면서(이 규칙과 목표들은 그 자체가 정보이다) 새로운 수용자들에게 새로운 방식으로 흐르는, 적절하고 필수적이며 선별된, 강력하고 시기에 맞는 정확한 정보를 의미한다. 어떤 시스템이든 정보의 흐름이 바뀌면 행동 양식도 달라진다. 예를 들면, 오랫동안 구소련에서 철저하게 통제되었던 정보 채널을 단순히 개방한 조치인 글라스노스트 정책은 아무도 예상하지 못했던 동유럽의 급격한 변화를 초래했다. 소련의 옛 시스템은 정보의 흐름을 철저하게 통제했다. 그 통제가 사라지는 순간 전체 시스템이 완전히 재구성되기 시작했다. (무척 당황스럽고 예측할 수 없었지만 불가피했다.)

둘째, 시스템들은 정보의 흐름, 특히 자체 규칙과 목표들이 바뀔 때 강하게 저항한다. 현재의 시스템에서 이익을 얻는 사람들이 그러한 변화에 극력 반대하리라는 것은 당연한 일이다. 자신의 영역을 침해당하는 정치, 경제, 종교 파벌 들은 기존의 규칙과 다르게 행동하고 기존에 합의된 목표와 다른 것을 추구하려는 개인이나 소집단들의 움직임을 거의 완벽하게 제한할 수 있다. 혁신을 추구하는 사람들을 무시하고 주변부로 몰아내고 조롱하며, 그들이 승진하거나 재능을 발휘하거나 여론을 주도하지 못하게 한다. 말 그대로 또는 상징적으로라도 그들의 심지를 끊어버릴 수 있다.

그러나 오직 혁신을 추구하는 사람들만이 시스템을 바꾸는 변화를 만들 수 있다. 그들은 새로운 정보와 규칙과 목표의 필요성을 인식하고 그것들에 대해서 소통하고 실험해본다. 이 중요한 지적은 마거릿 미드가 한 말로 널리 알려진 인용문에서 분명하게 표현된다. "세상을 바꾸려고 마음먹은 개인들로 구성된 소집단의 힘을 결코 부인하지 마라. 그것이야말로 세상을 바꿀 수 있는 유일한 힘이다."

우리는 소비를 요구하고 권하고 그것에 대해 보상까지 하는 시스템 안에 있으면서 물질적으로 절제된 생활을 하는 것이 얼마나 어려운지 쓰라린 경험을 통해서 배웠다. 하지만 누구나 절제된 삶을 향해 지속적으로 나아갈 수 있다. 에너지 효율이 낮은 제품을 생산하는 경제 체계에서 에너지를 효율적으로 사용하는 일은 쉽지 않다. 그러나 누구든 더욱 효과적으로 일하는 방식들을 찾아낼 수 있으며 필요하면 새로 발명해낼 수도 있다. 그 과정에서 다른 사람들도 그 방식들을 더욱 잘 이용할 수 있게 만들 수도 있다.

무엇보다도 오직 옛 정보에만 귀를 기울이도록 구조화된 시스템에서 새로운 정보를 들이미는 일은 어렵다. 때때로 더 높은 성장을 추구하는 가치에 대해서 공식적으로 문제를 제기해보라. 성장과 개발이 무엇이 다른지도 거론해보라. 그러면 당신은 우리가 무엇을 말하려고 하는지 그 의미를 알 것이다. 기존의 시스템에 맞서기 위해서는 용기와 명석함이 필요하다. 하지만 그것은 누구든 할 수 있는 일이다.

우리는 당연히 새로운 변화에 저항하는 기존 시스템을 평화롭게 재구성할 수 있는 방법들을 찾기 위해 여러 가지 도구들을 가지고 시험했다. 우리는 그동안 이 책에서 합리적 분석, 데이터 수집, 시스템적 사고, 컴퓨터 모형화, 최대한으로 의미가 분명한 문구를 골라 쓰려고 애썼다. 이것들은 과학과 경제학적 사고 훈련을 받은 사람이면 누구나 쉽게 손에 넣을 수 있는 도구들이다. 이것들도 재활용과 마찬가지로 유용하고 필요하지만 그것만으로 충분하지는 않다.

우리는 어떻게 해야 충분한 것인지 알지 못한다. 그러나 세계를 지속 가능한 시스템으로 재구성하는 데 도움이 된다고 생각하는 도구 다섯 가지를 소개하고 결론을 짓고자 한다. 우리는 그 목록을 1992년의 책에서 처음으로 소개하고 논의했다. 그 이후로 우리가 경험한 바에 따르면 그 다섯 가지 도구는 선택 여부를 마음대로 결정할 수 있는 것들이 아니었다. 그것들은 오랫동안 살아남기를 바라는 사회라면 반드시 있어야 하는 필수 요소였다. 우리는 여기 마지막 장에서 다시 한 번 그것들을 '지속 가능성을 향해 노력하는 방법들 가운데 일부로서' 소개한다.

1992년에 우리는 "그것들을 거론하기가 약간 주저된다. 우리는 그런 말을 쓰는 분야의 전문가들이 아니며 그것들을 설명하려면 우리 같은 과학자들의 말이나 글에서 쉽게 나오지 않는 단어들을 써야 하기 때문이다. 냉소적인 공적 영역에서는 그것들을 '비과학적' 용어로 생각하기 때문에 그다지 진지하게 다루지 않는다"라고 했다.

우리가 그렇게 조심스럽게 접근했던 도구들은 과연 무엇인가?

꿈꾸기, 네트워크 만들기, 진실 말하기, 배우기, 사랑하기가 바로 그것이다.

엄청난 변화의 크기와 비교할 때 이러한 도구 목록은 너무 허약해 보일지도 모른다. 하지만 이 도구들 하나하나는 양의 피드백 순환 고리들이 서로 연결된 그물망 안에 존재한다. 따라서 처음에 아무리 작은 집단의 사람들이라도 이 도구들을 지속적으로 일관되게 사용한다면 어떠한 큰 변화도 불러일으킬 수 있다. 어쩌면 심지어 기존 시스템을 무너뜨리고 혁명을 몰고 오는 배경이 될 수 있을지도 모른다.

1992년에 우리는 "세계의 정보 흐름 속에서 이런 말들을 주저하지 않고 성의를 다해 더 많이 쓰기만 해도 지속 가능한 사회로 가는 길이 좀 더 쉬워질 수 있다"라고 했다. 그러나 우리는 대다수 사람들이 그것들을 어떻게 받아들일지 미리 예단하고는 이런저런 변명을 붙여서 그것들을 사용했다.

인류 문명의 앞날이 백척간두에 서 있는데 그렇게 '연약한' 도구들에 의지할 수밖에 없냐고 따지는 사람들도 많다. 특히 그것들을 우리 자신이나 다른 사람들에게서 어떻게 이끌어낼지 알지 못하기 때문에 더욱 못미더운 것이다. 그래서 우리는 그것들을 치워버리고 재활용이나 배기가스 배출량 거래, 야생 생물 보존과 같은 지속 가능성 혁명을 위해 필요하지만 그것만으로는 불충분한 부분, 즉 적어도 우리가 직접 다룰 줄 아는 부분으로 대화를 돌린다.

하지만 우리는 아직까지 어떻게 쓰는 것인지 잘 모르는 그 도구들에 대해서 이야기해야 한다. 인류가 그것들을 빨리 능숙하게 쓸 줄 알아야 하기 때문이다.

꿈꾸기

꿈꾸기는 처음에는 일반적으로 상상하는 것을 의미한다. 그다음에는 진정으로 바라는 것을 점점 더 집중해서 상상하는 것을 뜻한다. 진정으로 바라는 것은 누군가가 가르쳐줄 수 있는 것이 아니며 자기 마음에 안 드는데도 그냥 받아들이는 그런 것이 아니다. 꿈꾸기는 '실행 가능성', 불신, 과거에 대한 실망과 같이 사고를 제약하는 요소들을 떨쳐버리고 마음을 가장 고결하고 드높고 소중한 이상들로 가득 차게 만드는 것을 의미한다.

어떤 사람들, 특히 젊은이들은 열정을 가지고 손쉽게 미래를 꿈꾼다. 반면에 또 어떤 사람은 꿈꾸는 것을 두려워하거나 고통스러워한다. 앞으로 무엇을 이룰 수 있다는 강렬한 가능성의 그림이 현재 존재하는 모든 것을 더욱더 참지 못하게 만들기 때문이다. 어떤 사람들은 다른 사람들이 자신들의 꿈을 비실용적이거나 '비현실적'이라고 비난할까 봐 두려워서 그 꿈을 받아들이지 않는다. 그들은 이 문구를 비록 기꺼이 다 읽는다 하더라도 매우 불편하게 생각한다. 그리고 너무도 무참히 꿈이 깨진 적이 많은 이들은 어떤 꿈도 실현될 수 없다고 생각한다. 좋다. 회의주의자들도 필요하다. 꿈은 회의주의로 단련될 필요가 있다.

우리 또한 꿈만으로 어떤 일이 일어날 수 있다고 믿지 않는다는 것을 분명히 밝혀두겠다. 행동이 따르지 않는 꿈은 쓸모가 없다. 그러나 꿈이 없는 행동은 방향성도 없고 힘을 갖지도 못한다. 따라서 꿈은 방향을 제시하고 동기를 부여하기 위해 반드시 필요하다. 무엇보다 많은 사람이 꿈을 함께 널리 나누고 확고한 태도로 꿈에서 눈을 떼지 않는다면 반드시 새로운 시스템들을 낳을 수 있다.

우리가 말하고자 하는 것이 바로 이것이다. 공간과 시간, 물질과 에너지의 한계 안에서 꿈을 가진 사람들의 생각은 새로운 정보, 새로운 피드백 순환 고리들, 새로운 행동, 새로운 지식, 새로운 기술뿐 아니라 새로운 제도, 새로운 물리적 구조, 인간 내면에 있는 새로운 힘들을 낳을 수 있다. 랠프 왈도 에머슨은 150년 전에 이미 이 심오한 진리를 깨달았다.

모든 나라와 모든 사람은 그들의 윤리나 사고 수준에 딱 맞는 물리적 장치로 금방 둘러싸인다. 모든 진리와 모든 오류, 어떤 개인의 생각 하나하나가 어떻게 사회, 가정, 도시, 언어, 의례, 신문 들로 그 자체를 감싸는지 주목하라. 오늘날 널리 쓰이는 개념들을 주의 깊게 살펴보라. (……) 이런 추상적 개념들 하나하나가 공동체에 있는 주목받는 장치에서 어떻게 그 자체를 구체적으로 드러내는지 보라. 그리고 목재, 벽돌, 석회, 돌이 어떻게 갑자기 많은 사람의 마음에 자리 잡은 중심 개념에 맞게 편리한 모양으로 바뀌는지 보라. (……) 물론 인간이 조금이라도 바뀐다면 그를 둘러싼 환경 또한 바뀌는 것은 당연한 일이다. 생각이 조금이라도 확대되거나 다른 사람에 대한 감정이 조금이라도 누그러지는 것만으로도 (……) 인간을 둘러싼 외부 요소들은 엄청나게 큰 변화를 겪을 것이다.[2]

지속 가능한 세계는 많은 사람들이 마음속 깊이 그 꿈을 아로새기지 않는 한 절대로 완전하게 실현될 수 없다. 그 꿈을 이루기 위해서는 먼저 많은 사람들의 마음속에서 그 꿈이 자라나야 한다. 우리는 그 과정에서 다른 사람들도 그 꿈에 동참하도록 권유하기 위해 우리가 어쩔 수 없이 참고 살아야 하는 그런 사회가 아니라, 진정으로 살고 싶은 지속 가능한 사회가 어떤 모습일지 여기에 일부를 나열할 것이다. 그러나 이것을 지속 가능한 사회의 완성된 최종 모습이라고 할 수는 없다. 누구든 그것을 더 발전시키고 확장할 수 있다.

- 지속 가능성, 효율성, 넉넉함, 공평, 아름다움, 공동체가 가장 중요한 사회적 가치이다.
- 모든 사람이 물질적으로 넉넉하고 안전하다. 따라서 공동의 규범뿐 아니라 개인의 선택으로 출생률을 낮추고 인구 수준을 안정되게 유지한다.
- 사람들의 품위를 떨어뜨리지 않고 오히려 그들을 존중하며 일한다. 사람들이 사회에 최선을 다하도록 동기를 부여하고 그 대가를 분명히 하면서 모든 사람들이 어떤 환경에서도 풍족함을 누린다.
- 지도자들은 정직하고 공손하며 총명하고 겸손하다. 자리를 지키는 일보다는 자기 맡은 바 임무를 수행하는 데 더 열심이고 선거에서 이기는 것보다 사회에 봉사하는 것에 더 관심이 많다.
- 경제는 수단이지 목적이 아니다. 경제는 환경을 파괴하기보다는 환경을 보호해야 한다.
- 효율성이 높은 재생 가능한 에너지 시스템들로 구성되어 있다.
- 효율성이 높은 밀폐 순환 고리 물질 시스템들로 구성되어 있다.
- 배기가스와 폐기물을 최소한으로 줄이는 기술 설계를 추구한다. 기술과 자연이 처리할 수 없는 배기가스나 폐기물은 생산하지 않기로 사회적 합의에 이

른다.

- 재생 농업으로 토양을 복원하고 자연력을 이용해서 토질을 기름지게 하며 해 충을 방제하고 오염이 안 된 식량을 많이 생산한다.

- 다양한 생태계들을 보존하고 인간 문화와 생태계들 사이의 조화를 꾀한다. 자연과 문화 모두 고도의 다양성을 추구하며 인간은 그 다양성을 존중한다.

- 유연성, 혁신(사회와 기술 모두), 지적 상상력을 자극한다. 과학이 번창하고 인간의 지식이 끊임없이 확장한다.

- 전체 시스템에 대한 이해가 더욱 커진다. 모든 사람은 전체 시스템을 반드시 이해해야 한다.

- 경제력, 정치적 영향력, 과학 기술의 전문 지식이 중앙에 집중되지 않고 분산되어 있다.

- 정치 구조는 사회의 단기 목표와 장기 목표가 균형을 맞출 수 있게 작용한다. 미래 후손들을 위해서 현재 사회에 강제로 여러 가지 정치력을 행사할 수도 있다.

- 국민들 사이든 정부 사이든 분쟁을 비폭력으로 해결할 줄 아는 고도의 기술 이 있다.

- 언론매체는 세계의 다양성을 반영하는 동시에 여러 문화들을 역사와 전체 시 스템의 맥락에서 적절하고 정확하고 적시성이 있고 한쪽으로 치우치지 않고 이성적인 정보와 통합한다.

- 물질적인 것들을 축적하는 일에 몰두하지 않는 우리 스스로를 자랑스럽게 생 각하고 또 그렇게 살 이유들이 충분히 많은 사회이다.

네트워크 만들기

우리에게 네트워크가 없었다면 아무 일도 하지 못했을 것이다. 우리가 속한 네트워크들 대부분은 비공식 네트워크들이다. 그들은 대개 예산이 있든 없든 아주 규모가 작다. 그들 가운데 이렇다 할 세계 단체 명부에 이름을 올린 곳은 거의 없다.[3] 그들은 거의 눈에 띄지 않지만 영향력은 무시할 수 없을 정도로 크다. 비공식 네트워크들은 공식 기관들이 하는 것과 똑같은 방식으로 정보를 나르지만 대개는 더 효율적으로 한다. 그것들은 새로운 정보의 본향이다. 새로운 시스템 구조들이 그것들로부터 발전할 수 있다.[4]

우리가 관계를 맺은 네트워크들 가운데는 지역 중심의 네트워크들도 있고 전 세계에 걸쳐 있는 국제 네트워크들도 있다. 또 어떤 네트워크는 컴퓨터와 같은 전자 기기로 연결되기도 하고 또 어떤 네트워크는 날마다 서로 얼굴을 대면하면서 만나기도 한다. 그 네트워크들은 겉으로 드러난 형태가 어떻든 간에 삶의 어떤 측면에 대해서 공통의 관심사를 함께 나누고, 서로 지속적으로 관계를 맺고 데이터와 도구와 생각을 공유하며 격려하고, 서로 좋아하고 존중하고 지원하는 사람들로 구성되어 있다. 네트워크의 가장 중요한 목적 가운데 하나는 그들이 혼자가 아니라는 사실을 구성원들에게 끊임없이 인식시켜주는 것이다.

네트워크는 계층 구조가 없다. 그것은 힘이나 의무, 물질적 동기, 사회 계약 따위들 때문이 아니라, 혼자서는 어려워도 함께 하면 해낼 수 있다는 생각과 공유된 가치로 함께 연결되는 동등한 관계들 사이의 그물망이다.

우리는 유기농법으로 해충을 방제하는 농부들의 네트워크들을 안다. 환경을 생각하는 언론인들, '녹색' 건축가들, 컴퓨터 모형을 만드는 사람들, 게임 설계자들, 공동체 토지조합 운동을 하는 사람들, 소비자 협동조합과 같은 많은 네트워크들도 있다. 서로 공통된 목적을 가진 사람들이 만든 수십만 개의 네트워크들이 있다. 어떤 네트워크는 너무 중요하고 활동이 많아서 여러 개의 사무소와 예산을 갖춘 공식 단체로 발전하기도 하지만 대부분은 필요할 때 생겼다 사라지곤 한다. 인터넷의 출현은 네트워크들을 만들고 유지하는 데 큰 역할을 하고 가속화시켰다.

지역과 전 세계 차원 양쪽으로 지속 가능성을 위해 헌신하는 네트워크들은 지구의 한계 안에서 지역 생태계를 유지하며 균형을 이루는 지속 가능한 사회를 만드는 데 특히 필요하다. 우리는 여기서 지역 중심의 네트워크에 대해서는 자세히 말할 수 없다. 우리의 지역과 여러분의 지역이 다르기 때문이다. 지역 네트워크들의 역할 가운데 하나는 산업혁명 이래로 거의 사라져버린 공동체 의식과 지역과의 관계를 복원하는 일이다.

국제 네트워크들에 대해서 말하자면 우리는 그것들이 진정으로 전 세계를 생각하는 조직이 되기를 바란다. 세계의 정보 흐름에 참여하는 수단은 생산 수단만큼이나 불공평하게 분배된다. 사람들은 지금까지 아프리카 대륙 전체에 있는 전화 대수보다 도쿄에 있는 전화 대수가 더 많다고 말해왔다. 그것은 컴퓨터, 팩시밀리, 항공 접속 편수, 국제회의 초청 건수들을 따져보면 훨씬 더 분명해진다. 하지만 우리는 인터넷 웹과 저렴한 접속 장치의 발명을 보면서 인간의 독창성이 얼마나 놀라운 해결 능력을 가지고 있는지 다시 한 번 감탄하지 않을 수 없다.

아프리카처럼 세계의 소외된 지역들은 컴퓨터나 인터넷 접속보다 더 시급하게 필요한 다른 많은 것들에 먼저 전념해야 한다고 주장하는 사람들이 있을 수 있다. 그러나 우리는 그 말에 동의하지 않는다. 소외된 이들의 목소리를 들을 수 없다면 세계는 그들이 무엇을 필요로 하는지 제대로 알 수도 없으며 거꾸로 그들이 세계에 기여할 수 있는 기회도 보장받을 수 없기 때문이다. 물질과 에너지의 효율성을 가장 크게 높일 수 있었던 것은 부분적으로 새로운 통신 장비의 설계 덕분이었다. 이제 모든 사람이 지속 가능한 생태발자국 안에서 네트워크를 통해 지역뿐 아니라 전 세계를 연결할 수 있게 되었다. 우리는 지역 간 '정보 격차'를 메워야 한다.

지속 가능성 혁명에서 어떤 부분이 여러분의 관심을 끈다면 여러분은 지금이라도 당장 그 특별한 관심을 공유하고 있는 다른 사람들의 네트워크를 발견하거나 그들과 새로 네트워크를 만들 수 있다. 그 네트워크를 통해 여러분이 필요한 정보를 얻기 위해 어디로 가야 하는지, 여러분이 이용할 수 있는 간행물이나 도구들은 무엇이 있는지, 관리나 재정 지원을 받으려면 어디로 가야 하는지, 누가 어떤 일을 도와줄 수 있는지 알 수 있을 것이다. 제대로 된 네트워크라면 여러분이 깨달을 수 있도록 도와줄 뿐 아니라 여러분이 깨달은 것을 남에게 전달할 수 있게 할 것이다.

진실 말하기

우리가 진실을 확인하는 방법은 여느 사람과 다르지 않다. 그러나 우리는 보통 어떤 말을 들었을 때 그 말이 진실이 아니라면 그렇다는 것을 안다. 거짓은 대개 계획적이다. 말하는 사람이나 듣는 사람이나 모두 그렇게 생각한다. 사람들은 행동을 조작하거나 가라앉히거나 부추기거나 지연시키기 위해서, 또는 이기적인 행동을 정당화하기 위해서, 권력을 얻거나 보존하기 위해서, 불편한 현실을 부인하기 위해서 거짓을 말한다.

거짓은 정보의 흐름을 왜곡한다. 정보의 흐름이 거짓 때문에 오염된다면 시스템은 제대로 작동할 수 없다. 시스템 이론의 가장 중요한 교의 가운데 하나는 정보가 왜곡되거나 지연되거나 고립되면 안 된다는 것이다.

R. 벅민스터 풀러는 "우리 각자가 지금부터 언제나 오직 진실만을 말하지 않는다면, 그리고 아주 빨리, 지금 당장 그렇게 하지 않는다면 모든 인류는 위험에 빠진다"고 했다.[5] 여러분은 길을 걷다가 또는 일터에서 누군가에게, 또는 군중들에게, 특히 아이에게 말할 때 언제나 거짓말이 아니라 진실을 말하려고 할 수 있다. 더 많이 가지면 더 좋은 사람이 될 것이라는 생각을 부인할 수 있다. 부자들이 더 부유해지면 가난한 사람들을 도와줄 것이라는 생각에 의문을 제기할 수 있다. 그릇된 정보에 맞설 줄 알면 알수록 사회가 위험에 빠지지 않게 더욱 잘 제어할 수 있을 것이다.

여기에 우리가 성장의 한계에 대해서 토론할 때 자주 마주치게 되는 몇몇 공통된 편견과 단순화, 말 속임수, 통속적인 거짓말들이 있다. 인간 경제가 유한한 지구에 끼치는 영향이 무엇인지 분명하게 알고자 한다면 그런 편견들을 찾아내어 극복해야 한다.

이러한 모형들을 고르고 시험하는 이 마지막 과제는 우리를 배우기라는 주제로 안내한다.

- 미래에 대한 경고는 지구 멸망을 예견하는 것이 아니다.
- 미래에 대한 경고는 인류가 지금까지 살아왔던 길과는 다른 길을 갈 것을 권고하는 것이다.

- 환경은 사람들이 돈이 있으면 언제나 살 수 있는 사치품이나 수요품, 공산품이 아니다.
- 환경은 모든 생명체와 경제의 근원이다. 여론 조사를 보면 사람들이 건강한 환경을 위해서는 얼마든지 더 많은 돈을 지불할 생각이 있다는 것을 알 수 있다.

- 변화는 희생이 아니다. 그러므로 피해야 할 것도 아니다.
- 변화는 도전하는 것이므로 반드시 필요한 것이다.
- 성장을 멈춘다고 가난한 사람들이 가난에서 벗어나지 못하는 것이 아니라, 가난한 사람들을 가난에 묶어두는 것은 부자들의 탐욕과 무관심이다. 가난한 사람들에 대한 부자들의 태도가 바뀌어야 한다. 그러면 이러한 태도 변화에 부응하는 성장이 있게 마련이다.

- 전 세계 모든 사람이 반드시 선진국의 물질적 수준에 도달해야 하는 것은 아니다.
- 오늘날 부자들이 즐기는 수준까지 모든 사람의 물질적 소비 수준을 높일 수는 없다. 사람들은 각자 기본적으로 만족하는 물질적 욕구들이 있다. 그러한 수준을 넘어서는 물질적 욕구는 지속 가능한 생태발자국의 범위 안에서 가능할 때만 충족되어야 한다.

- 성장이 무조건 다 좋은 것은 아니다.
- 또 성장이라고 모두 나쁜 것도 아니다.
- 현재 필요한 것은 성장이 아니라 개발이다. 개발을 위해 물질적 확장이 지속된다면, 그것은 개발을 위해 들어가는 모든 사회적 대가를 포

함해서 산출된 총 비용에 알맞고 지불 가능하고 지속 가능한 수준에서 진행되어야 한다.

- 기술이 모든 문제를 풀 수 있는 것은 아니다.
- 그렇다고 기술이 문제를 일으키기만 하는 것도 아니다.
- 우리는 생태발자국을 줄이고 효율성을 높이고 자원의 품질을 높이고 자연과 인간 사회 사이의 신호 체계를 향상시키고 물질 부족 상태를 종식시키는 기술 개발 노력을 장려해야 한다.
- 그리고 우리는 현재 당면한 문제를 단순히 기술 문제가 아니라 인간 생존의 문제로 생각하고 접근해야 한다.
- 시장 체계가 저절로 우리가 바라는 미래를 가져다주는 것은 아니다.
- 우리는 우리가 바라는 미래가 무엇인지 스스로 정해야 한다. 우리는 그것을 이루기 위해 시장 체계를 이용할 수도 있고 그 밖의 많은 다른 조직 수단들을 활용할 수도 있다.

- 기업이 모든 문제의 원인이나 해결책이 아니다.
- 정부도 원인이나 해결책이 아니다.
- 환경 운동가들도 원인이나 해결책이 아니다.
- 다른 어떤 집단도 [이를테면 경제학자들 같은 집단] 원인이나 해결책이 아니다.
- 거대한 시스템 구조 안에서 모든 사람과 조직들은 다 자기 나름대로 역할을 한다. 구조적으로 한계 초과에 다다른 시스템에서는 고의든 우연이든 그 안에 있는 모든 참여자들이 그 한계 초과에 책임이 있다. 지속 가능한 시스템에서는 기업과 정부, 환경 운동가들, 심지어 경제학자들도 지속 가능한 사회에 중요한 역할을 할 것이다.

- 무미건조한 비관주의도 아니다.
- 극단적인 낙관주의도 아니다.

- 현재의 성공과 실패, 미래의 가능성과 난관에 대해서 진실을 말할 줄 아는 결단력이 필요하다.
- 더 나아가 현재의 고통을 받아들이고 이겨내면서 동시에 더 나은 미래에 대한 통찰력을 잃지 않는 용기가 필요하다.
- 월드 3 모형이든 어떤 다른 컴퓨터 모형이든 그것은 맞기도 하고 틀리기도 하다.
- 우리 머릿속에 있는 것들을 포함해서 모든 모형들은 조금은 맞지만 너무 단순하고 대개는 틀리다. 그렇다면 그런 식으로 모형들을 시험해서 그것들이 어디가 맞고 어디가 틀린지 가려내는 것이 말이 되는가? 도대체 그런 가운데 어떻게 동료들과 서로 비판과 존경의 말을 나눌 수 있단 말인가? 어떻게 해야 누가 옳으니 그르니 하는 무의미한 논쟁을 끝내고 우리의 모형들이 현실 세계와 비교해서 적절한지 아닌지 시험하기 위한 설계를 시작할 수 있을까?

배우기

꿈꾸기, 네트워크 만들기, 진실 말하기는 행동이 따르지 않는다면 아무 소용이 없다. 지속 가능한 세계를 만들기 위해서는 할 일이 많다. 새로운 농사법을 도입해야 한다. 신사업을 개시하고 기존 사업은 생태발자국을 줄이기 위해 설계를 바꿔야 한다. 토지를 복원하고 공원을 보호해야 한다. 에너지 체계를 새롭게 바꾸고 국제적 합의에 도달해야 한다. 필요한

법들을 통과시키고 잘못된 법들은 폐기해야 한다. 아이들뿐 아니라 어른들도 교육을 받아야 한다. 지속 가능성과 관련된 영화와 노래도 만들고 책도 나와야 한다. 웹사이트도 만들고 사람들에게 자문도 하고 조직도 이끌어야 한다. 공해 산업에 대한 정부 보조금을 없애고 지속 가능성 지표들을 개발하고 모든 가격에 사회적 비용을 포함한 모든 비용을 반영해야 한다.

이 모든 일에서 사람들은 저마다 할 일을 찾을 것이다. 자기 스스로 일을 하지 않으면서 남에게 특정한 역할을 부여할 수는 없는 노릇이다. 하지만 우리는 한 가지 제안을 하고자 한다. 무슨 일을 하든 겸손하게 하라. 고지식하게 일하지 말고 실험 정신을 가지고 하라. 무엇이든 배우기 위해서 행동하라.

인간의 무지는 우리 대다수가 인정하고 싶은 것보다 훨씬 더 심각한 수준이다. 특히 세계 경제가 유례없이 하나의 통합된 체계로 발전하고 그것이 매우 복잡한 지구의 한계들을 압박하면서 완전히 새로운 사고 체계를 요구하는 오늘날의 시점에서 보면 더욱 그러하다. 현재 상황을 정확하게 판단하고 해결책을 내놓을 만큼 충분한 지식을 가지고 있는 사람은 세상에 아무도 없다. 세상의 어떤 지도자도, 그들이 아무리 권위가 있는 척하더라도 현재의 상황을 제대로 이해하지 못한다. 어떤 정책도 전 세계에 걸쳐 전면적으로 시행할 수 있는 것은 없다. 자신이 없으면 섣불리 뛰어들지 마라.

배우기는 기꺼이 천천히 가는 것을 의미한다. 모든 것을 엄밀히 시험해보고 행동의 결과에 대한 정보를 수집하는 것을 뜻한다. 현재 아직 작동하고 있지는 않지만 아주 중요한 정보, 하지만 언제나 환영받는 것은 아닌 정보들을 포함해서 말이다. 실수하지 않고는, 잘못한 것에 대한 진실을 말하지 않고는, 그래서 계속해서 앞으로 나아가지 않고는 아무것도 배울 수 없다. 배우기는 열정과 용기를 가지고 새로운 길을 탐색하는 것이고, 다른 사람들이 또 다른 길을 찾아 나설 수 있도록 문을 열어놓는 것이며, 누군가 목표에 좀 더 빨리 갈 수 있는 길을 찾았다면 기꺼이 그 길로 갈아탈 줄 아는 것을 말한다.

오늘날 전 세계의 지도자들은 배우는 습관과 배우는 자유를 모두 잃었다. 오늘날 정치 체계에서 유권자들은 그들의 지도자들이 모든 해답을 가지고 있기를 바란다. 그리고 오직 소수의 사람만을 지도자로 선정하고 그들이 제대로 된 해결책을 제시하지 못한다면 재빠르게 그들을 소환한다. 이러한 괴팍한 체계는 일반 사람들의 지도력과 지도자들의 배우는 능력 모두를 훼손한다.

이제 이 문제에 대해서 진실을 말할 때가 왔다. 전 세계 지도자들은 지속 가능한 사회를 만드는 방법에 대해서 일반 사람들보다 더 잘 알지 못한다. 그들 대다수는 그것이 왜 필요한지조차도 알지 못한다. 지속 가능성 혁명은 가정에서 지역 사회, 나라, 전 세계에 이르기까지 어떤 차원에서든 각 개인이 한 사람의 배우는 지도자로서 행동할 것을 요구한다. 우리 각자가 지도자들로 하여금 불확실성을 인정하고, 정직하게 여러 가지 실험들을 수행하고, 그동안의 잘못을 인정하게 함으로써 그들을 지원할 필요가 있다.

인내와 관용 없이 거저 배울 수 있는 사람은 아무도 없다. 그러나 지구의 한계 초과에 직면한 상황에서 인내와 관용의 시간은 그리 많이 남지 않다. 절박함과 인내라는 명백히 상반되는 것 사이에서 적절한 균형을 찾는 가운데 책임과 관용의 자세를 갖기 위해서는 동정과 겸손, 명석함, 정직함, 그리고 우리에게 가장 힘들고 어쩌면 가장 부족한, 사랑이 필요하다.

사랑하기

산업 문화에서는 낭만적이거나 사적인 경우를 제외하고는 사랑에 대해 이야기하는 것이 허용되지 않는다. 사람들은 남들에게 형제자매를 사랑하고 인류를 사랑하고 자연과 우리를 먹여 살리는 지구를 사랑하라고 호소하는 사람을 진지하게 받아들이기보다는 오히려 조롱하기 일쑤다. 낙관주의자와 비관주의자는 인류가 사랑을 기반으로 집단적으로 움직일 수 있느냐 없느냐를 두고 가장 크게 의견이 갈린다. 개인주의와 경쟁, 단기 목표가 철저하게 발달한 사회에서는 비관주의자들이 주류를 이룬다.

개인주의와 근시안적 사고는 우리가 보기에 오늘날 사회 체계의 가장 큰 문제이며 지속 불가능성의 가장 뿌리 깊은 원인이다. 그 문제를 집단적으로 해결하기 위한 대안으로 사랑과 동정을 제도화하는 것은 매우 좋은 방법이다. 이렇게 좋은 인간의 특질을 신뢰하고 토의하고 개발하지 않는 문화는 비극적인 선택의 한계를 겪을 수밖에 없다. 심리학자 에이브러햄 매슬로는 이렇게 물었다. "인간의 본성은 사회를 얼마나 좋게 만들 수 있을까? 사회는 인간의 본성을 얼마나 좋게 만들 수 있을까?"[6]

지속 가능성 혁명은 무엇보다도 인간 본성이 최악이 아니라 최선으로 구현되고 길들여지는 집단적인 변화를 필요로 한다. 많은 사람들이 지금까지 그것의 필요성과 그러한 기회가 와야 한다는 사실을 인정했다. 예를 들면, 존 메이너드 케인스는 1932년에 이렇게 썼다.

계층 간, 국가 간 결핍과 가난, 경제적 투쟁의 문제는 불쾌한 난장, 덧없고 불필요한 혼란에 불과하다. 서구 세계는 이미 자원과 기술이 있어서 그것들을 활용할 조직들만 만들어낼 수 있다면 현재 우리의 윤리와 물질적 에너지를 쏟아

붓고 있는 그러한 경제 문제를 2차적인 문제로 축소시킬 수 있다. (……) 따라서 (……) 그 경제 문제가 현재 자리 잡고 있는 곳에서 뒤로 물러나고 (……) 우리의 진정한 문제, 즉 삶의 문제, 인간 관계와 창조, 행위, 종교의 문제 들이 (……) 우리의 머리와 가슴을 차지할 날이 그리 멀지 않았다.[7]

성장과 한계, 경제와 환경, 자원과 통치의 문제 들에 대해서 일관되게 글을 썼던 위대한 기업인, 아우렐리오 페체이는 세계 문제에 대한 해답이 언제나 '새로운 인본주의'에서 나온다고 주장했다. 1981년에 그는 이렇게 말했다.

우리의 시대와 공명하는 인본주의는 우리가 지금까지 감히 건드릴 수 없는 것으로 생각했지만 이제는 우리의 목적에 부적합하거나 일치하지 않게 된 기존의 원칙과 규범들을 대체하거나 바꿔야 한다. 인본주의는 반드시 우리 내면의 조화를 바로잡기 위해 새로운 가치 체계를 세우고, 우리의 공허한 삶을 채우기 위해 새로운 정신, 윤리, 철학, 사회, 정치, 미학, 예술을 자극해야 한다. 그것은 또한 우리의 내면에 (……) 사랑, 우정, 이해, 연대, 희생 정신, 유쾌함을 (……) 복원할 수 있다. 그리고 우리는 인본주의를 통해 이러한 특질들이 삶의 다른 형태와, 또 세상에 있는 우리 형제자매들과 더욱 긴밀하게 연결되면 될수록 더 많은 것을 얻을 것이라는 사실을 분명하게 이해하게 될 것이다.[8]

규칙과 목표, 정보의 흐름이 인간의 품격을 떨어뜨리는 방향으로 움직이는 시스템 안에서 사랑과 우정, 관용, 이해, 연대를 실천하는 일은 쉽지 않다. 그러나 우리는 그렇게 하려고 애쓴다. 그리고 여러분도 그렇게 하라고 촉구한다. 변화하고 있는 세상에서 어려움과 맞설 때 인내하라. 저항이 불가피하다는 사실을 이해하고 공감하라. 우리 안에서도 일부는 지속 불가능한 방식에 매달리려는 저항이 있게 마련이다. 여러분 자신과 모든 사람 내면에 있는 최선의 인간 본능을 찾아내고 신뢰하라. 여러분 주변에서 들려오는 냉소주의에 귀 기울이고 그것을 믿는 사람들을 동정하라. 그렇다고 당신 스스로 그것을 믿지는 마라.

인류는 인간의 생태발자국을 지속 가능한 수준으로 줄이는 모험을 전세계와 함께한다는 정신으로 하지 않는다면 절대로 성공할 수 없다. 사람들이 그들 자신과 다른 사람들을 하나의 통합된 지구촌의 구성원 가운데 일부로 보는 법을 배우지 못한다면 붕괴는 피할 수 없다. 동정심은 여기지금뿐 아니라 저 멀리 미래에도 필요하다. 인류는 미래 후손들에게 살아있는 지구를 남겨줘야 한다고 생각하는 법을 배워야 한다.

자원의 효율성을 높이는 것에서 더 많은 동정심을 갖는 것에 이르기까지 우리가 이 책에서 주장했던 것 가운데 어떤 것이 실제로 이루어질 수 있을까? 세계는 정말 한계 아래로 연착륙해서 붕괴를 피할 수 있을까? 인간의 생태발자국은 제때 지속 가능한 수준으로 줄어들 수 있을까? 세계는 지금 충분한 꿈과 기술, 자유, 공동체 정신, 책임감, 통찰력, 돈, 금욕, 사랑을 가지고 있나?

이것들은 우리가 그동안 이 책에서 제기한 가상 질문들 가운데 가장 답하기 어려운 것들이다. 물론 많은 사람들이 그것들에 답하는 척할 테지만. 심지어 우리 저자들 사이에도 그 가능성을 말할 때 찬반이 갈린다. 충분한 지식이 없는 많은 사람들, 특히 세계 지도자들은 의례적으로 쾌활한 모습을 보이며 세상에는 문제가 될 만한 한계는 없다고 하면서 심지어 그런 질문들이 전혀 적절하지 않다고 말하곤 한다. 반면에 충분한 지식이 있는 사람들은 깊은 냉소감에 빠져서 그냥 대중추수주의에 매몰된다. 그들은 이미 문제가 심각해져서 앞으로 더 악화될 뿐 더 이상 그 문제를 해결할 기회가 없다고 말하곤 한다.

이러한 대답들은 물론 모두 자기들 머리 속에서 상상한 심성 모형을 기반으로 해서 나온 것이다. 이 문제의 실체는 결국 아무도 모른다는 것이다.

우리는 이 책에서 여러 차례에 걸쳐 미리 예정된 미래는 없으며 세계는 인간의 선택에 따라 달라진다고 말했다. 그 선택의 대상들은 논리적으로 서로 다른 시나리오들로 이끄는 서로 다른 심성 모형들 사이에 있다. 어떤 심성 모형은 이 세상이 모든 현실적 목표 때문에 어떠한 한계도 없다고 주장한다. 그러나 그 모형을 선택하면 으레 그래왔듯 자원을 계속 채취할 것이며 인간 경제는 지구의 한계를 훨씬 넘어서고 말 것이다. 그 결과는 붕괴일 것이다.

또 다른 심성 모형은 한계가 현실이며 가까이 왔다고 말한다. 하지만 조치를 취할 시간도 없고 사람들은 스스로 절제하거나 책임지거나 동정할 줄도 모른다. 적어도 조만간은 그렇게 하지 않을 것이다. 이 모형은 사람들을 자기 최면에 건다. 전 세계 사람들이 그렇다고 믿고 선택하면 실제로 그렇게 된다. 그 결과 붕괴에 이를 것이다.

세 번째 모형은 지구의 한계가 현실이며 가까이 왔지만 어떤 경우는 우리의 현재 물질 처리량보다 아래에 있다고 말한다. 허비할 시간은 없지만 위기에 대처할 수 있는 시간은 충분하다. 또 인간의 생태발자국을 계획대로 줄일 수 있는 충분한 에너지와 물질, 돈, 환경 복원력, 인간적 미덕이 있다. 지속 가능성 혁명은 마침내 대다수 사람들에게 더 좋은 세상을 가져다줄 것이다.

이 세 번째 시나리오는 아마도 전혀 현실에 맞지 않을 수도 있다. 그러나 지금까지 전 세계에서 수집한 데이터와 여러 가지 전 지구적 컴퓨터 모형들에 이르기까지 우리가 확인한 바에 따르면, 그 시나리오는 실제로 현실이 될 수도 있다. 실제로 해보지 않고 확실하게 아는 방법은 세상에 없다.

월드 3에서 월드 3-03으로

이 책에 나온 시나리오들을 마련하기 위해 우리는 월드 3 컴퓨터 모형을 수정한 월드 3-91을 사용했다.

월드 3는 본디 『성장의 한계』 초판인 1972년판에서 쓰려고 만들었다. 이것은 우리 연구의 기술 보고서에 자세하게 설명해놓았다.[1] 그 모형은 처음에 컴퓨터 시뮬레이션 언어인 다이나모(DYNAMO)로 작성되었다. 그러다 1990년에 새로운 언어 스텔라(STELLA)가 최상의 분석 도구로 제공되었다. 1992년 개정판 『성장의 한계, 그 이후』를 쓰려고 시나리오들을 준비할 때 월드 3 모형은 다이나모 언어에서 스텔라 언어로 변환되었고 월드 3-91이라고 부르는 새로운 버전으로 갱신되었다. 『성장의 한계, 그 이후』의 부록에 이 변화에 대한 자세한 내용을 수록했다.[2]

이 책을 위한 시나리오들을 준비하면서 월드 3-91을 약간 갱신한 것이 매우 유용했음을 확인했다. 그 결과로 나온 월드 3-03은 현재 시디롬으로 만들어졌다.[3] 그러나 월드 3-91을 월드 3-03으로 변환하는 데 필요한 몇 가지 변화들을 여기서 간단하게 설명하고자 한다. 변경 내용 가운데 세 가지는 다른 방식으로 기술 비용을 계산한다. 한 가지 변화는 바람직한 가족 규모를 산업 산출량의 성장에 따라 더욱 민감하게 반응하도록 만든다. 다른 변화들은 모형의 행동 양식에 아무런 영향도 미치지 못한다. 그것들은 그저 모형의 행동 양식을 좀 더 이해하기 쉽게 할 뿐이다. 변경 내용은 다음과 같다.

- 세 부문의 신기술에 들어가는 자본 비용을 결정하는 행렬식을 바꾼다. 자본 비용은 자원과 오염, 농업 부문에 앞으로 쓸 수 있는 기술이 아니라 실제로 쓰인 기술에 따라서 결정되어야 한다.
- 바람직한 가족 규모를 1인당 산업 산출량의 높은 수준에 더 잘 반응하게 하기 위해서 인구 부문에 있는 조회 목록을 바꾼다.
- 인간 복지 지수—세계인의 평균 행복 지표—라고 부르는 새로운 변수를 추가한다. 이 지수의 정의는 부록 2에 나온다.
- 인간 생태발자국—인류가 지구의 환경에 지우고 있는 짐 전체를 가리키는 지표—이라고 부르는 새로운 변수를 추가한다. 이 지수의 정의는 부록 2에 나온다.
- 읽기 편하게 하기 위해 인구의 크기 축척을 바꾼다.
- 1900년에서 2100년까지 인간 복지 지수와 인간 생태발자국의 변화 행태를 나타내는 새로운 도표를 보여준다.

독자들의 이해를 돕기 위해 스텔라 언어를 이용한 새로운 구성 흐름도를 제시한다. 또한 이 책에 나온 시나리오들을 위해 사용한 크기 축척도 설명한다. 월드 3-03의 전체 스텔라 방정식 목록은 시디롬에 담겨 있다.

월드 3-03에 있는 새로운 구성들

신기술 구성의 스텔라 흐름도가 토지 산출력을 증대하는 기술과 관련해서 아래에 예시되어 있다. 이 구성은 자원과 오염 부문에도 반복된다.

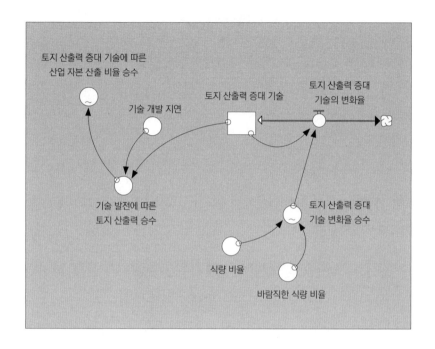

월드 3은 변동 식량 비율(1인당 식량/1인당 최저 식량)이 바람직한 수준 아래로 떨어지면 토지 산출력을 높이는 기술을 개발하기 시작한다. 산업 산출물 한 단위에 투입되는 자원이나 산업 산출물 한 단위당 발생시키는 오염이 바람직한 수준 이상으로 늘어날 때도 이와 비슷하게 기술 개발이 진행된다.

인간 복지 지수를 위한 스텔라 흐름도는 아래와 같다. 자세한 내용은 부록 2에서 설명한다.

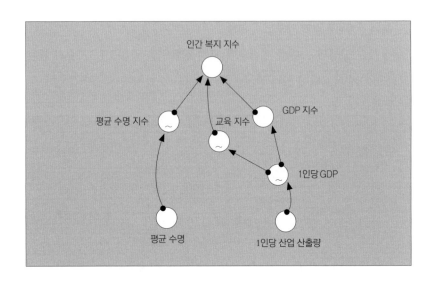

인간 생태발자국을 위한 스텔라 흐름도는 아래와 같다. 자세한 내용은 부록 2에서 설명한다.

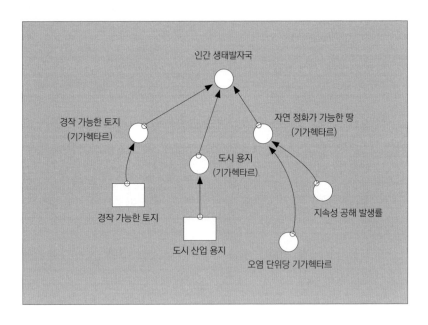

월드 3-03 시나리오 축척

월드 3-03 모형에 나오는 11개 변수의 값은 이 책의 각 시나리오마다 설명된 세 개의 도표에 나와 있다. 우리는 각 도표의 세로축에 숫자를 기입하지 않았다. 각 시나리오에 나오는 변수들의 정확한 값이 중요하다고 생각하지 않기 때문이다. 그러나 모의실험의 기술적 요소에 관심 있는 독자들을 위해서 여기에 그 값을 제공한다. 11개 변수들은 서로 완전히 다른 축척을 적용했지만 11개 시나리오에 모두 동일한 기준을 적용했다.

[도표 1] 세계의 상태

변수	최저값	최대값
인구	0	12×10^9
총 식량 생산량	0	6×10^{12}
총 산업 생산량	0	4×10^{12}
지속성 오염 지수	0	40
재생 불가능한 자원	0	2×10^{12}

[도표 2] 물질적 생활 수준

변수	최저값	최대값
1인당 식량	0	1,000
1인당 소비재	0	250
1인당 사회적 서비스	0	1,000
평균 수명	0	90

[도표 3] 인간 복지와 생태발자국

변수	최저값	최대값
인간 복지 지표	0	1
인간 생태발자국	0	4

인간 복지 지표와 인간 생태발자국 지표

배경

'인간 복지'와 '인간 생태발자국'이라는 두 가지 개념의 정의는 지구에 사는 인류의 미래를 논의할 때 도움을 준다. 이 개념들은 각자 물질적 요소와 비물질적 요소, 인류가 지구의 자원 기반에 미치는 전체 환경적 영향을 포함해서 넓은 의미에서 세계인이 평균적으로 누리고 있는 삶의 질을 설명한다.

두 개념은 원칙을 이해하기는 쉽지만 막상 자세하게 정의를 내리려고 하면 어렵다. 이용할 수 있는 시계열 데이터의 한계 때문에 그것들을 표현할 수학 방정식들을 개발할 경우 근사치를 이용할 수밖에 없다. 그러나 일반적으로 말해서 다른 사람 때문에 자신의 만족 수준이 줄어들지 않으면서 개인의 만족 수준이 늘어날 때 인간 복지는 증가한다. 또 인간이 자연에 악영향을 미치는 다른 요소들이 동시에 줄어들지 않으면서 자원 추출, 오염 물질 방출, 토지 침식, 생물다양성 파괴가 증가할 때 인간의 생태발자국은 증가할 수밖에 없다.

두 개념이 어떻게 쓰이는지 보여주기 위해 우리가 이 책에서 추구했던 이상을 다음과 같이 부연해서 설명해보자. 그것은 '생태발자국'을 가능한 한 작게—아주 최소 수준으로—줄이고 지구 생태계가 아주 오랫동안 지탱할 수 있는 수준—지구의 수용 능력—이하로 유지하면서 동시에 '인간 복지'를 증진시키는 것이다.

많은 분석가들이 인간 복지와 생태발자국의 운영 지표들을 개발하는 데 많은 시간과 노력을 들였다. 1인당 국내총생산(GDP)은 비록 부족한 점이 있지만 대개 간단하게 복지 수준을 측정하는 지표로 사용되곤 한다. 월드 3에 앞서 쓰였던 모형 월드 2는[1] 한때 뜨거운 논란거리였던 인간 복지에 영향을 미치는 네 가지 요소, 즉 인구, 식량, 오염, 물질 소비량을 반영하는 '삶의 질 지수'를 포함했다.

우리는 여러 가지 요소들을 검토한 뒤 다음에 설명할 지표들을 골랐다. 수학적 모형인 월드 3에 가장 적합할 것이라고 생각되는 양적 지표들이다. 우리가 직접 새로운 지표들을 개발하기보다는 이미 널리 인정받고 있는 기존의 지표들을 응용하기로 했다.

유엔개발계획의 인간 개발 지수

우리는 인간 복지를 측정하는 지표로서 유엔개발계획(UNDP)이 여러 해 동안 대다수 나라들을 대상으로 측정해온 인간 개발 지수(HDI)를 선택했다. HDI는 해마다 인간 개발 보고서를 통해 발표된다.[2] UNDP은 2001년 보고서에서 HDI를 다음과 같이 정의했다.

HDI는 인간 개발 정도를 간략하게 측정한 수치이다. 인간 개발 정도를 세 부문으로 나누어 한 나라의 평균 성취도를 측정한다.

- 태어났을 때 평균 수명을 측정함으로써 그 나라의 국민이 얼마나 오래 건강하게 사는지 확인.

- 성인의 문자 해독률(가중치 3분의 2)과 1차, 2차, 3차 교육기관 총 취학률(가중치 3분의 1)을 측정함으로써 그 나라 국민의 지식 수준 확인(2010년부터는 문자 해독률을 평균 교육 연수로, 총 취학률을 예상 교육 연수로 지표 변경—옮긴이).

- 1인당 국내총생산(구매력 평가 달러환율)[3]을 측정함으로써 그 나라의 생활 수준 확인(2010년부터는 1인당 국민총소득(GNI)으로 지표 변경—옮긴이)

UNDP은 앞에서 인용한 세 가지 요소를 지수로 환산해서(평균 수명 지수, 교육 지수, GDP 지수) 그것을 산술 평균하여 HDI를 계산한다.

평균 수명 지수와 교육 지수는 그 나라 국민의 평균 수명, 문자 해독률, 취학률과 비례해서 증가한다. GDP 지수도 1인당 국내총생산이 늘어남에 따라 증가한다. 그러나 UNDP은 1인당 GDP가 과거 동유럽 나라들의 1999년 수준을 초과하는 순간 GDP 지수는 거꾸로 감소하기 시작한다고 추정한다.[4]

월드 3에서의 인간 복지 지수

우리는 월드 3에서 인간 복지를 측정하는 지표로 인간 복지 지수(HWI)라고 부르는 변수를 공식화했다. HWI는 월드 3 모형에서 UNDP의 HDI를 구성하는 변수들만을 써서 구하기 때문에 HDI와 값이 비슷하다. 이것과 관련된 스텔라 흐름도는 이미 부록 1에 나왔으며 자세한 구성은 월드 3-03 시디롬에 들어 있다.

월드 3에서 인간 복지 지수는 평균 수명 지수와 교육 지수, GDP 지수의 합을 3으로 나눈 값이다. 그 결과 HWI는 1900년에 0.2에서 2000년에 0.7로 증가한다. 가장 성공적 결과를 내놓은 시나리오들에서는 2050년에 최대 0.8까지 상승한다. 1999년 시에라리온, 이란, 발트 해 연안국들의 HDI 수치는 각각 0.2, 0.7, 0.8이었다.

우리가 산출한 1999년 HWI 값은 UNDP이 계산한 그해의 HDI 값과 매우 가깝다. 1999년 세계 평균 HDI 값은 0.71이었다.[5] (2010년 보고서에서는 과거 세계 평균 HDI 값이 모두 수정되어 1995년 0.554, 2000년 0.570, 2005년 0.598, 2010년에 0.624로 나옴. —옮긴이)

마티스 베커나겔의 생태발자국

우리는 '인간 생태발자국'의 측정치로 1990년대에 마티스 베커나겔과 동료들이 개발한 생태발자국(EF)을 채택했다. 베커나겔은 동료들과 함께 수많은 나라의 생태발자국을 계산했다.[6] 그 가운데 여러 개별 국가에서 시간이 흐르면서 생태발자국의 크기가 달라지는 시계열 분석을 보여주기도 했다. 베커나겔은 또한 1961년부터 1999년까지 전 세계 인구의 생태발자국이 어떻게 변화했는지 계산했다.[7] 전 세계 대다수 국가의 생태발자국은 세계자연보호기금을 통해 1년에 두 번씩 발표되었다.[8]

베커나겔은 생태발자국을 현재의 생활 양식을 유지하기 위해 필요한 토지 면적이라고 정의한다. 그가 정의한 생태발자국의 측정 단위는 (세계 평균) 헥타르이다. 그는 현재의 (나라별, 지역별, 세계) 인구가 현재의 생활 양식을 유지하기 위해 필요한 농경지, 목초지, 삼림, 어장, 도시 지역의 면적을 모두 더한다. 또한 그 인구가 사용한 화석 연료에서 방출된 이산화탄소를 흡수하기 위해 필요한 삼림 면적도 더한다. 그다음에는 모든 형태의 토지를 평균 생물학적 생산성으로 변환한다. 생태발자국의 '평균 면적'은 해당 토지의 생물학적 생산성(바이오매스를 생산하는 지력)에 비례하는 조정 계수를 이용해서 산출한다. 베커나겔은 이러한 분석틀을 확장해서 배기가스(유독 물질을 포함한 여러 다른 가스들)를 중화하는 데 필요한 토지와 담수 사용에 필요한 토지까지 포함하고 싶어 한다. 그러나 아직까지는 합리적인 방식을 찾지 못해서 그렇게 하지 못하고 있다.

땅 한 뙈기의 생물학적 생산성은 어떤 기술을 사용하느냐에 따라 달라진다. 화학 비료를 많이 쓰면 동일한 면적에서 더 많은 작물을 수확할 수 있다. 따라서 화학 비료를 많이 쓸수록 생태발자국은 줄어들 것이다. 단, 화학 비료를 생산하면서 발생하는 이산화탄소의 방출량이 작물 수확량 증대로 절약된 토지 면적보다 더 많은 (이산화탄소를 흡수할) 토지 면적을 필요로 하지 않는다면 말이다. 기술은 끊임없이 바뀌기 때문에 베커나겔의 토지생산성도 그때그때의 '평균 기술' 수준과 똑같이 보조를 맞추며 바뀐다.[9]

따라서 인류가 식량이나 섬유소 수확을 위해 토지를 더 많이 이용하거나 이산화탄소를 더 많이 배출할 때 생태발자국도 증가한다. 방출된 이산화탄소가 삼림에 흡수되지 않더라도 그만큼 대기에 축적되기 때문에 생태발자국은 늘어난다. 이것은 어떻게든 한계 초과가 일어날 수밖에 없는 현실, 즉 인간이 더 이상 생태발자국을 줄이지 않고는 못 배길 정도로 지구에 온실가스가 축적될 수 있다는 사실을 잘 보여준다.

월드 3에서의 인간 생태발자국

우리는 월드 3 모형에서 인간의 생태발자국을 측정하기 위해서 인간 생태발자국(HEF)이라고 부르는 지수를 공식화했다. HEF은 월드 3 모형에 있는 제한된 변수들의 범위 안에서 가능하다는 점에서 베커나겔의 생태발자국과 비슷하다. 이것과 관련된 스텔라 흐름도는 이미 부록 1에 나왔으며 자세한 구성은 월드 3-03 시디롬에 들어 있다.

월드 3에서 인간 생태발자국의 크기는 세 가지 구성 요소를 합한 것이다. 농업에서 작물 생산을 위해 사용하는 경작 가능한 토지 면적과 도시-산업-수송을 위한 하부 구조에 필요한 도시 면적, 그리고 지속성 오염 물질의 생산 속도와 비례할 것으로 추정되는, 방출된 오염 물질을 중화하는 데 필요한 토지 면적을 합한다. 이 모든 토지 면적의 측정 단위는 10억(10^9) 헥타르이다.

HEF는 1970년을 기준으로 1이라고 했을 때, 1900년에 0.5에서 2000년에 1.76을 거쳐 한계 초과와 붕괴의 행동 양식을 보여주는 시나리오들에서는 짧은 기간이지만 거의 지속 불가능한 3을 넘는 수준까지 증가한다. 성공적인 결과를 내놓은 대부분의 시나리오들에서는 21세기 전반에 걸쳐서 HEF이 2를 넘지 않는다. 지속 가능한 HEF 수준을 보여준 때는 아마도 1.1을 기록한 1980년쯤이 아닌가 싶다.

2011년 10월 말, 드디어 세계 인구가 70억 명을 넘어섰다. 지구의 육지 온도는 1950년대 이후 섭씨 1도가 상승했다. 북극해의 빙하가 2015년 또는 2030년에 모두 녹아버릴지도 모른다고 한다. 아프리카 대륙 탄자니아의 킬리만자로 정상의 만년설이 녹아내리기 시작한 지는 이미 오래됐고 최근에는 중국의 칭장 고원을 비롯해서 히말라야의 고산 지대 빙하도 녹기 시작했다. 2100년이면 현재 고산 빙하의 절반이 사라질 것이라고 한다. 최근 10년 동안 인도양 연안, 아이티, 중국, 일본, 인도, 터키에서 일어난 지진으로 목숨을 잃은 사람이 78만 명에 이른다. 또 2010년 4월, 아이슬란드의 화산 폭발에 따른 화산재 분출로 유럽 대륙이 혼란에 빠졌다. 2011년에도 칠레의 대형 화산 폭발로 남미 대륙의 항공기 운항이 한때 중단되었다. 지난여름 호주 동부 지역은 전례 없는 물난리로 큰 피해를 입었다. 방콕은 홍수로 전 지역이 물에 잠겼고 앞으로 50년 안에 해수면 아래로 가라앉을 것이라고 한다. 미국 동부는 해마다 허리케인으로 몸살을 앓고 최근에는 동북부 지역에 때 아닌 폭설이 내렸다. 이 모든 현상이 단순한 자연재해가 아니라 인간의 생태계 파괴에 따른 환경 문제와 연관되어 있다는 사실은 이제 누구나 상식으로 알고 있다. 특히 최근에 일본 후쿠시마에서 일어난 핵 발전소의 붕괴 사고는 자연재해와 인간의 무한한 탐욕이 함께 만날 때 어떤 일이 벌어질 수 있는지를 보여주는 대표적인 사례라고 할 수 있다.

『성장의 한계』는 이러한 인간과 자연, 경제 성장과 환경의 관계를 과학적으로 밝히고, 인류의 미래를 위해 국제 사회가 어떻게 행동해야 할지 공식적으로 문제를 제기한 최초의 연구서라고 할 수 있다. 1972년에 『성장의 한계』 초판이 출간된 뒤, 1987년 유엔 브룬트란트 위원회는 지속 가능한 개발이라는 새로운 개념을 국제 사회에 제시하면서 미래 세대에 대한 기성세대의 책무를 새롭게 인식시키고 하나뿐인 지구의 지나친 개발을 제한해야 한다고 주장했다. 이어서 1992년 리우데자네이루에서 열린 유엔의 세계환경개발회의는 지구 온난화 방지를 위해서 세계 각국의 온실가스 방출을 규제하는 기후 변화 협약을 체결했다. 이 협약에 가입한 나라들이 해마다 모이는 기후 변화 협약 당사국 총회가 2011년 열일곱 번째를 맞아 아프리카 더반에서 열렸다. 이러한 국제회의나 협약의 영향력과 유효성에 대해서는 많은 논란이 있는 것이 사실이나, 어쨌든 세계의 환경 문제와 관련해 중요한 전환점이 되는 사건들에서 이 책이 차지하는 영향력은 매우 크다.

『성장의 한계』와 관련해, 인류의 위기를 지나치게 일반화해 자원 사용이나 경제 성장, 오염 발생과 같은 부분에서 기존의 선진국과 후진국 사이의 불평등한 관계를 의도적으로 무시하고, 인류의 기술 발전과 새로운 대체 자원 개발의 가능성을 도외시한 것 아니냐는 비판이 많았다. 하지만

『성장의 한계: 30주년 개정판』에서는 그 모든 가능성과 오해를 우리가 생각할 수 있는 11가지 가상 시나리오로 조합하여 월드 3라는 컴퓨터 시뮬레이션 모형으로 시스템 공학의 관점에서 분석한다. 따라서 이 책은 인류의 기술 발전과 대체 에너지 개발, 아직 발견하지 못한 자원의 존재, 시장의 역할, 기존의 불평등한 국제 질서를 부인하지 않는다. 다만 현재 지구는 이미 자신의 수용 한계를 초과한 상태이므로 그러한 것들이 적절한 시점에 적절한 형태로 문제 해결에 적용되지 못한다면 더 이상 버티지 못하고 붕괴할 것이라고 경고한다.

여기서 주의할 것은 이 책은 언제 어떻게 무엇 때문에 지구가 붕괴할 것이라고 예측하는 책이 아니라는 점이다. 월드 3라는 컴퓨터 모형은 지구라는 하나의 시스템에서 일어날 수 있는 여러 가지 가능성들이 서로 화합하고 충돌할 때 어떤 결과를 초래할지를 보여주는 것이 목적이다. 또한 비록 지구가 한계를 초과한 상태이기는 하지만 이 책은 인류와 지구의 미래를 비관적으로 보지 않는다. 아직 지구가 정상 상태로 돌아갈 시간적 여유가 있으며 인간의 의지가 중요하다고 말한다. 그러나 무엇보다도 중요한 것은 지구를 정상 상태로 돌리기 위해 당장 해야 할 일을 늦추면 안 된다는 것이다. 그 노력을 늦출수록 인간의 삶의 수준은 더 떨어지고 지구의 붕괴는 앞당겨질 수 있다. 이와 더불어 한정된 지구에서 인구가 계속해서 늘어나고 더 큰 물질적 욕망을 추구할 경우에는 인류가 아무리 애를 써도 지구의 붕괴를 막을 수 없다는 지적도 빠뜨리지 않는다. 따라서 지금처럼 지속적으로 늘어나는 인구와 끊임없는 경제 성장의 숭배는 지구의 미래를 위해 멈춰야 한다고 주장한다. 그렇다고 성장이나 개발을 무조건 반대하는 것은 아니다. 다만 그것이 미래 세대와 함께 할 수 있는 지속 가능한 것이어야 한다는 것이다.

『성장의 한계』는 1972년, 삼성문화재단이 발간한 문고판 소책자(『인류의 위기』 삼성문화문고 15권)로 국내에 처음 소개됐다. 당시 어떻게 원서가 나오자마자 바로 번역해서 책을 냈는지는 모르겠지만 지금 다시 그 책을 읽으려면 여간 힘든 게 아니다. 인쇄술이나 활자의 열악함, 세로쓰기와 한자 위주의 번역에 따른 가독성 문제도 있지만 무엇보다도 내용을 파악하기가 쉽지 않기 때문이다. 그림과 도표가 많은 책의 특성상 문고판으로 내기는 어려운 책이었던 점도 한몫을 했을 것이다. 원서가 발간되고 바로 국내에서 번역, 출간하느라 그랬는지는(혹시 일본에서 번역한 것을 중역했는지도) 모르지만 한자를 웬만큼 읽을 줄 아는 사람도 이해가 잘 안 되는 문장들이 많다. 1974년에 2쇄도 찍었건만 국내에서는 많은 사람들이 『성장의 한계』가 번역되지 않은 것으로 알고 있다. 1992년에 한국경제신문사에서 『지구의 위기: 파멸이냐, 존속 가능한 미래냐?』라는 제목으로 다시 발간되었지만 아직 읽어보지는 못했다. 어쨌든 2004년 발간된 『성장의 한계: 30주년 개정판』을 지금이나마 국내에 소개하게 된 것은 매우 의미 있는 일이라고 생각한다.

이 책을 번역하면서 나름대로는 최근의 통계 자료를 추가한다고 애썼지만 시간적 여유가 없어 충분히 덧붙이지 못한 것이 아쉽다. 하지만 최근 통계 자료를 찾아보면서 아직도 세계는 이 책에서 예측하는 그래프 곡선의 추세를 바꾸지 못하고 있음을 알 수 있었다. 십 년 전이나 지금이나 세상의 흐름은 크게 달라지지 않았다. 인구 증가, 토양 유실, 수자원 감소, 대기 오염, 생태발자국, 에너지와 자원 소비, 생물다양성 훼손, 삼림 파괴,

기후 변화, 지구 온난화 같은 문제들이 여전히 해결의 실마리를 찾지 못하고 있다는 말이다. 국제 사회가 해마다 여러 차례 무슨 회의니 위원회니 하면서 모임을 갖고 의제를 도출하고 협약을 체결하지만, 결국에는 자국의 이익을 우선으로 생각하다 보니 알맹이 있는 해법을 기대하기는 어렵다. 부족하나마 결론이 나와도 그것의 이행을 강제하는 어떤 조치도 없다. 특히 최근 들어 선진국과 저개발국, 신흥국들이 서로 책임을 미루는 상황이라 국제 사회의 공동 노력에 대해서 회의하는 사람들이 점점 많아지고 있다. 하지만 오존층 문제를 해결해가는 과정에서 본 것처럼 국제 사회의 공조 가능성도 무시해서는 안 된다. 더 많은 생태발자국을 가진 나라들이 더 큰 책임을 지고 더 애를 써야 하고, 더 많은 에너지를 쓰고 더 많은 폐기물을 배출하는 나라들이 그만 한 비용을 지불해야 한다. 원칙이 그럴뿐더러 현실적으로도 그럴 수밖에 없다. 자본이 집중된 선진국들이 발 벗고 나서지 않는 한 아무리 많은 나라가 안간힘을 써도 지구의 환경 문제를 해결하기는 어렵다.

'끝없는 성장'은 자연의 이치를 거스르는 표현이다. 동식물을 비롯한 모든 생명체는 태어나면 어느 정도 성장하다가 그 뒤에는 소멸하기 마련이다. 옛 선인들은 지구도 살아 있는 하나의 생명체라고 생각했다. 따라서 지구가 끝없이 성장할 수 있다는 생각은 환상이다. 하지만 인류는 아직도 성장지상주의라는 물신에 사로잡혀 있다. 성장하지 않으면 퇴보하는 것이고 죽은 것이라고 생각한다. 하지만 생명체의 소멸은 또 다른 생명체의 탄생과 성장으로 이어지기 위한 토대다. 이 책에서 끝으로 지속 가능한 세계를 만들기 위한 도구로 꿈꾸기, 네트워크 만들기, 진실 말하기, 배우기, 사랑하기를 든 것은 그래서 중요하다. 지구와 인류의 현실에 대해서는 '과학적' 방법으로 분석하고 이해하지만, 거기서 발생하는 문제들을 해결하는 도구에 대해서는 '비과학적'인 용어로 설명한 것은 바로 인간과 자연의 관계를 바라보는 철학적 관점 때문이다. 오늘날의 환경 문제는 기술과 시장만으로 해결할 수 없다. 오직 생명체에 대한 신뢰와 사랑을 바탕으로, 자연을 인간의 물질적 욕망을 충족시키기 위한 대상이 아니라 인간을 포함하는 더 큰 생명체의 하나로 생각하는 인식의 변화가 있을 때 비로소 인간과 자연, 개발과 환경의 공존을 기대할 수 있을 것이다. 지금 우리에게는 '끝없는 성장'에 대한 부질없는 환상이 아니라 국제 사회의 '성숙한 연대와 협력'이 절실히 필요하다.

2012년 1월
김병순

해제

물질적 성장에는 한계가 있지만
정신적 성장에는 한계가 없다

『성장의 한계』 한국판에 글을 싣게 되어 큰 영광으로 생각한다. 게다가 작년 2020년은 이 책이 '살던 대로(BAU : Business As Usual)'의 시나리오에서 약 50년이 지난 뒤 식량과 서비스 생산이 감소하면서 지속적인 성장 추세의 변곡점이 나타나기 시작하는 때로 예견했던 해였다. 또한 코로나바이러스로 전 세계 사회와 경제가 큰 타격을 입었던 팬데믹의 해이기도 했다. 그러니까 지금은 출간 후 반세기가 지난 이 책의 진가와 중요성을 재어볼 좋은 기회인 것이다. 지식과 재주가 짧은 나는 감히 '서문'이나 '해제' 따위의 글을 쓸 자격도 능력도 없다. 그리고 이 책의 내용을 여기에 요약하는 것 또한 바람직하지도 가능하지도 않은 일이다. 이 짧은 '노트'는 이 책이 인류의 의식 전환에 어떤 의미가 있는가에 대해 몇 가지 측면을 독자들에게 환기하는 역할에 머물고자 한다. 이 책은 지금까지 너무나 자주 일종의 묵시록과 같은 우울한 '예언서'로 오해됐다. 그러나 그렇지 않다. 이 책의 예측은 '숙명의 예언'이 아니다. 신석기 혁명과 산업혁명을 거치며 진화해 온 인류가 이제 더 높은 단계로 의식을 비약할 때가 되었음을 알리는 '계시(revelation)'이다. 이 책은 우리의 물질적 성장에 분명한 한계가 있음을 알리고 있지만, 역설적으로 이를 자각하고 현명하게 대처할 우리의 정신적 역량과 그 성장에는 한계가 없음을 몸소 보여주고 있다.

들어가며

믿거나 말거나이지만, 나는 이 책을 1978년 '국민학교' 4학년 때 읽었다. 당시 나는 우리 반의 '학급 문고'를 관리하는 도서 반장의 역할을 맡고 있었고, 그때의 '학급 문고'에는 삼성미술문화재단에서 나온 저렴한 문고본(삼중당 문고보다 더 저렴하였다!)이 많았다. 거기서 『성장의 한계』와 케네스 볼딩의 『20세기의 의미』를 읽었다. 『드래곤볼』도 『진격의 거인』도 없던 시절이니, 축구하고 말뚝박기하고 남아도는 시간은 아무 책이나 닥치는 대로 읽을 수밖에 없던 때의 웃지 못할 코미디였다. 그때는 당연히 『성장의 한계』가 어떤 책인지 전혀 이해하지 못했지만, 지구라는 시스템과 인구를 필두로 한 인간 사회의 조건이 경제 성장을 무한히 허용하는 게 아니라는 메시지만큼은 뚜렷했고, 어렵게 낑낑대고 읽은 책이니만큼 정말 그런가 보다 하고 여겼다. 그뿐만 아니라 어린 마음에 암울한 미래를 마주하고 상처를 받기도 했다. 그런데 고등학교 때 다시 조우한 이 책은 이전과는 사뭇 다른 평가를 받고 있었다. 당시의 기술 교과서는 『성장의 한계』가 토머스 맬서스 인구론의 전통 위에서 암울한 미래를 경고하였지만, 이는 과도한 비관주의일 뿐이며 기술 혁신과 경제 성장으로 얼마든지 그 한계를 뚫을 수 있고 그래서 과학 기술이 중요하다고 쓰고 있었다. 그래서 나도 이 책과 로마클럽이라는 이들을 그저 호사가쯤으로 여기게 되었다. 대학에 들어와서 접했던 마르크스주의의 관점은 더욱더 적대적이었다. 『역사적 유물론』이라는 책에서는 (아마도 소련 교과서였을 것이다)『성장의 한계』를 생산력 발전과 공산주의적 미래의 도래를 반대하는 반동 세력의 프로파간다라고 맹렬히 비난하고 있었으니까. 따라서 이제는 경박한 호사가들이 아니라 사악한 음모론자들의 이미지가 덧씌워지게 되었다. 그렇게 해서 잊히는가 싶었던 이 책은 21세기로 넘어와 내 머릿속에서 새로운 모습으로 다시 살아나게 된다. 임박한 각종 생태 위기를 경고하면서 성장을 맹신하는 경제 패러다임을 근본적으로 전환할 것을 주장하는 생태경제학의 거의 모든 논자는 이 책의 주장뿐만 아니라 그 세계관과 사고방식까지 그대로 반복하고 있다는 느낌을 계속 받았기 때문이다.

한 사람이 살아가는 시간 동안 어떤 책 하나가 이렇게 극과 극을 오가는 평가를 받는 모습을 보는 일은 결코 흔하지 않다. 그리고 그러한 책은 해당 학문의 좁은 범위에서뿐만 아니라 인류가 가지고 있는 포괄적인 세계관과 의식에 근본적 전환을 가져오는 책일 때가 많다. 막스 플랑크의 유명한 말을 인용하자면, 완전히 새로운 발견이 등장했을 때 기존 학계와 지식계가 취하는 태도의 변화 순서는 대략 이러하다. 첫 번째 단계, 사람들은 새로운 발견을 "말도 안 되는 소리"라며 웃음거리로 삼고 조롱하려 든다. 그러다 시간이 지나 그 발견이 아주 설득력 있고 뛰어난 것임이 드러나면 "그건 별로 중요한 게 아니다"라는 두 번째 반응을 보인다. 또다시 시간이 지나 그 발견이 옳을 뿐만 아니라 근본적으로 중요했다는 사실이 점점 분명해 지면 이러한 세 번째 반응을 보인다. "그건 이미 우리도 다 알고 있던 거야".

『성장의 한계』가 거쳐온 세간의 평가는 이와 정확히 일치하는 궤적을 그리며 달라져 왔다. 그리고 그 궤적은 21세기의 갈림길에 선 인류가 어떤 의식의 변화를 일으키고 있는지 잘 보여준다. 이를 예측의 전환, 방법론의 전환, 세계관의 전환이라는 세 개의 꼭지로 짧게 이야기해 보자.

예측의 전환

누누이 지적된 바이지만, 『성장의 한계』는 결코 '정해진 미래'를 이야기하는 '숙명의 예언서' 같은 것이 아니었다. 이 책은 인구와 자원과 산업활동에 관한 변수를 데이터로 삼는 월드 3라는 모델을 통해 산업 문명과 생태계가 향후 100년간 걸어가게 될 시나리오 몇 가지를 제시했다. 그리고 인류가 생각과 행태를 조금도 바꾸지 않고 기존의 산업 조직과 생활 방식을 그대로 유지하는 '살던 대로'의 시나리오를 따른다면, 21세기 후반에는 자연이 고갈되고 산업 활동이 위축되며 인구도 감소하는 사태가 나타날 것이라는 마치 영화 〈매트릭스〉의 '빨간 약, 파란 약'에 가까운 이야기를 담고 있었다.

하지만 1970년대 초에 『성장의 한계』가 발표되었을 때 지식계의 반응은 너무나 적대적이었다. 그들은 이 책이 수확체감이라는 식물학 법칙으로 인해 인류는 굶주림이라는 숙명을 피할 수 없다는 토머스 맬서스의 주장을 되풀이한 경박하고 선정적인 책이라며 낙인을 찍었고 책의 내용을 완전히 무시했다. 경제학자들을 필두로 당시 압도적으로 많은 지식계와 재계 측 사람들이 (날 선 비판이라기보다는) 멸시와 조롱에 가득 찬 반응을 보였다.

이러한 당대의 반응은 비판의 논점과 비판자들의 성격과 동기라는 두 측면으로 나누어 생각해 볼 필요가 있다. 첫째, 비판의 논점은 대략 두 가지 갈래로 나뉘었다. 데이터를 다루는 방식이나 전제를 취하는 부분에 심각한 오류가 있다는 구체적이고 기술적인 비판이 있었고, 시장 경제의 합리성과 기술 진보의 창조력을 전혀 이해하지 못했다는 사상적 이론적인 차원에서의 비판이 있었다. 그러니까 철학적 이론적으로는 빈곤하고 기술적으로는 서투른 주제에 어처구니없이 크고 암울한 주장을 함부로 내지르는 해로운 떠버리들로 몰아붙인 셈이었다. 하지만 이 예측의 문제는 시간이 판별할 수밖에 없는 일이었다. 어느 쪽이 옳은지는 그야말로 "시간이 말해줄 것(Only Time Will Tell)"이었다. 어처구니없이 간단해 보이는 모델과 몇 개 되지도 않는 측량 방법, 그리고 의심스러운 변수들로 그렇게나 거대한 예측이 가능한지, 또한 측량 과정에서 시장 경제니 기술 혁신이니 하는 문제들을 다 간과하는 것이 온당한지는 그렇게 해서 나온 예측의 시나리오가 시간을 두고서 현실과 일치하는지에 따라 판단해야 할 실증적(positive) 문제이지 이론적 사변적 문제가 아니기 때문이다.

그러나 아이러니한 점은 이것이야말로 밀턴 프리드먼 같은 경제학자들의 주장이었다는 것이다. 이들은 실증 과학의 가장 중요한 관건은 예측 능력이라고 주장했고 이를 위해서는 이론적 틀과 전제들은 얼마든지 임의로 구성할 수 있는 것이라고 했다. 그리고 이것이 현대 경제학의 방법론적 기초가 되었다.

1970년대에 이 책을 조롱하고 경멸했던 이들에게 반세기라는 시간이 오늘날 보여주고 있는 『성장의 한계』에 대한 평결은 참으로 당혹스러울 것이다. 밀턴 프리드먼 본인을 필두로 하여 현대 경제학의 예측 능력은 그야말로 형편없는 점수를 받아 오늘날에는 조롱의 대상조차도 되지 않는다. 반면 『성장의 한계』에서 예측했던 '살던 대로'의 시나리오에서 나타난 산업 활동, 자연의 고갈과 위기의 추세는 현실의 시계열과 놀랄 만큼 일치하는 것으로 드러났다.[1] 경제학은 물론 사회과학 전체 역사를 통틀어 이 정도의 시간 지평에서 이 정도로 구체적이고 정밀한 예측이 성공한 경우는 찾아보기 힘들다. 신의 계시에 의한 일방적인 선지자의 계시라든가, 고작해야 철학적 신학적 혹은 '순수 이론'의 사변에 근거하여 신이나 역사의 '섭리'나 '도(道)' 혹은 "운동 법칙" 따위를 들어 언제, 어떻게 일지는 모르지만 결국 세상이 이렇게 될 것이라고 우기는 게 전부였다. 20세기 들어와서 각종 모델을 이용한 투사(projection)가 사회과학의 일상이 되었지만, 『성장의 한계』와 같은 위업을 찾아보기는 힘들다. 그렇다면 1970년대에 그렇게 조롱과 경멸을 퍼붓던 로버트 솔로 같은 '전문가(pundits)'들과 그들의 논리는 다 어떻게 된 것인가?

두 번째로는 비판자들의 성격과 동기를 살펴봐야 한다. 피렌체 대학의 물리화학과 교수 우고 바르디는 당시 비판을 쏟아냈던 이들을 네 분류로 나누었다.[2] 첫째, 이 책의 논지로 사업 전망에 손해를 볼 수 있는 산업과 업계 관계자들. 둘째, 자신들의 전문 영역과 거기에 따라오는 금전적 이익이 국외자들에 의해 침해당하고 있다며 분노했던 경제학자들. 셋째, 인구 문제가 제기되는 것에 분노했던 로마 가톨릭. 넷째, 산업 생산력의 무한 발전으로 프롤레타리아트의 낙원이 온다는 공산주의 교리가 침해되는 것에 분노한 마르크스주의자들. 이제 시간의 시련 속에서 섣부르고 설익은 것으로 판명된 이러한 이론적 비판들이 어떻게 나온 것인지 짐작할 수 있다. 이 책의 예측은 한마디로 시대의 우상, 그것도 과학과 윤리학의 탈을 쓰고 '선한 것'으로 치장한 채 수많은 기술자와 하수인을 거느린 권력의 담론에 정면으로 도전한 셈이다.

방법론의 전환

윌리엄 페티가 정치경제학을, 앙리 드 생시몽이 사회과학을 창시한 이래로 『성장의 한계』는 예측의 정확성이나 그 내용의 의미와 중요성에서 가히 최고의 성과라고 볼 수 있다. 이 놀라운 일은 어떻게 가능했을까? 『성장의 한계』는 그 핵심 메시지만큼이나 그 메시지를 내온 방법론의 혁신으로 높게 평가받는다. 시스템 이론에 입각한 사유가 어떠한 과학적 추론과 데이터 수집을 가능하게 하는지, 그리고 그것이 우리의 이론과 실천의 지평을 어떻게 확장하는지 보여주는 최고의 모범인 것이다.

시스템 이론은 20세기의 수학자 노버트 위너가 2차 세계대전을 지나며 사이버네틱스(cybernectics)를 창시한 순간부터 19세기 이전의 기계론적 세계관에 입각한 과학 방법론을 대체할 사유의 틀로 각광을 받아 왔다. 그러한 방법론의 여러 장점 중에서도 특히 『성장의 한계』와 관련하여 두드러진 방법론의 혁신은 '다른 조건이 동일하다면(ceteris paribus)'을 넘어서는 것이라고 할 수 있다.

순수 물리학은 수학적 형식으로 표현되는 일반적 법칙으로 구성되어 있지만, 생물학이나 경제학과 같이 현실에서 변화무쌍하게 움직이는 대상을 다루는 과학은 밝혀내고자 하는 연관 관계를 밝혀내기 위해 '다른 조건이 동일하다면'이라는 방법론을 사용하지 않을 수 없다. 어떤 변수들 사이의 상관관계를 밝혀내고자 할 때 그 변수들을 제외한 세계의 나머지 부분은 정지시켜버리는 방식이다. 이는 분명히 공상과학 영화에서 주인공들만 움직이고 나머지 세계는 얼어붙어 있는 장면처럼 실제의 현실이 아니라 사고 실험(Gedankenexperiment)에서의 가상이지만, 근대 과학에서 어쩔 수 없이 계속 사용되어 온 방법이기도 하다. 그래서 헤겔 철학의 대가로서

'만사 만물의 무한한 연장과 연관'을 잘 이해하고 있었을 뿐만 아니라 그 총체성('전체로서의 자본주의')을 밝혀내고자 했던 카를 마르크스 또한 『자본론』에서 분석적 방법으로서 원하는 변수 이외의 세상은 고정하는 방법을 사용한다.

이 방법은 그 사용의 목적과 한계를 명확히 인식하기만 한다면 대단히 유용할 뿐만 아니라 필수불가결한 방법이기도 하다. 하지만 이러한 방법으로 일정한 자기 완결성을 가지고 있는 사이버네틱스 시스템 전체의 궤적을 추적하는 건 분명히 방법의 남용이다. 경제학의 경우, 케인스의 정학(static) 모델을 헤로드-도마 식으로 동학(dynamic) 모델로 만든다고 해봐야 이는 하나의 사고 실험으로서 참고가 될 뿐이지 그것이 한 사회가 경제 성장을 해나가면서 현실의 역사 속에서 그리게 되는 궤적을 예측할 수 있게 해주는 것은 전혀 아니다. 이 문제로 인해 경제학에서는 소스타인 베블런이나 군나르 뮈르달 같은 이들이 순환 누적적 인과율(circular and cumulative causation)이라는 개념을 제시하기도 하였다.[3] 하나의 시스템은 다시 그 안에 여러 하부 시스템을 포함하면서 그 시스템들 사이의 되먹임과 발산, 수렴의 상호 과정으로 창발적 성질(emergent qualities)을 띠게 되는바, 이를 추적하기 위해서는 "다른 조건이 동일하다면"을 과감히 벗어던지고, 하나의 씨앗과 하나의 개인과 하나의 공장에서 지구의 생명 영역이라는 시스템까지 서로 삼투하고 섞이는 역동적 과정을 파악하기 위한 새로운 방법이 필요하다. 사이버네틱스와 시스템 이론은 그래서 시야를 넓힐 뿐만 아니라 그 무수한 시스템들이 서로의 상호작용이라는 '과정' 속에서 생성, 강화, 발전, 소멸하는 양태를 그대로 포착할 수 있는 방법론을 낳는다.

이것이 책 『성장의 한계』와 책의 집필을 주도했고 지금은 고인이 된 도넬라('다나') 메도즈가 사회과학 방법론의 영역에서 이루어낸 기념비적 혁신이요 업적이다.[4] 말로 상상하기는 쉽지만 실제로 어떻게 구현해낼지 막막한 사이버네틱스와 시스템 이론에 근거하여 실제 세계의 궤적을 그려내는 이 난제를 월드 3라는 어처구니없을 정도로 간단하고 명료한 모델을 통하여 구현해 낸 방법론의 전환이다. 이후 이 시스템 이론의 사고방식은 특히 각종 생태 위기와 사회적 위기가 심화한 21세기에 들어와 무서운 속도로 퍼져 나갔다. 이제는 시스템 이론가와 과학자들뿐만 아니라 협동조합 컨설턴트, 생태경제학자, 마을 활동가, 기업 분석가 등 새로운 관점으로 현실을 파악하고 다른 방향의 해법을 찾아내려는 모든 종류의 혁신가들에게 이 '시스템적 사고'의 방법론은 없어서는 안 될 도구로 자리 잡았다.

세계관의 전환

방법론의 전환은 그 방법론의 배후에 깔린 세계관의 변화를 함께 가져오게 되어 있다. 과학 방법론은 기계적 기능적인 '절차' 같은 것이 아니라 세계 전체를 바라보고 파악하고 상호작용하도록 만드는 생각의 틀이기 때문이다. 『성장의 한계』라는 저서가 가져온 방법론의 전환은 먼저 기존의 경제학 및 사회과학 방법론 근저에 깔린 세계관이 무엇인지 있는 그대로 폭로하는 결과를 가져왔다. 그것은 바로 '성장의 신성함이라는 신화'다.

1930년대까지만 해도 경제학에서 성장이라는 개념은 지고의 위치에 있지 않았다. 리카도와 그 추종자들이 자본 축적과 성장에 집착했던 것은 분명한 사실이지만, 고전파 경제학의 완성자라고 할 존 스튜어트 밀은 성장의 필연성을 부정하고 오히려 성장이 멈추어 버린 정상 상태(stationary state)를 이상적인 완성 상태로 보기도 했다. 하지만 1930년대의 대공황과 파괴적 계급투쟁과 사회 혼란을 겪고 난 뒤, 경제 성장은 자본 축적이라는 투자자 계급의 요구와 완전 고용이라는 노동자 계급의 요구를 모두 충족하고 산업과 사회에 평화와 질서를 가져다줄 수 있는 유일한 대책이자 모든 산업사회의 지고의 목표로 자리 잡아 오늘에까지 이르게 된다. 19세기 유럽인들이 자유무역을 통한 평화와 진보와 풍요를 신의 섭리로 믿었듯, 20세기 후반 이후의 인류는 인간 사회의 만사 만물뿐만 아니라 사회 자체가 존재하는 궁극의 목적(telos)으로서 경제의 무한한 성장을 신앙한다. 여기서 우리가 가지고 있는 시장 경제와 기술 진보라는 두 개의 요술 방망이는 인간적 사회적 자연적인 모든 한계를 결국에는 극복하고 무한한 성장의 미래를 인류에게 가져다준다. 아니 그래야만 한다.

경제 성장에 대한 맹신이 극심한 생태 위기와 사회적 불평등을 불러오는 것이 확연히 드러난 2021년 지금도 사회 전체의 경제 성장에 대한 맹신은 줄어들지 않았고, 탈성장을 이야기하면 심한 거부감을 보인다. 그러니 1970년대 초 이 책이 처음 나왔을 때의 그 거센 반감도 전혀 놀랍지 않다. 무한한 성장은 불가능하다는, 따라서 산업혁명 이래로 진행되어 온 산업화 속도와 패턴을 근본적으로 바꿔야 한다는 이 책의 메시지에 대해 사람들이 갖는 첫 느낌은 마치 매장되지 않은 채 썩고 있는 사람의 사체를 보게 된 느낌이었을 것이다. 그러니 얼른 고개를 돌려 이 흉측한 상황을 벌인 이들에게 욕지거리를 퍼붓는 것이었으리라. 인간 사회의 궁극적 목적이 성장에 있다면, 그것에 도움이 되며 그것에 부합하는 지식과 연구와 행정과 토론과 심지어 정서와 관계만이 의미 있는 것으로 자리를 부여받게 된다. '무한 성장의 이상을 포기한 사회'란 마치 이목구비가 없는 달걀귀

신의 민짜 얼굴처럼 이들에게 무한한 공포와 혐오를 불러일으킨다.

『성장의 한계』 보고서를 주도했던 저자인 도넬라 메도즈는 시스템 전환에 관한 그녀의 또 다른 유명한 글에서 '개입 지점(leverage point)'이라는 중요한 개념을 제시한다.[5] 뛰어난 한의사는 인간의 몸이라는 시스템의 상태를 바꿔 건강을 되찾도록 가느다란 침 하나를 족삼리혈에 박는다. 마찬가지로 어떤 종류의 시스템이든 그것을 완전히 전환하려면 어떤 차원에서 어떤 작용을 할 것인가의 문제를 다룬 게 바로 이 '개입 지점'이다. 그녀는 시스템 사상가이자 공학자로서 자신의 오랜 경험을 기초로 10개 이상의 '개입 지점'을 가장 피상적인 것에서 가장 근본적인 것까지 열거한다. 이때 제일 밑바닥에 있는 가장 근본적인 '개입 지점'은 바로 그 시스템을 구성하고 있는 사람들의 생각과 세계관을 바꾸는 것이다. 이러한 그녀의 생각은 『성장의 한계』 전체를 관통하고 있다. '살던 대로'의 시나리오를 그대로 따라가다가 악몽 같은 21세기를 맞이하지 않으려면 우리는 산업혁명 이후 만들어져 온 지구적 산업 문명 시스템을 새롭게 전환해야 한다. 대체 에너지 전환이나 식습관 변화 같은 차원도 중요한 '개입 지점'이 되겠지만, 역시 가장 중요하고 근본적인 전환은 산업 문명을 조직하고 운영하는 원리로서 우리 인류가 합의하고 공유하는 가치와 세계관의 근본부터 바꾸는 문제일 것이다.

그리하여 데이터와 모델이라는 건조한 논리로 가득 찬 듯 보이는 이 책의 마지막 장은 필연적으로 '이제 우리는 무엇을 소중히 하며 어떻게 살 것인가'라는 이야기로 끝날 수밖에 없다. 성장이라는 신화를 포기한 뒤에는 어떤 삶이 펼쳐질 것이며 우리 개인과 집단의 삶에서 궁극적 목적은 무엇이 될 것인가? 꿈꾸기, 네트워크 만들기, 진실을 말하기, 배우기, 사랑하기. 이것이 『성장의 한계』가 권하는 대안적 세계관이자 가치관이다. 더 많은 물질적 부 그리고 그것들을 더 크게 불릴 기회를 꿈꾸고 희망하는 인간이 아니라, 『성장의 한계』가 이야기한 것들을 생각하면 흐뭇하고 기쁘고 살맛이 나는, 그런 인간으로 바뀌어야 한다.

나가며

내가 자라난 1970년대의 한국 사회는 여전히 배가 고픈 사회였다. 사람들은 그래서 더 많은 물질적 부와 더 많은 축재의 기회를 꿈꾸며 미친 듯이 빠르게 움직였다. 그러니 그때 어린 마음에 읽었던 『성장의 한계』가 마치 암울한 조종(弔鐘) 소리로 들렸던 것도 무리가 아니다. 하지만 이제 세상은 크게 바뀌었다. 1970년대라면 『성장의 한계』에서 권하는 꿈꾸기, 진실을 말하기, 사랑하기 등을 잠꼬대 같은 소리로 여겼겠지만, 지금은 이것들을 결코 몽상이나 이상주의가 아닌 유일하게 매력적인 삶의 방식으로 느끼는 이들이 갈수록 늘고 있다. 앞에서 말했듯 이 책은 파국이니 붕괴니 하는 이야기로 사람들을 기죽이고 쥐고 흔들려고 하는 싸구려 예언자의 씨부렁거림 따위가 아니다. 우리가 어떤 세계관과 가치관으로 어떤 삶의 방식을 선택하느냐에 따라 달라질 미래를 시스템 이론의 혜안으로 보여주는 지혜로운 현자들의 조언이다. 그리고 그 현자들이 정말로 전하고자 했던 메시지는 더 이상 성장을 숭배하는 인간이 아닌, 꿈꾸고 사랑하고 진실을 붙들고 끊임없이 배우는 삶을 희구하는 인간으로 함께 변해가자는 것임에 틀림없다. 사람과 자연과 사회의 '좋은 삶'을 진정한 의미의 '부'로 다시 정립하자는 생태경제학의 메시지가 여기서 울리고 있다.

그래서 『성장의 한계』는 책의 존재 자체가 책의 메시지가 옳다는 증거가 되는 희한한 책이기도 하다. 인간의 물질적 성장에는 한계가 있지만, 인간의 정신적 성장에는 아무 한계도 없다는 것이 이 책의 메시지라면, 산업혁명 이후 경제 성장이라는 신화에 심각하게 중독되었던 1970년대 초에 이러한 책이 출간되었다는 사실은 인류가 스스로 비판적으로 성찰하고, 중독에서 깨어날 해독제를 스스로 개발할 수 있는 존재라는 것을 입증하는 부동의 증거이기 때문이다. 시간이 지나 2021년이 된 오늘날 이 책의 과학성과 현실성을 부인하는 이는 찾아볼 수 없다. 이 책에서 시작된 생태적 사회적 의식을 갖춘 인간으로서의 거대한 전환은 목하 진행 중이다. 이 책을 읽으며 우리 모두 함께 그러한 전환에 뛰어들자.

저자 서문

1. 도넬라 H. 메도즈, 데니스 L. 메도즈, 요르겐 랜더스, 윌리엄 W. 베렌스 3세, 『성장의 한계(*The Limits to Growth*)』(New York: Universe Books, 1972). 기술과 관련된 책 2권이 더 있다. 데니스 L. 메도즈 외, 『유한한 세계의 성장 역학(*The Dynamics of Growth in a Finite World*)』(Cambridge, MA: Wright-Allen Press, 1974)과 데니스 L. 메도즈와 도넬라 H. 메도즈, 『전 지구적 균형을 향해서(*Toward Global Equilibrium*)』(Cambridge, MA: Wright-Allen Press, 1973). 첫 번째 책은 월드 3 컴퓨터 모델에 대해서 기록한 문서이다. 두 번째 책은 전 지구적 모델을 만들기 위해 선행된 보조 연구와 하부 모델들을 기록한 책으로 총 13장으로 구성되어 있다. 두 권 모두 현재 Pegasus Communications, One Moody Street, Waltham, MA 02453-5339(www.pegasuscom.com)에서 구입할 수 있다.

2. 도넬라 H. 메도즈, 데니스 L. 메도즈, 요르겐 랜더스, 『성장의 한계, 그 이후(*Beyond the Limits*)』(Post Mills, VT: Chelsea Green Publishing Company, 1992).

3. 월드 1과 월드 2 모델도 있었다. 월드 1은 MIT의 제이 포레스터 교수가 국제적 추세와 문제들 사이의 상호 연관성을 연구해달라는 로마클럽의 요청을 받아 처음으로 고안해낸 원조 모델이었다. 월드 2는 제이 W. 포레스터가 『세계 역학(*World Dynamics*)』(Cambridge, MA: Wright-Allen Press, 1971)에서 최종 완성해서 기록한 모델이다. 이 책은 현재 Pegasus Communications에서 판매되고 있다. 월드 3 모델은 월드 2를 기반으로 개발된 것으로 월드 2의 기본 구조를 다듬고 계량 데이터베이스를 확장해서 완성했다. 포레스터는 월드 3 모델의 기반을 만들어낸 사람이며 그것이 적용하고 있는 시스템역학 모델링 방법을 고안한 창시자이다.

4. 『지속가능개발 세계정상회의 보고서(*Report of the World Summit on Sustainable Development*)』, United Nations, A/CONF.199/20, New York, 2002(www.un.org) 참조.

그 안에는 실행 계획을 포함한 목표들이 수록되어 있다. 예를 들면, 2015년까지 맑은 물과 하수 시설을 갖추지 못한 사람들의 수를 절반으로 줄이고, 2010년까지 전 세계의 생물다양성 감소를 막고 2015년까지 지속 가능한 최대 수확량을 올릴 수 있도록 전 세계 어장을 복원한다. 이런 목표들에 반영된 사태의 심각성에 대한 우려에도 불구하고 지속 가능 개발 세계정상회의는 일부 NGO 단체들이 보기에 많은 진전을 보지 못했으며 어떤 경우에는 10년 전 리우에서 천명했던 것보다 훨씬 더 못한 모습으로 후퇴했다.

5. 세계환경개발위원회, 『우리 공동의 미래(*Our Common Future*)』(Oxford: Oxford University Press, 1987). 이 위원회는 당시 위원장이었던 노르웨이 전임 수상 그로 할렘 브룬트란트의 이름을 따서 브룬트란트 위원회로 더 널리 알려져 있다. 우리는 『성장의 한계』 초판에서 '지속 가능성(sustainability)' 대신에 '평형성(equilibrium)'이라는 말을 사용했다.

6. 세계은행, 《세계은행 아틀라스-2003(*World Bank Atlas-2003*)》, Washington, DC, 2003, 64-65쪽.

7. 마티스 베커나겔 외, 「인간 경제의 생태적 용량 초과 추적(Tracking the ecological overshoot of the human economy)」, 《과학원 회보(*Proceedings of the Academy of Science*)》 99호, no.14(Washington, DC, 2002): 9266-9271쪽. www.pnas.org/content/99/14/9266에서도 볼 수 있다.

8. 메도즈 외, 『유한한 세계의 성장 역학』, 501쪽과 57쪽 참조. 『성장의 한계』에 나온 숫자와 레스터 R. 브라운 외, 《생명 징후(*Vital Signs*) 2000》(New York: W. W. Norton, 2000), 99쪽에 실린 실제 숫자가 일치한다.

9. 메도즈 외, 위의 책, 501쪽과 264쪽 참조. 『성장의 한계』에서는 1972년에서 2000년까지 세계 곡물 생산량이 67퍼센트 증가한다고 했는데 레스터 R. 브라운 외, 《생명 징후 2000》, 35쪽에는 63퍼센트 증가했다고 나온다.

1장

1. 마티스 베커나겔 외, 「국가별 생태발자국: 그들은 얼마나 많은 자연을 사용하는가? 그들은 얼마나 많은 자연을 소유하는가?(Ecological Footprints of Nations: How Much Nature Do They Use? How Much Nature Do They Have?)」(Xalapa, Mexico: Centro de Estudios para la Sustentabilidad[지속 가능성 연구센터], March 10, 1997). 마티스 베커나겔 외, 「인간 경제의 생태적 한계 초과를 찾아서(Tracking the Ecological Outshoot of the Human Economy)」, 《과학원 회보》 99호, no.14: 9266-9271쪽도 참조.

2. 세계자연보호기금, 《살아 있는 지구 보고서(*Living Planet Reports*) 2002》(Gland,

Switzerland: WWF, 2002).

3. 완전히 가설에 바탕을 둔 세계를 보여주는 시나리오 0과 시나리오 10을 제외한 나머지 모든 시나리오들을 한 도표에서 비교했다.

4. 우 탄트, 1969년.

5. 「인류에게 보내는 세계 과학자들의 경고(World Scientists' Warning to Humanity)」, December 1992, 우려하는 과학자 동맹(Union of Concerned Scientists, 26 Church Street), Cambridge, MA 02238에서 구할 수 있음. www.ucsusa.org/about/1992-world-scientists.html에서도 볼 수 있음.

6. 「지속 가능한 책임 수행: 세계은행의 환경 전략」(검토 초안)(Washington, DC: World Bank, April 17, 2001), xii쪽.

7. 세계환경개발위원회, 앞의 책, 8쪽.

2장

1. 린다 부스-스웨니와 데니스 L. 메도즈, 『전술을 생각하는 시스템(The Systems Thinking Playbook)』, vol.3(Durham, NH: University of New Hampshire, 2001), 36-48쪽에서 설명함.

2. 로베르 라뜨가 이 수수께끼를 우리에게 알려주었다.

3. 이러한 두 배로 늘어나는 데 걸리는 시간에 대한 근사치는 오직 서로 상관관계가 있는 변수들끼리 자주 관계를 맺을 때에만 유용한 값을 준다. 예를 들면 1일 100퍼센트의 증가율은 만일 증가량이 시간당 4.17퍼센트라면 그 양이 두 배로 늘어나는 데 약 0.72일, 즉 17시간이 걸린다. 하지만 아래 인용된 땅콩 실험 사례처럼 양이 늘어나는 것이 하루에 딱 한 번밖에 없다면 두 배로 늘어나는 데 걸리는 시간은 1일이다.

4. 세계은행, 《소자료집(The Little Data Book) 2001》(Washington, DC: World Bank, 2001), 164쪽.

5. 미국 인구조회국, 《1998 세계 인구 자료집(World Population Data Sheet)》.

6. 유엔인구국, 《1998 세계 인구 예측과 전망 개정판(Revision: World Population Estimates and Projections)》(New York: United Nations Department of Economic and Social Affairs, 1998).

7. 미국 인구조회국, 앞의 책.

8. 국민총소득(GNI)은 국내총생산(GDP)과 해외에서 벌어들인 국민 소득을 합한 것과 같다. GDP는 국내에서 생산한 상품과 서비스의 가치를 돈으로 환산한 것이다.

9. 예를 들면, 파샤 S. 다스굽타, 「인구, 빈곤 그리고 지역 환경(Population, Poverty and the Local Environment)」, 《사이언티픽 아메리카(Scientific American)》, February 1995, 40

쪽; 브라이언트 로버리, 샤 O. 루스타인, 레오 모리스, 「개발도상국의 출생률 하락(The Fertility Decline in Developing Countries)」, 같은 책, December 1993, 60쪽; 그리피스 피니, 「동아시아의 출생률 하락(Fertility Decline in East Asia)」, 《사이언스(*Science*)》 266 호(December 2, 1994), 1518쪽 참조.

10. 더 자세한 내용은 메도즈 외, 『유한한 세계의 성장 역학』에 나온 도넬라 H. 메도즈, 「인구 분야(Population Sector)」 참조.

11. 이러한 혼란은 위대한 지질학자 M. 킹 허버트가 1970년대 초에 우리에게 들려준 한 이야기에서 잘 나타난다. 2차 세계대전 동안 일본군이 세계 고무의 원산지인 말레이 반도를 침공할 거라고 알고 있었던 영국군은 고무를 발견하는 대로 모두 인도로 안전 하게 옮기기 위해 온갖 노력을 기울였다. 일본군이 말레이 반도에 진입했을 때 영국군 은 바라던 대로 전쟁 동안 타이어와 기타 필요한 고무 제품들을 만들 수 있는 충분한 고무를 인도에 비축하는 데 성공했다. 그러나 어느 날 밤 고무를 쌓아둔 곳에 불이 나 서 고무가 모두 타버렸다. 그 소식을 들은 영국의 일부 경제학자들은 "괜찮아요. 보험 을 들었거든요"라고 했다.

12. 『유한한 세계의 성장 역학』에 나온 윌리엄 W. 베렌스 3세, 데니스 L. 메도즈, 피터 M. 밀링, 「자본 부문(Capital Sector)」 참조.

13. 존 C. 라이언, 앨런 테인 더닝, 『물질: 날마다 쓰는 물건들의 비밀스런 삶(*Stuff: The Secret Lives of Everyday Things*)』(Seattle: Northwest Environment Watch, 1997), 46쪽.

14. 세계은행, 《세계 개발 지표(*World Development Indicators*)-2001》(Washington, DC: World Bank, 2001), 4쪽.

15. 유엔개발계획, 《인간 개발 보고서(*Human Development Report*) 1998》(New York and Oxford: Oxford University Press, 1998), 29쪽.

16. 위의 책, 2쪽.

17. 예를 들면, 피터 셍게, 『제5경영(*The Fifth Discipline*)』(New York: Doubleday, 1990), 385-386쪽 참조.

18. 월드 3 모형은 우리가 현재 세계의 분배 방식들을 일부러 바꾸려고 개입하지 않는 한 더 성공적인 것에 더 많은 자원이 돌아가는 '성공이 성공을 부르는(Success to the Successful)' 방식이 적용된다고 본다.

19. 레스터 R. 브라운, 게리 가드너, 브라이언 할웨일, 「맬서스를 넘어서: 인구 문제의 16가지 차원(Beyond Malthus: Sixteen Dimensions of the Population Problems)」, 《월드워치 논문(*Worldwatch Paper*)》 143호(Washington, DC: Worldwatch Institute, September 1998).

3장

1. 허먼 댈리, 「지속 가능한 개발의 운영 원리에 관하여(Toward Some Operational Principals of Sustainable Development)」, 《생태경제학(*Ecological Economics*)》2호(1990): 1-6쪽. 그의 주장에 대해서 더 자세히 알려면 『성장을 넘어서(Beyond Growth)』 (Boston: Beacon Press, 1996)를 참조.

2. 가장 임박한 지구의 한계들에 대해서 최근에 체계적으로 면밀하게 검토한 내용을 찾아보려면 레스터 R. 브라운의 『생태경제(*Eco-Economy*)』(New York: W. W. Norton, 2001), 2장과 3장 참조. 전 세계의 물질적 한계에 대한 폭넓은 검토와 데이터들을 보려면 세계자원연구소, 《세계 자원 2000-2001: 사람과 생태계: 사라져가는 생명의 그물(*World Resources 2000-2001: People and Ecosystemn: The Fraying Web of Life*)》(Oxford: Elsevier Science Ltd, 2002), 2부, "데이터 표(Data Tables)" 참조.

3. 지속 가능한 세계로 전환하는 것을 돕고 가속화하는 더 많은 방법들에 대해서는 레스터 R. 브라운이 체계적으로 서술한 『생태 경제』 4-12장 참조.

4. 레스터 R. 브라운, 「90억 명 먹여 살리기(Feeding Nine Billion)」, 레스터 R. 브라운 외, 《세계의 상태(*State of the World*) 1999》(New York: W. W. Norton, 1999), 118쪽.

5. 한 해에 1인당 최소 곡물 필요량을 230킬로그램(506파운드)으로 가정해서 계산했다.

6. 세계자원연구소, 《세계 자원 1998-99》, 155쪽.

7. 유엔식량농업기구, 《제6차 세계 식량 조사(*The Sixth World Food Survey*)》(Rome: FAO, 1996).

8. P. 핀스트럽-앤더슨, R. 판디아-로치, M. W. 로젠그랜트, 1997, 『세계 식량 상황: 최근의 개발, 떠오르는 문제들, 그리고 장기 전망(*The World Food Situation: Recent Developments, Emerging Issues, and Long-Term Prospects*)』(Washington, DC: International Food Policy Research Institute, 1997).

9. 레스터 R. 브라운, 마이클 레너, 브라이언 할웨일, 《생명 징후 1999》(New York: W. W. Norton, 1999), 146쪽.

10. G. M. 히긴스 외, 『개발도상국의 토지 생산력을 지탱할 수 있는 인구수(*Potential Populations Supporting Capacities of Lands in the Developing World*)』(Rome: FAO, 1982). 이 기술적 연구는 폴 해리슨이 쓴 비기술적인 보고서 「토지, 식량, 사람(*Land, Food, and People*)」(Rome: FAO, 1984)에 요약되어 있다. 여기서 언급한 16배는 가장 낙관적으로 가정했을 때 나온 수치이다. 유엔식량농업기구는 선진국의 토지에 대해서는 이런 연구를 하지 않았다.

11. 사라 J. 쉐르, 「토양 황폐화: 2020년 개발도상국의 식량 안보 위기?(Soil Degradation: A Threat to Developing-Country Food Security by 2020?)」, 《IFPRI 토론 논문 27》

(Washington, DC : IFPRI, February, 1999), 45쪽.

12. 해양 식량은 육상 식량보다 훨씬 더 제한되어 있지만 이미 지속 가능한 한계를 훌쩍 뛰어넘어 남획되고 있는 상황이다. 육상에서 생산되지 않는 식량—수산 양식, 통 안에서 효모균을 이용한 재배 등—의 미래 전망은 그다지 밝지 않다. 거기서 발생하는 공해나 거기에 들어가는 에너지와 자본이 매우 크기 때문이다. 육상에서 태양 에너지를 이용한 광합성 작용으로 자라지 않은 식량은 현재의 식량 체계보다 훨씬 더 지속적일 수 없다. 적어도 지금까지는 유전자 조작 농작물은 생산량을 늘리기 위해서가 아니라 생산 비용을 절감하기 위해 해충이나 제초제에 대한 내성을 키우는 쪽으로 개발하는 것처럼 보인다.

13. 전 세계 토양 손실에 대한 개요는 사라 J. 쉐르,「토양 황폐화」 참조.

14. 유엔환경계획,「열대 지방의 건조, 반건조, 우림 지대에서의 식량 생산 증대를 위한 농업 체계 원칙과 토양 황폐화 억제(Farming Systems Principles for Improved Food Production and the Control of Soil Degradation in the Arid, Semi-Arid, Humid Tropics)」, 열대 반건조 지대 연구를 위해 국제작물연구소가 공동 후원한 전문가 회의 의사록, Hyderabad, India, 1986.

15. B. G. 로사노프, V. 타르굴리안, D. S. 오를로프,「토양(Soils)」,『인간이 바꾼 지구: 지난 30년간 전 세계와 지역의 생물권 변화(The Earth as Transformed by Human Action : Global and Regional Change in the Biosphere Over the Past 30 Years)』, B. L. 터너 외 편집 (Cambridge : Cambridge University Press, 1990). 레스터 R. 브라운,『생태경제』, 62-68쪽도 참조.

16. L. R. 올디맨,「전 세계적 규모의 토양 황폐화(The Global Extent of Soil Degradation)」,『토양 복원력과 지속 가능한 토지 이용(Soil Resilience and Sustainable Land Use)』, D. J. 그린랜드, T. 스자볼스 편집(Wallingford, UK : Commonwealth Agricultural Bureau International), 1994.

17. 여기에 나온 모든 수치는 게리 가드너,「줄어드는 들판: 80억의 세계에서의 농지 감소(Shrinking Fields : Cropland Loss in a World of Eight Billion)」,《월드워치 논문》 131호(Washington, DC : Worldwatch Institute, 1996)에서 차용함.

18. 세계자원연구소, 앞의 책, 157쪽. 1945년과 1990년 사이에 진행된 토양 황폐화로 전 세계 식량 생산이 17퍼센트 정도 감소했다고 추정함.

19. 카스만, 루탄, 루미스가 찰스 C. 만,「농작물 과학자들 새로운 혁명을 찾다(Crop Scientists Seek a New Revolution)」,《사이언스》 283호(January 15, 1999) : 310쪽에서 인용함.

20. 이 모든 요소들과 그것들이 농업의 미래에 끼칠 수 있는 영향에 대한 뛰어난 연구는

로자먼드 레일러, 「집약적 농업 생산을 제약하는 에너지와 자원 제한 요소(Energy and Resource Constraints on Intensive Agricultural Production)」, 《에너지와 환경 연례 논문집(*Annual Reviews of Energy and Environment*)》 21호(1996): 99-123쪽 참조.

21. 자넷 맥코노이, 「과학자들, 전 세계 '죽음의 지대'에 해양 생명체를 복원시킬 방법을 찾다(Scientists Seek Ways to Bring Marine Life Back to World's 'Dead Zones')」, 《로스앤젤레스 타임스(*Los Angeles Times*)》 August 8, 1999.

22. 마이클 J. 도버, 리 M. 탈보트, 『지구 먹여 살리기: 지속 가능한 개발을 위한 농생태학(*To Feed the Earth: Agro-Ecology for Sustainable Development*)』(Washington, DC: WRI, 1987) 참조.

23. '유기농', '저투입', '생태' 농업에 대한 논문은 넘쳐난다. 전 세계의 사례들을 보려면 국제유기농업운동연맹의 홈페이지 www.ifoam.org를 찾아보라.

24. 데이비드 틸만, 「녹색혁명의 녹화(The Greening of the Green Revolution)」, 《네이처(*Nature*)》 396호(November 19, 1998): 211쪽; L. E. 드링크워터, P. 웨고너, M. 사란토니오, 「콩과 작물 재배가 탄소와 질소 유실을 줄였다(Regume-Based Cropping Systems Have Reduced Carbon and Nitrogen Losses)」, 《네이처》 396호: 262쪽 참조.

25. 《식량 리뷰(*FoodReview*)》 No.24-1.(Washington, DC: Food and Rural Economics Division, US Department of Agriculture, July 2001).

26. 도넬라 H. 메도즈, 「불쌍한 몬산토(Poor Monsanto)」, 《전 세계 리뷰(*Whole Earth*)》 Summer 1999, 104쪽 참조.

27. 산드라 포스텔, 그레첸 C. 데일리, 폴 R. 에리히, 「인간이 전유하는 재생 가능한 담수(Human Appropriation of Renewable Fresh Water)」, 《사이언스》 271호(February 9, 1996): 785-788쪽.

28. 인공 저수지의 총 저장 용량은 약 5,500세제곱킬로미터지만 그 가운데 절반을 약간 넘는 물이 사람들이 쓸 수 있는 지속 가능한 유출량이다.

29. 1996년 한 해, 전 세계에서 바닷물을 담수화한 양은 6.5세제곱킬로미터로 인간이 사용하는 전체 물의 0.1퍼센트였다. 해수의 담수화는 자본과 에너지가 매우 많이 들어간다. 가장 담수화를 많이 하는 나라 10개국 가운데 일곱 나라가 걸프 만의 중동 국가들이다. 그곳은 민물 자원이 매우 부족하지만 재생 불가능한 화석 연료 에너지 값은 무척 싸다. 피터 H. 글릭, 《세계의 물(*The World's Water*) 1998-99》(Washington, DC: Island Press, 1999), 30쪽.

30. 인간이 쓸 수 있는 물의 한계치는 더 많은 댐 건설로 더 높아질 수도 있고 아마도 더 높아질 것이다. 그러나 가장 접근하기 쉽고 큰 댐 건설 장소들은 이미 대부분 개발되었다. 따라서 댐이 농지와 인간 거주지, 야생 생물들에게 미치는 악영향 때문에

댐 건설에 대한 격렬한 반발이 늘어나고 있는 실정이다. 세계댐위원회(www.dams. org)의 최종 보고서 『댐과 개발: 새로운 의사 결정 구조(*Dams and Development: A New Framework for Decision-Making*)』(London: Earthscan, 2000) 참조.

31. 세계자원연구소, 앞의 책 . 188쪽.

32. 피터 H. 글릭, 앞의 책, 14쪽.

33. 앞의 책, 1–2쪽.

34. 유엔개발계획, 앞의 책, 210쪽.

35. 피터 H. 글릭, 앞의 책, 2쪽.

36. 유엔 담수 자원에 대한 포괄적 평가, 1997.

37. 이 사례들과 더 많은 사례들을 산드라 포스텔, 『모래 기둥: 관개 기술의 기적은 계속될 수 있을까?(*Pillar of Sand: Can the Irrigation Miracle Last?*)』(New York: W. W. Norton, 1999)에서 찾아볼 수 있다.

38. 레스터 R. 브라운, 「여러 나라로 파급되고 있는 물 부족(Water Deficits Growing in Many Countries)」, 『생태경제』 개정판(Washington, DC: Earth Policy Institute, August 6, 2002), 2–3쪽.

39. 이것에 대한 사례 연구는 말린 폴켄마르크, 「전략적 정책과 실행 요소로서의 민물(Fresh Water as a Factor in Strategic Policy and Action)」, 『세계 자원과 국제 분쟁(*Global Resources and International Conflict*)』, 아서 H. 웨스팅 편집(Oxford: Oxford University Press, 1986) 참조.

40. 다음에 나오는 사례와 수치들은 산드라 포스텔, 『모래 기둥』과 폴 호켄, 애모리 로빈스, L. 헌터 로빈스, 『자연 자본(*Natural Capital*)』(New York: Little, Brown, 1999), 11장에서 인용.

41. 세계 삼림 면적에 대해서 저자들마다 서로 매우 다른 수치들을 사용하고 있다. 그것은 삼림을 구성하는 것이 무엇인가에 대한 정의들이 다 다르고 데이터를 제공하는 주기관인 유엔식량농업기구가 2000년 평가 보고서에서 그 정의를 바꿨기 때문이다. 여기서는 유엔식량농업기구가 『삼림 자원 평가(*Forest Resource Assessment*)(FRA)』(Rome: FAO, 2000), www.fao.org/forestry에서 쓴 새로운 수치를 사용한다.

42. 더크 브라이언트, 다니엘 닐슨, 로라 탱글리, 『마지막 처녀림: 변경의 생태계와 경제학(*The Last Frontier Forest: Ecosystems and Economics on the Edge*)』(Washington, DC: WRI, 1997), 1, 9, 12쪽.

43. 이 수치는 세계자연보전연맹의 자연 보호 분류 체계 I–VI에 있는 삼림을 포함해서 영국에 있는 유엔개발계획의 세계환경보전모니터링센터에서 추정한 것으로 세계 평균이다. 온대 지방과 아한대 지방(북부 삼림 지대)의 보호림 비율도 열대 지방(남부

삼림 지대)의 보호림 비율과 거의 동일하다. 인간의 손길이 닿지 않은 원시림 가운데서 보호림 비율을 따지면 이것의 반으로 줄어든다.

44. 넬스 존슨, 브루스 카발르, 「벌목에서 살아남기: 아열대 지역의 자연림 관리 (Surviving the Cut: Natural Forest Management in the Humid Tropics)」(Washington, DC: WRI, 1993) 참조.

45. 세계 삼림과 지속 가능한 개발 위원회(WCFSD), 『우리의 삼림(Our Forests)』, 48쪽.

46. 유엔식량농업기구, 『세계 삼림 제품의 2010년까지 소비, 생산, 무역에 대한 가예측 (Provisional Outlook for Global Forest Products Consumption, Production, and Trade to 2010)』 (Rome: FAO, 1997).

47. 자넷 N. 아브라모비츠, 애슐리 T. 매튠, 「삼림 제품 경제 재편(Reorienting the Forest Products Economy)」, 레스터 R. 브라운 외, 『세계의 상태 1999』, 73쪽.

48. 레스터 R. 브라운 외, 『세계의 상태 1999』, 65쪽.

49. 자넷 N. 아브라모비츠, 애슐리 T. 매튠, 「삼림 제품(Forest Products)」, 64쪽.

50. 세계자원연구소, 앞의 책.

51. 이 목록은 그레첸 C. 데일리 편집, 『자연이 주는 서비스: 자연 생태계에 대한 사회적 의존(Nature's Services: Societal Dependence on Natural Ecosystems)』(Washington, DC: Island Press, 1997), 3-4쪽에서 인용.

52. 로버트 코스탄자 외, 「세계 생태계 서비스와 자연 자본의 가치(The Value of the World's Ecosystem Services and Natural Capital)」, 《네이처》 387호(1997): 253-260쪽 참조. 코스탄자와 동료 학자들은 세계 총 생산액이 연간 18조 달러라고 할 때 자연 자본의 가치를 연간 33조 달러로 좀 보수적으로 잡았다.

53. 로버트 M. 메이, 「얼마나 많은 종이 지구에 사나?(How Many Species Inhabit the Earth?)」, 《사이언티픽 아메리칸》, October, 1992, 42쪽.

54. 조비 워릭, 「대량 멸종 진행 중, 대다수 생물학자들 말하다(Mass Extinction Underway, Majority of Biologists Say)」, 《워싱턴포스트(Washington Post)》 April 21, 1998, A4면.

55. 돈 힌리치슨, 「위기의 산호초(Coral Reefs in Crisis)」, 『생명과학(Bioscience)』, October 1997.

56. 예를 들어 「멸종: 생태학자들은 지금 거짓말을 하고 있는가?(Extinction: Are Ecologists Crying Wolf?)」, 《사이언스》 253호(August 16, 1991): 736쪽과 생태학자들이 심각한 우려를 나타내고 있는 같은 주제의 다른 논문들을 참조.

57. 종생존위원회, 『2000 세계자연보존연맹 위기종 적색 목록』(Gland, Switzerland: International Union for the Conservation of Nature, 2000), 레스터 R. 브라운, 「물 부

족(Water Deficits)」, 69쪽에서 인용.

58. 콘스탄스 홀든, 「식물 적색 경보(Red Alert for Plants)」, 《사이언스》 280호(April 17, 1998): 385쪽.

59. 종생존위원회, 앞의 책, 1쪽.

60. 세계자연보호기금, 앞의 책.

61. 102명의 노벨상 수상 과학자들을 포함해서 1,600명이 넘는 과학자들이 1992년 12월에 서명한 「인류에게 보내는 세계 과학자들의 경고」, 우려하는 과학자 연맹.

62. 상업용 에너지는 시장에서 팔리는 에너지를 말한다. 목재나 동물 배설물, 여러 동식물 폐기물들을 모아 연료로 쓰는 에너지는 거기에 포함되지 않는다. 비상업용 에너지 자원은 대개 재생 가능하지만 그렇다고 언제나 지속적으로 얻을 수 있는 것은 아니다. 비상업용 에너지 자원은 전체 에너지 소비량의 약 7퍼센트라고 추정하고 있다. 세계자원연구소, 앞의 책, 332쪽.

63. 미국 에너지정보관리국, 《국제 에너지 예측(International Energy Outlook) 2003》, 표 A1, 「세계 지역별 총 에너지 소비량, 기준 사례(World Total Energy Consumption by Regio, Reference Case), 1990-2025(1,000조 BTU(Quadrillion BTU))」, www.eia. doe.gov/oiaf/ieo/.

64. 국제에너지기구, 《세계 에너지 예측(World Energy Outlook 2002)》(Vienna: IEA, 2002), www.worldenergyoutlook.org/older.asp. 더 장기적인 시나리오는 세계에너지협의회, 「2050년까지의 에너지 정책 시나리오(Energy Policy Scenarios to 2050)」, 2007, www.worldenergy.org/publications/energy_policy_scenarios_to_2050/default. asp에서 찾을 수 있다.

65. 벤트 소렌슨, 「세계 에너지 수요와 공급 장기 시나리오(Long-Term Scenarios for Global Energy Demand and Supply)」, Energy & Environment Group, Roskilde University, January 1999.

66. 생산은 땅에서 화석 연료를 채취하는 과정과는 어울리지 않는 말이다. 자연은 수백만 년 동안 이러한 연료들을 생산한 주체이다. 인간이 그것들을 '생산'하는 것이 아니다. 인간은 연료들을 추출하고 개발하고 수확하고 끌어 올리고 채굴하고 취하는 것뿐이다. 그러나 생산은 생산량 대비 매장량처럼 하도 많이 쓰는 말이므로 그냥 썼다.

67. 물론 화석 연료 탐사와 채굴, 양수, 수송, 정제를 위한 장비들도 연료를 쓴다. 화석 연료 사용량의 절대 한계는 다른 제한 요소들이 없다면 화석 연료를 얻기 위해 더 이상 사용할 에너지가 없는 지점에서 끝날 것이다. 찰스 A. S. 홀과 커틀러 J. 클리브랜드, 「미국의 석유 시추와 생산: 에너지를 얻기 위해 쓰는 에너지량 분석(Petroleum Drilling and Production: Yield per Effort and Net Energy Analysis)」, 《사이언스》 211

호(February 6, 1981): 576쪽 참조.

68. 이 정보와 우리가 이 주제에 대해서 인용한 데이터 대부분은 애모리 로빈스와 로키 마운틴연구소에서 나왔다. 수송, 산업, 건축 분야에서 에너지 효율을 높이는 방법에 대한 더 자세한 정보를 알아보려면《사이언티픽 아메리칸》263호, no.3(September 1990)를 참조.

69. 유엔개발계획,『인간 개발 지표(*Human Development Indicators*) 2003』(http://hdr. undp.org/en/reports/global/hdr2003/).

70. 현재 인간이 사용하는 화석 연료의 총량은 약 5테라와트(50억 킬로와트)에 해당하는 전력량이다. 지표면으로 끊임없이 유입되는 태양 에너지는 8만 테라와트이다.

71. 레스터 R. 브라운 외,『생명 징후 2000』, 58쪽. 여기 나온 금액은 1998년 달러화를 기준으로 한다.

72. 미국 풍력에너지협회,「2002년 세계 풍력의 기록적 성장(Record Growth for Global Wind Power in 2002)」(Washington, DC: AWEA, March 3, 2002), 1쪽.

73. 피터 비저, 제17차 세계에너지협의회 총회 연설, Houston, September 14, 1998.

74. 앞으로 가장 유망한 저장 방식은 광전기로 물분자를 분리해서 나오는 수소를 이용하는 것이 될 것이다. 수소는 또한 앞으로 자동차 연료의 대안으로 거론되고 있다. 자세한 내용은 레스터 R. 브라운,『생태경제』5장 참조.

75. 이러한 가능성에 대한 체계적인 검토는 존 E. 틸턴 편집,『세계 금속 수요(*World Metal Demand*)』(Washington, DC: Resources of the Future, 1990) 참조.

76. 경제협력개발기구,『지속 가능한 개발: 주요 논점(Sustainable Development: Critical Issues)』(Paris: OECD, 2001), 278쪽.

77. 노르웨이 재생 회사 톰라 아사(www.tomra.no)의 알렉산더 모르텐센과 개별 연락. 2001년, 세계 알루미늄 생산량은 약 2,100만 톤이었다. 거기에 폐알루미늄 220만 톤이 재생되었다(stats.world-aluminum.org/iai/stats_new/index.asp). 음료수 용기에 대한 정보는 www.canadean.com 참조. 재생에 대한 정보는 www.container-recycling.org 참조.

78. 세계자원연구소,『자원의 흐름: 산업 경제의 물질 기반(*Resource Flows: Material Basis of Industrial Economies*)』(Washington, DC: WRI, 1997)은 네 군데 산업 경제 영역에서 물질 집중이 줄어들고 있음을 보여준다.

79. 여러 나라의 폐기물 방출에 대한 개요는 경제협력개발기구,《환경 데이터: 요약 (*Environmental Data: Compendium*) 1999》(Paris: OECD, 1999) 참조.

80. 얼 쿡,「재생 불가능한 자원 개발의 한계(Limits to Exploitation of Nonrenewable Resources)」,《사이언스》20호(February 1976).

81. 국제환경개발연구소, 세계지속가능발전기업협의회, 『신천지 개척: 채굴, 광석, 지속 가능한 개발(*Breaking New Ground: Mining, Minerals, and Sustainable Development*)』 (London: Earthscan, 2002), 83쪽.

82. 미국, 일본, 영국, 프랑스, 독일, 이탈리아, 캐나다.

83. 앞에 나온 정보는 우르스 베버, 「라인 강의 기적(The Miracle of the Rhine)」, 『유네스코 신보(UNESCO Courier)』(June 2000)와 국제라인강보호위원회 웹사이트 www.iksr.org의 데이터베이스에서 참조.

84. 비외른 롬보르, 『회의하는 환경주의자: 진정한 세계의 상태 측정하기(*The Skeptical Environmentalist: Measuring the Real State of the World*)』(Cambridge: cambridge University Press, 2001), 203쪽.

85. 위의 책, 167-176쪽.

86. 위의 책, 205쪽.

87. 세계환경개발위원회, 앞의 책, 224쪽.

88. 2001년 7월 19일, 기후 변화에 관한 정부 간 협의체(IPCC) 의장 로버트 T. 왓슨이 제6차 기후 변화에 관한 유엔 기본협약 당사국 총회에 제출한 IPCC 3차 평가 보고서의 최종 결론. www.ipcc.ch 참조.

89. 도넬라 H. 메도즈 외, 『성장의 한계』, 79쪽.

90. 세계자연보호기금, 《살아 있는 지구 보고서 1999》(Gland, Switzerland: WWF, 1999), 8쪽.

91. 로버트 T. 왓슨 외, 『기후 변화 2001: 기후 변화에 관한 정부 간 협의체 종합 보고서 (*Climate Change 2001: Synthesis Report, Intergovernmental Panel on Climate Change*)』(Geneva, Switzerland: IPCC, 2001). www.ipcc.ch에서 수많은 실례도 찾아볼 수 있다.

92. 기후를 비롯해서 다른 모든 환경 관련 문제들을 회의적으로 바라보는 다양한 관점들을 알려면 비외른 롬보르, 앞의 책 참조.

93. 영국 노리치 이스트 안그리아 대학 기후연구단 웹사이트 www.cru.uea.ac.uk 참조.

94. 예를 들어, 「지구 온난화. 악천후(Global Warming. Stormy Weather)」, 《타임》 November 13, 2000, 35-40쪽과 2050년까지 유럽 지역별 일기예보 참조.

95. 로버트 T. 왓슨 외, 앞의 책.

96. 이 데이터들은 남극의 빙하에 구멍을 뚫어 얻은 얼음 덩어리에서 나온 것이다. 남극의 빙하는 수천 년 동안 층층이 쌓여 만들어졌으며 각 층마다 선사 시대부터 보존되어 온 기포들이 갇혀 있다. 동위원소 분석으로 빙하층이 만들어진 연대와 당시의 온도를 알 수 있다. 기포를 분석하면 이산화탄소와 메탄의 농도도 알 수 있다.

97. 급격한 기후 변화 위원회, 『급격한 기후 변화-당연한 놀라움(*Abrupt Climate Change-*

Inevitable Surprises)』(Washington, DC: National Academy Press, 2002), 1쪽.

98. 이 유망한 방법은 에른스트 폰 바이제커, 애모리 로빈스, L. 헌터 로빈스, 『네 가지 요소: 부는 두 배로, 자원 사용은 반으로(*Four Factor: Doubling Wealth, Halving Resource Use*)』(London: Earthscan, 1997)에서 깊이 다뤄진다.

99. 유엔환경계획, 『세계 환경 예측(*Global Environmental Outlook*) 2000』(London: Earthscan, 1999).

100. 애모리 로빈스가 처음으로 만든 공식이다.

4장

1. 아이작 아시모프, 『파운데이션의 서곡(*Prelude of Foundation*)』(New York: Doubleday, 1988), 10쪽.

2. 이러한 방법론의 예는 볼프강 루츠가 편집한 『미래의 세계 인구: 오늘날 우리는 무엇을 가정할 수 있을까?(*The Future Population of the World: What Can We Assume Today?*)』 개정판(London: Earthscan, 1996)에서 볼 수 있다.

3. 시디에는 월드 3의 흐름도이며 시나리오 1의 전체 모형인 스텔라(STELLA)와 이 책에 나온 11개 시나리오 모두를 재생해서 상세하게 검토할 수 있는 인터페이스 프로그램이 들어 있다. 시디를 주문하려면 www.chelseagreen.com을 참조.

4. 수용 능력은 본디 비교적 단순한 인구-자원 시스템을 정의하는 개념이었다. 예를 들면, 특정한 면적의 초원에서 토지를 훼손시키지 않고 방목을 유지할 수 있는 암소의 수가 얼마나 되는지를 말할 때 쓰이곤 했다. 수용 능력이라는 용어를 사람에 적용하면 훨씬 더 복잡해지고 보편적으로 용인되는 정의도 없다. 사람들은 자연환경에서 많은 종류의 자원들을 가져가고 또 많은 종류의 폐기물을 배출한다. 그들이 환경에 가하는 충격은 엄청나게 다양한 기술과 제도, 생활 양식의 영향을 받는다. 한 시스템이 지속 가능하게 되기까지 살아남을 수 있어야 하는 최소한의 시간에 대해서는 아직 논란이 많다. 또 다른 종들의 요구를 어떻게 고려할지도 아직 합의된 바가 없다. 어쨌든 수용 능력은 매우 역동적인 개념이다. 그것은 언제나 기후, 기술의 진보, 소비 패턴, 풍조 같은 다른 요소들과 함께 변하고 있다. 우리는 수용 능력을 주어진 환경에서 오랫동안, 적어도 수십 년 동안 지구가 자신의 전체적인 생산성을 훼손하지 않고 수용할 수 있는 사람의 수를 나타내는 데 쓴다. 조엘 E. 코헨, 『지구는 얼마나 많은 사람을 지탱할 수 있나?(*How Many People Can the Earth Support?*)』(New York: W. W. Norton, 1995) 참조.

5. 다른 저자들은 이 분류가 미래를 생각하는 데 유용하다는 것을 알았다. 예를 들어, 윌리엄 R. 케이튼, 『한계 초과: 혁명적 변화의 생태학적 기반(*Overshoot: Ecological Basis of Revolutionary Change*)』(Chicago: University of Illinois Press, 1982), 251-254쪽 참조.

6. 마티스 베커나겔 외, 「국가별 생태발자국: 그들은 얼마나 많은 자연을 사용하는가?」.

7. 우리는 오직 시나리오 0와 1에서만 재생 불가능한 자원의 최초 매장량을 그 양의 절반 이라고 가정한다.

8. 이런 화학 물질이 209가지 있는데 다양한 상태에 있는 염소 원자가 비페닐이라고 부르는 2개의 결합된 벤젠 고리 분자와 합쳐지면서 생성된다. 이것은 정상 상태에서는 자연적으로 생성되지 않으며 인공적으로 합성한 물질이다.

9. 조렌 옌센, 《뉴 사이언티스트》 32호(1966): 612쪽.

10. 환경호르몬과 관련된 포괄적이고 널리 알려진 이야기에 대해서는 테오 콜본, 다이안 두마노스키, 존 P. 메이어스, 『도둑맞은 미래(Our Stolen Future)』(New York: Dutton, 1996) 참조. 거기에는 이 주제와 관련해서 참조할 만한 과학 문헌들이 수백 권 들어 있다.

11. 구소련은 1990년에 가서야 PCBs 생산을 중단했다.

12. J. M. 마르케니, P. J. H. 레인더스, 「PCBs이 특별히 북극에 미치는 전 세계적 충격 (Global Impact of PCBs with Special Reference to the Arctic)」, 국제북극과학위원회 제8차 국제회의 의사록, Oslo, September 18-22, 1989(Lillestorm, Norway: NILU).

13. A. 라슨, 「워싱턴 주의 지표수에 함유된 살충제, 요약 보고서(Pesticides in Washington State's Ground Water, A Summary Report), 1988-1995」, Report 96-303, Washington State Pesticide Monitoring Program, January 1996.

14. 「지구 온난화에 대한 새로운 우려 이유(New Cause of Concern on Global Warning)」, 《뉴욕 타임스》 February 12, 1991 참조.

15. W. M. 스티글리아니, 「화학 시한폭탄(Chemical Time Bombs)」, 《옵션스》(Laxenberg, Austria: International Institute of Applied Systems Analysis, September, 1991), 9쪽.

16. 5장에서 설명하는 오존층 파괴와 3장에서 언급한 지구의 기후 변화에 대한 협상과 연구 외에도 국제학술연합회의(ICSU)와 세계기상기구(WMO)가 후원하는 '지구 변화'에 대한 중요한 국제 연구 프로그램들이 많이 있다. 국제지구권-생물권연구계획(IGBP), 세계기후연구계획(WCRP), 국제인류차원연구계획(IHDP)이 그런 프로그램들이다. 그 밖에 미국 지구변화연구계획처럼 국가별, 지역별 프로그램도 많이 있다.

17. 1인당 소비재라는 용어는 자동차나 가정용품, 옷처럼 소비 제품에 직결되는 산업 산출물의 한 부분이다. 그것은 대강 전체 산업 산출물의 40퍼센트를 차지한다. 식량, 서비스, 투자는 거기에 포함되지 않으며 별도로 계산된다. 월드 3 모형에서 소비재, 산업 산출물, 서비스는 실제 물질적인 것들을 나타내지만 그 크기는 달러로 측정된다. 경제적 데이터로 사용할 수 있는 유일한 측정 기준이 돈이기 때문이다. 처음에 우리는 모든 것을 1968년도 화폐 가치 기준에 맞췄다. 우리가 관심이 있는 것은 절대적인 복지

수치가 아니라 상대적인 것이었기 때문에 그 기준을 바꿀 이유가 없었다. 수십 년이 지난 지금 1968년도 화폐 가치 기준을 적용하기 어렵기 때문에(2000년도 화폐 가치보다 4배는 더 크다) 이 책에서는 우리의 논의를 상대적인 경제 조건들을 비교하는 것으로 한정한다.

5장

1. 토양소독제로 쓰는 브롬화메틸, 세정제로 쓰는 사염화탄소, 방화제로 쓰는 할론가스처럼 염소와 브롬이 함유된 다양한 화학 물질들은 성층권의 오존층을 파괴하는 능력이 있다. 그러나 무엇보다 가장 위험한 것은 불소, 수소, 염소가 합성된 CFCs이다. 따라서 전 세계는 CFCs 연구에 집중하고 있으며 CFCs의 생산과 배출을 통제하기 위해 가장 많은 노력을 기울이고 있다.

2. 아르준 마키자니, 애니 마키자니, 아만다 비켈, 『목숨 건지기: 오존층을 파괴하는 염소 화합물 제거를 위한 기술의 가능성과 정치(*Saving Our Skins: Technical Potential and Politics for the Elimination of Ozone-Depleting Chlorine Compounds*)』(Washington, DC: Environmental Policy Institute and the Institute for Energy and Environmental Research, September 1988), 83쪽. 미국 환경정책연구소, 218 O Street SE, Washington, DC 20003에서 볼 수 있음.

3. 같은 책, 77쪽.

4. B. K. 암스트롱, A. 크릭커, 「햇빛 노출과 피부암의 유행병학(Epidemiology of Sun Exposure and Skin Cancer)」, 《캔서 서베이(*Cancer Surveys*)》 26호(1996): 133–153쪽.

5. 예를 들면, 로빈 러셀 존스, 「오존 파괴와 암 위험(Ozone Depletion and Cancer Risk)」, 《랜셋(*Lancet*)》(August 22, 1987) 443쪽; 「오스트레일리아의 피부암(Skin Cancer in Australia)」《오스트레일리아 메디컬 저널》(May 1, 1989); 앨런 애투드, 「거대한 은폐(The Great Cover-up)」, 《타임》(Australia), 27 February 1989; 매드윈 M. 민치스, 「피부암: 오존층 파괴의 대가(Skin Cancer: The Price for a Depleted Ozone Layer)」, 《EPA 저널》(December, 1986) 참조.

6. 오스몬드 홈-한센, E. W. 헤이블링, 댄 루빈, 「남극의 자외선: 1차 생산의 억제 (Ultraviolet Radiation in Antarctica: Inhibition of Primary Production)」, 《광화학과 광생물학》 58호, no.4 (1993): 567–570쪽.

7. A. H. 테라무라, J. H. 설리반, 「태양의 중파장 자외선 증가는 농업 생산성에 어떻게 영향을 끼칠 수 있나?(How Increased Solar Ultraviolet-B Radiation May Impact Agriculture Productivity?)」, 『기후 변화에 맞서(*Coping with Climate Change*)』 (Washington, DC: Climate Institute, 1989), 203쪽.

8. 리처드 S. 스톨라르스키, 랠프 J. 시서론, 「성층권 염소: 오존 파괴의 가능성 (Stratospheric Chlorine: A Possible Sink for Ozone)」, 《캐나다 화학 저널》 52호(1974): 1610쪽.

9. 마리오 J. 몰리나, F. 셔우드 롤랜드, 「클로로플루오로메탄의 성층권 방출: 오존 파괴를 촉진하는 염소 원자(Stratospheric Sink for Chlorofluoromethanes: Chlorine Atomic Catalysed Destruction of Ozone)」, 《네이처》 249호(1974): 810쪽. 몰리나와 롤랜드는 이 연구로 1995년 노벨화학상을 수상했다.

10. 리처드 E. 베네딕, 『오존 외교(Ozone Diplomacy)』(Cambridge, MA: Harvard University Press, 1991), 12쪽에서 인용.

11. J. C. 파먼, B. G. 가디너, J. D. 샨클린, 「남극 대륙에서 오존의 대량 파괴가 산화염소/이산화질소의 계절적 상호 작용을 밝히다(Large Losses of Total Ozone in Antarctica Reveal Seasonal ClO/NO₂ Interaction)」, 《네이처》 315호(1985): 207쪽.

12. 과학자들이 오존 수치가 낮아진 기록들을 보고 있었지만 아직 그것들이 무엇을 "의미하는"지는 모르던 시기에 대해서는 폴 브로더, 《화학 연보》, 71쪽에 잘 나와 있다.

13. J. G. 앤더슨, W. H. 브룬, M. J. 프로핏, 「남극 소용돌이 안에서 염소의 오존 파괴: 남극 현지의 ER-2 데이터를 기반으로 한 ClO-O₃ 반상관관계의 시공간적 진화(Ozone Destruction by Chlorine Radicals within the Antarctic Vortex: The Spatial and Temporal Evolution of ClO-O₃ Anticorrelation Based on in Situ ER-2 Data)」, 《지구 물리학 연구 저널》 94호(August 30, 1989): 11쪽, 474쪽.

14. 마리오 J. 몰리나, 「남극의 오존 구멍(The Antarctic Ozone Hole)」, 《오세아누스》 31호(Summer 1988).

15. 뒤퐁 사는 1980년 로널드 레이건이 대통령으로 당선되자 CFC 대체 물질 개발을 중단했다.

16. 정치적 진행 과정은 당시 미국의 협상 대표였던 리처드 E. 베네딕이 자신의 책 『오존 외교: 지구를 지키는 새로운 방향(Ozone Diplomacy: New Directions in Safeguarding the Planet)』 개정판(Cambridge, MA and London: Harvard University Press, 1998)에서 분명하고 완벽하게 설명했다.

17. 위의 책, 215쪽.

18. 유엔환경계획, 「HCFC와 메틸화브롬 배출의 영향에 대한 과학평가단과 기술경제평가단 종합 보고서」, 나이로비, March 1995, 4섹션(최근 자료는 2007년 6월에 나온 보고서로 www.unep.ch/ozone/Meeting_Documents/oewg/27oewg/OEWG-27-3E.pdf 에서 볼 수 있음—옮긴이).

19. 세계기상기구, 「오존 파괴에 대한 과학적 평가(Scientific Assessment of Ozone

Depletion): 2002」, 「세계 오존 연구와 감시 프로젝트 보고서」 47호(최근 자료
는 2006년도 보고서로 http://ozone.unep.org/Assessment_Panels/SAP/Scientific_
Assessment_2006/index.shtml에서 볼 수 있음―옮긴이).

20. 그즈음 이런 정보를 수집하던 유엔환경계획 사무소는 해마다 보고서의 질에 편차가
발생하자 시계열 데이터를 수집, 생산하는 일을 중지했다. 「몬트리올 의정서 아래서
의 오존 파괴 물질의 생산과 소비(Production and Consumption of Ozone Depleting
Substances under the Montreal Protocol) 1989-2000」(Nairobi: UNEP, 2002) 참조(최
근 자료는 www.unep.ch/ozone/Publications/Production_and_consumption2005.pdf
를 참조. 생산 통계는 표 1에서 표 8까지이며 소비 통계는 표 9에서 표 16까지임―옮
긴이).

21. F. A. 보겔스버그, 「산업 전망: CFC 퇴출에서 배운 교훈과 대가(An Industry
Perspective: Lessons Learned and the Cost of the CFC Phaseout)」, 오존보호기술 국
제회의에 제출된 논문, Washington, DC, October 1996.

22. 리처드 A. 커, 「깊은 냉기가 거대한 오존 구멍을 유발하다(Deep Chill Triggers
Record Ozone Hole)」, 《사이언스》 282호(October 16, 1998): 391쪽.

23. 세계기상기구, 「과학적 평가」 xiv, xv쪽.

24. 세계자원기구, 『세계 자원(*World Resources*) 1998-99』(New York: Oxford University
Press, 1998), 178쪽; 팀 비어즐리, 「뜨거운 냉각제(Hot Coolants)」, 《사이언티픽 아메
리칸》, July 1998, 32쪽도 참조.

25. 마리오 J. 몰리나, 「성층권 오존: 당면 문제(Stratospheric Ozone: Current
Concerns)」, 미국 화학학회 198차 총회 지구환경화학 학술대회-도전과 기회에 제출
된 논문, September 10-15, 1989, Miami Beach, Florida.

26. 오존층 보호를 위한 기업 연합, 1440 New York Avenue NW, Suite 300, Washington,
DC 20005.

27. 세계기상기구, 앞의 책, xxxix쪽.

6장

1. 그러나 물론 기술의 발전이 매우 빠르고 신기술을 즉시 활용할 수 있다면 점점 커지고
있는 생태발자국과 관련한 모든 문제들이 풀릴 수 있다는 것은 사실이다. 우리는 앞서 4
장의 시나리오 0 '무한대 투입, 무한대 산출'에서 그러한 기술 진보를 이루었을 때 어떤
변화가 일어나는지 설명했다.

2. 시장은 그 자체에 일시적인 한계 초과와 한계 미달 현상이 있다. 우리는 그것을 여러
가지 정황에서 모형으로 만들어 시험했다. 그러나 단순화하기 위해 월드 3에서는 단기

적인 가격 불안정이 없다고 가정한다. 그것은 수십 년 동안 확대되는 전 세계적인 변화들과 큰 관련이 없다.

3. 우리는 자연을 도구로 이용해서 다른 사람을 통제한다는 그 문구를 지금까지 기술에 대해서 쓴 가장 멋진 에세이 가운데 하나인 허먼 댈리의 『정상 상태의 경제를 향하여(*Toward a Steady-State Economy*)』(San Francisco: Freeman Press, 1973)에 나오는 C. S. 루이스, 「인간의 폐기(The Abolition of Man)」에서 인용했다.

4. 그 가정은 1970년에 만들어졌는데 당시에 우리는 그러한 기술들을 모형에서 1975년에 불연속적인 단계로서 적용했다. 실제로 1990년에 그 기술들 가운데 일부는 세계 경제에 구조적으로 편입되기 시작했다. 따라서 우리는 월드 3 안에 있는 숫자들을 일부 조정했다. 예를 들면, 산업 산출물 한 단위를 생산하는 데 들어가는 자원 사용량을 크게 줄였다. 이러한 수치 조정은 도넬라 H. 메도즈, 데니스 L. 메도즈, 요르겐 랜더스, 『성장의 한계, 그 이후』의 부록에 자세하게 설명되어 있다.

5. 우리는 1970년대 초에 이미 『성장의 한계』에 관한 기술 보고서에서 이 「적응 기술」을 공식적으로 사용했다. 데니스 L. 메도즈 외, 『유한한 세계의 성장 역학』, 525-537쪽 참조.

6. 레스터 R. 브라운 외, 『생명 징후 2000』, 53쪽.

7. 위의 책, 41쪽.

8. 유엔식량농업기구, 「세계 수산업과 수산 양식 현황(The State of World Fisheries and Aquaculture) 2002」, www.fao.org/docrep/005/y7300e/y7300e00.htm(최근 자료는 2008년도 보고서로 http://www.fao.org/docrep/011/i0250e/i0250e00.htm 참조―옮긴이).

9. 레스터 R. 브라운, 『생태 경제』, 51-55쪽.

10. 세계자연보호기금의 위기에 처한 해양 살리기 운동 보고서, 2003.

11. 가렛 하딘은 「공유지의 비극(The Tragedy of the Commons)」, 《사이언스》 162호 (1968): 1243-1248쪽에서 이 현상을 훌륭하게 분석했다.

12. 《오듀본(*Audubon*)》(September-October 1991), 34쪽.

13. 《다겐스 네링스리브(*Dagens Naeringsliv*)》(노르웨이 경제 일간지), Oslo(December 9, 2002), 10면.

14. R. J. 호지가 편집한 『동물 멸종: 모두가 꼭 알아야 하는 것(*Animal Extinctions: What Everyone Should Know*)』, 163쪽에서 한 일본인 저널리스트가 독일의 저명한 화학자 파울 에를리히에게 한 말.

15. 에를링 막스니스, 「공유지의 비극만이 아니다: 지속 가능한 개발을 위한 피드백과 정책의 오해(Not Only the Tragedy of the Commons: Misperception of Feedback and Policies for Sustainable Development)」, 《시스템 역학 리뷰》 16호, no.4(Winter

2000): 325-348쪽.

7장

1. 듀안 엘진, 『자발적 단순성(*Voluntary Simplicity*)』, 개정판(New York: Quill, 1998); 조 도밍구에즈, 비키 로빈, 『돈이냐 삶이냐: 돈 관계를 청산하고 돈에서 독립하기 (*Your Money or Your Life: Transforming Your Relationship with Money and Achieving Financial Independence*)』(New York: Penguin USA, 1999) 참조.

2. 세계환경개발위원회, 『우리 공동의 미래』(Oxford: Oxford University Press, 1987).

3. 허먼 댈리는 어떤 종류의 경제 제도가 사람들이 바라는 지속 가능한 사회를 유지하는 데 기여할지 진지하게 고민하기 시작한 몇 안 되는 사람들 가운데 한 명이다. 그는 시장과 규제 도구들을 혼합한 방식을 제안했는데 시사하는 바가 컸다. 예를 들면, 허먼 댈리, 「안정 상태의 경제를 위한 제도(Institutions for a Steady-State Economy)」, 『안정 상태 경제학(*Steady State Economics*)』(Washington, DC: Island Press, 1991) 참조.

4. 아우렐리오 페체이, 『인간의 품격(*The Human Quality*)』(New York: Pergamon Press, 1977), 85쪽.

5. 존 스튜어트 밀, 『정치경제학 원리(*Principles of Political Economy*)』(London: John W. Parker, West Strand, 1848).

6. 스위스 글랜드에 있는 세계자연보호기금이 격년으로 발간하는 《살아 있는 지구 보고서》가 좋은 예이다. 거기서는 전 세계 생물다양성 추세와 국가별 생태발자국 변화 추이와 관련된 데이터를 제공한다.

7. 폴 호켄, 애모리 로빈스, L. 헌터 로빈스, 『자연 자본주의』(Boston: Back Bay Books, 2000) 참조.

8. 루이스 멈퍼드, 『인간의 조건(*The Condition of Man*)』(New York: Harcourt Brace Jovanovich, 1944), 398-399쪽.

8장

1. 도널드 워스터, 『지구의 종말(*The Ends of the Earth*)』(Cambridge: Cambridge University Press, 1988), 11-12쪽.

2. 랠프 왈도 에머슨이 1838년 3월에 보스턴에서 '전쟁'에 대해서 강연한 내용. 『에머슨 전집』 11권(Boston: Houghton Mifflin, 1887), 177쪽에 재수록.

3. 저자들이 알고 있는 네트워크 사례와 관심 분야로는 볼로톤 그룹, 북동 지역 유기농협회(NOFA), 뉴아메리칸드림센터(CNAD, www.newdream.org), 그린리스트, 그린클립스(www.greenclips.com), 북부삼림연합, 토지신탁운동연합(www.landtrustalliance.

org), 국제시뮬레이션게임협회(ISAGA. www.isaga.info), 환경개발리더십(LEAD)들이 있다.

4. 지속 가능한 개발을 수행하는 지방 정부들(현재 450개)의 국제 협의체인 ICLEI가 그러한 중간 단계를 잘 보여준다. www.iclei.org 참조.

5. R. 벅민스터 풀러, 『임계경로(*Critical Path*)』(New York : St. Martin's Press, 1981).

6. 에이브러햄 매슬로, 『인간 본성의 끝(*The Farthest Reaches of Human Nature*)』(New York : Viking Press, 1971).

7. 존 메이너드 케인스, 『설득논집(*Essays in Persuasion*)』 서문(New York : Harcourt Brace, 1932).

8. 아우렐리오 페체이, 『미래를 위한 100페이지(*One Hundred Pages for The Future*)』(New York : Pergamon Press, 1981), 184-185쪽.

부록 1

1. 데니스 L. 메도즈 외, 『유한한 세계의 성장 역학』.

2. 도넬라 H. 메도즈, 데니스 L. 메도즈, 요르겐 랜더스, 《성장의 한계, 그 이후》.

3. 구입 문의는 www.chelseagreen.com으로 하라.

부록 2

1. 제이 W. 포레스터, 『세계 역학』.

2. 유엔개발계획, 《인간 개발 보고서 2001》(New York and Oxford : Oxford University Press, 2001).

3. 위의 책, 240쪽.

4. HDI의 자세한 계산은 위의 책 239-240쪽에 나온다.

5. 유엔개발계획, 《인간 개발 보고서 2000》, 144쪽.

6. 마티스 베커나겔 외, 「생태발자국 개념으로 본 국가별 자연 자본 계산(National Nature Capital Accounting with the Ecological Footprint Concept)」, 《생태경제학》 29호 (1999) : 375-390쪽.

7. 마티스 베커나겔 외, 「인간 경제의 생태적 용량 초과 추적」, 《과학원 회보》 99호, no.14 : 9266-9271쪽. 이 책의 저자 서문 [그림 P-1]도 참조.

8. 세계자연보호기금, 《살아 있는 지구 보고서 2002》(Gland, Switzerland : WWF, 2002).

9. 생태발자국과 관련한 더 자세한 계산은 위의 책 30쪽에 나온다.

해제

1. 2000년대 후반 이후 이 책에서 예견된 바가 현실의 궤적과 거의 일치하며, 이 책의 "살던 대로" 시나리오에서 예측된 각종 위기가 현실로 다가오고 있다는 것은 수많은 연구자들이 지적했던 바이다. 가장 잘 알려져 있는 보고서로 두 가지를 권한다. 첫째는 2014년 멜버른 대학에서 그레이엄 터너가 이끄는 멜버른 지속가능사회 연구소MSSI에서 제출한 보고서「지구적 붕괴가 임박하였는가? (Is Global Collapse Imminent?)」이다. 그 보고서의 초록 서두는 다음과 같다. "약 40년 전에 나온『성장의 한계』에서 제시한 '살던 대로' 시나리오는 이 보고서에서 업데이트 되어 있는 역사적 데이터와 잘 맞아 떨어진다. 이 '살던 대로' 시나리오는 지구적 경제와 환경의 붕괴를 낳으며 (정상적인 경제의 작동이 교란됨에 따라 생활 수준은 지금까지 역사적으로 상승했왔던 속도보다 더 빠르게 하락한다), 결국 인구도 억지로 감소하게 된다." 다음에서 내려 받을 수 있다. https://sustainable.unimelb.edu.au/__data/assets/pdf_file/0005/2763500/MSSI-ResearchPaper-4_Turner_2014.pdf. 그 다음으로 2016년 영국 의회의 '성장의 한계에 대한 초당적 토론 집단All Parliamentary Group on Limits to Growth'의 위임으로 팀 잭슨과 로빈 웹스터가 집필한 보고서「한계를 다시 논한다:『성장의 한계』논쟁에 대한 회고(Limits Revisited: A Review of Limits to Growth Debate)」이다. 다음은 이 보고서 초록의 일부다. "오늘날의 사회가『성장의 한계』연구에 나오는 "살던 대로"의 시나리오를 여전히 따라가고 있다는 불안한 증거가 존재한다." 다음에서 내려받을 수 있다. http://limits2growth.org.uk/wp-content/uploads/Jackson-and-Webster-2016-Limits-Revisited.pdf

2. 우고 바르디, 「카산드라의 저주: 성장의 한계는 어떻게 악마화되었는가(Cassandra's Curse: How The Limits to Growth was demonized)」(2008), http://www.sustainable.soltechdesigns.com/cassandra.html

3. 세바스티안 버거, 『비균형 경제학:순환 누적적 인과율의 원리(The Foundations of Non-equilibrium Economics: The Principle of Circular and Cumulative Causation)』, (New York: Routledge, 2009) 참조.

4. 도넬라 H. 메도즈, 『시스템을 생각하다(Thinking in Systems: A Primer)』 (White River, VT: Chelsea Green Publishing Company, 2008).

5. 도넬라 H. 메도즈, 「레버리지 포인트: 시스템 변화에 효과적인 개입 지점(Leverage Points: Places to Intervene in a System)」 이 글은 다음에서 볼 수 있다. http://donellameadows.org/archives/leverage-points-places-to-intervene-in-a-system/

저자 서문

[그림 P-1] 생태발자국과 지구의 수용 능력: 마티스 베커나겔 외, 「인간 경제의 생태적 용량 초과 추적(Tracking the ecological overshoot of the human economy)」, 《과학원 회보(*Proceedings of the Academy of Science*)》 99호, no.14(Washington, DC, 2002): 9266-9271쪽, www.pnas.org/content/99/14/9266.

1장

[그림 1-1] 세계 인구: 《세계 인구 자료집(*World Population Data Sheet*)》(Washington, DC: Population Reference Bureau), http://www.prb.org; 《세계 인구 전망(*World Population Prospects*)》(New York: United Nations, 1994); 도널드 J. 보그, 『인구통계학 원리(*Principles of Demography*)』(New York: John Wiley and Sons, 1969).

[그림 1-2] 세계 산업 생산: 《통계 연보(*Statistical Yearbook*)》(New York: United Nations); 《인구통계학 연보(*Demographic Yearbook*)》(New York: United Nations); 《세계 인구 자료집(*World Population Data Sheet*)》(Washington, DC: Population Reference), http://www.prb.org; 《산업 통계 연보(*Industrial Statistical Yearbook*)》(New York: United Nations); 《월간 통계 게시판(*Monthly Bulletin of Statistics*)》(New York: United Nations).

[그림 1-3] 대기의 이산화탄소 농도: C. D. 킬링, T. P. 워프, 「하와이 마누아 로아관측소에서 수집한 공기 표본에서 추출한 이산화탄소 대기 농도(Atmospheric CO_2 Concentrations(ppmv) Derived from In Situ Air Samples Collected at Manua Loa Observatory, Hawaii)」, 「추세: 지구 변화 데이터 개요(Trends: A Compendium of Data on Global Change)」(August 13, 2001), http://cdiac.esd.ornl.gov/trends/; A. 네프텔, H. 프리들리, E. 무어, H. 뢰처, H. 오이슈거, U. 지겐탈러, B. 슈타우퍼, 1994. 「사이플 섬 기지 얼음 덩어리에서 나온 과거 이산화탄소 기록(Historical CO_2 Record from Siple Station Ice Core)」, 「추세: 지구 변화 데이터 명세서(Trends: A Compendium of Data on

Global Change)』(1994), http://cdiac.esd.ornl.gov/trends/co2/siple.htm.

〔표1-1〕 1950~2000년 전 세계 인간 활동과 생산 증가율: 《미국 상품조사국(CRB) 상품 연보(*Commodity Yearbook*)》(New York: Commodity Research Bureau); 《월간 국제 석유(*International Petroleum*)》(Washington, DC: Energy Information Administration, U.S. Dept. of Energy), http://www.eia.doe.gov/ipm(1/30/2002 접속); 《국제 에너지 예측(*International Energy Outlook 1998*)》(Washington, DC: Energy Information Administration, U.S. Dept. of Energy, 1998), http://www.eia.doe.gov/oiaf/ieo/; 《국제 에너지 연감(*International Energy Annual 1999*)》(Washington, DC: Energy Information Administration, U.S. Dept. of Energy, 1999), http://www.eia.doe.gov/iea/; 《워드 자동차 통계(*Ward's Motor Vehicle Facts and Figures 2000*)》(Southfield, MI: Ward's Communications, 2000); 유엔식량농업기구 FAOSTAT 온라인 데이터베이스, http://faostat.fao.org/default.aspx/; 《세계 인구 자료집(*World Population Data Sheet*)》(Washington, DC: Population Reference Bureau), http://www.prb.org; 《에너지 통계 연보(*Energy Statistics Yearbook*)》(New York: United Nations); 《통계 연보(*Statistical Yearbook*)》(New York: United Nations); 《세계 자동차 데이터(*World Motor Vehicle Data*)》, 1998(Detroit: Automobile Manufacturers Association, 1998); 《세계 인구 전망(*World Population Prospects*)》(New York: United Nations, 1994).

〔그림1-4〕 세계 인구와 인간 복지를 위한 대안 시나리오들

2장

〔그림2-1〕 세계 콩 생산량: 레스터 R. 브라운 외, 『생명 징후 2000: 우리의 미래를 만들어가는 환경 추세(*Vital Signs 2000: the Environmental Trends That are Shaping Our Future*)』(New York: W. W. Norton, 2000); 유엔식량농업기구 FAOSTAT 온라인 데이터베이스, http://faostat.fao.org/.

〔그림2-2〕 세계 도시 인구: 『세계 도시화 전망: 1999년 개정판(*World Urbanization Prospects: the 1999 Revision*)』(New York: United Nations, 2001).

〔그림2-3〕 저축의 선형적 증가와 기하급수적 증가

〔표2-1〕 두 배로 늘어나는 데 걸리는 시간

〔표2-2〕 나이지리아의 인구 증가 추정치: 미국 인구조사국 국제 데이터베이스, http://www.census.gov/ipc/www/idb.

〔그림2-4〕 세계 인구통계학적 천이: 《1970년 세계 인구 현황(*The World Population Situation in 1970*)》(New York: United Nations, 1971); 《세계 인구 전망(*World Population Prospects: the 2000 Revision*)》(New York: United Nations, 2001), http://www.un.org/popin/.

〔표 2-3〕추가로 늘어나는 세계 인구:《1970년 세계 인구 현황(*The World Population Situation in 1970*)》(New York: United Nations, 1971);《세계 인구 전망(*World Population Prospects: the 2000 Revision*)》(New York: United Nations, 2001), http://www.un.org/popin/.

〔그림 2-5〕연간 세계 인구 증가:《세계 인구 전망(*World Population Prospects 2000*)》(New York: United Nations, 2000); 도널드 J. 보그, 『인구통계학 원리(*Principles of Demography*)』 (New York: John Wiley and Sons, 1969).

〔그림 2-6〕선진국(A)과 저개발(B)의 인구통계학적 천이: 네이선 키피츠, W. 플리거, 『세계 인구: 인구 자료 분석(*World Population: an Analysis of Vital Data*)』(Chicago: Univ. Chicago Press, 1968); J. 슈네, 『인구통계학적 천이: 단계, 유형, 경제적 관계; 1720~1984년 동안 67개국에 대한 장기 연구(*The Demographic Transition: Stages, Patterns, and Economic Implications; a Longitudinal Study of Sixty-Seven Countries Covering the Period 1720~1984*)』(New York: Oxford University Press, 1992);《인구통계학 연보(*Demographic Yearbook*)》(New York: United Nations);《세계 인구 자료집(*World Population Data Sheet*)》(Washington, DC: Population Reference Bureau), http://www.prb.org; 영국 인구조사부,《인구 추세 (*Population Trends*)》no.52(London: HMSO, June 1988); 영국 국가통계청(ONS), 「전국 통계 온라인: 출생 통계: 영국과 웨일스 가족의 출산과 유형(National Statistics Online: Birth Statistics: Births and patterns of family building England and Wales(FM1))」, http://www.statistics.gov.uk/STATBASE/product.asp?vlnk=5768;《대만 통계 연보 (*Statistical Yearbook of the Republic of China*)》(Taipei: Directorate-General of Budget, Accounting & Statistics, Executive Yuan, Republic of China, 1995).

〔그림 2-7〕2001년 출생률과 1인당 국민총소득:《세계 인구 자료집(*World Population Data Sheet 2001*)》(Washington, DC: Population Reference Bureau, 2001), http://www.prb. org; 세계은행, 「세계 개발 지표 데이터베이스(World Development Indicators(WDI) Database)」, http://databank.worldbank.org/ddp/home.do?Step=12&id=4&CNO=2 (1/15/04 접속).

〔그림 2-8〕월드 3 모형의 경제에서 실물 자본의 흐름

〔그림 2-9〕부문별 국민총소득: 미국 상무부 경제분석국, 『국민 소득과 생산 계산표 상호 접속(*Interactive Access to National Income and Production Accounts Table*)』.

〔그림 2-10〕가장 인구가 많은 10개 나라와 유럽연합의 1인당 국민총소득:《세계 개발 지표(*World Development Indicators*)》시디롬(Washington, DC: World Bank, 2002).

〔그림 2-11〕불평등한 세계:《세계 개발 지표(*World Development Indicators*)》시디롬 (Washington, DC: World Bank, 1999).

〔그림 2-12〕지역별 식량 생산량: 유엔식량농업기구 FAOSTAT 온라인 데이터베이스,

http://faostat.fao.org/; 『식량과 농업 현황(*The State of Food and Agriculture*)』(Rome: Food and Agriculture Organization of the United Nations).

3장

〔그림 3-1〕 지구 생태계에서의 인구와 자본: R. 굿랜드, 허먼 댈리, S. 엘 세라피, 「브룬트란트 회의에서 내세우는 환경적으로 지속 가능한 경제 개발(Environmentally Sustainable Economic Development Building on Bruntland)」, 《세계은행 환경위원회 보고서(*Environment Working Paper of the World Bank*)》 no.46(July 1991).

〔그림 3-2〕 세계 곡물 생산: 《생산 연보(*Production Yearbook*)》(Rome: Food and Agriculture Organization of the United Nations); 유엔식량농업기구 FAOSTAT 온라인 데이터베이스, http://faostat.fao.org/(1/25/02 접속); 《세계 인구 자료집(*World Population Data Sheet*)》(Washington, DC: Population Reference Bureau), http://www.prb.org.

〔그림 3-3〕 곡물 생산량: 《생산 연보(*Production Yearbook*)》(Rome: Food and Agriculture Organization of the United Nations); 유엔식량농업기구 FAOSTAT 온라인 데이터베이스, http://faostat.fao.org/(1/25/02 접속).

〔그림 3-4〕 필요한 농지 면적 예측: 《세계 인구 전망(*World Population Prospects*)》(New York: United Nations, 1990); 《세계 인구 자료집(*World Population Data Sheet 1991*)》(Washington, DC: Population Reference Bureau, 1991), http://www.prb.org; 『2150년까지 세계 인구 예측(*World Population Projections to 2150*)』(New York: United Nations, 1998); 유엔식량농업기구 FAOSTAT 온라인 데이터베이스, http://faostat.fao.org/(2/27/02 접속).

〔그림 3-5〕 민물 자원: 피터 H. 글릭, 《세계의 물: 민물 자원 격년 보고서(*The World's Water 2000-2001: the Biennial Report on Freshwater Resources*)》(Washington, DC: Island Press, 2000); S. L. 포스텔, G. C. 댈리, P. R. 에리히, 「재생 가능한 민물의 인간 전유(Human Appropriation of Renewable Fresh Water)」, 《사이언스》 271호(Feb. 9 1996): 785~788쪽; 도널드 J. 보그, 《인구통계학 원리(*Principles of Demography*)》(New York: John Wiley and Sons, 1969); 《세계 인구 전망(*World Population Prospects*)》(New York: United Nations, 1994); 《세계 인구 전망(*World Population Prospects*)》(New York: United Nations, 2000).

〔그림 3-6〕 물 사용량: 피터 H. 글릭, 《세계의 물(*The World's Water*)》(Washington, DC: Island Press, 1998); 피터 H. 글릭, 《세계의 물: 민물 자원 격년 보고서(*The World's Water 2000-2001: the Biennial Report on Freshwater Resources*)》(Washington, DC: Island Press, 2000).

〔그림 3-7〕 남아 있는 미개척 삼림: 『마지막 자연림: 위기에 처한 생태계와 경제(*The Last Frontier Forest: Ecosystems Economies on the Edge*)』(World Resources Institute Forest Frontiers

Initiative, 1997), http://www.wri.org/publication/last-frontier-forests/.

[그림3-8] 열대 삼림이 사라지는 몇 가지 시나리오들

[그림3-9] 세계 목재 사용량: 유엔식량농업기구 FAOSTAT 온라인 데이터베이스, http://faostat.fao.org/.

[그림3-10] 세계 에너지 사용량:《에너지 통계 연보(*Energy Statistics Yearbook*)》(New York: United Nations); 미국 에너지국, 에너지 정보 관리 국제 에너지 데이터 온라인 데이터베이스, http://www.eia.doe.gov/emeu/international/energy.html;『세계 에너지 예측(International Energy Outlook 2001)』(Washington, DC: Energy Information Administration, U.S. Dept. of Energy, 2001) http://www.eia.doe.gov/oiaf/ieo/.

[표3-1] 석유, 천연가스, 석탄의 연간 생산량, 생산량/매장량 비율(R/P), 자원 평균 수명: 미국 광산국,『광물 현황과 문제(*Mineral Facts and Problems*)』(Washington, DC: Government Printing Office, 1970);《국제 에너지 통계 자료집(*International Energy Statistics Sourcebook*)》14판 (Tulsa, OK: PennWell Pub. Co., 1999);《국제 에너지 연감(*International Energy Annual 2001*)》(Washington, DC: Energy Information Administration, U.S. Dept. of Energy, 2001), http://www.eia.doe.gov/emeu/iea/contents.html;『배기가스 방출 시나리오에 관한 IPCC 특별 보고서(*IPCC Special Report on Emissions Scenarios*)』3.4.3.1장,「화석 자원과 핵분열성 자원(Fossil and Fissile Resources)」, http://www.grida.no/publications/other/ipcc_sr/?src=/climate/ipcc/emission/071.htm(1/19/04 접속).

[그림3-11] 미국의 석유 생산량과 소비량:『석유 관련 기초 자료집(*Basic Petroleum Data Book*)』 (Washington, DC: American Petroleum Institute, 1981);《연간 에너지 리뷰(*Annual Energy Review*)》(Washington, DC: Energy Information Administration, U.S. Dept. of Energy, 2001), http://www.eia.doe.gov/emeu/aer/.

[그림3-12] 세계 석유 생산량 예측 시나리오: 케네스 S. 디페이즈,『허버트 피크: 임박한 세계 석유 부족(*Hubbert's Peak: the Impending World Oil Shortage*)』(Princeton: Princeton University Press, 2001), 5쪽.

[그림3-13] 세계 천연가스 고갈 예상 경로

[그림3-14] 천연가스 사용량 증가를 보장하기 위해 새로 발견해야 할 천연가스 규모

[그림3-15] 풍력 발전과 광전지가 생산하는 전력 원가:「풍력 발전기의 전력 원가 요소들은 무엇인가?(What are the Factors in the Cost of Electricity from Wind Turbines?)」, American Wind Energy Association, 2000;《재생 가능한 에너지 2000: 현안과 추세(*Renewable Energy 2000: Issues and Trends*)》(Washington, DC: Energy Information Administration, U.S. Dept. of Energy, 2001), http://tonto.eia.doe.gov/FTPROOT/renewables/06282000.pdf/.

〔그림 3-16〕 다섯 가지 주요 금속의 전 세계 생산량: C. G. M. 클레인 골데베이크, J. J. 바트예스, 「종합 환경 평가를 위한 100년 데이터베이스(A Hundred Year(1890-1990) Database for Integrated Environmental Assessments(HYDE, version 1.1))」(Bilthoven, the Netherlands: National Institute of Public Health and the Environment, 1997); 미국 광산국, 《광물 연보(Minerals Yearbook)》(Washington, DC: Government Printing Office);미국 지질조사소, 온라인 통계 개요 자료, http://minerals.usgs.gov/minerals/pubs/stat/.《미국 상품조사국 상품 연보(Commodity Yearbook)》((New York: Commodity Research Bureau).

〔그림 3-17〕 세계 철강 소비: C. G. M. 클레인 골데베이크, J. J. 바트예스, 「종합 환경 평가를 위한 100년 데이터베이스(A Hundred Year(1890-1990) Database for Integrated Environmental Assessments(HYDE, version 1.1))」(Bilthoven, the Netherlands: National Institute of Public Health and the Environment, 1997); 미국 광산국, 《광물 연보(Minerals Yearbook)》(Washington, DC: Government Printing Office); 미국 지질조사소, 온라인 통계 개요 자료, http://minerals.usgs.gov/minerals/pubs/stat/;《미국 상품조사국 상품 연보(Commodity Yearbook)》((New York: Commodity Research Bureau).

〔표3-2〕 여덟 가지 금속의 확인된 매장량의 한계 추정치: 광업, 광석과 지속 가능한 개발 프로젝트(MMSD), 『새로운 시작: 광업, 광석과 지속 가능한 개발(Breaking New Ground: Mining, Minerals and Sustainable Development)』(London: Earthscan, 2002), http://www.iied.org/sustainable-markets/key-issues/business-and-sustainable-development/mining-minerals-and-sustainable-development.

〔그림 3-18〕 미국에서 채굴된 구리 광석의 품질 하락: 미국 광산국, 《광물 연보(Minerals Yearbook)》(Washington, DC: Government Printing Office); 미국 지질조사소, 온라인 통계 개요 자료, http://minerals.usgs.gov/minerals/pubs/stat/.

〔그림3-19〕 광석의 품질 하락으로 인해 증가하는 광산 폐기물의 양

〔그림 3-20〕 인체 및 환경 오염의 감소: DDT: IVL 스웨덴 환경조사연구소, 「스웨덴 환경 모니터링 조사 데이터베이스(Swedish Environmental Monitoring Surveys Database)」, http://www.ivl.se/miljo/(December, 2001 접속); 세슘-137: 「AMAP 평가 보고서: 북극 오염 문제(AMAP Assessment Report: Arctic Pollution Issues)」(Oslo, Norway: Arctic Monitoring and Assessment Programme, 1998), http://www.amap.no/Assessment/ScientificBackground.htm; 납: 『미국의 어린이와 환경: 오염 물질, 신체 부하, 질병의 크기(America's Children and the Environment: Measures of Contaminants, Body Burdens, and Illnesses)』 2판(Washington, DC: Environmental Protection Agency, Feb. 2003), http://www.epa.gov/envirohealth/children/publications/ace_2003.pdf.

〔그림 3-21〕 몇 가지 대기 오염 물질 방출 추세:《세계 개발 지표(World Development Indicators)》

시디롬(Washington, DC: World Bank, 2001); 『OECD 환경 자료: 개요(*OECD Environmental Data: Compendium*)』(Paris: Organisation for Economic Co-Operation and Development); 이산화탄소: G. 마랜드, T. A. 보덴, R. J. 안드레, 「세계, 지역, 국가별 화석 연료의 이산화탄소 배출」, 《추세: 지구 변화 데이터 개요(*Trends: A Compendium of Data on Global Change*)》, http://cdiac.esd.ornl.gov/trends/emis/em_cont.htm; 황산화물과 질소산화물: 세계 자원 데이터베이스 시디롬 자료(Washington, DC: World Resources Institute, 2000); 에너지 사용량: 『OECD 국가의 에너지 균형(*Energy Balances of OECD Countries*)』, 디스켓 자료(Paris: Organisation for Economic Co-Operation and Development).

〔그림 3-22〕 오염된 물의 산소량 농도: 앤드류 가우디, 『자연환경에 끼치는 인간의 영향 (*The Human Impact on the Natural Environment*)』(Oxford: Blackwell, 1993), 224쪽; P. 크리스텐센, H. 올레 한센, 『유럽의 강과 호수: 환경 상태 평가(*European Rivers and Lakes: Assessment of Their Environmental State*)』(Copenhagen: European Environmental Agency, 1994), 49쪽; 『OECD 환경 자료: 개요(*OECD Environmental Data: Compendium*)』(Paris: Organisation for Economic Co-Operation and Development, 1999), 85쪽; 뉴욕 하버 수질 조사(New York: NY Department of Environmental Protection, 1997), 55쪽; 비외른 롬보르, 『회의하는 환경주의자: 진정한 세계의 상태 측정하기(*The Skeptical Environmentalist: Measuring the Real State of the World*)』(Cambridge: cambridge University Press, 2001), 203쪽.

〔그림 3-23〕 전 세계 온실가스 농도: 염화불화탄소(CFCs): M. A. K. 카릴, R. A. 라스무센, 「지구 평균 CFC-11 대기 농도: 1975-1992년 사이 월간, 연간 데이터(Globally Averaged Atmospheric CFC-11 Concentrations: Monthly and Annual Data for the Period 1975-1992」, Carbon Dioxide Information Analysis Center(CDIAC)), http://cdiac.esd.ornl.gov/ndps/db1010.html; 메탄(CH4): D. M. 에드리지, I. 페어맨, P. J. 프레이저, 「로돔 (이스트사이드 'DE08' 지점) 빙하에서 추출한 메탄 농도(Concentrations of CH4 from the Law Dome Ice Core(a)」, Carbon Dioxide Information Analysis Center(CDIAC)), http://cdiac.esd.ornl.gov/ftp/trends/methane/lawdome.259; C. D. 킬링, T. P. 워프, 「하와이 마누아 로아 관측소에서 수집한 공기 표본에서 추출한 이산화탄소 대기 농도 (Atmospheric CO2 Concentrations(ppmv) Derived from In Situ Air Samples Collected at Manua Loa Observatory, Hawaii)」, 《추세: 지구 변화 데이터 개요(*Trends: A Compendium of Data on Global Change*)》(August 13, 2001), http://cdiac.esd.ornl.gov/trends/; A. 네프텔, H. 프리들리, E. 무어, H. 뢰처, H. 오이슈거, U. 지겐탈러, B. 슈타우퍼; 1994. 「사이플 섬 기지 얼음덩 어리에서 나온 과거 이산화탄소 기록(Historical CO2 Record from Siple

Station Ice Core)」,《추세: 지구 변화 데이터 개요(*Trends: A Compendium of Data on Global Change*)》(1994), http://cdiac.esd.ornl.gov/trends/co2/siple.htm; 아산화질소(N₂O): J. 플뤼키거, A. 달렌바흐, B. 슈타우퍼, 「20세기의 아산화질소 데이터(N₂O Data Covering the Last Millennium)」(1999), NOAA/NGDC paleoclimatology Program, http://www. ngdc.noaa.gov/paleo/gripn2o.html; R. G. 프린 외, 「ALE/GAGE/AGAGE에서 나온 공기에 있는 주요 화학 및 방사성 가스 기록(A History of Chemically and Radiatively Important Gases in Air Deduced from ALE/GAGE/AGAGE)」,《지구물리학 연구 저 널(*Journal of Geophysical Research*)》115호: 17751-92쪽, http://cdiac.esd.ornl.gov/ndps/ alegage.html.

〔그림 3-24〕 높아지는 지구 온도: P. D. 존스, D. E. 파커, T. J. 오스본, K. R. 브리파,「지 구와 반구상의 이상 온도: 육지와 해양 기록(Global and Hemispheric Temperature Anomalies: Land and Marine Instrumental Records)」,《추세: 지구 변화 데이터 개요 (*Trends: A Compendium of Data on Global Change*)》(1994), http://cdiac.esd.ornl.gov/ trends/temp/jonescru/jones.html.

〔그림 3-25〕 날씨 관련 재난이 초래하는 전 세계 경제 손실: 레스터 R. 브라운 외, 월드워치 연구소,『생명 징후 2000: 우리의 미래를 만들어가는 환경 추세(*Vital Signs 2000: the Environmental Trends That are Shaping Our Future*)』(New York: W. W. Norton, 2000).

〔그림 3-26〕 지난 16만 년 동안 온실가스와 지구 온도의 변화 추이: J. 주젤, C. 로리, J. R. 쁘띠, N. I. 바코프, V. M. 코틀랴코프, 「보스토크 기지 동위원소 온도 기록(Vostok Isotopic Temperature Record)」,《추세 '93: 지구 변화 데이터 개요(*Trends '93: A Compendium of Data on Global Change*)》(1994), http://cdiac.esd.ornl.gov/ftp/trends93/temp/vostok.593; C. D. 킬링, T. P. 워프, 「하와이 마누아 로아 관측소에서 수집한 공기 표본에서 추출한 이산화탄소 대기 농도(Atmospheric CO_2 Concentrations(ppmv) Derived from In Situ Air Samples Collected at Manua Loa Observatory, Hawaii)」,《추세: 지구 변화 데이터 개 요(*Trends: A Compendium of Data on Global Change*)》(August 13, 2001), http://cdiac.esd. ornl.gov/trends/; J. M. 바놀라, D. 레이노드, C. 로리, N. I. 바르코프, 「보스토크 빙하에 서 추출한 과거 이산화탄소 기록(Historical Carbon Dioxide Record from the Vostok Ice Core)」,《추세: 지구 변화 데이터 개요(*Trends: A Compendium of Data on Global Change*)》 (1999), http://cdiac.ornl.gov/trends/co2/vostok.html; R. G. 프린 외, 「ALE/GAGE/ AGAGE에서 나온 공기에 있는 주요 화학 및 방사성 가스 기록(A History of Chemically and Radiatively Important Gases in Air Deduced from ALE/GAGE/AGAGE)」,《지구물 리학 연구 저널(*Journal of Geophysical Research*)》115호: 17751-92쪽, http://cdiac.esd.ornl. gov/ndps/alegage.html; J. 샤펠라즈, J. M. 바놀라, D. 레이노드, C. 로리, Y. S. 코로트케

비치, 「보스토크 빙하에서 추출한 과거 메탄 기록(Historical CH₄ Record from the Vostok Ice Core)」, 《추세 '93: 지구 변화 데이터 개요(*Trends '93: A Compendium of Data on Global Change*)》(1999), ftp://cdiac.esd.ornl.gov/pub/trends93/ch4/.

[표3-3] 인구, 풍요, 기술이 환경에 미치는 영향

4장

[그림4-1] 영양과 평균 수명: 유엔식량농업기구 FAOSTAT 온라인 데이터베이스. http://faostat.fao.org/ (12/17/01 접속); 《세계 인구 전망(*World Population Prospects: the 2000 Revision*)》(New York: United Nations, 2001), http://www.un.org/popin/.

[그림4-2] 새농경지 개발 비용: 데니스 L. 메도즈 외, 『유한한 세계의 성장 역학(*The Dynamics of Growth in a Finite World*)』(Cambridge, MA: Wright-Allen Press, 1974).

[그림4-3] 인구와 지구의 수용 능력이 만날 수 있는 방식

[그림4-4] 인구와 자본 증가를 관할하는 피드백 순환

[그림4-5] 인구, 자본, 농업, 오염의 피드백 순환

[그림4-6] 인구, 자본, 사회 서비스, 자원의 피드백 순환

[그림4-7] 원광석에서 순수한 금속을 추출하는 데 들어가는 에너지: N. J. 페이지, S. C. 크리시, 「광석 등급, 금속 생산, 에너지(Ore Grade, Metal Production, and Energy)」, 《연구 저널 (*Journal of Research*)》(U.S. Geological Survey) 3호, no. 1 (Jan/Feb 1975): 9-13쪽.

[그림4-8] 시나리오 0: 무한대 투입, 무한대 산출

[그림4-9] 월드 3 모형에서 나타날 수 있는 네 가지 행동 양식의 구조적 원인

[그림4-10] 오랜 세월에 걸친 1, 2-디클로로프로판(DCP)의 지하수 유입: N. L. 반 데 누트, NV 물관리연구소(Waterleidingmaatshappij), 「드렌터(Drenthe)」, 『누르드바르게레스 배수 펌프장 주변에서 측정된 질산염과 1, 2-디클로로프로판의 이동에 관한 수리지질학 모형 연구 (*Geo-hydrologisch modelonderzoek ten behoeven van het nitraat-en 1, 2-DCP onderzoek in de omgeving van het pompstation Noordbargeres*)』, 1999: R. van de Berg(네덜란드 공중보건환경연구소 RIVM), 사적 정보 수집.

[그림4-11] 시나리오 1: 기준점

[그림4-12] 시나리오 2: 재생 불가능한 자원이 더 풍부한 경우

5장

[그림5-1] 전 세계 CFCs 생산량: 연간 세계 불화탄소 생산량: 「불화탄소의 생산과 판매 (Production and Sales of Fluorocarbons)」, 『대체 불화탄소 환경수용성 연구(*Alternative Fluorocarbons Environmental Acceptability Study*)(AFEAS)』(2002), http://www.afeas.org/

overview.php.

〔그림6-6〕OPEC 원유 생산 설비 가동률과 세계 원유 가격: 『국제 에너지 통계 자료집(*International Energy Statistics Sourcebook*)』(Tulsa, OK: PennWell Pub. Co.); 미국 에너지부, 에너지 정보 관리국 국제 에너지 데이터 온라인 데이터베이스, http://www.eia.doe.gov/emeu/international/energy.html; 『전 세계 석유 산업 전망(*Worldwide Petroleum Industry Outlook*)』(Tulsa, OK: PennWell Pub. Co.).

〔그림6-7〕전 세계 자연산 물고기 어획량: 유엔식량농업기구 FAOSTAT 온라인 데이터베이스, http://faostat.fao.org/.

〔그림6-8〕참다랑어 어종의 감소: 「ICCAT SCRS 서대서양 참다랑어 비축량 평가 회의 보고서(Report of the ICCAT SCRS West Atlantic Bluefin Tuna Stock Assessment Session)」, 대서양참치보존위원회(Inetrnational Commission for the Conservation of Atlantic Tunas)(ICCAT), 『과학 논문 선집(*Collective Volume of Scientific Papers*)』Vol. 52(2001), http://www.iccat.int/Documents/CVSP/CV052_2001/no_3/CV052030831.pdf.

7장

〔그림7-1〕시나리오 7: 2002년부터 세계는 인구 증가를 안정화하려고 노력한다

〔그림7-2〕시나리오 8: 2002년부터 세계는 인구 증가와 산업 생산량 증가를 동시에 안정화시키려고 노력한다

〔그림7-3〕시나리오 9: 2002년부터 세계는 인구 증가와 산업 생산량 증가를 동시에 안정화시키려고 노력하면서 추가로 오염 방지, 자원 효율성, 농업 산출력과 관련된 기술들을 투입한다

〔그림7-4〕시나리오 10: 시나리오 9의 지속 가능한 정책들이 20년 일찍, 즉 1982년에 일어났다고 가정했을 때

성장의 한계

제1판 제1쇄 2012년 1월 10일
제1판 제5쇄 2015년 7월 11일
제2판 제1쇄 2021년 4월 30일
제2판 제3쇄 2024년 11월 19일

지은이 도넬라 H. 메도즈, 데니스 L. 메도즈, 요르겐 랜더스 | 옮긴이 김병순 | 해제 홍기빈
편집부 김지은 김지하 | 디자인 이지선

펴낸이 임병삼 | 펴낸곳 갈라파고스
등록 2002년 10월 29일 제13-2003-147호
주소 03938 서울시 마포구 월드컵로 196 대명비첸시티 801
전화 02-3142-3797 | 전송 02-3142-2408
전자우편 books.galapagos@gmail.com

ISBN 979-11-87038-69-6 (03300)

갈라파고스 자연과 인간, 인간과 인간의 공존을 희망하며, 함께 읽으면 좋은 책들을 만듭니다.